Mühl

CARL R. ROGERS

Die Kraft des Guten

Carl R. Rogers

Die Kraft des Guten

Ein Appell zur Selbstverwirklichung

verlegt bei Kindler

Die amerikanische Originalausgabe erschien unter dem Titel
»On Personal Power – Inner strength and its revolutionary impact«
im Verlag Delacorte Press, New York.
Die Übersetzung aus dem Amerikanischen besorgte Brigitte Stein.

Redaktion: Helga Watson
Korrekturen: Manfred Flach
Umschlaggestaltung: Dieter Vollendorf, München
Satz und Druck: Georg Appl, Wemding
Einband: Georg Gebhardt, Ansbach
Printed in Germany
ISBN 3 463 00722 3

Inhalt

V. Teil

Schlußfolgerungen

Einführung

Vor einigen Monaten passierte mir etwas Merkwürdiges. Zum erstenmal im Leben hatte ich so etwas wie ein übersinnliches Erlebnis. Ich saß gerade in eine Arbeit vertieft am Schreibtisch, als mir plötzlich ein vollständiger Satz durch den Kopf schoß: »Ich gehe leise durchs Leben.« Ich hätte gerne gewußt, was dieser sich aufdrängende Satz zu bedeuten hatte, aber da er in keiner Beziehung zu der Arbeit stand, mit der ich gerade beschäftigt war, ging ich achselzuckend darüber hinweg. Erst später wurde mir das Sonderbare dieses »Gedankenblitzes« bewußt, und ich begann darüber zu spekulieren.

Assoziationen der verschiedensten Art stürmten auf mich ein. Als Kind hatte ich Hunderte von Büchern über Grenzer und Indianer gelesen, Männer, die lautlos durch den Wald schleichen konnten, ohne daß ein dürrer Zweig knackte oder das Laub raschelte. Niemand wußte, wo sie sich aufhielten, bis sie ihr Ziel erreicht und ihre Mission erfüllt hatten, ob es sich um einen Freundschaftsdienst oder eine kriegerische Unternehmung handelte. Mir wurde klar, daß mein beruflicher Werdegang damit vergleichbar war. Ich hatte kein Aufhebens von dem Ziel machen wollen, das ich anpeilte, bis ich es erreicht hatte. Wann immer es möglich war, bin ich lärmenden Konfrontationen aus dem Weg gegangen. Als man mir zu Beginn meiner Laufbahn vorhielt, daß es für einen Psychologen völlig ausgeschlossen sei, Psychotherapie zu betreiben, weil dies Aufgabe des Psychiaters sei, versuchte ich nicht, meine Auffassungen in einem Frontalangriff durchzusetzen. Statt dessen umschrieb ich unsere Arbeit zunächst mit dem Begriff »Behandlungsgespräch«. Später erschien uns der Terminus »Beratung« zutreffender. Erst nachdem ich jahrelang Erfahrungen gesammelt hatte und meine Kollegen und ich über einen ansehnlichen Fundus an Forschungsergebnissen verfügten, sprach ich offen von der – inzwischen unübersehbaren – Tatsache, daß wir Psychotherapie be-

trieben. Ich war leise durchs Leben gegangen und hatte relativ wenig Aufsehen erregt, bis ich mein Ziel erreicht hatte – und es zu spät war, um mich aufzuhalten. Ich neige zur Beharrlichkeit.
Ein Nachteil dieser Art des Vorgehens ist, daß ich mir nicht immer der Bedeutung des Weges, den ich und eine wachsende Zahl anderer eingeschlagen hatten, voll bewußt war. Erst in den letzten Jahren habe ich erkannt, wie »radikal« und »revolutionär« unsere Arbeit war. Ich verwende diese Begriffe in ihrer ursprünglichen, nicht ihrer umgangssprachlichen Bedeutung. Unsere Arbeit ist »zu den Wurzeln« vieler Begriffe und Wertvorstellungen unserer Kultur vorgedrungen und hat einen »vollständigen oder tiefgreifenden Wandel« vieler Grundüberzeugungen und Verfahren bewirkt. Am nachhaltigsten hat sie die Auffassungen über Macht und Herrschaft in den zwischenmenschlichen Beziehungen beeinflußt. Diesem Thema ist das vorliegende Buch gewidmet.
Sie werden deshalb auf diesen Seiten vielen Männern und Frauen begegnen, die leise durchs Leben gehen – und dabei eine stille Revolution auslösen. Dieses Buch berichtet über Familien, Schulen, Industriebetriebe und rassische und kulturelle Begegnungsstätten, die eins miteinander gemein haben: Sie alle wurden durch Menschen grundlegend verändert, die auf ihre eigene Macht vertrauen, die kein Bedürfnis nach »Macht über andere« haben und bereit sind, den latent vorhandenen Kräften ihrer Mitmenschen zur Entfaltung zu verhelfen. Es berichtet über bestimmte Fälle: eine Familienbeziehung, einen Workshop, eine Tagesstätte, eine Gruppe von Katholiken und Protestanten aus Belfast, in denen die gängigen Verfahren aufgrund eines Urvertrauens in das konstruktive Potential des Menschen auf den Kopf gestellt wurden.
Wie Gertrude Stein über Paris sagte: »Es geht nicht darum, was es einem gibt, es geht darum, was es einem nicht wegnimmt.« Dies läßt sich zu einer Definition des personenbezogenen Ansatzes umwandeln, jenes wertträchtigen Konzepts, das im Mittelpunkt dieses Buches steht. »Es geht nicht darum, daß dieser Ansatz der Person Macht verleiht; er nimmt sie ihr niemals weg.« Daß eine scheinbar so harmlose Grundlage in ihren Implikationen so wahrhaft revolutionär sein kann, mag überraschend erscheinen. Es ist jedoch das zentrale Thema dessen, was ich geschrieben habe.

Ich habe mich bemüht, die Tragfähigkeit des personenbezogenen Konzeptes anhand von Beispielen aus dem Alltag und der Forschung zu verdeutlichen. Dieser Ansatz verändert den Charakter der Psychotherapie, der Ehe, der Pädagogik, der Administration, ja sogar der Politik von Grund auf.
Diese Veränderungen deuten darauf hin, daß eine stille Revolution bereits im Gange ist. Sie zeichnen das Bild einer ganz anders gearteten Zukunft, in deren Mittelpunkt der neue selbstbestimmte Mensch stehen wird, der jetzt in Erscheinung tritt.

Carl R. Rogers

I. TEIL

Die stille Revolution: Auswirkungen des personenbezogenen Ansatzes

1.

Die Politik der helfenden Berufe

Vor drei Jahren wurde ich zum ersten Mal nach der Politik des klientenzentrierten Ansatzes der Psychotherapie befragt. Ich entgegnete, daß es in der klientenzentrierten Therapie keine Politik gebe, eine Antwort, die mit schallendem Gelächter quittiert wurde. Als ich den Fragesteller um eine Erklärung ersuchte, erwiderte er: »Ich habe drei Jahre an der Universität studiert und mich zu einem Fachmann in klinischer Psychologie ausbilden lassen. Ich habe gelernt, wie man exakte Diagnosen stellt. Ich habe die verschiedenen Techniken zur Veränderung von Einstellungen und Verhalten gelernt. Ich wurde unter dem Etikett der Interpretation und Menschenführung in subtilen Formen von Manipulation unterwiesen. Dann begann ich Ihre Sachen zu lesen, die alles über den Haufen warfen, was ich gelernt hatte. Sie behaupten darin, daß die Macht nicht vom Geist, sondern vom Organismus ausgehe. Sie verkehrten meine Ansichten über die Beziehung zwischen Macht und Herrschaft, die ich mir im Laufe von drei Jahren erworben hatte, völlig in ihr Gegenteil. Und dann behaupten Sie, im klientenzentrierten Ansatz gäbe es keine Politik!«

Dies war der – vielleicht etwas verspätete – Beginn meiner Auseinandersetzung mit der Politik zwischenmenschlicher Beziehungen. Je mehr ich nachdachte und las, und je deutlicher ich die gegenwärtige Betroffenheit von Fragen der Macht und Herrschaft spürte, desto mehr neue Facetten erschlossen sich mir in meinen therapeutischen Beziehungen, in Intensivgruppen, in Familien und im Freundeskreis. Allmählich erkannte ich, daß meine Erfahrung mit der alten Geschichte von dem ungebildeten Mann vergleichbar war, der zum ersten Mal eine Vorlesung über Literatur hört. »Wißt ihr was«, sagte er später zu seinen Freunden, »ich bin draufgekommen, daß ich mein ganzes Leben lang, ohne es zu wissen, Prosa geredet habe.« In ähnlicher Weise könnte ich jetzt sagen: »Ich habe während meines ganzen Berufslebens Politik praktiziert und gelehrt und bin mir dessen erst heute voll und ganz bewußt geworden.« Es erstaunt mich deshalb nicht mehr, wenn Farson über mein Werk urteilt: »Carl Rogers ist nicht aufgrund seiner Politik bekannt geworden. Sein Name wird im allgemeinen eher mit weithin anerkannten Innovationen in der Beratungstechnik, der Persönlichkeitstheorie, der Wissenschaftsphilosophie, der psychotherapeutischen Forschung, mit Encountergruppen und schülerbezogenem Lernen assoziiert ... aber in den letzten Jahren sehe ich ihn mehr und mehr als politische Figur, als einen Mann, dessen kumulative Wirkung auf die Gesellschaft ihn zu einem der ... sozialen Revolutionäre unserer Zeit gemacht hat[1].« Es ist nicht bloß so, daß ich langsam von Begriff bin, daß ich mir erst vor kurzem der politischen Tragweite meiner Arbeit bewußt wurde. Es ist auch so, daß der hier angesprochene Begriff in den letzten Jahren eine Bedeutungserweiterung erfahren hat. Es handelt sich dabei nicht bloß um ein neues Etikett. Ein ganzes Bündel von Bedeutungen fließen hier zu einem aussagekräftigen neuen Konzept zusammen.

Die Verwendung des Wortes »Politik« *(politics)* in Kontexten wie »die Politik der Familie«, »die Politik der Therapie«, »die Politik der Sexualität«, »die Politik der Erfahrung« ist neu. Ich habe in keinem Wörterbuch eine Definition gefunden, die auch nur im entferntesten der Art und Weise nahekommt, in der das Wort gegenwärtig verwendet wird. Das *American Heritage Dictionary* enthält nur Definitionen folgender Art: *Politics:* »Die Methoden oder Taktiken, die bei der Leitung eines Staates oder einer Regierung eingesetzt werden[2].«

Doch das Wort hat eine Reihe neuer Bedeutungen angenommen. Politik *(politics)* hat im heutigen psychologischen und gesellschaftlichen Sprachgebrauch mit *Macht und Herrschaft* zu tun: Mit dem Maß, in dem Menschen Macht und Kontrolle über andere und/oder sich selbst anstreben, zu erlangen versuchen, besitzen, teilen oder auf diese Verzicht leisten. Politik hat mit den *wissentlichen oder unwissentlichen Manövern, Strategien und Taktiken* zu tun, durch die diese Macht und Herrschaft über das eigene Leben und das anderer Menschen angestrebt und errungen – oder geteilt bzw. aufgegeben wird. Politik hat mit der *Lokalisierung der Entscheidungsgewalt* zu tun: Mit der Frage, wer die Entscheidungen trifft, die bewußt oder unbewußt die Gedanken, Gefühle und das Verhalten anderer oder der eigenen Person regulieren oder kontrollieren. Politik hat schließlich mit den *Auswirkungen dieser Entscheidungen und dieser Strategien* zu tun, ob diese nun von einem Individuum oder einer Gruppe ausgehen, ob sie darauf abzielen, die Herrschaft über den Betreffenden selbst, über andere oder über die verschiedenen Systeme der Gesellschaft und ihre Einrichtungen zu erlangen bzw. aufzugeben.

Kurz, Politik ist der Prozeß des Erwerbs, Gebrauchs, der Aufteilung oder des Verzichts auf Macht, Herrschaft und Entscheidungsbefugnis. Sie ist der Prozeß höchst komplexer Interaktionen und Wechselwirkungen dieser Elemente, die in den Beziehungen zwischen einzelnen, zwischen einem Individuum und einer Gruppe oder zwischen Gruppen existieren.

Dieses neue Konstrukt hat einen mächtigen Einfluß auf mich ausgeübt. Es hat mich veranlaßt, mein Lebenswerk mit neuen Augen zu betrachten. Ich habe bei der Begründung des personenbezogenen Ansatzes eine Rolle gespielt. Diese Konzeption wurde zunächst in der Beratung und Psychotherapie unter der Bezeichnung »klientenzentrierte Psychotherapie« entwickelt, womit gemeint war, daß der ratsuchende Mensch nicht als abhängiger Patient, sondern als verantwortlicher Klient behandelt wurde. Auf das Bildungswesen ausgedehnt, wurde von schülerzentriertem Unterricht gesprochen. Mit ihrer Ausweitung auf die verschiedensten, von ihrem Ursprung weit entfernten Lebensbereiche – Intensivgruppen, Ehe, Partnerschaft und Familie, Verwaltung, Minderheitsgruppen, interrassische, interkulturelle und sogar internationale Beziehungen – erscheint die Verwendung eines möglichst umfassenden Begriffs geboten: »personenbezogen«.

Was mich daran interessierte, war die psychologische Dynamik dieses Ansatzes – wie er vom Individuum aufgefaßt wird und auf dieses einwirkt. Ich habe es mir angelegen sein lassen, diesen Ansatz von einem wissenschaftlichen und empirischen Standpunkt aus zu überprüfen; welche Voraussetzungen gegeben sein müssen, damit sich ein Mensch ändert und entwickelt, und welches die spezifischen Auswirkungen oder Resultate dieser Voraussetzungen sind. Aber ich habe der interpersonalen »Politik«, die durch einen solchen Ansatz in Gang gesetzt wird, nie besondere Aufmerksamkeit gewidmet. Jetzt beginne ich, mir über den revolutionierenden Charakter dieser politischen Kräfte klarzuwerden. Ich habe mich gezwungen gesehen, mein gesamtes Werk neu zu beurteilen und zu bewerten. Ich möchte die Frage aufwerfen, welche *politischen* Auswirkungen (politisch im neuen Sinn des Wortes) all das hat, was ich und meine vielen Kollegen in der ganzen Welt getan haben und tun.

Welche Konsequenzen hat der klientenzentrierte Ansatz für die Fragen der Macht und Herrschaft in der Einzeltherapie? Wir werden die politischen Implikationen verschiedener Methoden, Menschen zu helfen, untersuchen, ob es sich um Einzeltherapie, Encounter- oder andere Intensivgruppen handelt. Wir werden uns offen mit einem Thema auseinandersetzen, das nicht häufig erörtert wird: das Problem von Macht und Herrschaft in den sogenannten helfenden Berufen.

Im Jahre 1940 versuchte ich, eine Wende in der Politik der Therapie, wie ich es jetzt nennen würde, herbeizuführen. Einen sich abzeichnenden Trend beschreibend, erklärte ich: »Dieser neuere Ansatz unterscheidet sich von dem älteren dadurch, daß er ein grundlegend anderes Ziel hat. Er zielt direkt auf die größere Unabhängigkeit und Integration des Individuums ab, statt zu hoffen, daß sich diese Resultate ergeben, wenn der Berater bei der Lösung des Problems hilft. Das Individuum steht im Mittelpunkt der Betrachtung, und nicht das Problem. Das Ziel ist es nicht, ein bestimmtes Problem zu lösen, sondern dem Individuum zu helfen, sich zu entwickeln, so daß es mit dem gegenwärtigen Problem und mit späteren Problemen auf besser integrierte Weise fertig wird. Wenn es genügend Integration gewinnt, um ein Problem unabhängiger, verantwortlicher, weniger gestört und besser organisiert zu bewältigen, dann wird es auch neue Probleme auf diese Weise bewältigen.

Wenn dies alles etwas vage klingt, können wir es vielleicht deutlicher machen ... [der neue Ansatz] stützt sich viel stärker auf den individuellen Drang zum Wachsen, zur Gesundheit und zur Anpassung. Therapie ist nicht etwas, das man dem Individuum antut oder das es veranlaßt, etwas Bestimmtes für sich selbst zu tun. Therapie macht es vielmehr frei für normales Wachsen und Entfalten, sie beseitigt Hindernisse, damit es sich wieder vorwärts bewegen kann[3].«

Als diese Erkenntnisse 1940 erstmals ausgesprochen wurden, erhob sich großes Geschrei. Ich hatte mich mit mehreren, damals weit verbreiteten Beratungstechniken auseinandergesetzt – wie Suggestionen, Ratschläge, Überredung und Interpretation – und hatte darauf hingewiesen, daß sie auf zwei Grundannahmen beruhten: daß es »der Berater am besten weiß«, und daß er Techniken entwickeln kann, die es ihm ermöglichen, seinen Klienten so effizient wie möglich auf das vom Berater gewählte Ziel hinzudirigieren. Es ist mir inzwischen klar, daß ich zu einem politischen Schlag ausgeholt hatte, der in zweifacher Hinsicht traf. Zum einen hatte ich erklärt, daß sich die meisten Berater als befugt betrachteten, über das Leben ihrer Klienten zu bestimmen. Und zum anderen hatte ich die Auffassung vertreten, daß es besser sei, der Entwicklung des Patienten freien Lauf zu lassen, so daß dieser zu einem unabhängigen, selbstgesteuerten Menschen werden könne. Ich ließ keinen Zweifel daran, daß dies, falls sie mir zustimmten, einen vollständigen Bruch bzw. eine Umkehrung ihrer persönlichen Herrschaftsansprüche in ihren Klientenbeziehungen bedeuten würde.

Im Laufe der Jahre wurde die Auffassung, die ich 1940 noch so tastend vorgebracht hatte, sowohl durch klinische Erfahrungen als auch durch Forschungsergebnisse erweitert, vertieft und bekräftigt. Sie wurde unter dem Namen klientenzentrierte Psychotherapie bekannt und in den seither vergangenen Jahren durch eine größere Zahl empirischer Studien erhärtet als jeder andere therapeutische Ansatz.

Aus der Perspektive von Politik, Macht und Herrschaft betrachtet, basiert die personenbezogene Therapie auf einer Prämisse, die zunächst riskant und unsicher erschien: der Überzeugung, daß der Mensch im Grunde ein vertrauenswürdiger Organismus sei. Diese Grundauffassung hat sich im Laufe der Jahre durch die Erfahrungen, die im Umgang mit gestörten Personen, Psychotikern, kleinen

Intensivgruppen, Schülern und Studenten sowie Krankenhauspersonal gewonnen wurden, gefestigt. Als Grundhaltung immer mehr anerkannt, muß sie dennoch jeder einzelne Schritt für Schritt für sich erwerben, um von ihrer Gültigkeit überzeugt zu sein. Ich habe sie kürzlich als die »allmählich entstandene und überprüfte Hypothese bezeichnet, daß das Individuum in sich selbst ein ungeheures Potential zur Selbsterkenntnis und zur Veränderung seines Selbstkonzepts, seiner Einstellungen und seines selbstbestimmten Verhaltens trage – und daß dieses Potential freigesetzt werden könne, wenn es nur gelingt, ein zu definierendes Klima förderlicher psychologischer Einstellung zu schaffen[4]«.

Ist für diese Prämisse eine Grundlage vorhanden, die nicht bloß aus Wunschdenken und der Erfahrung einiger weniger besteht? Ich glaube schon. Biologen, Neurophysiologen und andere Wissenschaftler, darunter auch Psychologen, verfügen über Beweismaterial, das folgende Schlußfolgerung nahelegt. In jedem Organismus, auf welcher Entwicklungsstufe er auch stehen mag, sind Kräfte wirksam, die ihn zu einer konstruktiven Erfüllung seiner inhärenten Möglichkeiten drängen. Der Mensch hat eine angeborene Tendenz zur vollständigen Selbstentfaltung. Der Terminus, der am häufigsten dafür gebraucht wurde, heißt Aktualisierungstendenz: diese ist in allen lebenden Organismen vorhanden. Sie ist das Fundament, auf dem der personenbezogene Ansatz entwickelt wurde.

Die Aktualisierungstendenz kann zwar behindert, aber sie kann nicht zerstört werden, ohne den Organismus zu zerstören. Ich erinnere mich, daß sich in meiner Kindheit die Kiste, in der wir unseren Wintervorrat an Kartoffeln aufbewahrten, im Keller befand, etwa einen Meter unter dem kleinen Kellerfenster. Die Bedingungen waren ungünstig, aber dennoch begannen die Kartoffeln zu treiben – blasse, weißliche Schößlinge, so ganz anders als die gesunden grünen Triebe, die hervorsprießen, wenn sie im Frühjahr in das Erdreich gepflanzt werden. Aber diese kümmerlichen dünnen Sprößlinge wuchsen dennoch über einen halben Meter hoch auf das Licht des Fensters zu. Ihr bizarres vergebliches Wachstum war gleichsam ein verzweifelter Ausdruck der Entfaltungstendenz, von der ich gesprochen habe. Sie würden nie zu einer Pflanze werden, nie heranreifen, nie ihr eigentliches Potential erfüllen. Aber auch unter den ungünstigsten Umständen strebten sie nach dieser Erfüllung. Das Leben gibt nicht auf, selbst wenn es nicht zur Blüte gelangen kann. Im Umgang mit Klienten, deren Leben fürchterlich verkrüppelt ist, bei der Arbeit mit Männern und Frauen in den hintersten Gebäuden psychiatrischer Krankenhäuser denke ich oft an diese Kartoffelschößlinge. Diese Menschen haben sich unter so ungünstigen Bedingungen entwickelt, daß ihr Leben oft abnormal, mißgestaltet, kaum menschlich erscheint. Doch auch auf ihre Selbstverwirklichungstendenz ist Verlaß. Der Schlüssel zum Verständnis ihres Verhaltens ist, daß sie mit den wenigen ihnen zur Verfügung stehenden Mitteln und Wegen danach streben, zu wachsen und sich zu entfalten, zu »werden«. Uns mögen die Resultate bizarr und sinnlos erscheinen, aber es sind die verzweifelten Versuche des Lebens, sich selbst zu realisieren. Diese mächtige Tendenz bildet die Grundlage der klientenzentrierten Therapie und all dessen, was sich daraus entwickelt hat.

Es liegt auf der Hand, daß schon allein diese Prämisse der klientenzentrierten Therapie enorme politische Implikationen hat, ohne daß man einen Schritt weiterzugehen braucht. Unser Schulsystem, unsere Industrie, unsere Streitkräfte und viele andere Aspekte unserer Gesellschaft beruhen auf der Annahme, die menschliche Natur sei so beschaffen, daß man dem Individuum nicht trauen könne – daß es von Klügeren oder Höhergestellten gelenkt, belehrt, bestraft, belohnt und beherrscht werden müsse. Freilich werden immer wieder Lippenbekenntnisse zu einer demokratischen Grundauffassung abgelegt, wonach sich alle Macht in den Händen des Volkes befindet, aber diese Grundsätze werden »mehr durch ihre Übertretung als durch ihre Einhaltung zur Kenntnis genommen«. Schon allein die Darstellung der Grundprämisse der klientenzentrierten Therapie kommt somit einer herausfordernden politischen Absichtserklärung gleich.

Welches psychologische Klima ist geeignet, die Fähigkeit des Individuums, zu verstehen und sein Leben zu meistern, in optimaler Weise freizusetzen? Für ein solches wachstumsförderndes Klima sind drei Voraussetzungen nötig, ob es sich nun um die Beziehung

zwischen Therapeut und Klient oder zwischen Eltern und Kind, Gruppenleiter und Gruppe, Lehrer und Schülern, Administrator und Mitarbeitern handelt – sie gelten faktisch für jede Situation, in der die persönliche Entfaltung das Ziel ist.
Die erste hat mit Echtheit und Unverfälschtheit zu tun: Kongruenz. Je mehr der Therapeut in der Beziehung er selbst ist und sich hinter keiner professionellen Maske oder persönlichen Fassade verbirgt, desto größer ist die Wahrscheinlichkeit, daß der Klient sich ändern und in konstruktiver Weise entfalten wird. Das bedeutet, daß der Therapeut offen die Gefühle und Einstellungen lebt, die ihn im Augenblick bewegen. Der Ausdruck Transparenz trifft den Kern dieses Elements – der Therapeut macht sich dem Klienten gegenüber transparent; der Klient sieht ganz klar, was der Therapeut in der Beziehung ist; der Klient erlebt nicht, daß der Therapeut etwas zurückhält. Was den Therapeuten betrifft, so ist sein Erleben dem Bewußtsein zugänglich, es kann in der Beziehung erfahren und, falls es angebracht erscheint, kommuniziert werden. Es besteht also eine enge Entsprechung oder Kongruenz zwischen dem körperlichen Erleben, den Bewußtseinsinhalten und den Mitteilungen an den Klienten.
Was bedeutet dies in der Praxis? Es bedeutet, daß der Therapeut, wenn der Klient Schmerzen oder Kummer empfindet, mit Gefühlen der Wärme, des Mitleids oder des Verständnisses reagiert. In anderen Augenblicken der Beziehung kann er aber auch Langeweile oder Ärger oder gar Angst vor einem destruktiven Klienten empfinden. Je mehr der Therapeut dieser Gefühle gewahr wird – und sie, ob positiv oder negativ, erleben und ausdrücken kann – desto größer ist die Wahrscheinlichkeit, daß er dem Klienten zu helfen vermag. Die *Gefühle* und *Einstellungen* sind es, die dem anderen helfen, wenn sie mitgeteilt werden, nicht Meinungen oder Urteile über den anderen. So kann der Therapeut nicht *wissen,* daß der Klient ein langweiliger Gesprächspartner oder ein arroganter Kerl oder ein schöner Mensch ist. Über alle diese Eigenschaften kann man streiten. Der Therapeut kann nur insofern kongruent und damit hilfreich sein, indem er die Gefühle äußert, die er *empfindet.* In dem Maß, in dem der Therapeut das, was in seinem Inneren vorgeht, wahrnimmt, sich aneignet, bewußtmacht

und ausdrückt – in diesem Maß wird er imstande sein, die Entfaltung des Klienten zu fördern.

Aus der Perspektive interpersonaler Politik schafft dieses erste Element der Beziehung – Kongruenz – sowohl für den Klienten wie auch für den Therapeuten ein Maximum an Raum, in dem diese *sie selbst sein* können. Der Therapeut bringt im Grunde zum Ausdruck: »Hier bin ich, so wie ich bin.« Es gibt keine Spur von Kontrolle über die Reaktion des Klienten auf sein So-Sein. Im Gegenteil, wenn der Klient merkt, daß der Therapeut sich gestattet, so zu sein, wie er ist, wird er die gleiche Freiheit für sich in Anspruch nehmen.

Die zweite Einstellung, die sich für das Entstehen eines Klimas der Veränderung als wesentlich erweist, ist das Akzeptieren, die Anteilnahme oder Wertschätzung – die bedingungsfreie positive Zuwendung. Das bedeutet, daß eine therapeutische Entwicklung oder Veränderung dann wahrscheinlicher ist, wenn der Therapeut eine positive, akzeptierende Einstellung zu dem hat, was der Klient in diesem Augenblick *ist.* Es setzt die Bereitschaft des Therapeuten voraus, dem Klienten zu gestatten, sich ganz dem Gefühl zu überlassen, das ihn im Augenblick erfüllt – Verwirrung, Wut, Zorn, Mut, Liebe oder Stolz. Es ist eine nicht besitzergreifende Art der Zuwendung. Der Therapeut bringt dem Klienten eine umfassende, nicht an Bedingungen geknüpfte Wertschätzung entgegen. Dies gleicht der Liebe, die die Eltern manchmal einem Kind gegenüber empfinden. Die Forschungen haben ergeben, daß die Wahrscheinlichkeit einer erfolgreichen Therapie um so größer ist, je stärker diese Einstellung bei dem Therapeuten ausgeprägt ist.

Natürlich ist es nicht möglich, die ganze Zeit eine solche bedingungslose Zuneigung zu empfinden. Ein Therapeut, der echt ist, wird oft ganz andere, negative Gefühle gegenüber dem Klienten verspüren. Es ist also nicht in dem Sinne als ein »Sollen« aufzufassen, daß der Therapeut dem Klienten eine bedingungslos positive Zuwendung entgegenbringen sollte. Es ist ganz einfach ein Faktum, daß eine konstruktive Veränderung des Klienten weniger wahrscheinlich ist, wenn dies kein einigermaßen häufiges Element der Beziehung bildet.

Wie ist es um die zwischenmenschliche Politik einer solchen Haltung bestellt? Sie ist ein mächtiger Faktor, wirkt sich aber in der Beziehung keinesfalls manipulativ oder beherrschend aus. Es wird keine Beurteilung oder Bewertung vorgenommen. Die Macht über sein eigenes Leben verbleibt vollständig in den Händen des Klienten. Es wird eine Atmosphäre der Geborgenheit geschaffen, nicht eine des Zwanges.

Der dritte förderliche Aspekt der Beziehung ist das empathische einfühlende Verständnis. Das bedeutet, daß der Therapeut die Gefühle und persönlichen Bedeutungsgehalte, die von dem Klienten erfahren werden, genau spürt und dieses Verständnis dem Klienten kommuniziert. Im günstigsten Fall ist der Therapeut so tief in die private Welt seines Gegenübers eingetaucht, daß er nicht nur die Sinngehalte klären kann, deren sich der Patient bewußt ist, sondern auch jene, die sich knapp unterhalb der Bewußtseinsschwelle befinden. Wenn er auf dieser Ebene reagiert, dann wird der Patient mit einer Bemerkung dieser Art antworten: »Vielleicht ist es *das,* was ich auszudrücken versucht habe. Es war mir nicht klar, aber doch, das empfinde ich tatsächlich!« Dieses dritte Element der Beziehung ist vielleicht am leichtesten durch ein wenn auch kurzes Training zu vervollkommnen. Therapeuten können sehr rasch *lernen,* bessere, sensiblere, einfühlsamere Zuhörer zu sein. Zum Teil ist es Übungssache, zum Teil Sache der Einstellung. Um echter oder anteilnehmender zu werden, muß sich der Therapeut hingegen selbst anders erfahren, und dies ist ein langsamerer und komplexerer Prozeß.

Empathie setzt eine Entscheidung seitens des Therapeuten voraus, worauf er seine Aufmerksamkeit richten will, nämlich die innere Welt des Klienten, so wie dieses Individuum sie wahrnimmt. Es verändert sich somit dadurch die interpersonale Politik der Beziehung. Es wird jedoch keinerlei Herrschaft über den Klienten ausgeübt. Es hilft ihm im Gegenteil, ein klareres Verständnis seiner eigenen Welt und seines eigenen Verhaltens zu erlangen und damit auch ein größeres Maß an Kontrolle über diese.

Man kann zu Recht die Frage stellen, weshalb sich ein hilfesuchender Mensch in positiver Weise verändert, wenn er in eine Beziehung eingebunden ist, die diese Elemente enthält. Im Laufe der Jahre habe ich immer deutlicher erkannt, daß der Wandlungspro-

zeß des Klienten das Äquivalent der vom Therapeuten gezeigten Einstellungen ist.
Wenn der Klient merkt, daß der Therapeut seinen Gefühlen akzeptierend zuhört, entwickelt er die Fähigkeit, sich selbst akzeptierend zuzuhören – die Gefühle der Wut, der Angst, der Zärtlichkeit, des Mutes, die er gerade erlebt, anzuhören und zu akzeptieren. Wenn der Klient spürt, daß der Therapeut auch die verborgenen und unheimlichen Aspekte schätzt und für wertvoll hält, die er geäußert hat, beginnt er auch sich selbst zu schätzen und zu mögen. Wenn er den Therapeuten als echt erlebt, ist der Klient imstande, seine Masken fallen zu lassen und sich offener zu seinem inneren Erleben zu bekennen.
In politischen Kategorien ausgedrückt: Indem er auf seine inneren Gefühle achtet, verringert der Klient die Macht anderer, Schuldgefühle, Ängste und Hemmungen in ihn einzupflanzen, und erweitert allmählich sein Verständnis für bzw. seine Herrschaft über das eigene Selbst. In dem Maße, in dem sich der Klient selbst stärker akzeptiert, wächst die Möglichkeit, daß er sich selbst in den Griff bekommt. Der Klient gehört sich in einem Maße selbst, das nie zuvor möglich war. Sein Machtgefühl nimmt zu. Je selbstbewußter, selbst-akzeptierender, offener und weniger defensiv er wird, desto größer wird seine Freiheit, zu wachsen und sich in die Richtungen zu entwickeln, die dem menschlichen Organismus entsprechen. Sein Leben ist jetzt in seiner Hand, und er kann es seinen individuellen Bedürfnissen entsprechend leben.
Ich habe vor Jahren versucht, den Wandlungsprozeß zu beschreiben, so wie er in einer personenbezogenen Therapie mit einem männlichen Therapeuten vom Klienten innerlich erlebt wird:

»Ich habe Angst vor ihm. Ich will Hilfe, aber ich weiß nicht, ob ich ihm trauen soll. Er wird vielleicht Dinge sehen, die ich in mir gar nicht kenne – erschreckende und schlimme Dinge. Scheinbar beurteilt er mich nicht, aber ich bin sicher, daß er es doch tut. Ich kann ihm nicht erzählen, was mir wirklich Sorgen macht, aber ich kann ihm von einigen früheren Erfahrungen erzählen, die etwas mit meiner Sorge zu tun haben. Er scheint sie zu verstehen; da kann ich ein wenig mehr von mir verraten.«

»Jetzt, wo ich ihm ein bißchen mehr von meiner schlechten Seite gezeigt habe, verachtet er mich sicher; aber komisch, daß man es kaum merkt. Vielleicht ist das gar nicht so schlimm, was ich ihm erzählt habe? Ist es möglich, daß ich mich gar nicht dafür zu schämen brauche, daß ich so bin? Verachtet er mich gar nicht mehr? Jetzt will ich weitergehen, mich erforschen, vielleicht mehr von mir selbst ausdrücken. Er ist so was wie ein Begleiter dabei – er versteht mich offensichtlich wirklich.«

»Aber jetzt fürchte ich mich wieder, ich bin tief erschrocken. Mir war nicht klar, daß ich, wenn ich die unbekannten Ecken von mir selbst betrete, Gefühle empfinden würde, die ich nie vorher erfahren habe. Es ist komisch, richtig neu sind sie eigentlich nicht, sie waren immer da. Aber sie sind so schlecht und störend, daß ich nie gewagt habe, sie aufkommen zu lassen. Und jetzt, wo ich diese Gefühle während der Stunden mit ihm durchlebe, bin ich furchtbar unsicher; meine Welt will auseinanderfallen. Sie war früher sicher und fest. Jetzt ist sie schwankend, durchlässig und verletzbar. Es ist nicht angenehm, Dinge zu fühlen, die mich immer erschreckt haben. Es ist seine Schuld. Aber komisch – ich bin versessen darauf, ihn zu sehen, und ich fühle mich sicherer, wenn ich bei ihm bin.«

»Ich weiß nicht mehr, wer ich bin, aber manchmal, wenn ich meinen Gefühlen traue, bin ich anscheinend für den Augenblick stark und wirklich. Mich beunruhigen die Widersprüche, die ich in mir finde – ich handele anders, als ich empfinde – ich denke eine Sache und fühle dabei eine andere. Verwirrend. Es ist auch manchmal abenteuerlich und erheiternd, wenn ich herausfinden will, wer ich wirklich bin. Manchmal ertappe ich mich bei dem Gefühl, daß ich doch so, wie ich bin, sein sollte.«

»Jetzt ist es gut und doch schmerzlich, ihm gerade das mitzuteilen, was ich im Augenblick empfinde. Es hilft, wenn ich versuche, mir selbst zuzuhören – zu merken, was sich in mir abspielt. Ich verwende manche der Stunden bei ihm dazu, tief in mich hineinzugraben und zu erfahren, was ich *wirklich* empfinde. Es ist eine fürchterliche Arbeit, aber ich will es *wissen*. Und ich vertraue ihm meistens wirklich, und das hilft. Ich fühle mich ziemlich verletzlich und verwundbar, aber ich weiß, daß er mir nicht weh tun will, und ich glaube sogar, daß er wirklich Anteil nimmt. Mir fällt ein, wenn ich versuche, mich tiefer und tiefer in mein Inneres hinabzulassen, daß ich vielleicht erfahren werde, wer ich bin und außerdem, was ich tun muß, wenn ich genau weiß, was sich in mir abspielt und was es bedeutet. Zumindest fühl' ich das manchmal, wenn wir zusammen sind.«

»Ich kann ihm sogar genau sagen, was ich ihm gegenüber in jedem Moment empfinde; das verhindert nicht die Beziehung, wie ich früher glaubte, sondern scheint sie zu vertiefen. Ob das mit anderen Leuten auch ginge? Vielleicht ist das gar nicht so gefährlich!«

»Es ist gerade, als schwämme ich mitten im Lebensstrom – schon abenteuerlich, ich selbst zu sein. Manchmal erleide ich Niederlagen, ich tue mir manchmal weh, aber ich lerne, daß solche Erfahrungen nicht lebensgefährlich sind. Ich weiß nicht genau, *wer* ich bin, aber ich kann meine Empfindungen jederzeit erkennen und nach ihnen mein Verhalten ausrichten. Natürlich geht das nur, weil ich mich in der Beziehung zu meinem Therapeuten sicher fühle. Oder könnte ich ebenso außerhalb dieser Beziehung ich selbst sein? Das möchte ich wissen! Ich frage mich. Vielleicht könnte ich es[5]?«

Die Politik des klientenzentrierten Ansatzes besteht in einem bewußten Verzicht des Therapeuten auf jegliche Kontrolle über den Klienten wie auch auf das Entscheidungen-für-diesen-Treffen. Es geht um die Förderung der Selbstfindung durch den Klienten sowie die Strategien, durch die dies erreicht werden kann; die Verankerung der Entscheidungsprozesse und der Verantwortung für die Auswirkungen dieser Entscheidungen: ihr politisches Zentrum ist der Klient.

Die klientenzentrierte Therapie hat die Politik der Psychotherapie durch die Aufzeichnung und Veröffentlichung transkribierter therapeutischer Gespräche bleibend verändert. Die mysteriösen, unerklärlichen Operationen des Therapeuten liegen jetzt für jedermann offen zutage. Dadurch wurde die therapeutische Welt von einem Hauch frischer Luft und gesunden Menschenverstands durchzogen. Der einzelne hat nun zumindest die Möglichkeit, diejenige therapeutische Richtung zu wählen, die ihm am besten zu entsprechen scheint. Während zuerst nur therapeutische Gespräche der klientenzentrierten Richtung für die Diskussion und Kritik verfügbar waren, gibt es heute Bandaufzeichnungen namhafter Therapeuten verschiedenster Orientierungen[6].

Tom Hanna hat die Konsequenzen dieser Situation überzeugend resümiert und die personenbezogene Psychotherapie in einen breiteren Zusammenhang gestellt. »Der humanistischen Psychologie ist es gelungen, das Wesen der Therapie zu entmystifizieren. Sowohl die Theorie als auch die Praxis des therapeutischen Wandlungsprozesses sollten der Öffentlichkeit bekanntgemacht werden, so daß sowohl der Patient als auch der Therapeut an diesem Wissen teilhaben können ... es geht nicht mehr an, daß der Therapeut dem alten autoritären medizinischen Brauch folgt, den Patienten in Unwissenheit zu halten, wie ein Patriarch ein Kind behandeln mag ... vielmehr geht es darum, daß das von Gewohnheiten geprägte, unglückliche Individuum die Herrschaft über sich selbst wiedergewinnt und es lernt, sich selbst heil und gesund zu erhalten.

Natürlich ist dies ein höchst ›unprofessionelles‹ Verhalten, denn es wird auf die Autorität, die Geheimnistuerei und die Unbezweifelbarkeit des professionellen Heilkundigen und Therapeuten verzichtet, und zwar zugunsten des Patienten. Das Zentrum der therapeutischen Aktion wird daher nicht im Entscheidungsbereich des Therapeuten, sondern im Entscheidungsbereich des Patienten gesehen[7].«

Es versteht sich nahezu von selbst, daß der personenbezogene Ansatz die Therapeut-Patient-Beziehung, so wie dieser früher aufgefaßt wurde, radikal verändert. Der Therapeut ist nun nicht mehr der Ursprung der Veränderung, sondern erfüllt eine Art »Hebammenfunktion«. Er legt die letzte Entscheidungsbefugnis in die Hände des Klienten, ob es um kleine Dinge, wie die Richtigkeit einer Reaktion des Therapeuten, geht oder um schwerwiegende Entscheidungen, wie die Bestimmung der Richtung des eigenen Lebens. Es ist nun ganz klar die Sache des Klienten, abzuwägen und Entscheidungen zu treffen.

Der personenbezogene Ansatz beruht auf der Prämisse, daß der

Mensch im Grunde ein vertrauenswürdiger Organismus sei, der fähig ist, die äußere und innere Situation abzuschätzen, und der sich auch selbst so versteht, daß er konstruktive Entscheidungen in bezug auf die nächsten Schritte im Leben treffen und nach diesen Entscheidungen handeln kann.

Fördernd wirkt derjenige Therapeut, der dazu beiträgt, diese Fähigkeiten freizusetzen, indem er zu dem Patienten eine echte menschliche Beziehung herstellt, das heißt, sich zu seinen eigenen Gefühlen bekennt und diese ausdrückt; indem er dem Klienten eine nicht besitzergreifende Anteilnahme und Liebe entgegenbringt; und indem er die innere Welt des anderen versteht und akzeptiert. Verhält man sich einem Individuum oder einer Gruppe gegenüber in der geschilderten Weise, so stellt sich heraus, daß die getroffenen Entscheidungen, die eingeschlagenen Richtungen und die gewählten Handlungen zunehmend konstruktiver werden und zugleich eine realistischere soziale Harmonie mit anderen anstreben. Diese humanistische personenbezogene Konzeption ist uns inzwischen so vertraut geworden, daß wir manchmal vergessen, welch eine Provokation sie für die damals gängigen Auffassungen darstellte. Ich brauchte Jahre, um zu erkennen, daß der erbitterte Widerstand gegen eine klientenzentrierte Therapie nicht nur auf deren Neuheit und die Tatsache, daß sie von einem Psychologen und nicht von einem Psychiater ausging, zurückzuführen war, sondern in erster Linie darauf, daß sie der *Macht* des Therapeuten einen so ungeheuren Schlag versetzte. Ihr bedrohlichster Aspekt waren ihre *politischen* Implikationen.

Freud gibt den Grad seines Mißtrauens gegenüber der menschlichen Natur zu erkennen, wenn er über die Notwendigkeit einer Kontrolle durch das Über-Ich sagt: »Unsere Seele, jenes kostbare Instrument, mittels dessen wir uns im Leben behaupten, ist nämlich keine in sich friedlich geschlossene Einheit, sondern eher einem modernen Staat vergleichbar, in dem eine genuß- und zerstörungssüchtige Masse durch die Gewalt einer besonnenen Oberschicht niedergehalten werden muß[8].«

Bis zum Ende seiner Tage war Freud überzeugt, daß nichts als Zerstörung die Folge wäre, wenn der menschlichen Natur freier Lauf gelassen würde. Diese Bestie im Menschen unter Kontrolle zu halten, erschien ihm als Aufgabe von höchster Dringlichkeit. »Den Kern unseres Wesens bildet also das dunkle Es ... Das einzige Streben dieser Triebe ist nach Befriedigung ... Aber sofortige und rücksichtslose Triebbefriedigung, wie sie das Es fordert, würde oft genug zu gefährlichen Konflikten mit der Außenwelt und zum Untergang führen ... Das Es gehorcht dem unerbittlichen Lustprinzip ... und es bleibt eine theoretisch höchst bedeutsame, gegenwärtig noch nicht beantwortete Frage, wann und wie die Überwindung des Lustprinzips überhaupt gelingt[9].«

In bezug auf die Frage von Macht und Herrschaft im täglichen Leben nahm Freud einen sehr autoritären Standpunkt ein: »... es besteht bei der Masse der Menschen ein sehr starkes Bedürfnis nach einer Autorität, die man bewundern kann, der man sich beugt, von der man beherrscht, eventuell sogar mißhandelt wird. Aus der Psychologie des Einzelmenschen haben wir erfahren, woher dies Bedürfnis der Masse stammt. Es ist die Sehnsucht nach dem Vater, die jedem von seiner Kindheit her innewohnt[10].«

Auch Freuds Auffassungen in bezug auf Gruppen sind gleichermaßen pessimistisch und bestürzend. Fast hat man den Eindruck, daß Hitler diese Ansichten studiert und sich zu eigen gemacht haben muß: »Die Masse ist außerordentlich beeinflußbar und leichtgläubig, sie ist kritiklos, das Unwahrscheinliche existiert für sie nicht ... Selbst zu allen Extremen geneigt, wird die Masse auch nur durch übermäßige Reize erregt. Wer auf sie wirken will, bedarf keiner logischen Abmessung seiner Argumente, er muß in den kräftigsten Bildern malen, übertreiben und immer das Gleiche wiederholen ... Sie respektiert die Kraft und läßt sich von der Güte, die für sie nur eine Art von Schwäche bedeutet, nur mäßig beeinflussen ... Sie will beherrscht und unterdrückt werden und ihren Herrn fürchten ... Und endlich: Die Massen haben nie den Wahrheitsdurst gekannt. Sie fordern Illusionen, auf die sie nicht verzichten können. Das Irreale hat bei ihnen stets den Vorrang vor dem Realen, das Unwirkliche beeinflußt sie fast ebenso stark wie das Wirkliche. Sie haben die sichtliche Tendenz, zwischen beiden keinen Unterschied zu machen ... Die Masse ist eine folgsame Herde, die nie ohne Herrn zu leben vermag. Sie hat einem solchen Durst zu gehorchen, daß sie sich jedem, der sich zu ihrem Herrn ernennt, instinktiv unterordnet[11].« Einem Therapeuten, der sich vom Freudschen Denken leiten ließ, müssen klientenzentrierte Auffassungen wie die folgenden nicht nur ketzerisch, sondern überaus gefährlich erschienen sein: Daß der menschliche Organismus im tiefsten Grunde vertrauenswürdig sei; daß die menschliche Natur nicht etwas ist, wovor man sich fürchten, sondern was man in verantwortlichem Selbstausdruck freisetzen soll – daß kleine Gruppen (in der Therapie oder im Klassenzimmer) in verantwortlicher und sensitiver Weise konstruktive zwischenmenschliche Beziehungen herstellen und vernünftige individuelle und Gruppenziele wählen können; daß all das Genannte erreicht werden kann, wenn es einem Helfer oder Förderer: [facilitator] gelingt, ein Klima der Echtheit, des Verständnisses und der Anteilnahme zu schaffen. Jetzt, bei meiner erneuten Vertiefung in die Freudschen Auffassungen verstehe ich besser, weshalb ich um 1950 herum an der Menninger-Klinik eindringlich vor den Konsequenzen meiner Ansichten gewarnt wurde. Man sagte mir, ich würde einen gefährlichen Psychopathen hervorbringen, weil keine Instanz vorhanden sein werde, um den angeborenen destruktiven Kern des Patienten unter Kontrolle zu halten.

Im Laufe der Jahre haben die Freudschen Analytiker ihre Auffassungen, was die Politik der Therapie betrifft, gemildert oder modifiziert. Zusammen mit den Gestalttherapeuten, Jungianern, rational-emotiven Therapeuten, Transaktionsanalytikern und vielen anderen neuen Richtungen vertreten sie jetzt einen gemäßigten Standpunkt. Der Fachmann ist zuweilen definitiv eine Autorität (wie etwa der Gestalttherapeut, der sich mit der Person auf dem »heißen Sitz« befaßt), aber es wird auch das Recht des Individuums anerkannt, für sich selbst verantwortlich zu sein. Es wurde kein Versuch unternommen, diese Widersprüche zu rationalisieren. Diese Therapeuten nehmen eine paternalistische Haltung ein oder folgen dem medizinischen Modell, das heißt, sie glauben, daß die Kontrolle zeitweilig in den Händen des Therapeuten sein sollte, und daß Kontrolle und Verantwortung in anderen Augenblicken (über die der Therapeut zu entscheiden hat) in die Hände des Patienten bzw. des Klienten zu legen seien.

Eine Richtung, die in Hinblick auf die Politik der Beziehungen

einen sehr definitiven Standpunkt eingenommen hat, ist die Verhaltenswissenschaft. Ihre Zielsetzung ist in Skinners berühmtem Buch *Walden II*[12] klar formuliert. Eine elitäre Technokratie von Verhaltenswissenschaftlern bestimmt zum (individuellen oder kollektiven) Wohl des Menschen die Ziele, die den einzelnen glücklich und produktiv machen sollen. Um diese Ziele zu erreichen, wird sein Verhalten dann durch operantes Konditionieren (mit oder ohne Wissen der »Versuchsperson«) geformt. Das menschliche Verhalten ist schließlich *vollständig* durch die Umwelt determiniert, es empfiehlt sich daher, diese so zu planen, daß der einzelne glücklich, sozialisiert und moralisch wird. Wer die Umwelt für die *Planer* so gestalten soll, daß ihr völlig determiniertes Verhalten sie veranlaßt, als eine so weise und gute Elite zu fungieren, ist eine Frage, der immer geschickt ausgewichen wird. Dennoch wird angenommen, daß ihre Ziele konstruktiv und sozial sein werden und daß die Gestaltung des Verhaltens sowohl dem einzelnen als auch der Gesellschaft zum Wohle gereichen wird.
Auf abweichendes Verhalten angewandt, wirkt dieser Ansatz allerdings manchmal etwas befremdlich. In seinem Artikel »Gehirnwäsche für Kriminelle – heute« schreibt McConnell: »Wir würden ein Kapitalverbrechen als klaren Beweis ansehen, daß der Straffällige auf irgendeine Weise eine ausgeprägte Sozioneurose erworben habe und geheilt, nicht bestraft werden müsse. Wir würden ihn dann in ein Rehabilitationszentrum schicken, wo er so lange einer positiven Gehirnwäsche unterzogen würde, bis wir ganz sicher sein können, daß er sich in einen gesetzestreuen Bürger verwandelt hat, der sich keine neuen antisozialen Handlungen zuschulden kommen lassen wird. Vermutlich müßten wir seine gesamte Persönlichkeit neu strukturieren[13].«
McConnell scheint sich der politischen Implikationen seiner Äußerungen überhaupt nicht bewußt zu sein. Psychologen, die seine Anschauungen teilen, wären sicherlich die ersten, die ein Diktator subventionieren und in seinen Dienst stellen würde, dem daran gelegen wäre, verschiedene »Kapitalverbrechen«, die seinen Staat bedrohen, durch sie »kurieren« zu lassen.
Aus Fairneß gegenüber Behavioristen sollte festgehalten werden, daß sich viele von ihnen inzwischen eine stark veränderte Sicht-

weise der Politik der Beziehungen zu eigen gemacht haben. In der Kommune Twin Oaks, ursprünglich nach dem Vorbild von *Walden II* gestaltet, treffen die Bewohner oft selbst die Entscheidung darüber, welches Verhalten sie zu ändern wünschen, und wählen die Belohnungen mit der intensivsten Verstärkerwirkung aus. Dies steht eindeutig in Widerspruch zur Politik des strikten Behavioristen, da es sich um selbstinitiierte, selbstbewertete Veränderung handelt. Nicht die Umwelt formt das Verhalten des einzelnen, sondern der einzelne entscheidet sich, die Umwelt so zu gestalten, daß sie seiner eigenen persönlichen Entfaltung dient.

Manche Verhaltenswissenschaftler sind sogar noch weiter gegangen. Einige der neueren Bücher weichen grundlegend von Skinners Auffassungen ab. Statt das Individuum unter Kontrolle zu halten, lehren sie den einzelnen, selbst an sich zu arbeiten. Schon allein der Titel des jüngsten Buches, von dem ich Kenntnis erhalten habe, zeigt, daß die darin vertretenen Überzeugungen weit entfernt von *Walden II* sind. Der Titel lautet *Self-Control: Power to the Person!* [wörtlich: Selbstkontrolle: Macht für die Person!][14] Politisch gesehen ist dies das Gegenteil des orthodoxen Behaviorismus.

Die obigen Absätze mögen den Eindruck hervorrufen, daß sich die Therapeuten gemessen an der interpersonalen Politik ihrer Therapien allmählich den humanistischeren Auffassungen annähern und in der Ausformung ihrer Beziehungen nicht mehr allzu stark voneinander differieren. Nichts ist weiter von der Wahrheit entfernt, wie eine bahnbrechende Untersuchung Raskins[15], die vor mehr als einem Jahrzehnt begonnen, aber erst vor kurzem veröffentlicht wurde, in dramatischer Weise demonstriert.

Raskin zog dazu Aufzeichnungen von sechs therapeutischen Gesprächen heran, die von sechs namhaften und erfahrenen Therapeuten geführt wurden, von denen jeder eine andere Schule repräsentierte. Jeder der Therapeuten autorisierte einen ausgewählten Abschnitt des Gesprächs als repräsentatives Beispiel seiner Arbeitsweise. Diese Abschnitte wurden von dreiundachtzig Therapeuten begutachtet, die sich selbst zwölf verschiedenen therapeutischen Richtungen zuordneten. Die erwähnten Passagen wurden nach zahlreichen Variablen bewertet, die man den verschiedenen therapeutischen Theorien und Verfahren entnommen hatte. Politisch gesehen handelt es sich bei denjenigen, die bei Variablen wie »therapeutgesteuert« oder »systematisch verstärkend« hohe Werte erzielten, eindeutig um Therapeuten, die sich kontrollierend verhalten und wichtige Entscheidungen für den Klienten treffen. Wer bei Variablen wie »warm und gebend«, »egalitär« und »einfühlsam« hoch eingestuft wird, neigt im Gegenteil dazu, Macht und Entscheidungsbefugnis in den Händen des Klienten zu lassen.

Als diese dreiundachtzig Therapeuten dieselben Variablen heranzogen, um ein Bild des »idealen« Therapeuten zu entwerfen, stellte sich eine sehr weitgehende Übereinstimmung heraus: Die herausragenden Charakteristika waren alle *nicht*kontrollierend. Mit anderen Worten, die befragten Therapeuten *wünschen,* den Klienten als autonome Person zu behandeln.

In der Praxis ergibt sich hingegen ein ganz anderes Bild. Von den sechs bewerteten Experten zeigten nur zwei – der klientenzentrierte und der erlebensorientierte Therapeut – weitgehende Ähnlichkeit mit dem Ideal. Die anderen vier – einschließlich des rational-emotiven, des psychoanalytischen und des Jungianers – korrelierten negativ mit dem Ideal, einige davon in extremer Weise. Mit anderen Worten, in der Praxis entsprachen vier der sechs führenden Kapazitäten eher dem Gegenteil des von dreiundachtzig praktizierenden Therapeuten entworfenen Ideals. Die Politik der therapeutischen Beziehung differiert somit nicht nur drastisch von Therapeut zu Therapeut, sondern ein und derselbe Therapeut kann eine krasse Diskrepanz zwischen dem formulierten Standesideal und seinem tatsächlichen Verhalten aufweisen.

Die meisten psychotherapeutischen Verfahren können einer Skala zugeordnet werden, die nach Gesichtspunkten der Macht und Herrschaft entworfen wurde. An dem einen Ende dieser Skala befinden sich die orthodoxen Freudianer und die orthodoxen Behavioristen, die an eine Politik autoritärer oder elitärer Herrschaft über den Menschen »zu dessen eigenem Wohl« glauben, sei es, um ihn besser an den Status quo anzupassen oder ihn glücklich, zufrieden oder produktiv zu machen bzw. alle diese genannten Ziele zu erreichen. In der Mitte sind die meisten der zeitgenössischen

Schulen angesiedelt, die in bezug auf die Politik ihrer Beziehungen als konfus, mehrdeutig oder paternalistisch anzusehen sind (obwohl sie hinsichtlich ihrer therapeutischen Strategien durchaus zielstrebig sein mögen). Dem entgegengesetzten Pol der Skala ist der klientenzentrierte, erlebensorientierte, personenbezogene Ansatz zuzuordnen, der konsequent das Potential und die Autonomie der Person hervorhebt, sowie ihr Recht, die Richtung zu wählen, die sie in ihrem Verhalten einschlagen will, und schließlich ihre Selbstverantwortlichkeit in der therapeutischen Beziehung, in der die Person des Therapeuten eine gewichtige, aber primär katalytische Rolle spielt[16].

Die gleiche Skala kann auf die interpersonalen Beziehungen in Intensivgruppen angewandt werden. Diese sind so mannigfaltig – T-Gruppen, Encountergruppen, Sensitivitätstrainingsgruppen, Gruppen zur Schulung der sinnlichen Wahrnehmung, Gestaltgruppen und so weiter –, daß Generalisierungen so gut wie unmöglich sind. Das herausragende Faktum ist, daß sich die verschiedenen Gruppenleiter hinsichtlich ihrer Art, Beziehungen aufzunehmen, enorm voneinander unterscheiden. Manche sind höchst autoritär und direktiv. Andere machen einen reichlichen Gebrauch von Übungen und Spielen, um die Ziele zu erreichen, die sie sich gesetzt haben. Wieder andere fühlen sich den Gruppenmitgliedern gegenüber nur wenig verantwortlich: »Ich tue das Meine und Sie tun das Ihre.« Eine weitere Gruppe, zu der ich mich zähle, bemüht sich, fördernd, aber keineswegs kontrollierend zu wirken[17]. Jeder Gruppenleiter müßte wahrscheinlich individuell beurteilt werden, wenn wir den politischen Gehalt seines Ansatzes bewerten wollen.

Ein neues Verfahren scheint rasche Verbreitung zu finden. Es handelt sich um das von Werner Erhard gegründete *Erhard Seminars Training,* das unter der Abkürzung EST bekanntgeworden ist. Es ist ein Extremfall des leiterdominierten Gruppentypus. Die Teilnehmer werden einer absoluten Disziplin unterworfen und müssen stundenlang Spott und Beschimpfungen über sich ergehen lassen. Alle ihre Überzeugungen sind »Scheiße«, und sie selbst sind »Arschlöcher«. Dies ruft eine solche Verwirrung hervor, daß sich der Gruppenleiter schließlich als unangefochtene Autorität etablieren kann. Die Invektiven gipfeln in der Anklage: »Sie sind nichts anderes als eine verdammte Maschine! Und Sie können nichts anderes sein als das, was Sie sind.« Daran schließt sich die optimistische Verheißung: »Wenn Sie die Natur Ihres Geistes akzeptieren ... und die Verantwortung für die Beschaffenheit all der ... Mechanismen übernehmen, die er umfaßt, dann haben Sie alles, was Sie je getan haben, aus freiem Entschluß getan und sind freiwillig zu dem geworden, was Sie heute sind. In diesem Augenblick werden Sie genau das, was Sie immer sein wollten[18]!«

Viele Teilnehmer dieser Gruppen machen konversionsartige Erfahrungen und sind der Meinung, daß sich ihr Leben sehr gebessert habe. Aus der Sicht der interpersonalen Politik erscheinen mir dabei vor allem zwei Dinge bemerkenswert. Das eine ist die Tatsache, daß der Gruppenleiter das absolute Kommando übernimmt. Obwohl dies manchen mißfällt, zeigt die Mehrheit, die sich dem Willen des Leiters unterwirft, welch ein großer Prozentsatz von Menschen den Wunsch hat, von einem Guru abhängig zu sein. Der zweite Punkt ist, daß Erhard in seinen weitschweifigen Referaten, in denen er die Resultate seiner Arbeit auf vielerlei Weise beleuchtet, kein einziges Mal auf den autoritären *Prozeß* eingeht, durch den diese Veränderungen bewirkt werden. Wie bei allen autoritären Ansätzen rechtfertigt der Zweck die Mittel. Beim personenbezogenen Ansatz ist der *Prozeß* von entscheidender Bedeutung, und die Veränderungen sind nur partiell vorhersagbar.

Obwohl EST ein extremes Beispiel ist, kommt der zunehmenden Verwendung von Spielen und Übungen in allen Arten von Intensivgruppen starke politische Bedeutung zu. Es muß inzwischen Hunderte solcher Übungen geben, und viele Leiter der Intensivgruppenbewegung benutzen sie ständig.

Es gibt zahlreiche Varianten der Phantasiereise. »Ich werde jetzt eine Musik spielen und ich möchte, daß sich jeder von Euch seiner Phantasie überläßt, während Ihr zuhört. Nachher werden wir gemeinsam über unsere Phantasien sprechen.« Es gibt auch viele Übungen, bei denen es um Berührungen geht. In der folgenden Übung werden Berühren und Feedback geübt. »Geht im Kreis von einem zum anderen. Berührt jeden einzelnen, schaut ihm in die Augen und sagt ihm, wie Ihr Euch ihm gegenüber fühlt.« Und natürlich dies: »Wir wollen über unsere Gefühle nur im Hier und Jetzt sprechen, ohne Bezugnahme auf die Vergangenheit oder den Alltag draußen.«

Die politischen Implikationen dieser Übungen hängen stark davon ab, wie sie verwendet werden. Wenn der Gruppenleiter das Spiel und seinen Zweck beschreibt, die Mitglieder fragt, ob sie daran teilnehmen wollen und es dabei dem einzelnen freistellt, ob er mitmachen will, dann kann man nicht von einer Nötigung sprechen. Falls der Gruppenleiter hingegen erklärt: »Jetzt wollen wir alle ...«, ist die Wirkung in der Tat eine völlig andere. Außer Zweifel steht, daß die Gruppe durch die Verwendung von Übungen oder Spielen im allgemeinen leiterzentriert und nicht teilnehmerzentriert sein wird.

Ich verwende selten solche Übungen. Ich ziehe es vor, eine Encountergruppe mit einer kurzen Einleitung zu beginnen wie: »Dies ist unsere Gruppe. Wir werden fünfzehn Stunden miteinander zubringen, und wir können aus dieser Erfahrung machen, was wir wollen.« Dann höre ich mir aufmerksam und akzeptierend an, was die Teilnehmer dazu äußern. Ich habe eine Abneigung dagegen, irgendein im voraus geplantes Verfahren zu verwenden. Manchmal habe ich jedoch auch schon Übungen vorgeschlagen. In einer apathischen Gruppe regte ich an zu versuchen, unsere Trägheit durch die bekannte Übung abzuschütteln: Wir sollten einen inneren und einen äußeren Kreis bilden, und die Mitglieder des äußeren Kreises sollten versuchen, die wahren Gefühle der ihnen gegenüberstehenden Gruppenmitglieder zu äußern. Die Gruppe ging auf diesen Vorschlag überhaupt nicht ein und machte weiter, als hätte ich ihn nie ausgesprochen. Aber bevor eine Stunde vergangen war, griff ein Mann den zentralen Aspekt dieses Verfahrens auf und wandte es an, indem er sagte: »Ich möchte für John sprechen und sagen, was er meiner Meinung nach *in Wirklichkeit* fühlt.« Im Laufe der nächsten ein, zwei Tage folgten mindestens ein Dutzend andere Leute seinem Beispiel – aber auf ihre eigene spontane Art, nicht als plumpe oder starre Prozedur[19]. Dies zeigt, daß die *Kenntnis* verschiedener Übungen in die Echtheit und Spontaneität einfließen kann, die die Quintessenz einer personenbezogenen Gruppe sind.

Das folgende Beispiel zeugt von der Wirksamkeit des personenbezogenen Ansatzes. Diabasis ist ein Therapiezentrum für junge akute Schizophrene, das von John W. Perry, einem angesehenen Analytiker der Jungschen Richtung gegründet wurde. *Diabasis* ist ein griechisches Wort, das »Übergang« bedeutet.

Perry blickte auf eine fünfundzwanzigjährige Erfahrung im Umgang mit Psychotikern in verschiedenen therapeutischen Anordnungen zurück.

Er war immer stärker zur Überzeugung gekommen, daß die meisten schizophrenen Episoden in Wirklichkeit einen chaotischen, aber vitalen Versuch der Selbstentfaltung und Selbstheilung darstellen. Wird ein solches »Individuum« (er spricht nicht mehr von Patienten) als eigenständige Person behandelt und in eine enge und vertrauensvolle Beziehung eingebettet, dann kann es seiner Ansicht nach diese Krise in relativ kurzer Zeit überwinden und stärker und gesünder daraus hervorgehen[20].

Dr. Perry und Dr. Howard Levine, ebenfalls Jungianer, gründeten Diabasis, um ihre Auffassungen umfassender zu verwirklichen, als es in einem psychiatrischen Krankenhaus möglich war. Der erste Schritt war die Auswahl eines geeigneten Stabes. Schriftliche Bewerbungsunterlagen wurden außer acht gelassen. Als Auswahlkriterien dienten die Einstellungen der Bewerber. Es wurden vorwiegend junge Leute ausgewählt, die in den Trainingsseminaren die Fähigkeit bewiesen hatten, mit Menschen in Kontakt zu treten, die sich in ihre innere Welt zurückgezogen hatten. Viele dieser jungen Freiwilligen waren Angehörige der Outsider-Kultur. Sie wußten, was es heißt, entfremdet zu sein. Viele von ihnen hatten Erfahrungen mit – guten und schlechten – Drogentrips. Sie hatten keine Angst vor bizarrem Denken oder Verhalten.

Das Haus, in dem Diabasis untergebracht ist, bot nur sechs »Individuen« sowie einigen Freiwilligen und dem Hauspersonal Platz. Es »ist ein nicht autoritäres, nicht beurteilendes Milieu, in dem jedes Individuum (Betreuer wie Klienten) sich emotional, künstlerisch und physisch so ausdrücken kann, wie es will. Es wird davon ausgegangen, daß sich die Klienten in jeder Phase ihrer Psychose in einem ›legitimen‹ Zustand befinden. Sie werden nicht gezwungen ... sich an ›rationale‹ Verhaltensweisen anzupassen[21]«. Das psychotische Individuum wird vielmehr in zweifacher wichtiger Hinsicht akzeptiert. Zum einen wird es von allen Mitbewohnern des Hauses als jemand akzeptiert, der eine belastende Wachstumsperiode durchmacht, während der er Verständnis und Unterstützung braucht.

Von ebensogroßer Bedeutung ist die spezielle Beziehung zu einem der Betreuer, der sich intensiv um die Herstellung einer vertrauensvollen Nähe zu dem gestörten Menschen bemüht. Wann immer möglich, wählt der Klient den Betreuer, mit dem er arbeiten möchte. Dr. Perry begründet diese spezielle Beziehung überzeugend. »Die innere Reise oder der Erneuerungsprozeß bleibt in der Regel so lange zersplittert, fragmentiert und inkohärent, bis das Individuum beginnt, sich einem anderen Menschen gegenüber weit genug zu öffnen, um ihm seine inneren Erlebnisse von Augenblick zu Augenblick anzuvertrauen. Sobald dies geschieht, intensiviert sich der Inhalt seiner symbolischen Erfahrung und scheint danach zügiger zum Abschluß zu kommen. Es ist oft überraschend, wie ›psychotisch‹ und gleichzeitig kohärent die Kommunikation des Patienten sein kann, wenn er sich in einer Beziehung zum Therapeuten aufgehoben fühlt[22].«

Diesen Eindruck gab auch ein junger Mann wieder, der zwei Jahre lang in *Diabasis* arbeitete, zunächst als Volontär, seit einiger Zeit als bezahlter Mitarbeiter. Er berichtet: »Wir sind der Auffassung, daß das, was als Wahnsinn bezeichnet wird, am ehesten als Forschungs- und Entdeckungsreise zu verstehen ist, eine Reise, die von der Psyche reguliert wird und in deren Verlauf die verschiedenen Elemente der Persönlichkeit auf fruchtbarere und erfüllendere Weise reorganisiert werden können. Dieser Prozeß kann sich jedoch nur in einer Umgebung vollziehen, in der diese veränderten Bewußtseinszustände als gültige Daseinsweisen respektiert werden, statt als ›verrückt‹ und wertlos verspottet zu werden[23].« Der Gegensatz zum medizinischen Behandlungsmodell der Psychose könnte kaum größer sein. Aus medizinischer Sicht ist dieses Individuum zunächst einmal ein Patient und nicht eine eigenständige Person. Es wird eine Diagnose gestellt und dem Patienten explizit oder implizit zu verstehen gegeben, daß er an einer »Krankheit«, einem Wahn leide, der durch starke Medikamente, Schocktherapie oder andere Zwangsmaßnahmen behandelt werden müsse, bis sie beseitigt ist. Es ist klar, daß an seinem Zustand etwas »falsch« ist und daß er irgendwie in den »richtigen« Zustand zurückversetzt werden muß. »Im traditionellen Behandlungskontext wird in der Anfangsphase massiver Gebrauch von Medikamenten und Verhaltenseinschränkungen gemacht, um das psychotische Material zu *unterdrücken.* Es wird kein Versuch unternommen, das Material als nutzbringend für das betreffende Individuum anzusehen. Sobald die Psychose unter *Kontrolle* gebracht wurde, bemüht man sich daher nicht mehr darum, das Material in das tägliche Leben des Individuums zu integrieren[24].« Es handelt sich um eine Politik der Unterdrückung und Kontrolle durch professionelle Macht. Welch schlechte Resultate sie zeitigt, geht aus dem »Drehtürsyndrom« psychiatrischer Krankenhäuser hervor.

Im *Diabasis*-Zentrum wird, wie in jeder personenbezogenen Therapie, eine völlig entgegengesetzte Politik verfolgt. Wie Perry sagt: »Das Grundprinzip der Therapie besteht in diesem Falle nicht darin, durch ein striktes Reglement von oben nach unten wirkend eine Ordnung durchzusetzen, sondern wir gehen von der flexibleren Vorstellung aus, uns in sensibler Weise von den Belangen des Individuums leiten zu lassen, die im Laufe des Prozesses zutage treten, und diese zu katalysieren. Eine demokratische Struktur der therapeutischen Gemeinschaft ist dann die angemessene Form, wobei wir erwarten, daß sich Ordnung und Integration aus den spontanen Interessen, Gefühlen und Einsichten der hier zusammenlebenden ›Individuen‹ und Betreuer ergeben[25].« Dies bedeutet, daß das »Individuum« die Wege und Richtungen weist, die seine Bedürfnisse ihm nahelegen. Der Therapeut und seine Helfer dienen ihm dabei als einfühlsame Weggefährten, ohne ihre eigenen Gefühle oder ihre eigene Persönlichkeit aufzugeben. »Die nichtrationalen Bedürfnisse des Klienten werden als notwendige und zutiefst sinnvolle innere Reise begriffen und deshalb aufmerksam angehört und, soweit den Betreuern dies möglich ist (eine Fähigkeit, die mit der Erfahrung zunimmt), in einfühlender Weise nachempfunden[26].« Die Pfleger lassen sich von den Hinweisen leiten, die ihnen das »Individuum« und dessen persönlicher Betreuer geben. Der Psychiater unterstützt den Prozeß, indem er allen Beteiligten hilft, die Richtungen zu verstehen, die sie einschlagen, aber er steuert den Prozeß in keiner Weise. Ein essentielles Maß an Macht und Herrschaft fließt somit vom Psychotiker und seinen Bedürfnissen von unten nach oben zu dem loyalen Hauspersonal, den Pflegern und Psychiatern. Wir haben es mit einer vollständigen Umkehrung der traditionellen hierarchischen psychiatrischen Behandlung zu tun.

Dieses Eingehen auf die Person drückt sich in der vollkommen egalitären Atmosphäre aus. Betreuer und »Individuen« essen gemeinsam und kleiden sich, wie sie wünschen. Der flüchtige Besucher hätte keine Möglichkeit, zwischen Klienten und Betreuern zu unterscheiden.

Diese Atmosphäre ist für die gesamte Organisation kennzeichnend. Die Verwaltung des Zentrums war von Anfang an Aufgabe des gesamten Stabes und nicht eines Direktors. Alle haben an den Machtbefugnissen, der Verantwortung und den Entscheidungsprozessen teil. »Die Demokratie kann als eine Phase der psychischen Entwicklung verstanden werden, in der das Ordnungs- und Herrschaftsprinzip als essentieller Bestandteil des intrapsychischen Lebens des Individuums aufgefaßt wird ... Die soziale Struktur und Kultur, die im therapeutischen Milieu errichtet werden, sollten dieses natürliche Bedürfnis reflektieren und den inneren Vorgängen einen angemessenen äußeren Ausdruck verleihen[27].« In der personenbezogenen Therapie wird die traditionelle Organisationsform, bei der die Macht von oben nach unten fließt, vollends unangebracht und lächerlich.

Die unmittelbare Auswirkung dieses ganzen Programms auf das psychotische Individuum ist dramatisch. »Was am bemerkenswertesten ist und alle unsere Erwartungen übertrifft, ist, daß Personen in akuten psychotischen Erregungszuständen sich sehr rasch beruhigen und zumeist in einem Zeitraum von wenigen Tagen bis zu einer Woche klar und kohärent werden, und das ohne Medikamente. Es ist also möglich, schwer gestörtem Verhalten beizukommen, wenn die Betreuer sich in den emotionalen Zustand des Individuums einzufühlen vermögen[28].«

Obwohl diese einzigartige Institution erst auf eine kurze Geschichte zurückblickt, sind die bisherigen Ergebnisse ermutigend.

Kennzeichnend dafür ist das Faktum, daß vier ehemalige Klienten bereits in einer ähnlich konzipierten kleinen Einrichtung als Betreuer arbeiten. Sie sind nun imstande, aufgrund ihrer eigenen Erfahrungen anderen zu helfen. Die Kosten liegen weit niedriger als in den hergebrachten Anstalten. Und auch der »Drehtüreffekt« der staatlichen Nervenkrankenhäuser (*State Hospitals*) scheint überwunden.

Es wäre zu erwarten, daß diese vielversprechende neue Art und Weise des Umgangs mit jungen Menschen, die eine erste psychotische Episode erleben, weithin begrüßt und wirksam unterstützt würde. Dem ist nicht so. Um die Gründe dafür zu verstehen, müssen wir uns die politischen Aspekte von Diabasis und die Bedrohung, die davon auf die traditionelle Politik ausgeht, vor Augen halten.

Es ist leicht zu verstehen, warum orthodoxe Psychiater und sogar jungianische Kollegen Diabasis mit Unbehagen und Kritik begegnen. In Diabasis haben sich etliche relativ ungeschulte Nichtfachleute als die besten Therapeuten erwiesen. Dies ist für den durchschnittlichen »Profi« beunruhigend. Auch handelt es sich größtenteils um Freiwillige, die vage als ökonomische Bedrohung empfunden werden. Es gibt keine strikte medizinische Überwachung im herkömmlichen Sinn. Das wird von den Ärzten übelgenommen. Die Mediziner machen nicht einmal von ihrem Vorrecht Gebrauch, Arzneien zu verschreiben. Dr. Perry schätzt, daß er in den letzten zehn Monaten zwei Sedativa verabreicht hat! Die Organisation als solche wird nicht von Ärzten *geleitet.* Sie fungieren lediglich als Förderer *(facilitators)* eines Prozesses. All dies bedeutet einen radikalen Bruch mit der Tradition.

Die Folge ist, daß laute und leise Kritik an dem »niedrigen Niveau« geübt wird. Finanzielle Unterstützung ist sehr schwer zu beschaffen. Wie jede personenbezogene Therapie, wirkt auch diese Initiative in ihren Implikationen revolutionierend, und das medizinische Establishment reagiert entsprechend ängstlich. Daß Psychiater die Herrschaft über ihre »Patienten« und das Pflegepersonal aufgeben, daß sie nur als erfolgreiche Förderer des persönlichen Wachstums tief verstörter »geisteskranker« Menschen dienen, statt das Kommando über diese Menschen auszuüben, ist eine Situation, die bei Psychiatern, Psychologen und anderen Fachleuten Furcht erweckt, wie ich zu meinem Bedauern feststellen muß. Revolutionäre werden als gefährlich empfunden – und es besteht kein Zweifel, daß sie für die etablierte Ordnung gefährlich *sind.*

Ein personenbezogener Ansatz, der dazu dient, Wachstum und Entwicklung des psychotischen, des gestörten oder des normalen Individuums zu ermutigen, revolutioniert das hergebrachte Verhalten der Angehörigen unserer helfenden Berufe. Ein solcher Ansatz illuminiert folgende Fakten: 1. Ein sensibler Mensch, der sich bemüht, anderen zu helfen, wird, gleichgültig von welcher Orientierung er ausgeht, mit der Zeit personenbezogener, weil sich dieser Ansatz als effektiver erweist. 2. Wenn man sich auf die Person konzentriert, werden diagnostische Etiketten weitgehend belanglos. 3. Das traditionelle medizinische Modell der Psychotherapie steht vielfach in Widerspruch zur personenbezogenen Orientierung. 4. Es hat sich gezeigt, daß diejenigen Helfer, die eine effektive personenbezogene Beziehung herstellen können, sich nicht notwendigerweise aus den akademisch gebildeten Gruppen rekrutieren. 5. Je weitgehender dieser personenbezogene Ansatz in der Praxis verwirklicht wird, desto mehr werden durch ihn die hierarchischen Modelle der »Behandlung« und die hierarchischen Methoden der Organisation in Frage gestellt. 6. Gerade die Wirksamkeit dieses konsequenten personenbezogenen Ansatzes stellt für die Standesvertreter, Administratoren und andere eine Bedrohung dar und deshalb werden – bewußt und unbewußt – Schritte unternommen, um ihn zu zerstören. Er ist zu revolutionär.

2.

Die neue – und die alte Familie

Ein Individuum, das versucht, sein Leben auf personenbezogene Weise zu leben, betreibt damit eine Politik der Familienbeziehungen und der Ehe- oder Partnerbeziehungen, die sich radikal vom traditionellen Modell unterscheidet. Das Kind wird als unverwechselbares, achtenswertes Individuum betrachtet, welches das Recht hat, sein Erleben auf seine persönliche Weise zu bewerten und dem umfassende, autonome Entscheidungsbefugnisse eingeräumt werden. Jeder Elternteil respektiert gleichermaßen sich selbst und verfügt über Rechte, die durch das Kind nicht außer Kraft gesetzt werden können. In den ehelichen oder sonstigen Partnerbeziehungen werden die Probleme so offen behandelt, wie dies den Beteiligten möglich ist. Darüber hinaus genießt jeder Partner die Freiheit, seinem Leben eine Richtung zu geben, Entscheidungen zu treffen und sich beruflich oder für andere Unternehmungen nach seinem Ermessen zu engagieren.

In diesen Beziehungen bleibt die jeweilige Entscheidung, ebenso wie die Verantwortung für diese Entscheidung, dem Individuum vorbehalten. Die Beziehung ist gekennzeichnet durch einen wechselnden Ausdruck von Gefühlen und Einstellungen, die der andere akzeptierend anzuhören und aufzunehmen bemüht ist, wobei auch er ein Recht auf seine eigenen Gefühle und Einstellungen hat, die ebenfalls akzeptierend angehört werden sollen. Es ist eine überaus schwer zu realisierende Art von Beziehung, die sicher den Aufwand nicht lohnen würde, wenn das Ergebnis nicht so befriedigend wäre.

Ein Aspekt dieser komplexen Szene ist die Art und Weise, mit Kindern umzugehen (fast hätte ich gesagt, Kinder aufzuziehen). Ich kenne eine Reihe von Eltern zwischen zwanzig und vierzig, die Erfahrung mit dem personenbezogenen Ansatz haben – sei es durch schülerbezogenen Unterricht, durch Arbeitsgruppen, Encountergruppen, Therapie oder eine Kombination dieser Erfahrungen. Diese Eltern haben eine neue Art, mit dem Kind umzugehen, vom Säuglingsalter bis zur späten Adoleszenz. Seine ersten Tränen und Wehklagen, das erste Lächeln und Lallen sind Versuche zu kommunizieren, und diesen ungelenken Kommunikationen wird ernsthaft und respektvoll Aufmerksamkeit gezollt. Die Eltern bemühen sich auch, dem Kind in jeder Situation, in der es fähig ist, die Konsequenzen seiner Entscheidung zu tragen, das Recht zu wählen einzuräumen. Dies ist ein expandierender Prozeß, wobei dem Kind und dem Jugendlichen ein wachsendes Maß an Autonomie zugestanden wird, eine Autonomie, der nur die Gefühle der engsten Bezugspersonen des Kindes Grenzen setzen.

Dies mag wie eine völlig kindbezogene Familie klingen, aber dem ist nicht so. Auch die Eltern haben Gefühle und Einstellungen, die sie dem Kind auf eine Weise zu vermitteln suchen, welche von ihm verstanden werden kann. Die Resultate sind phantastisch. Da sich die Kinder ständig vieler ihrer eigenen Gefühle sowie jener ihrer Eltern bewußt sind und weil diese Gefühle ausgedrückt und akzeptiert wurden, entwickeln sie sich zu höchst sozialen Wesen. Sie sind anderen Menschen gegenüber aufgeschlossen, drücken ihre Gefühle offen aus, lehnen es ab, herablassend behandelt zu werden, und erweisen sich in ihren Unternehmungen als kreativ und unabhängig. Sie haben ein Gespür für die Gefühle, die ihnen andere entgegenbringen, und obwohl sie nicht vor Konfrontationen zurückscheuen, versuchen sie nur gelegentlich, einander bewußt weh zu tun. In ihrem Leben gibt es somit nur zweierlei Arten von Disziplin: Die Selbstdisziplin, die stets mit der verantwortungsbewußten Autonomie einhergeht, und die flexiblen Grenzen – und somit die Disziplin –, die von den Gefühlen der Menschen in ihrer Umgebung gesetzt werden.

Diese Kinder eignen sich schlecht für die traditionelle Schule, die sie zu angepaßten Robotern erziehen möchte, aber sie sind ungeheuer lernwillig, wenn man sie einem Klima aussetzt, das zum Lernen ermutigt. Sie stellen eine große Hoffnung für die Zukunft dar. Sie sind gewohnt, als unabhängige Menschen zu leben und offen zu anderen in Beziehung zu treten, und sie erwarten, ihr Leben auf diese Weise fortsetzen zu können – in der Schule, im Beruf und in ihren Partnerbeziehungen. Diese Kinder wachsen mit einem Minimum an verdrängten Gefühlen heran – Gefühle, die aus Schuldbewußtsein oder Angst nicht ins Bewußtsein dringen dürfen – aber auch mit einem Minimum an Hemmungen, die ihnen andere von außen aufzwingen. Sie sind freiere Geschöpfe als alle Erwachsenen, die ich kenne.

Ich möchte nicht ein zu rosiges Bild entwerfen. Ich habe erlebt, daß manche dieser Eltern vorübergehend vergessen, daß auch *sie* Rechte haben, mit dem Resultat, daß sie ihr Kind verwöhnten. Ich habe erlebt, daß Eltern und Kinder zeitweilig zu den alten Verhaltensweisen zurückkehrten – die Eltern kommandierend, das Kind opponierend. Eltern wie Kinder sind manchmal erschöpft und reagieren falsch. Es gibt immer wieder Reibungen und Schwierigkeiten, die besprochen und durchgearbeitet werden müssen. Aber alles in allem befinden sich Eltern und Kinder in diesen Familien in einem kontinuierlichen Beziehungs*prozeß,* sie machen eine Reihe von Veränderungen durch, deren Endresultat wir nicht kennen, das aber von einer endlosen Zahl täglicher Entscheidungen und Handlungen geprägt wird. Die Politik der Herrschaftsausübung und des Gehorsams mit ihrer angenehmen statischen Sicherheit gehört der Vergangenheit an. An ihre Stelle tritt eine ganz anders geartete Politik: die Politik des Beziehungsprozesses zwischen nicht austauschbaren Individuen.

Wie früh im Leben kann diese Beziehung zwischen einzigartigen Individuen beginnen? Während ich vom horizontalen Vordringen des personenbezogenen Ansatzes in so viele Bereiche unseres Lebens fasziniert war, haben sich andere mehr für die vertikale Richtung interessiert und entdeckt, wie wichtig es ist, einen *Säugling* schon während des Geburtsvorganges als Person zu behandeln, der Verständnis entgegengebracht werden sollte, deren Kommunikationen mit Achtung aufzunehmen sind und der wir einfühlsam begegnen sollten. Diesen neuen und anregenden Beitrag verdanken wir Frederick Leboyer[1], einem französischen Gynäkologen, der, nachdem er bei der Entbindung von mindestens tausend Säuglingen mitgewirkt hatte, seine Methoden radikal und auf eine Weise, die man nur als personenbezogen bezeichnen kann, veränderte.

Leboyer beklagt sich über unsere Unfähigkeit, die verzweifelten

Anstrengungen und Schreie, die Angst und den Schmerz des Neugeborenen einfühlsam nachzuvollziehen. Er weist darauf hin, daß der Neuankömmling nicht blind sei, wie oft angenommen wird. Vielmehr ist er nach neun Monaten in der dunklen Gebärmutter überempfindlich gegen Licht, und wir blenden ihn durch die Scheinwerfer im Kreißsaal. Wir meinen, es sei gleichgültig, was er zu hören bekomme, daher könnten ihm auch laute Gespräche und Zurufe an die Gebärende, wie »Pressen! Fester Pressen!«, nichts schaden. Doch das Baby ist auch sehr lärmempfindlich und kann noch längere Zeit nach der Geburt durch Bandaufzeichnungen von Geräuschen aus dem Inneren des Uterus – den Bewegungen der Gelenke und Muskeln, den Verdauungsgeräuschen des Magens und der Gedärme und vor allem dem konstanten Rhythmus des mütterlichen Herzschlags – besänftigt und eingeschläfert werden. Wir nehmen an, daß die Haut des Säuglings die Berührung von trockenem Stoff verträgt, während sie in Wirklichkeit fast so empfindlich wie versengtes Gewebe ist. Wir meinen, die ersten Atemzüge seien lustvoll, obwohl die Schreie des Kindes eher darauf hindeuten, daß sie wahrscheinlich äußerst schmerzhaft sind.
Vor allem sind alle Beteiligten nur mit ihren *eigenen* Gefühlen beschäftigt, nicht mit jenen des Neugeborenen. Der Arzt hat die Entbindung abgeschlossen – und ist mit sich selbst zufrieden. Die Mutter lächelt, weil die Qual vorüber ist – sie hört ihr Baby schreien und ist stolz auf sich. Der Vater ist glücklich, einen Sohn oder eine Tochter gezeugt zu haben. Wer achtet somit auf die Reaktionen des Säuglings? Niemand. Er ist zu unentwickelt, um Gefühle oder Reaktionen zu haben, nimmt man an. Der Säugling wird an den Füßen hochgehoben und dadurch sein Rückgrat, das immer gebogen war, gewaltsam gestreckt; man schlägt ihn aufs Gesäß, um ihn zum Atmen zu zwingen; schneidet ihn von seiner bisherigen Sauerstoffquelle ab, indem man die Nabelschnur durchtrennt; legt ihn zum Abwiegen oft auf eine kalte Metallwaage und wickelt ihn dann in trockenen Stoff. Die Photographien der brüllenden, zu Tode erschrockenen, geblendeten Säuglinge, die auf diese übliche Art behandelt wurden, klagen uns an.
Was unternimmt Leboyer gegen all dies? Er fühlt sich in das

Trauma der Geburt und eines neuen Lebens ein und versucht, den Neugeborenen zu verstehen. Die Folge ist, daß er dessen Behandlung in fast allen Stadien ändert.

Zunächst wird die Mutter auf eine natürliche Geburt vorbereitet. Sie weiß, welche Maßnahmen der Arzt ergreifen wird. Sie erschrickt nicht über die Tatsache, daß ihr Kind nicht laut schreit, sondern nur ein oder zwei kleine Schreie oder Seufzer von sich gibt, wenn es zu atmen beginnt. Sie soll sich auf den Gedanken konzentrieren: »Ich bin eine *Mutter*«, und nicht: »Das ist *mein Kind.*«

Dazu kommen die veränderten Methoden der Entbindung. Sobald der Kopf zu sehen ist und die Geburt normal zu verlaufen scheint, werden alle grellen Lampen ausgeschaltet, nur eine milde Lichtquelle bleibt erhalten. Ab diesem Zeitpunkt herrscht im Entbindungsraum *Schweigen.* Wenn geredet werden muß, dann im Flüsterton.

Beim Austritt des Kindes vermeidet man es, den Kopf zu berühren, der bei der Passage des Geburtskanals am stärksten beansprucht wurde. Das Kind wird dann sofort auf den inzwischen so hohlen Bauch der Mutter gebettet, damit es wieder die vertraute Wärme, die inneren Geräusche und den Herzschlag wahrnehmen kann. Durch diese Placierung erübrigt sich das Durchtrennen der Nabelschnur, so daß das Kind zwei Sauerstoffquellen zur Verfügung hat und eine Schädigung des Gehirns durch Sauerstoffmangel verhindert wird. Nach ein oder zwei Schreien beginnt das Baby meist zu atmen. Manchmal setzt es auch kurz mit der Atmung aus und nimmt sie dann von selbst wieder auf. Da es nach wie vor Sauerstoff aus der Plazenta erhält, ist dies nicht gefährlich. Wenn die Nabelschnur zu pulsieren aufhört – gewöhnlich nach vier oder fünf Minuten – funktioniert der Atmungsapparat des Kindes, das an der geborgensten Stelle ruht, die nur noch vom Uterus übertroffen wird. Der Säugling beginnt sich zu bewegen und zu strecken. Man hat ihm Zeit gelassen, hat seinen natürlichen Rhythmus respektiert. Jetzt wird die Nabelschnur durchtrennt, da sie ihre Funktion erfüllt hat. Leboyer fügt hinzu: »Wir müssen uns gegenüber dem Augenblick der Geburt, diesem fragilen Moment, überaus respektvoll verhalten.«

Wenn das Kind auf dem Bauch der Mutter seine Gliedmaßen zur Erforschung seiner neuen Umwelt zu gebrauchen beginnt, wird die Berührung zum Kommunikationsmittel. Hände – am besten die der Mutter – umfangen das Kind sanft und zart oder streicheln rhythmisch seinen Rücken und erinnern es an den ihm vertrauten inneren Rhythmus. Diese Berührungen versichern dem Kind: »Wir sind beide immer noch da; wir sind beide am Leben.«

Wenn das Kind dazu bereit zu sein scheint, wird es vom Körper der Mutter gehoben und langsam und sanft in Wasser getaucht, das auf Körpertemperatur – etwa siebenunddreißig Grad – erhitzt wurde. Hier beginnt es seine Gliedmaßen zu bewegen und seinen Kopf von einer Seite zur anderen zu drehen. Jetzt öffnen sich die Augen! Diese Neugeborenen wirken auf Photos viel älter als man erwarten würde. Sie sind ruhig und an ihrer Umgebung interessiert, nicht in panischer Angst oder vor Schmerzen schluchzend. Man merkt, daß sie sich wohlfühlen und ihre Bewegungen genießen. Erst wenn das Kind völlig entspannt wirkt und sich diesen unerhörten neuen Entdeckungen gegenüber aufgeschlossen zeigt, wird es aus dem Wasser gehoben und in vorgewärmte Tücher gehüllt. Der Übergang vom Mutterschoß zur Welt hat sich reibungslos vollzogen.

Obwohl es zu früh ist, um über die langfristigen Auswirkungen zu urteilen, kann man jetzt schon sagen, daß diese neue Art des Verhaltens beim Geburtsvorgang von enormer Bedeutung ist. Durch die Respektierung des Kindes und das Bemühen, mit ihm einfühlsam umzugehen, ist es gelungen, die psychologischen Narben des Geburtstraumas stark zu reduzieren. So allmählich in dieses neue Leben zu treten, in der Geborgenheit und Anteilnahme einer liebevollen Berührung, ist für die psychologische Entwicklung des Kindes viel besser, als plötzlich den verschiedensten erschreckenden Reizen ausgesetzt zu sein und zu einer furchterregenden neuen Existenzweise *gezwungen* zu werden. Eine französische Untersuchung von hundertzwanzig dieser Kinder bis zum Alter von drei Jahren hat ergeben, daß sie erstaunlich frei von Ernährungs- und Schlafproblemen sind, und aufgeweckter, koordinierter und spielfreudiger als andere Kinder wirken. Darüber hinaus sind sie entspannt und umgänglich.

Was geschieht, wenn Eltern ihre Kinder als nicht austauschbare Partner in einer sich ständig wandelnden kommunikativen Beziehung ansehen? Die Geschichte von Benn und Claire illustriert die Dynamik dieses Prozesses[2]. Claire hatte ihre Kinder nach autoritären Grundsätzen erzogen, bis sie sich scheiden ließ und einen Mann heiratete, der vom Wert des personenbezogenen Ansatzes überzeugt war. Beide Partner brachten in diese neue Ehe Kinder aus früheren Ehen mit, und es ergaben sich viele neue Beziehungen, die sich durch ein größeres oder geringeres Maß an Vertrauen und Kommunikation auszeichneten. Claire merkte, daß sie sich veränderte.

In dem Bemühen, einige der neu auftretenden Probleme zu lösen, beschlossen Benn und Claire, Versammlungen abzuhalten, bei denen jedes Familienmitglied, gleichgültig wie jung oder wie alt, das Recht haben sollte, gegenüber den anderen seine Gefühle auszudrücken – seine Beschwerden, seine Zufriedenheit oder sonstige Reaktionen.

Der Vater von Claires ältestem Sohn Walter war mit wenig Vorwarnung aus Walters Leben verschwunden. Abgesehen davon, spricht Claires Bericht für sich selbst. Ich fragte sie bloß, wie ihre Familienrunden angefangen hatten.

Claire: Wir haben sie geplant. Wir wählten eine Zeit: jeden Dienstag. Nichts hatte vor unseren Dienstagrunden Vorrang – weder eine geschäftliche Konferenz noch ein Kino oder Einladungen. Wenn wir unangemeldet Besuch erhielten, baten wir ihn, an einem anderen Tag wiederzukommen. Die Kinder lernten, sich darauf zu verlassen. Es waren eine Menge Anpassungsschwierigkeiten zu überwinden, zwischen mir und Benn, zwischen Benn und meinen Kindern, zwischen mir und seinen Kindern und zwischen den Kindern untereinander. Benn hatte Gruppenerfahrung und wollte, daß diese Art des Umgehens miteinander – die Intimität und das Teilen und Ausdrücken von Gefühlen – zu einem natürlichen Bestandteil des Familienverbands werden solle. Die erste Versammlung berief er im Anschluß an das Abendessen ein. Wir blieben alle bei Tisch sitzen – die Kinder waren neugierig, was geschehen würde. Er erklärte ihnen zunächst, wie man Gefühle ausdrückt und von Beschuldigungen wegkommt, wie zum Beispiel: »Du bist ein Stänker« oder: »Du läßt mich nicht in Ruhe.« Ich war die erste, die die Runde machen sollte. Wir waren zu acht bei Tisch, und ich mußte also auf sieben Leute eingehen und jedem einzelnen meine Gefühle ihm gegenüber mitteilen. Nicht nur positive, sondern auch negative Dinge, meine Sorgen und Befürchtungen, die sich bei jedem Kind stark voneinander unterschieden. Es war wirklich das erstemal, daß ich vor allen anderen auf konstruktive Weise über negative Dinge sprach. Meist wird das ja unter vier Augen abgemacht. Jetzt sagte ich beispielsweise zu einem der Jungen, wie sehr ich mich über seine schulischen Leistungen freute, aber daß mir gleichzeitig sein, wie mir schien, selbstsüchtiges Verhalten Sorgen machte – daß ich nicht wirklich verstand, worauf es zurückzuführen sei und daß ich ausführlicher mit ihm darüber sprechen wollte, damit wir das Problem lösen könnten oder ich ihn wenigstens besser verstehen würde. Es war das erstemal, daß ich ihn nicht bloß angebrüllt hatte: »Teile das mit deiner Schwester, was fällt dir eigentlich ein?« und zum erstenmal *hörte* er mich. Die Kinder waren anfangs unruhig und verlegen. Mein Mann, Benn, kam als nächster dran; er hatte viel mehr Erfahrung darin als ich und er ergänzte meine Bemerkungen von seinem Standpunkt aus. Inzwischen hatten sich die Kinder beruhigt, jetzt kam eines von ihnen an die Reihe und ging reihum im Kreis vor – sie machten es wirklich ausgezeichnet. Ich war überrascht und sehr erfreut. Und sie waren stolz und überrascht und mit sich selbst zufrieden.

Und dann geschah etwas Wesentliches. Mein ältester Sohn, Walter, hatte unter meiner Scheidung am meisten gelitten. Er kaute an seinen Fingernägeln und hatte Alpträume. Auch in der Schule hatte er Schwierigkeiten. Er vergötterte Benn. Er war so glücklich, Benn als Vater – als Stiefvater – zu haben. Als er die Runde machte, sagte er zu jedem von uns eine Menge, aber als er zu Benn kam, bemerkte er bloß: »Und dich liebe ich natürlich«, und ging gleich zum nächsten über. Wir hatten alle das Gefühl, daß da etwas fehlte. Als Walter geendet hatte, sagte Benn als erster: »Also Walter, ich fühle mich übergangen. Alle anderen scheinen viel mehr von dir bekommen zu haben. Ich höre zwar furchtbar gern, daß du mich liebst, aber da muß ja noch mehr sein, und ich möchte wirklich auch davon etwas hören.« Walter entgegnete ruhig: »Nun, äh ... ich will dir nicht mehr geben, ich will dich nicht zu sehr lieben oder dir zu nahe kommen, weil ich Angst habe, daß du mich verläßt.« Wau! Allen kamen die Tränen. Wir hätten das nie von Walter gehört, hätten nie erfahren, daß das in ihm drinnen war, wenn wir nicht diese Versammlung arrangiert hätten, um an diese Dinge heranzukommen. Benn erhielt dadurch Gelegenheit, Walter mitzuteilen, daß er ihn verstand. Er sagte etwas wie, ›ich weiß, wie sehr du deinen Vater geliebt und darauf vertraut hast, daß er immer bei dir sein wird, und er hat dich verlassen, und dann war deine Mutter mit zwei anderen Männern befreundet, für die sie sich ernsthaft interessierte und die behaupteten, dich zu lieben und dann doch weggegangen sind. Jetzt bin ich da und ich behaupte, dich zu lieben, und du hast auch, was mich angeht, keine Garantien.‹ Und dann sagte er: »Aber ich möchte dir eines sagen: ich möchte, daß du weißt, daß ich dich lieben werde, solange ich lebe und daß du darauf vertrauen kannst, daß ich für dich dasein und dich nicht verlassen werde, solange du mich haben willst.« Walter sah ihn an und begann zu weinen und stand auf und ging um den Tisch herum und warf sich in Benns Arme und beide schluchzten. Alle weinten mit. Die Kinder am Tisch ... standen auf und faßten Walter an. Es kam völlig spontan und natürlich. Auf jeden Fall können Sie sich vorstellen, daß das eine bewegende Szene war.

Diese Familienversammlung steht in mehrfacher Hinsicht in scharfem Kontrast zu den üblichen Familienbeziehungen: 1. Den Beziehungen der Familienmitglieder zueinander wurde höhere Priorität eingeräumt als allen anderen Unternehmungen. 2. Man bemühte sich, die eigenen Gefühle zu äußern und nicht andere zu beschuldigen oder zu beurteilen. 3. Dieser neue Stil fiel den Eltern ebenso schwer wie den Kindern. Für Claire war es ein großer Schritt, nicht mehr »Teile das mit deiner Schwester, was fällt dir eigentlich ein!« zu sagen, sondern »dein, wie mir scheint, selbstsüchtiges Verhalten macht mir Sorgen«. 4. Zunächst wird dem neuen Verhalten noch nicht vertraut. Jeder, vielleicht mit Ausnahme von Benn, fühlt sich unbehaglich und ein bißchen mißtrauisch. 5. Die Achtung, die man den Kindern entgegenbringt, wird

ausgiebig belohnt, denn sie erweisen sich dieser Achtung würdig.
6. Das entstehende Klima der Aufgeschlossenheit führt zu einer völlig unerwarteten Selbstenthüllung und tiefen Kommunikation.
7. Die Beziehung zwischen allen Mitgliedern der Familie als eigenständige, aber wechselseitig voneinander abhängige Personen wird nachhaltig bestärkt.

Dies ist eine Familie, in der die Mitglieder als psychologisch Gleichrangige miteinander kommunizieren. Sie ist weit von der traditionellen Familie entfernt, die heute langsam im Absterben, aber immer noch verbreitet ist und der modernen Familie, die in unserer Kultur die Norm darstellt. In der traditionellen Familie ist der Vater der Haushaltsvorstand. Er trifft alle Entscheidungen. Niemand unternimmt wichtige Handlungen ohne seine Erlaubnis. Negative Gefühle oder Ressentiments seitens der Ehefrau oder der Kinder sind nicht gestattet, mit der Folge, daß fast alles von Bedeutung vor ihm geheimgehalten wird. In der modernen Familie treffen Vater und Mutter gemeinsam alle wichtigen Entscheidungen. Sie versuchen oft erfolglos, alle Handlungen ihrer Kinder, speziell der Teenager, zu kontrollieren. Entsprechend haben die Beziehungen oft Ähnlichkeit mit einem Guerillakrieg. Zwischen diesen Familien und der Gesprächsrunde von Benn und Claire liegt eine politische Revolution.

In der traditionellen Familie liegen die politischen Implikationen der Situation klar auf der Hand. Die Autorität des Vaters stützt sich auf religiöse und juristische Sanktionen. Die Familienmitglieder können nur hinter seinem Rücken, indem sie ihn betrügen, ein einigermaßen selbständiges Leben führen.

In der heute üblichen Familie wird die Herrschaft theoretisch von beiden Eltern gemeinsam ausgeübt, aber in der Praxis sind sie oft uneinig. Dies öffnet dem Machtkampf zwischen den Familienmitgliedern Tür und Tor, wobei zeitweilige oder dauerhafte Bündnisse geschlossen werden. Kinder bedienen sich subtiler Strategien, um die Eltern zu entzweien. Die Sanktionen der elterlichen Autorität sind nicht mehr so scharf, wodurch die Herrschaftsstruktur weiter geschwächt wird. Eines der häufigsten Merkmale ist deshalb ein ständiges Tauziehen um Entscheidungen, bei denen es um Machtfragen geht. »Warum muß ich beim Abspülen helfen?«

»Warum kann ich heute abend nicht das Auto haben?« »Ich *möchte* aber meine Blue jeans tragen!« »Warum muß ich um elf Uhr zu Hause sein, wenn meine Freundin Susi bis Mitternacht fortbleiben darf?« Kinder ringen um größere Unabhängigkeit von der elterlichen Autorität. Die Eltern sind in der Position einer schwachen Regierung, sie sind abwechselnd sehr streng und geben dann wieder den Forderungen nach. Die Politik der Familie ist sehr instabil.

Benn und Claire fallen oft in dieses alte Verhaltensmuster zurück. Aber in ihren besten Augenblicken entsteht durch die Politik ihres Familienlebens ein ganz neues Verhaltensrepertoire. Diese Familie will nicht erreichen, daß die traditionelle Familienstruktur besser funktioniert. Es handelt sich um eine völlig neue und revolutionäre Art und Weise, in einer Familie miteinander umzugehen.

So viel über den personenbezogenen Ansatz, soweit er sich auf die emotionalen Interaktionen in einer Familie anwenden läßt. Eignet er sich aber auch zur Bewältigung praktischer alltäglicher Probleme des Verhaltens und der Disziplin?

CLAIRE: Ganz bestimmt. Ich kann Ihnen ein Beispiel geben, das ich einfach wunderbar finde. Früher, wenn ich von der Arbeit nach Hause kam und die Tür aufmachte – meist konnte ich es kaum erwarten, ich mag meine Familie wirklich sehr und bin sehr gern mit ihr zusammen – das erste, was ich sah, waren Mäntel und Pullover und Bücher und Baseballhandschuhe und schmutzige Gläser und Kekskrümel. Die Kinder freuten sich, mich zu sehen, aber ich fing sofort an mit: »Um Gottes willen, was ist denn hier los? Hebt das auf und räumt das weg!«, und ich teilte Strafen aus und war böse zu den Kindern, und die Kinder mochten mich nicht, und ich mochte mich nicht, und sie fühlten sich schuldig und schämten sich. Ich begann darüber nachzudenken, und es wurde mir klar, daß sie diese Dinge einfach nicht bemerkten, denn wenn ich auf etwas zeigte, hoben sie es auf, und wenn ich auf etwas, das einen Meter entfernt lag, nicht zeigte, dann sahen sie es nicht. Es war merkwürdig, aber sie sahen es wirklich nicht. Und so berief ich eine Versammlung ein. Wir hatten zwar regelmäßige Versammlungen, aber man kann auch zwischendurch eine einberufen. Ich berief also eine Versammlung ein und erkannte zum erstenmal, daß das mein Problem war. *Ich* habe ein Problem. Ich kann es nicht ertragen, wenn im Haus ein solches Chaos herrscht.

CARL: Für die anderen war es kein Problem. Aber für Sie war es ein großes Problem.

CLAIRE: Richtig. Das Durcheinander im Hause störte sie nicht. Es war nicht ihr Problem. Es war meines. Ich bin ein Mitglied der Familie und habe ein Recht auf ein gewisses Maß an Rücksichtnahme. Das akzeptieren sie. Ich sagte: »Ich brauche eure Hilfe bei diesem Problem.« Ich glaube, wir saßen eineinhalb Stunden um den Tisch versammelt. Die Kinder fanden schließlich eine Lösung für mein Problem. Wir nannten es die »Verschwindschachtel«. Wir hatten eine große Schachtel, und jedes Ding, das in den gemeinsam benützten Räumen – in der Küche, im Wohnzimmer, den Bädern, im Flur – herumlag, wurde in diesen wunderbaren alten Karton geworfen und war damit verschwunden. Und sie beschlossen, daß es eine Woche lang drinnenbleiben sollte. Egal, was es sei. Ich brauchte mich nicht darum zu kümmern. Die Kinder besorgten das, und dachten nicht daran, ihr eigenes System zu sabotieren. Sie waren begeistert davon und sie paßten aufeinander auf. Es war einfach köstlich: Der Zwölfjährige wußte genau, wann der Vierzehnjährige etwas in die Schachtel hatte tun müssen, und wenn er es auch nur fünfundzwanzig Minuten früher herausnehmen wollte ... es wurde einfach nicht zugelassen.

CARL: Es mußte die ganze Woche drinnenbleiben...

CLAIRE: Ja. Genau. Auf die Minute. Die Sachen verschwanden wie durch Zauberei. Der Karton quoll über. Und er wurde auf die Probe gestellt. Es gab viele Momente, in denen wir nahe daran waren, die ganze Sache aufzugeben. Beispielsweise büßte einer der Jungen am ersten Tag seine Schulstiefel ein. Er kam von der Schule nach Hause, zog sie aus und sie verschwanden. Am nächsten Tag suchte er sie und konnte sie nicht finden und niemand sagte es ihm. Schließlich dämmerte es ihm, du lieber Himmel, sie waren in der »Verschwindschachtel«. Also zieht er seine schmutzigen, alten, verschwitzten Tennisschuhe an, und am nächsten Tag sind auch diese weg. Das ist der kritische Augenblick. Was wird die Mutter machen? Er sah mich fragend an. Okay, ich muß in die Schule gehen und ich habe keine Schuhe. Aber das war einfach nicht mein Problem. Ich drehte mich um und ging weg. Und die Kinder erklärten ihm, kommt gar nicht in Frage. Du kriegst deine Schuhe nicht und du kriegst die Tennisschuhe nicht und was machst du jetzt? Schließlich kamen sie mit seinen Hausschuhen an. Das war das einzige, was er noch hatte. Also ging er mit den Hausschuhen in die Schule. Es fiel mir nicht leicht, so zu handeln. Aber ich ließ es zu, ... und es funktionierte.

Aber noch etwas geschah in diesem Zusammenhang, und das war mir nicht bewußt gewesen. Wenn ich von der Arbeit nach Hause kam, zog ich meine Schuhe aus und ließ sie bei der Tür stehen. Ich *sah* meine eigenen Schuhe einfach nicht, aber die Kinder sahen sie. Ich hatte drei Paar Schuhe, grüne, blaue und schwarze. Ich büßte meine blauen und meine schwarzen ein und mußte dann eine Woche lang mit den grünen Schuhen zur Arbeit gehen, ob sie nun zu meinen Kleidern paßten oder nicht. Benn verlor zwei Sportsakkos, mehrere Krawatten und ein Paar Schuhe. Sie sammelten alles ein, was wir herumliegen ließen. Die Sache funktionierte also in beide Richtungen, es war großartig. Und für mich war es eine Lektion.

Carl: Ich glaube, das Großartige daran ist, daß es in beiden Richtungen funktionierte, und daß es ihr Vorschlag war. Ich habe oft darüber gestaunt, daß Kinder, die vor einem Problem stehen, viel einfallsreicher sind als Erwachsene, wenn es darum geht, sich Lösungsmöglichkeiten auszudenken.

Claire: Ich hätte nie daran gedacht, die Sachen eine Woche da drinnen zu lassen. Sie sind strenger gegen sich selbst, aber es ist fair. Sie sind großartig.

Der politische Aspekt der Beziehungen ist in diesem Fall klar. Zuerst übt Claire ihre elterliche Macht in der typischen keifenden Weise aus. Dann wird ihr bewußt, daß sie ihre Beziehung zu den Kindern ruiniert, ein Ergebnis, das sie vermeiden möchte. Dann ihre Erkenntnis, daß es unbegreiflicherweise für die Kinder kein Problem zu sein scheint, wohl aber für sie und daß *sie* Rechte hat. Dann geht sie das Risiko ein – ein solcher Vorgang ist immer riskant –, sie um Hilfe bei der Lösung *ihres* Problems zu bitten. Dann die originelle Lösung, die von der ganzen Familie gemeinsam gefunden wird – die »Verschwindschachtel«.

Dies ist ein wunderbares Beispiel, wie man Kinder (und Erwachsene) die Verantwortung für Entscheidungen (auch unbewußte) samt den damit verbundenen Konsequenzen tragen lassen kann.
Was wir letztlich daraus lernen ist, daß jedes Problem vor allem in den Augen des Betrachters vorhanden ist. Claires Schuhe hatten nicht zu dem »Chaos« beigetragen, die Sachen der Kinder hingegen schon. Die Erfahrung, daß auch sie zu dem »Durcheinander« beiträgt, ist eine schmerzhafte Lektion. Aber nun ist die Macht wirklich auf alle gleich verteilt und wird auch so erlebt.
Der personenbezogene Ansatz, auf das Familienleben angewandt, verändert grundlegend die politische Konstellation der Kind-Eltern- und der Eltern-Kind-Beziehungen. Er schafft neue Verhaltensmuster für das Zusammenleben.

3.

Die Revolution in Ehe und Partnerschaft

So viele höchst signifikante soziale Faktoren haben die Ehebeziehung beeinflußt, daß es nahezu unmöglich ist, die spezifischen Auswirkungen eines personenbezogenen Ansatzes zu isolieren. Jeder dieser Faktoren hat die »Politik« der Ehe geprägt.

Zunächst ist da der Effekt der stark verbesserten Verhütungsmittel zu nennen. Die ungeheure Bedeutung der Familienplanung wurde mir klar, als ich *Thomas Jefferson: An Intimate Biography* von Fawn Brodie[1] las. Jefferson und seine Frau Martha liebten einander sehr und standen sich sehr nahe. Während ihrer Ehe lebte Jefferson, wie er sagt, »zehn Jahre in ungetrübtem Glück«. Aber es ist kaum übertrieben zu sagen, daß sie an dieser Liebe starb. Sie war körperlich zart, die meiste Zeit schwanger, hatte große Schwierigkeiten bei den Entbindungen und starb an den Komplikationen einer Niederkunft, einige Monate nach der Geburt ihres sechsten Kindes. Drei der sechs Kinder waren vor ihrem Tod gestorben. Diese Geschichte ist nicht außergewöhnlich. Marthas Mutter war drei Wochen nach Marthas Geburt gestorben. Ihr Vater nahm dann eine zweite Frau, die nur wenige Jahre lebte, und danach eine dritte, die elf Monate später starb. Danach wandte sich ihr Vater einer seiner Sklavinnen zu, einer Mulattin, die weniger anfällig gegen Infektionen als seine weißen Gattinnen zu sein schien und ihm sechs Kinder gebar. Dies sind keine Einzelfälle. Sie wiederholen sich in Brodies Buch in immer neuen Variationen, die Jeffersons Verwandte und Freunde betreffen. Das Dasein einer Ehefrau war zweifellos einer der gefährlichsten Berufe der damaligen Zeit. Ehefrauen wurden am laufenden Band ersetzt, weil es keine andere Alternative zu geben schien. Nur unverheiratete oder unfruchtbare Frauen hatten eine einigermaßen hohe Lebenserwartung.

All das ist jetzt anders. Die Verfügbarkeit wirksamer Verhütungsmittel bedeutet, daß die Ehe mehr zu einer Partnerschaft werden kann, da die Frau nicht mehr ausschließlich mit Schwangerschaften, Stillen und Kindererziehung beschäftigt ist. Sie bedeutet auch, daß die Frau physisch die gleichen Möglichkeiten hat wie ihr Mann, außereheliche Beziehungen zu erproben. Voreheliche und außereheliche Beziehungen haben unter den Frauen stark zugenommen. Die Frau hat auch die Möglichkeit, zwischen Familie und Karriere zu wählen oder beides miteinander zu vereinbaren. Zum ersten Mal in der Geschichte der Menschheit ist sie physisch ungebunden. Wirksame Schwangerschaftsverhütung hat es ermöglicht, die Frau aus ihrer unterjochten Rolle zu befreien. Diese Tatsache hatte unerhörte Auswirkungen auf die Politik der Familie.

Auch ein zweiter Umstand hatte einen großen Einfluß auf die Ehe, nämlich die verlängerte Lebensspanne von Männern wie von Frauen und die daraus resultierende Verlängerung der potentiellen Ehedauer. In weniger als hundert Jahren hat sich unsere Lebenserwartung verdoppelt. In den Vereinigten Staaten wird eine weiße Frau im Durchschnitt sechsundsiebzig, ein weißer Mann neunundsechzig Jahre alt. Farbige haben eine etwas geringere Lebenserwartung. Die versicherungsstatistische Erwartung für die Dauer einer Ehe betrug 1971, das letzte Jahr, für das Zahlen verfügbar sind, über einunddreißig Jahre. Verglichen mit der Vergangenheit ist dies eine unerhörte Zeitspanne. Die Ehen früherer Jahrhunderte, die oft nur zehn bis fünfzehn Jahre dauerten, bevor der Tod sie zerbrach, unterscheiden sich grundlegend von der heutigen Ehe, die fünfzig Jahre dauern kann, bis der Tod einen der Partner hinwegrafft. Mängel einer Beziehung, die man zehn Jahre lang hinnehmen würde, kann man nicht fünfzig Jahre lang ertragen. Die Zahl der Elemente, die ein Leben verändern und eine Beziehung instabil machen können, vervielfachen sich, wenn die Partner nicht zusammen wachsen und sich einer in ständigem Wandel begriffenen Beziehung anpassen können.

Ein weiterer gesellschaftlicher Faktor, der sich bemerkbar macht, ist die zunehmende Selbstverständlichkeit, mit der Scheidungen akzeptiert werden. Kein Partner fühlt sich mehr an den anderen gebunden, »bis der Tod uns scheidet«. Keiner der Partner übt mehr eine dauerhafte Macht oder Herrschaft über den anderen aus. Jeder einzelne hat immer die Macht der Wahl, ob er die Ehe erhalten will oder nicht.

Die Mobilität und mangelnde Seßhaftigkeit der Familien hatten eine tiefreichende Wirkung auf die zwischenmenschliche Beziehung der Ehe. Die Qualität der Beziehung zwischen zwei Menschen ist dadurch in den Mittelpunkt gerückt. Es ist keine Großfamilie mehr vorhanden, die die Spannungen auffangen könnte. Vorhandene Unzulänglichkeiten der Beziehung treten klar zutage.

Ein häufig vernachlässigter Faktor verdient Erwähnung. Im Jahre 1940 waren siebzehn Prozent aller Ehefrauen berufstätig. 1972 waren es zweiundvierzig Prozent, wovon sieben Prozent mehr verdienten als ihre Männer. Die Frau ist von ihrem Partner weniger abhängig und hat durch ihren Beruf viel mehr Kontakte zu anderen Männern. Auch dadurch nimmt die Wahrscheinlichkeit zu, daß in der Beziehung Spannungen auftreten.

Die zunehmende sexuelle Freizügigkeit wirkte sich stark auf die Ehe aus. Es wird berichtet, daß neunzig Prozent der Jugendlichen vor ihrer ersten Ehe sexuelle Beziehungen hatten, obwohl nur siebenunddreißig Prozent der Bevölkerung mit einem solchen Verhalten einverstanden sind. Außerdem hat eine Studie gezeigt, daß die Partner einer ersten Ehe, die zwischen zwanzig und fünfundzwanzig Jahre alt sind, in den ersten beiden Ehejahren mehr außereheliche sexuelle Kontakte haben als ältere Personen während ihrer gesamten Ehedauer[2]. Die Signifikanz dieser Fakten für die Zukunft der Ehe sind kaum zu überschätzen.

Alle diese Faktoren sprechen für eine personenbezogene Ehe oder Partnerschaft. Sie machen die Ehe gleichzeitig riskanter, spannungsanfälliger und weniger dauerhaft. Wir stehen vor dem Dilemma, daß die sexuelle Partnerschaft um so störungsanfälliger wird, je personenbezogener sie ist; auf der anderen Seite bietet sie jedem der Partner um so größere Erfüllung und Bereicherung, je personenbezogener sie ist.

Alle genannten sozialen Faktoren bieten der Frau mehr Angebote, mehr Menschenwürde, mehr Möglichkeiten, ihren eigenen Selbstwert zu entdecken. Zusammen bewirken sie eine der rapidesten und effektivsten »stillen Revolutionen« unserer Zeit – die Frauenbefreiungsbewegung. Diese fordert mit Nachdruck die Beseitigung jeglicher Diskriminierung von Frauen – im Berufsleben, im Eigentumsrecht, auf dem Gebiet der Bürgerrechte, in der Lohnpolitik. Selbst in subtileren Bereichen, wie in unserer Sprache – *er*, sie, es; das Wörtchen »man«; der *Vater* im Himmel – wird uns vor Augen geführt, wie wir die Selbstachtung der Frauen untergraben haben.

In ihren Bemühungen um Bewußtseinsbildung wie auch in ihren politischen und juristischen Aktivitäten ist die Frauenbewegung im wesentlichen personenbezogen. Am überzeugendsten ist sie dort, wo sie von einem tiefen Vertrauen gegenüber der Fähigkeit jeder einzelnen Frau gekennzeichnet ist, ihr Leben selbst zu bestimmen und ein unabhängiger und kreativer Mensch zu werden, wenn die Gesellschaft nur ein wachstumsförderndes Klima bietet. Auch der einzelne Mann wird eine viel reichere Persönlichkeit entwickeln können – zärtlich, liebevoll und gefühlsbetont, nicht nur intellektuell und leistungsorientiert –, wenn das gesellschaftliche Klima es gestattet. Dennoch sehen viele Männer in der »Emanzipation« nichts als eine Bedrohung – für ihre Männlichkeit, für ihre Stellung in der Familie und für ihren Arbeitsplatz. Es liegt somit auf der Hand, daß die Frauenbewegung und ihre Implikationen für die Veränderung der Dynamik und der Politik der Ehe von außerordentlicher Bedeutung ist.

Nachstehend einige der Erkenntnisse, die ich im Umgang mit Menschen gewonnen habe, die sich in einem personenbezogenen Klima bewegten – sei es in Paargruppen, in Encountergruppen, durch Einzeltherapie oder durch Lektüre. Diese Menschen haben sich in ihrer persönlichen Eigenart stärker akzeptiert gefühlt. Der personenbezogene Ansatz hatte eine Reihe von Auswirkungen auf ihre Beziehungen:

In der Partnerschaft kommen bereits vorhandene Schwierigkeiten ans Licht. Ein junges Paar lebte seit einiger Zeit zusammen und plante zu heiraten. Sie waren gemeinsam in einer Encountergruppe und baten die Gruppenmitglieder, ihnen bei der Erforschung ihrer Beziehung zu helfen. Sobald sie etwas offener miteinander zu sprechen begannen, wurde es klar, daß sie einander kaum kannten. Sie hatten verschiedene Ziele und stark differierende Wahrnehmungen. Beispielsweise betrachtete sich die junge Frau ihrem Partner gegenüber als ebenbürtig, keinesfalls als unterlegen. Sie war erstaunt und verletzt, daß sie ihr Freund in bezug auf Sozialprestige und Intellekt als weit unter ihm stehend einstufte. Während sie ihren Differenzen nachspürten, wurden sie viel offener zueinander, aber ihre Partnerschaft schien stark gefährdet. Dennoch erhielt ich ein Jahr später einen Brief von ihnen, in dem sie mir von ihrer Heirat, ihren wachsenden gemeinsamen Interessen, ihrer beruflichen Zusammenarbeit und ihrer augenblicklichen Zufriedenheit mit ihrer Beziehung berichteten. Durch das Risiko, das sie bei der Erforschung ihrer grundlegenden Differenzen eingegangen waren, hatte sich ihre Beziehung offensichtlich gefestigt, statt zu zerbrechen.

Die Differenzen können in den verschiedensten Bereichen auftreten. Bei einem Paar ist der Mann ein Hedonist, er arbeitet nur, wenn er muß, und betrachtet sich im Grunde als »Faulpelz«, während seine Frau ausgesprochen leistungsbezogen ist. Sie sagt: »Mein Herz setzt jedesmal aus, wenn ich ihn sagen höre, ›am liebsten wäre ich reich und würde mich nur unterhalten‹.« Sie meint, er sollte seine Arbeit ernster nehmen. Es ist kennzeichnend für die unerhörte Komplexität menschlicher Beziehungen, daß die leistungsorientierte Ehefrau mit Zustimmung ihres Mannes als busenfreie Go-Go-Tänzerin arbeitet, während der »Faulpelz« ein Geschäftsmann ist! Aber die gemeinsame Erkundung ihrer unterschiedlichen Ziele trägt dazu bei, sie einander näherzubringen.

Die Kluft, die zwei Partner voneinander trennt, kann durch alte Kränkungen entstanden sein. Hal und Jane sind seit fünfzehn Jahren verheiratet, haben viele Schwierigkeiten überwunden, die durch ihr unterschiedliches religiöses und kulturelles Milieu entstanden, und ihre Beziehung scheint jetzt durchaus stabil zu sein. Im Laufe eines Gesprächs offenbarte sie jedoch, daß sie einen großen Teil ihrer Zuneigung für sich behalte und aufgrund eines alten Ressentiments ihren Mann nicht von Herzen lieben könne. In den ersten Jahren ihrer Ehe hatte Jane den Eindruck gehabt, daß sie Hal neunzig Prozent gebe, er ihr hingegen nur zehn Prozent. Sie hat ihre Enttäuschung nie ausgesprochen, sondern diese alte Narbe in ihre gegenwärtige Beziehung zu ihm mitgenommen. Inzwischen sind beide traurig, daß sie ihre Gefühle nicht viel früher geäußert hat – ihre Partnerschaft hätte viel besser sein können.

Ein weiterer Effekt ist, daß die *Kommunikation offener und echter wird, und die Partner einander besser zuhören.* Manchmal kann man genau den Augenblick bestimmen, in dem dieser Prozeß einsetzt. In einer Paargruppe griffen ein Mann und seine Frau einander ständig an. Die Gruppe bemühte sich, ihnen zu helfen, einander besser zuzuhören und ihre *eigenen Gefühle,* nicht ihre Urteile zu äußern. Der Mann schien einiges davon aufzunehmen und riskierte es, mit ziemlicher Bitterkeit davon zu sprechen, daß er sich in einer Falle gefangen fühle. Sobald er geendet hatte, setzte seine Frau ihre Angriffe auf seine Motive und sein Verhalten ihr gegenüber fort. Der Gruppenleiter unterbrach: »Haben Sie gehört, was Ihr Mann Ihnen zu sagen versuchte?« »Natürlich habe ich es gehört.« Der Gruppenleiter sagte: »Würden Sie den Kern seiner Aussage nochmals wiederholen, damit er weiß, daß Sie ihn gehört haben?« Sie verstummte und versuchte vergeblich, sich zu erinnern. Sie wirkte zunehmend verlegen. Schließlich sagte sie zu ihrem Mann mit der leisesten Stimme, die sie seit Beginn der Gruppe hatte hören lassen: »Was *hast* du gesagt?« Von diesem Augenblick an hörten sie einander besser zu.

Im Klima der personenbezogenen Orientierung *lernen die Partner, den Wert der Eigenständigkeit zu erkennen.* Carol und Bob wiesen alle äußeren Anzeichen einer glücklichen Ehe auf. Beide waren gebildet und erfolgreich – sie hatten ein Haus am Stadtrand, ein Baby und ein neues Auto. Sie unternahmen alles gemeinsam. Alle hielten ihre Ehe für sehr glücklich. Den beiden erschien ihre Partnerschaft innerlich jedoch langweilig und frustrierend. Sie waren desillusioniert und wütend – aufeinander, aber mehr noch auf das Leben[3].

Sie nahmen an einer Paargruppe teil, und es begann ihnen klar zu werden, daß ihre Entwicklung zum Stillstand gekommen war, als sie heirateten, und, was noch schwerer wiegt, daß sie nicht mehr miteinander kommunizierten. Bob riskierte es schließlich, sich zu offenbaren, und erzählte Carol von seinen Seitensprüngen mit anderen Frauen. Sie reagierte mit Angst und Eifersucht. Sie hatte geglaubt, daß ihre Welt Sicherheit biete, und nun war diese Welt zusammengebrochen. Sie hatte die Kontrolle über ihre Ehe verloren und fühlte sich sehr bedroht. Aber trotz ihres Schreckens dämmerte ihr die Erkenntnis: »Wenn er allein zu existieren vermag, kann ich es vielleicht auch.« Sie äußerte sich in der Gruppe viel offener und wurde daher als liebenswerter empfunden. Daß sie in den Augen der Gruppenmitglieder so liebenswert erschien, erschreckte Bob. Er fühlte sich nun seinerseits bedroht und verletzt.

Aber sein Mut, offen über seine Affären zu sprechen, machte auch sie kühner. Bald redeten sie den ganzen Abend miteinander und entdeckten beide neue und interessante Seiten aneinander. Ihre Eigenständigkeit kommt ihnen mehr und mehr zu Bewußtsein. Sie bringen es jetzt über sich, dem anderen zu gestatten, sich mit anderen Leuten zu verabreden und andere Beziehungen zu pflegen. Insbesondere Carol hat ihr »braves« Image aufgegeben und hat ein echteres Selbst entwickelt, ein Selbst, dem sie mehr Vertrauen entgegenbringt.

Für Carol und Bob hat dieses wachstumfördernde Klima eine völlige Veränderung der »Politik« ihrer Ehe mit sich gebracht. Sie haben aufgehört, sich den Erwartungen der Gesellschaft zu fügen – daß sie alles gemeinsam tun müssen, daß sie sich an konventionellen Verhaltensmustern zu orientieren haben und daß ihr Leben völlig mit dem des Partners verschmelzen muß. Sie sind unverwechselbare und eigenständige Persönlichkeiten geworden, die getrennte Wege gehen und durch Kommunikation und gegenseitige Zuneigung miteinander verbunden sind, nicht durch irgendein fiktives, konventionelles, von außen aufgezwungenes Verhaltensmuster.

Eine weitere Folge eines solchen Klimas ist, daß *die wachsende Unabhängigkeit der Frau in der Beziehung als wertvoll anerkannt wird.* Dies ist ein weiteres Beispiel der Eigenständigkeit, von der wir gerade gesprochen haben, aber es ist ein Aspekt, der in der modernen Partnerschaft eine so wichtige Rolle spielt, daß er besonderer Erwähnung bedarf.

Jerry erlebte vor kurzem in seiner Ehe den »Schock seines Lebens«, wie er sagte. Er war bisher ganz in seiner Arbeit aufgegangen. Jane hatte sich nicht ohne geheimen Groll der schwierigen Aufgabe unterzogen, ihren Sohn aufzuziehen. Als sie im Laufe der Jahre mehr freie Zeit hatte, kehrte sie unter dem Einfluß der personenbezogenen Orientierung zur Fortsetzung ihres Studiums an die Universität zurück. Schließlich reifte in ihr der Entschluß, in der Stadt, in der sie früher gelebt hatten, eine Stellung in ihrem Fach anzunehmen. Sie teilte es Jerry mit, aber er konnte es einfach nicht ernst nehmen. Als es ihm endlich dämmerte, daß sie voll dahinterstand und er entweder sie aufgeben oder selbst den Arbeitsplatz wechseln mußte, war dies für ihn, wie er sagt, der »Schock seines Lebens«. Es folgten hitzige Auseinandersetzungen, in deren Verlauf Jane zum Glück über ihre Ressentiments sprach und sich schließlich etwas entgegenkommender verhielt. Aber die Familie übersiedelte. Jerry wechselte die Stellung, und die Dynamik ihrer Beziehung hat sich von Grund auf verändert. Jerry bringt seiner Frau jetzt mehr Achtung entgegen; er hat klarer erkannt, daß er bisher mit seiner Arbeit verheiratet gewesen ist; und die Fähigkeit beider, ihre Gefühle miteinander zu teilen, hat deutlich zugenommen. Selbst in bezug auf ihre sexuelle Beziehung, die niemals ideal gewesen ist, besteht nun mehr Kommunikation und damit auch mehr Hoffnung. Ein Teil des Problems liegt darin, daß es ihnen schwergefallen ist, sexuelle Intimität herzustellen, da Jane ihrem Mann gegenüber verborgene Ressentiments empfand.

Die Wahl des Wohnortes wird zunehmend problematischer, wenn sowohl der Mann als auch die Frau berufstätig sind und in verschiedenen Orten günstige Arbeitsmöglichkeiten haben. Die Lösung dieses Problems erfordert die Bereitschaft, dem Partner rückhaltlos seine Gefühle zu offenbaren, alle zur Verfügung stehenden Möglichkeiten zu erkunden und sich eventuell mit einem Kompromiß abzufinden, der vielleicht für beide Partner nicht ideal ist. Solche Probleme werden mit Sicherheit in dem Maße zunehmen, in dem die Ehe als gleichberechtigte Partnerschaft angesehen und beiden Partnern das Recht zugesprochen wird, wichtige Entscheidungen zu treffen.

Dieser neue Trend wird besonders von den Männern akademisch gebildeter Frauen oft als bedrohlich empfunden. Ihre zunehmende

Unabhängigkeit gibt ihm das Gefühl, in seiner alten Rolle als Versorger nicht mehr gebraucht zu werden. Außerdem besteht immer die Möglichkeit, daß sie mehr verdient als er. Sind beide im gleichen oder in ähnlichen Berufen tätig, tritt in ihrer Beziehung eine Konkurrenzsituation ein. Die Folge ist, daß die *Qualität* ihrer sexuellen Beziehung, das Tempo ihres persönlichen Wachstums, das Ausmaß, in dem sie gemeinsame Interessen entwickeln – daß all dies weit größere Bedeutung erlangt als in konventionellen Ehen.
In einer personenbezogenen Situation *nimmt das Bewußtsein zwangsläufig zu, daß die Gefühle ebenso wichtig sind wie der Verstand,* die Emotionen ebenso bedeutsam wie der Intellekt.
Ein Gefühl ist »eine emotional gefärbte Erfahrung und deren persönliche Bedeutung. Es schließt also die Emotion, aber auch den kognitiven Bedeutungsgehalt dieser Emotion in ihrem Erlebniszusammenhang ein. Sie werden voneinander untrennbar im gleichen Augenblick erlebt[4]«. Da das Gefühl sowohl die Emotion als auch deren Bedeutung einschließt, ist es der umfassendere Begriff. Die Betonung, die in den letzten Jahrhunderten auf den Verstand, das rationale Denken gelegt wurde, stellt einen Versuch dar, diese beiden in Wirklichkeit untrennbaren Komponenten der Erfahrung zum Schaden unserer Humanität voneinander zu scheiden.
Diese Trennung von Verstand und Gefühl ist eine der ersten Mythen, mit der im personenbezogenen Ansatz aufgeräumt wird. Die Menschen kommunizieren mit ihrer ganzen Persönlichkeit untereinander, sie drücken ihre Erfahrungen aus, nicht irgendeinen trockenen intellektuellen Extrakt davon.
Dies ist einer der Hauptgründe, weshalb sich der personenbezogene Ansatz für Ehepaare und sonstige Partnerschaften als so wertvoll erwiesen hat. Der »reine« Verstand und »objektive« Urteile sind *keine* Basis, auf der zwei Menschen befriedigend zusammenleben können. Es bedeutet, daß sie die Hälfte ihrer Erfahrung (möglicherweise die wichtigere Hälfte) aus ihrer Kommunikation auszuklammern versuchen. Durch Intensivgruppen, schülerbezogenen Unterricht, Bücher, Paargruppen sowie aus anderen Quellen lernen mehr und mehr Menschen den Unsinn solcher Pseudokommunikation zu durchschauen. Sie entdecken aufs neue, was es bedeutet, sich selbst mitzuteilen, so wie man ist. Ich werde hier

nicht darauf eingehen, wie eine solche echte Kommunikation durch den Jargon oder die Rituale, die in manchen Selbsterfahrungsgruppen gepflegt werden, lahmgelegt werden kann. »Ich möchte wissen, was du *wirklich* fühlst«, kann genauso eine Pseudokommunikation sein wie alles andere, wenn es nicht aus einer augenblicklichen Erfahrung des Sprechers herrührt. Unsere amerikanische Kultur wurde durch die Mentalität der Werbebranche so korrumpiert, daß alles zu einer »Masche« werden kann. Dies ist in den Encountergruppen und bei der Schulung der Eltern, »echt« zu sein, zweifellos oft geschehen. Diese falschen Untertöne ändern jedoch nichts an der Bedeutung offener Kommunikation, die ebenso sicher zunimmt.

Die personenbezogene Orientierung bedeutet, daß sich *alle Beteiligten um größeres gegenseitiges Vertrauen, persönliches Wachstum und die Entwicklung gemeinsamer Interessen bemühen.* Je echter die Partner sich zueinander verhalten, desto größer ist die Chance, daß sie einander vertrauen lernen. Da sie echter sind, riskieren sie mehr Offenheit und fördern dadurch ihr persönliches Wachstum. Je rückhaltloser ihre Kommunikation ist, desto wahrscheinlicher werden sie Interessen entdecken und zu entwickeln wünschen, die sie jetzt oder künftig miteinander teilen können.

Die Erfahrung einer personenbezogenen psychologischen Atmosphäre hat eine weitere Folge. *Rollen und Rollenerwartungen treten zurück und werden durch die Person ersetzt, die ihre Verhaltensweise selbst wählt.* Welche Rollenerwartungen wurden bisher in der Partnerschaft auf den Mann gerichtet? Der Mann ist das Familienoberhaupt. Er bestreitet allein den Unterhalt. Er ist der stärkere, der überlegene Partner, obwohl ihn sein »Frauchen« unterstützt. Sein Leben wird durch den Verstand, nicht durch die Gefühle gesteuert. Nur er hat gelegentlich das Bedürfnis nach einem »Seitensprung«. Er übernimmt in sexuellen Dingen stets die Initiative. Er verhält sich seinen Kindern gegenüber streng disziplinierend. Alle diese Rollen und Erwartungen lösen sich in einem personenbezogenen Klima in Luft auf. In den Mittelpunkt rückt der Mensch als individuelle Persönlichkeit – menschlich, wechselhaft, in seinem Verhalten sowohl durch seine augenblicklichen Gefühle als auch durch seine langfristigen Ziele bestimmt.

Auch die Rollenerwartungen für die Frau werden in Frage gestellt: Die Frau ordnet sich ihrem Mann unter. Sie findet vollständige Erfüllung in ihrem Haushalt und ihren Kindern. Sie übernimmt alle Aufgaben und Pflichten, die mit dem Haushalt zusammenhängen. Sie bereitet den anderen ein warmes Nest. Im Vergleich zu ihrem Mann ist sie körperlich schwach und geistig unterlegen. Sie ist zwar fähig, Gefühle zu empfinden, nicht aber, systematisch zu denken. Sie ordnet ihre Interessen denjenigen ihres Mannes unter. Ihre sexuellen Triebe sind schwächer als die ihres Mannes. Sie soll sich außerhalb der Ehe nicht auf sexuelle Beziehungen einlassen.

Die Verhaltenserwartungen, die mit diesen Rollen verbunden sind, verflüchtigen sich in der Encountergruppe oder einer personenbezogenen Therapie oder einer Bewußtseinsbildungsgruppe für Frauen. Was dabei herauskommt, sind individuell verschiedene Frauen mit ausgeprägten, nicht austauschbaren Persönlichkeiten, die sich so verhalten, wie es ihren Bedürfnissen und ihrer Wahl entspricht. Durch die personenbezogene Erfahrung verliert die soziologische Rolle ihre Bedeutung.

Die männlichen und weiblichen Rollenbilder werden in der heutigen Gesellschaft nur noch selten so kraß formuliert. Sie sind durch gesellschaftliche Kräfte bereits abgeschwächt worden. Implizit sind sie jedoch in unserer sozialen Struktur nach wie vor vorhanden. Warum werden Männer für die gleiche Arbeit besser bezahlt als Frauen? Warum ist es den Frauen gestattet zu weinen, wenn sie verletzt sind, nicht aber den Männern? Diese Rollenklischees sind immer noch sehr lebendig und wirksam, wenn auch in abgeschwächter Form. In einer personenbezogenen Encountergruppe verlieren sie jedoch vollends ihre Bedeutung. Hier läßt ein Mann seinen Tränen freien Lauf und es finden sich Frauen, die stark genug sind, um ihm zu helfen, einen Ausweg aus seinem Leid zu finden. Hier trifft man auch auf einen Mann, der sich nur in seinem gegenwärtigen Nest sicher fühlt, während sich seine abenteuerlustige Frau in ein neues Leben hinauswagt. Wir stellen immer wieder fest, daß alle bisherigen Rollenerwartungen in Widerspruch zu den Erfahrungen der Männer und Frauen stehen, die darum ringen, mit ihren eigenen Erfahrungen *identisch zu sein.* Dies führt zu Verhalten, das manchmal den Rollenerwartungen entspricht und manchmal nicht, niemals ist das Verhalten jedoch durch Rollenerwartungen bestimmt, die von außen an den Betreffenden gerichtet werden.

Die Bedürfnisbefriedigung, die man vom anderen zu erwarten hat, wird realistischer eingeschätzt. Wenn ein Mann seine Partnerin als Persönlichkeit betrachtet, wird offenkundig, wie unwahrscheinlich es ist, daß er alle ihre gesellschaftlichen, sexuellen, emotionalen und intellektuellen Bedürfnisse befriedigen kann. Mit der gleichen Klarheit erkennt die Frau, daß sie diesem Mann nicht *alles* sein kann. Diese Einsichten werden um so unabweisbarer, wenn wir nicht nur die Gegenwart, sondern ein jahrelanges Zusammenleben ins Auge fassen.

Es ist daher nur realistisch, anzuerkennen, daß jeder der beiden Partner dem anderen einen größeren Freiraum für Interessen und Beziehungen außerhalb der Partnerschaft sowie Zeit zum Alleinsein einräumen muß – all jene Elemente, die das Leben bereichern. Dies steht keinesfalls in Widerspruch zu einer fortgesetzten Bemühung um ein umfassenderes und vertieftes gemeinsames Leben. Es bedeutet lediglich, daß die beiden Partner, wie Bob und Carol lernten, nicht alles gemeinsam tun müssen. Die Erfahrung dieser größeren Freiheit führt zu einem erfüllteren Zusammensein.

Jeder der Partner kann sogenannte Satellitenbeziehungen eingehen, die großes Leid, aber auch Wachstum und Bereicherung mit sich bringen können. Unter einer Satellitenbeziehung versteht man eine enge sekundäre Beziehung außerhalb der Ehe, die auch sexuelle Kontakte mit einschließen kann, aber an und für sich ihren Wert in sich selbst trägt. Dieser Begriff ist Ausdrücken wie »außerehelicher Sex«, »Fremdgehen«, »Geliebte« oder »Liebhaber« vorzuziehen[5].

Wenn zwei Menschen in einer Partnerschaft lernen, einander als eigenständige Persönlichkeiten mit getrennten wie auch gemeinsamen Interessen und Bedürfnissen zu betrachten, dann werden sie vermutlich feststellen, daß zu diesen Bedürfnissen auch Beziehungen außerhalb ihrer Partnerschaft zählen. Und wenn diese zusätzliche Beziehung die Möglichkeit sexueller Intimität einschließt, dann entstehen für die Primärpartner dadurch Probleme. Nancy räumt beispielsweise ihrem Partner, John, das Recht ein, sich mit

anderen Frauen zu verabreden, und sie weiß, daß diese Begegnungen zu Sex führen können. Rein verstandesmäßig ist sie damit auch völlig einverstanden, aber ihre Emotionen können nicht mit ihrer Logik Schritt halten. Sie ist oft eifersüchtig und verletzt, andererseits fühlt sie sich durch die Tatsache bestätigt, daß John immer wieder sie vorzieht und zu ihr zurückkehrt.
In Encounter- und Paargruppen habe ich oft Gelegenheit, die beginnende Entwicklung solcher Satellitenbeziehungen zu beobachten. Eine gefühlsbetonte, impulsive Frau, die ihrem Mann die zwanghafte Verbissenheit übelnimmt, mit der er sich seinen Forschungen widmet, nimmt eine Beziehung zu einem anderen Gruppenmitglied auf. Er ist spielerisch, ihr Mann ist das nicht. Er ist gefühlvoll und kann seine Gefühle ausdrücken, Eigenschaften, die ihrem Mann fehlen. Die Beziehung wird sehr eng. Die Frau ist sowohl ihrem Mann als auch ihrem neuen Geliebten gegenüber sehr offen. Sie sagt ihnen, wie aufregend und erfüllend diese neue Beziehung für sie ist, und auch, wieviel Verwirrung und Konflikte sie in ihr auslöst. Ihr Mann besitzt viele gute Eigenschaften, und sie fühlt sich ihm gegenüber illoyal, aber ... ihr Mann, der Forscher, der in der Gruppe von sich behauptete, keine Gefühle zu haben, stellt plötzlich einen Abgrund von Eifersucht und Empörung in sich fest, der ihn erschreckt. Er leidet sehr. Er und seine Frau reden und reden miteinander, manchmal bitter, manchmal liebevoll, manchmal voll Verständnis füreinander, dann wieder nur von Zorn erfüllt.
Weil sich das so offen abspielte, erlebte die Gruppe und ich dies alles aus nächster Nähe mit. Die starken Stimmungsschwankungen zwischen dem Mann und seiner Frau, der Wechsel von Nähe und Distanz in der Satellitenbeziehung konnten uns nicht verborgen bleiben. Die Gruppenmitglieder hörten den in die Dreiecksbeziehung verstrickten Personen verständnisvoll zu und nahmen speziell an dem Schmerz, dem Zorn und dem Konflikt Anteil, welche die Frau und ihr Mann durchlebten. Als sich die Gruppenerfahrung dem Ende näherte, fragte ich mich, ob der personenbezogene Ansatz für das Zerbrechen einer Ehe verantwortlich zu machen sei, die trotz all ihrer Mängel viele Jahre lang bestanden hatte. Dies ist eine bedrückende Frage.

Monate später erzählte mir ein Gruppenmitglied, daß es von der Frau einen Brief erhalten habe. Ihre Ehe sei nie besser gewesen, schrieb sie darin. Sie sprechen jetzt in einer Art und Weise miteinander, wie sie es nie zuvor getan haben, und teilen einander Gefühle mit, die sie früher für sich behalten hätten. Ihre Ehe bedeutet beiden mehr als in all den vergangenen Jahren. Die Dynamik ihrer Ehe hat sich grundlegend verändert. Früher hatte sich der leistungsorientierte, erfolgreiche Mann in fürsorglicher Weise um die Frau gekümmert, die er für übermäßig gefühlsbetont hielt und die er meinte, zügeln zu müssen. Seine Frau dagegen hatte es ihm übelgenommen, daß er ganz in seiner Arbeit aufging, sie fühlte sich unbefriedigt und glaubte sich ihm unterlegen. Jetzt ist ihre Beziehung dem Ziel einer gleichberechtigten Partnerschaft viel näher gerückt.

Solche Vorgänge habe ich wiederholt beobachten können. Ich habe nicht den geringsten Zweifel, daß die Entstehung von Satellitenbeziehungen begünstigt wird, wenn Partnerschaften einem personenbezogenen Klima ausgesetzt sind. Die Beteiligten – Männer wie Frauen – entdecken, daß es möglich ist, mehr als einen Menschen gleichzeitig zu lieben. Einer oder beide können außerhalb ihrer primären Beziehung eine zweite Liebe erleben. Dies bringt fast immer Eifersucht, Schmerz und Verlustangst mit sich. Doch die Krise kann durchgestanden werden und die Partnerschaft danach erfüllter sein als zuvor.

Der Kern des Problems ist die Eifersucht und ihre tiefsten Wurzeln. Rollo May bemerkte: »Eifersucht kennzeichnet die Beziehung, in der das Verlangen nach Macht eine größere Rolle spielt als das Verlangen nach Liebe[6].« Die O'Neills schreiben: »Wir glauben nicht, daß Eifersucht in der offenen Ehe etwas zu suchen hat[7].« Ich selbst habe mich zu weit größerer Unsicherheit bekannt[8]. Die Häufigkeit der Eifersucht hat mich veranlaßt, darüber nachzudenken, ob sie einfach das Ergebnis kultureller Konditionierung ist, in welchem Fall sie in ein oder zwei Generationen verschwinden könnte, oder ob sie eine biologische Grundlage hat wie das Territorialverhalten, das wir bei bestimmten Tieren, z. B. Vögeln, und uns selbst feststellen können. Im Leben vieler Paare gibt es Anzeichen dafür, daß Gefühle der Eifersucht modifiziert und verarbeitet werden können, wenn auch nicht ohne Verletzungen.

Soweit Eifersucht auf Besitzansprüchen beruht, bewirkt jede Veränderung dieses Gefühls einen tiefreichenden Wandel des »politischen« Aspekts der ehelichen Beziehung. Wenn beide Partner wirklich eigenständig und unabhängig sind, wird sich ihre Beziehung nur dann als dauerhaft erweisen, wenn sich die Partner füreinander engagieren, wenn sie in guter Kommunikation zueinander sind, den anderen als eigenständiges Individuum akzeptieren und als Persönlichkeiten, nicht als Rollenträger zusammenleben[9]. Dies ist eine neue und reife Form der Beziehung, die von vielen Paaren angestrebt wird.

Eine Frau, die aus ihrer eigenen Erfahrung in ihrer Ehe und auch als Beraterin spricht, drückt eine personenbezogene Auffassung aus, die mir voll Weisheit zu sein scheint: »Ich glaube, daß eine wesentliche Voraussetzung erfüllt sein muß, damit diese Krisen durchgestanden werden können und sich bereichernd auf die Beziehung auswirken. Das ist die Fähigkeit, daran zu glauben, daß man ein Recht darauf hat, die Erfahrungen zu machen, die man durchlebt, und daß man nicht die Erlaubnis seines Partners dazu benötigt. Gleichzeitig bedeutet einem sein Partner genug, daß man bei ihm bleibt, wenn ihn seine Gefühle überwältigen, und ihm zuhört, ohne sich extrem verantwortlich für ihn zu fühlen und ohne sich sein Verhalten von ihm vorschreiben zu lassen. Was ich häufig erlebe, ist, daß der Partner, der in eine zweite Beziehung verstrickt ist, sich eingeengt fühlt und mit Schuldgefühlen und Zorn reagiert, wenn ihn sein Partner nicht bedingungsfrei akzeptiert. Dadurch verstärken sich beim anderen die Gefühle der Bedrohung und Verlassensangst und er klammert sich noch stärker an. Bald befinden sich beide in einem schrecklichen Teufelskreis, der sehr schwer zu durchbrechen ist. Ich glaube, die Situation ist ideal, wenn man zu seinem Partner sagen kann: ›Ich brauche jetzt die Erfahrung dieser anderen Beziehung und ich schulde sie mir selbst. Ich bin mir deiner Verletztheit, deiner Eifersucht, deiner Angst und deines Zorns bewußt; ich freue mich nicht darüber, aber sie sind eine Konsequenz der Entscheidung, die ich getroffen habe, und ich liebe dich genug, um für dich dasein und all dies mit dir durcharbeiten zu wollen. Wenn ich mich entschließe, auf diese andere Erfahrung zu verzichten, dann tue ich es aus freier Wahl und nicht, weil ich mich von dir daran hindern lasse. Auf diese Weise empfinde ich keine Ressentiments gegen dich und werde dich nicht für meinen Mangel an Mut bestrafen, meine Entscheidungen selbst zu treffen und die Konsequenzen auf mich zu nehmen.‹ «

Dies ist eine reife Art, um Unabhängigkeit und ein erfülltes Leben zu ringen.

Bei dem folgenden Beispiel handelt es sich um eine Ehe, die anfangs in sehr konventionellen Bahnen verlief, die sich aber stark veränderte, als die Partner verschiedenen personenbezogenen Einflüssen ausgesetzt waren. Als Reaktion auf meine Veröffentlichungen erhalte ich eine große Anzahl von zum Teil sehr persönlichen Briefen. Ich habe den folgenden Brief ausgewählt, weil er eine so anschauliche Darstellung des jahrelangen Entwicklungsprozesses der Partnerschaft von Ruth und Jay enthält. Er offenbart auch die wechselhafte politische Konstellation der Beziehung. Da dies das Anliegen dieses Buches ist, möchte ich mich speziell auf diesen Aspekt konzentrieren – die Art und Weise, wie Herrschaft bewußt oder unbewußt ausgeübt wird; der Ort, an dem Entscheidungen über einen selbst und den oder die Partner getroffen werden; die Auswirkungen dieser Entscheidungen auf die Dynamik des ganzen Systems, von dem die Ehe einen Teil bildet. Meine Kommentare über den im Wandel begriffenen politischen Aspekt ihrer Erfahrung sind kursiv gesetzt.

Lieber Carl,

ich habe das Gefühl, Sie zu kennen. Obwohl ich Ihnen nie begegnet bin, hat mich Ihr Geist berührt und verändert. Das macht mir Angst, aber es ist auch wunderbar, und ich habe das Bedürfnis, Ihnen zu schreiben und Ihnen eine weitere Geschichte über das menschliche Leben und seine Entfaltung zu erzählen. *Obwohl die Verfasserin dieses Briefes durch meine Schriften mit der personenbezogenen Orientierung in Kontakt gekommen ist, geht aus ihrem Bericht hervor, daß dies erst vor kurzem geschah. Der ganze erste Teil ihres Liebeslebens war von solchen Konzepten unbeeinflußt.*

Ich werde mit dem Beginn meiner Ehe anfangen. Im ersten Jahr meines Studiums lernte ich einen Kommilitonen kennen und lieben. Er war nicht meine erste Liebe und wird auch nicht meine letzte sein, aber er ist meine einzige voll ausgelebte Liebe. Ich wurde schwanger und wir waren gezwungen zu heiraten. Ich zweifelte daran, daß er mich liebte, und glaubte, er heirate mich nur, weil ich ein Kind erwartete. (Er überzeugte mich jedoch später davon, daß dies nicht wahr sei.) *Der Ort, an dem die Entscheidungen getroffen werden, befindet sich hier nahezu ausschließlich außerhalb. Man »muß das Kind zur Welt bringen«. Man »muß den Vater heiraten«. Sie fühlte sich zu diesen Schritten gezwungen, und da die Entscheidungen im Grunde nicht von ihr oder Jay getroffen wurden, fühlte sie sich seiner nicht sicher.* Jay, mein Mann, bemühte sich in diesem ersten Jahr sehr, aber ich war todunglücklich und voll Selbstmitleid und war innerlich weder für die Ehe noch für ein Kind reif. Ich machte ihm das Leben sehr schwer und entzog ihm zu meinem eigenen Schutz meine Liebe. *Da sie sich als Opfer der Entscheidungen fühlt, die das Leben ihr aufgezwungen hat, rebelliert sie. Sie ist noch nicht reif für die Ehe und ein Kind, deshalb enthält sie ihrem liebevollen Mann die Zuneigung vor, die sie für ihn empfindet. Der »Entzug« ihrer Liebe erschien ihr als der einzige Ausweg, der ihr das Gefühl gab, für sich selbst verantwortlich zu sein. Sie erhält sich dadurch als autonome Persönlichkeit, so traurig dies in der Tat für ihre Beziehung ist.*

Nach der Geburt unseres Kindes, Gordon, ging es etwas besser. Jay trat in die Armee ein und wir bezogen eine Wohnung in der Nähe seines Standorts. Nach eineinhalb Jahren Ehe ging er nach Vietnam. *Auch in diesem Fall entscheidet die Regierung über die Trennung; es ist kein Entschluß, für den sich einer von beiden verantwortlich fühlen kann.*

Das war ein sehr schwieriges Jahr. Ich machte einen Universitätsabschluß in Naturwissenschaft und begann dann, mich auf ein zweites Diplom in den Geisteswissenschaften vorzubereiten. Ich widmete meine ganzen Kräfte meinem Kind und später, als ich im Herbst dieses Jahres zu unterrichten begann, meinen Schülern. Ich hatte ständig Angst, daß Jay nicht zurückkehren würde, aber er kam wieder. *Sie beginnt, ein unabhängigerer und liebesfähigerer Mensch zu werden.*

Aber der Jay, den ich zu kennen glaubte, kehrte nicht zurück. Jay war immer ruhig und ziemlich verschlossen gewesen, aber jetzt kam er nach einem Jahr Kriegserfahrung zurück und isolierte sich vollständig. Er gab niemandem etwas. Das ging eineinhalb Jahre lang so. Ich unterrichtete und fühlte mich in der Welt meiner Schüler wohl. Jay war mit seinem Job und mit sich selbst unzufrieden. Ich schloß mein Studium ab und begann im folgenden Jahr an einer kleinen Universität in der Nähe unserer Stadt zu unterrichten. *Die Beziehung scheint abzusterben. Jay hat sich in seine eigene (wahrscheinlich qualvolle) Welt zurückgezogen, und sie geht in ihrer Arbeit auf. Das Ende der Partnerschaft scheint bevorzustehen.*

Dann lernten wir Doug und Mary kennen. Sie waren so offen, so ehrlich und so liebevoll. Wir lernten durch sie, wirklich miteinander und mit ihnen zu sprechen. Ich bekannte mich zu meiner Angst, beherrscht zu werden, und zu meiner Abneigung gegen meinen Körper. Alles war wunderschön. Wir liebten und wir wurden geliebt. Dann tauschten wir unsere Partner. *Die offene Kommunikation mit Doug und Mary ist ihr erster Kontakt mit einer personenbezogenen Einstellung, und wie es so oft geschieht, beginnt Ruth aufzublühen, insbesondere in bezug auf ihr Selbstwertgefühl und die wechselseitige Kommunikation mit Jay und dem anderen Paar.*

Die ersten zwei oder drei Begegnungen waren sehr schön. Wir fühlten uns alle gut, aber Jay war im Zusammensein mit Mary impotent. Das machte ihm sehr zu schaffen. Wir redeten darüber, aber nicht genug. Eines Abends sah ich, wie Jay und Mary miteinander redeten und sehr zärtlich zueinander waren. Ich bekam schreckliche Angst und weinte. Ich sah, daß Jay ihr all die Liebe und Zuneigung gab, die ich mir von ihm wünschte, die ich aber nicht angenommen hatte, als er sie mir (im ersten Jahr) geben wollte. Jetzt war er nicht mehr bereit, sie mir zu geben. Selbstverständlich brachen wir die sexuellen Kontakte ab und hätten beinahe unsere Beziehung zu Doug und Mary aufgegeben, weil ich mich so bedroht fühlte. *Wie es manchmal geschieht, wenn zwei*

Paare einander sehr nahe kommen, findet diese Intimität körperlichen und sexuellen Ausdruck. Die sexuellen Beziehungen scheinen von niemandem als bedrohlich empfunden worden zu sein.

Die Tatsache, daß Jay Mary gern hat und mit ihr kommuniziert, wird von Ruth als schreckliche Bedrohung erlebt. Anscheinend, ohne sich dessen bewußt zu sein, übernimmt sie die Herrschaft: »Selbstverständlich brachen wir die sexuellen Kontakte ab.« Sie scheint das Gefühl zu haben, daß dies nicht einmal der Erörterung bedarf, obwohl sie offensichtlich diese Entscheidung herbeigeführt hat. Sie entfernt Doug und Mary aus ihrem Gesichtskreis, um ihre Ängste zu beschwichtigen. Sie verurteilt Jay nicht, weil sie spürt, daß sich hier jene Zärtlichkeit äußerte, die sie am Anfang ihrer Ehe zurückgewiesen hatte.

Es ist faszinierend, daß sie Jays Reaktion auf diesen Abbruch einer Beziehung, die für ihn bedeutsam wurde, überhaupt nicht erwähnt. Sie betrachtet dies sichtlich nicht als ein Problem und eine Entscheidung, die für sie beide von Bedeutung ist.

Im nächsten Frühling verliebte sich einer meiner Studenten in mich. Ich hatte meinen Schülern immer viel Liebe und Verständnis entgegengebracht, aber ich hatte vorher nie Studenten unterrichtet. Ich war sechsundzwanzig und John war zwanzig. Bevor ich wußte, wie mir geschah, liebten wir einander. Jay und ich sprachen miteinander, aber manches blieb unausgesprochen. Durch meine Liebe zu John wurde meine Liebe zu Jay nur noch stärker. Aber Jay war nicht imstande, John zu akzeptieren. Er bemühte sich wirklich. Es war eine große emotionale Belastung für uns alle. Ich liebte Jay zu sehr, als daß ich es ertragen hätte, ihn so unglücklich zu sehen. Deshalb gab ich John auf und begann im Herbst an einem anderen College zu unterrichten. John und ich waren nie zusammen ins Bett gegangen. *Ruth macht nunmehr die Erfahrung, daß es möglich ist, zwei Menschen zur gleichen Zeit auf verschiedene Weise zu lieben. Sie entdeckt auch, daß es manchmal zu Liebe führen kann, wenn man sich anderen gegenüber aufgeschlossen und verständnisvoll verhält und bereit ist, sich ihnen zu offenbaren – wie dies bei ihrer Liebe zu John der Fall war. Aber diesmal reagierte ihr Mann eifersüchtig, und obwohl alle drei sich sehr um Kommunikation bemühen, scheint es nicht möglich, die*

Sache durchzuarbeiten. Das Eifersuchtsproblem wird wieder auf die gleiche Weise gelöst – durch Aufgabe der »Satellitenbeziehung«. Ruth scheint der Tatsache ziemliche Bedeutung beizumessen, daß sie und ihr Geliebter nicht den letzten Schritt getan haben.

Diese Episode hinterließ bei mir tiefe Spuren. Ich bemerkte, daß ich mich aus Angst vor einer weiteren solchen Begegnung, die Jay aufs neue verletzt hätte, nicht mehr getraute, meinen neuen Studenten wie bisher entgegenzukommen. Ich begann, meine Welt einzuengen und war nicht mehr bereit, so viel wie bisher zu geben. *Was Ruth aus dieser Erfahrung gelernt zu haben scheint, ist, daß Offenheit und Sichverschenken Risiken in sich bergen. Gib nichts von dir selbst, dann kann nichts schiefgehen!*

Jays Unzufriedenheit mit seinem Job bewog ihn, sein Studium fortzusetzen. Das Interesse, das Doug und ich an Bildungsfragen hatten, und unsere Gespräche darüber beeinflußten ihn wahrscheinlich in dieser Richtung. Während dieser ganzen Zeit hatten wir viel gelesen und Gespräche geführt und uns intellektuell, aber kaum emotional weiterentwickelt. *Aus diesem Bericht geht immer wieder hervor, daß Ruth und Jay ständig bemüht sind, ihre Kommunikation zu verbessern – ein gutes Zeichen für die Zukunft.*

Dann schlug die Bombe ein. Jay meldete sich im Herbst zu einem Seminar in Pädagogik, und eine Gruppe, bestehend aus Jay, sieben Kommilitonen und einem Gruppenleiter der Fakultät begannen eine Encountergruppe. Sie trafen sich sechs oder sieben Wochen lang einmal wöchentlich und dann einen ganzen Samstag lang.

Wie soll ich Ihnen schildern, was ich empfand? Ich wollte, daß sich Jay entwickelt und lernt, auf andere zuzugehen und glücklich zu sein. Gleichzeitig fühlte ich mich bedroht, weil ich einen neuen Jay erlebte, von dem ich fürchtete, er werde meiner nicht mehr bedürfen und nicht bei mir bleiben, wenn ich ihn mehr denn je brauchte. Ich hatte meine eigene Welt eingeengt, während sich seine ausweitete. *Wenn Jay in einem personenbezogenen Klima eine Chance erhält, reagiert er, aber jede Veränderung in einem Beziehungssystem ist beunruhigend. Jetzt geschieht genau das, worauf Ruth gehofft hat – daß Jay aus seinem Schneckenhaus herauskommt und mehr von sich ausdrückt, aber die Verwirkli-*

chung dieses Zieles macht ihr Angst. Sie fürchtet, er werde ihrer nicht mehr bedürfen.

Zu Hause riß die Kommunikation ab. Wir reagierten wütend und erregt und verletzt, statt miteinander zu reden und einander zu verstehen. Ich fürchtete, ihn zu verlieren, und habe ihn wahrscheinlich von mir fortgetrieben.

Jay ging eine enge Beziehung mit einer der Gruppenteilnehmerinnen, Laura, ein. Ihre eigene Ehe war am Zerbrechen, und sie suchte verzweifelt nach jemandem. Jay ging auf sie zu. Er sagte mir nichts von Laura, aber ich vermutete das Schlimmste. Vielleicht trieb ich ihn sogar unbewußt in die Sache hinein. Ein Seitensprung war zumindest etwas, das ich verstehen oder mit dem ich umgehen konnte. *Interessant, wie die Partner in dieser Beziehung in ihren Lernprozessen abwechseln. Ruth hatte gelernt, daß Offenheit, Zuwendung und Selbstausdruck zu Liebe führen können, und jetzt macht auch Jay aufs neue diese Entdeckung, noch intensiver als mit Mary.*

Dann verließ ich Jay über das Wochenende, um meine Mutter zu besuchen. Ich wollte ihm die Entscheidung überlassen, was mit unserer Ehe geschehen sollte. Er verbrachte den Samstag mit Laura, und sie gingen miteinander ins Bett. Er war zuerst impotent, aber dann überwand er es. In dieser Nacht besuchte er mich im Haus meiner Mutter. Ich war glücklich, weil ich glaubte, er wolle bei mir bleiben und unsere Ehe retten. Ich wollte mit ihm schlafen, aber er wollte nicht und ich war verwirrt.

Die folgende Woche war teils gut und teils schlecht. Jay sagte mir nichts über Laura, aber ich wußte, daß etwas nicht in Ordnung war. *Obwohl dies Ruths Schilderung ihrer eigenen Schmerzen ist, sind auch Jays Unsicherheit, Verwirrung und Qualen zu erkennen.* Wir taten einander weh und faßten alles, was der andere sagte, falsch auf. *Dies ist ein Beispiel dafür, daß ein bewußtes Verschweigen (in diesem Fall durch Jay) fast sicher zu Mißverständnissen und Kränkungen führt, wenn ein Paar versucht hat, offen miteinander zu kommunizieren.* Am Sonntag erklärte Jay schließlich, er brauche eine Woche für sich allein. Er wollte in eine benachbarte Stadt zu Doug und Mary fahren. Ich hatte Angst und war unglücklich, aber ich wollte ihn glücklich sehen und er war es nicht. Ich ließ ihn ohne eine Träne gehen. Aber nachdem er gegangen war, litt ich an diesem Tag und den beiden folgenden Tagen furchtbare Qualen. Ich hatte schreckliche Angst und watete in Selbstmitleid. Ich fürchtete, er werde nicht mehr zurückkommen, und fühlte mich furchtbar einsam. Aber ich rief ihn nicht an und versuchte nicht, bei ihm Schuldgefühle hervorzurufen. Ich sagte ihm nicht einmal, welch ungünstigen Einfluß dies auf unseren Sohn hatte. Ich wollte ihm wirklich die Freiheit zugestehen, die er brauchte. *Ruth bemüht sich sichtlich, so zu sein, wie sie vom Verstand her sein möchte – sie ist bereit, ihrem Mann Freiheit zu gewähren – aber ihre wahren Gefühle treiben sie fast zur Verzweiflung.*

Am Dienstag abend kam Jay zurück. Wir redeten fast die ganze Nacht und jede folgende Nacht. Am Samstag gestand er mir die Sache mit Laura. Sie liebt ihn und er liebt sie. Genau das hatte ich befürchtet, aber die Gewißheit war irgendwie leichter zu ertragen als all die Ängste und Zweifel. *Aufgrund der Verbundenheit, die beide füreinander empfinden, wird die Kommunikation irgendwie wieder hergestellt. Und wenn offen kommuniziert wird, sind die Tatsachen nie so vernichtend, wie die Vorspiegelungen der Phantasie ohne die Tatsachen.*

Ich begann, Ihr Buch über Encountergruppen zu lesen. *Dies ist Ruths zweiter Kontakt mit dem personenbezogenen Ansatz.* Wenn ich das alles nur früher begriffen hätte, wäre es vielleicht nicht so weit gekommen. Aber es ist ja noch nicht zu spät. Jay ist ein anderer Mensch geworden. Er spürt, daß Laura ihn braucht und er geht manchmal zu ihr. Er ist fähig, in einer Weise auf andere zuzugehen, wie er das nie zuvor konnte. Er ist ein liebevoller Mensch geworden.

Und was ist mit mir? Nun, ich liebe ihn mehr denn je. Ich möchte, daß er sich anderen Menschen zuwendet und sie liebt. Ja, ich fühle mich manchmal immer noch bedroht und einsam. Ich wünsche mir immer noch eine Sicherheit, die nie möglich sein wird. Aber ich verstehe mehr und mehr. Ich gebe Jay jetzt physisch und emotional mehr als je zuvor in unserer Ehe. Manchmal erleide ich immer noch Rückfälle in Angst und Einsamkeit, aber die schwierigste Schlacht ist geschlagen. *Die Entwicklung zu einer reifen und nicht besitzergreifenden Liebesfähigkeit, die in diesem Absatz so knapp umrissen wird, ist enorm.* Ihre Bücher haben mir geholfen, mich selbst und Jay und Laura zu verstehen. Es macht mir ein bißchen Angst und fällt mir nie leicht, mich zu verändern, aber dennoch verändere ich mich. Statt Jay zu einer Entscheidung zwischen mir und Laura zu zwingen, habe ich beschlossen, ihn uns beide lieben zu lassen. In diesem Augenblick fühle ich mich voll Liebe und gutem Willen. Heute abend, während Jay bei Laura ist, werden vielleicht die alten Zweifel zurückkehren, aber ich bin viel besser imstande, mit ihnen umzugehen. Meinen Studenten bringe ich wieder Liebe und Zuwendung entgegen. Und ich stelle fest, daß es sich lohnt. *Dies ist ein kühner, riskanter, wachstumfördernder Weg, den Ruth eingeschlagen hat. Wird es »funktionieren«? Wer weiß, was dieses Wort bedeutet? Aber Ruth und Jay kommunizieren besser miteinander, sie geben einander mehr und das Leben geht weiter. Besonders bemerkenswert ist, daß sie nun sowohl ihren Studenten als auch Jay gegenüber so offen und liebevoll sein kann wie zuvor. Das Leben macht ihr nicht mehr so viel Angst.* Dies ist wahrscheinlich noch lange nicht das letzte Kapitel in unserem Leben. Wir sind beide jung und werden noch viele Veränderungen und Gefühle durchleben. Aber ich komme jetzt besser damit zurecht als je zuvor. Und Jay und ich reden miteinander und geben einander viel. Im Augenblick gebe ich mehr als er, aber ich glaube, die Zeit wird kommen, da er mir mehr und mehr geben wird. Dank für Ihre Hilfe.

Ruth …

In dieser Beziehung haben sich erstaunliche Verlagerungen des Zentrums der Macht, des Einflusses und der Kontrolle vollzogen. Sie ist ein dramatisches Beispiel für die Tatsache, daß sich durch die Veränderung eines Aspektes der Beziehung die Dynamik des gesamten Systems umgestaltet.

Zu verschiedenen Zeiten herrschten die Umstände. Die unerwünschte Schwangerschaft machte Ruth zu einer an sich selbst zweifelnden, mißtrauischen und kalten Ehefrau. Jays Einberufung zur Armee und sein Jahr in Vietnam scheinen eine verheerende Wirkung auf ihn ausgeübt zu haben, während Ruth sich unabhän-

giger und zufriedener fühlte, da sie nun ihr Leben selbst gestalten und sich Selbstsicherheit erwerben konnte.
Sooft einer der Partner in eine Beziehung verstrickt war, die sich durch Zuneigung, Offenheit und gegenseitige Achtung auszeichnete, brachte dies Nähe, Schmerzen und Wachstum mit sich. Zuerst war da ihre Erfahrung mit ihren Freunden Doug und Mary. Jay lernte dadurch eine uneigennützige, kommunizierende Art von Liebe kennen. Ruth reagierte darauf mit Angst, Eifersucht und Rückzug. Dann lernte Ruth, auf ihre Studenten einzugehen, mit der Folge, daß sie sowohl für John – den Studenten – als auch für ihren Mann Jay Liebe empfand. Aber Jay fühlte sich dadurch bedroht und so zogen sich beide zurück. Dann folgte Jays Erfahrung mit der Offenheit und Anteilnahme einer Encountergruppe. Hier fand er sich als hingabefähiger, liebender Mensch wieder. Dadurch änderte sich die ganze Dynamik der Beziehung, weil *er* sich verändert hatte. Seine Liebe zu Laura verwirrte ihn und beunruhigte Ruth. Durch Schmerzen und Kränkungen gelangten sie allmählich zu einer vertiefteren, echteren Kommunikation. Jay entwickelte sich zu einem liebesfähigen Menschen: Ruth geht das Risiko ein, ihn zwei Frauen lieben zu lassen. Sie ist im Verlaufe dieses ganzen Prozesses sehr gereift. Sie versucht, nicht nur ihre eigenen Bedürfnisse zu verstehen und zu akzeptieren, sondern auch die von Jay und Laura. Sie riskiert eine schwierige, aber personenbezogene Beziehung. Sie hat einen weiten Weg zurückgelegt, und aus ihrem Bericht kann man schließen, daß dasselbe für Jay gilt.
Wie in jeder personenbezogenen Beziehung kann der exakte Verlauf der künftigen Entwicklung nicht vorhergesagt werden. Das einzige, was wir mit Sicherheit über die Zukunft sagen können, ist daß ihr zwei vertrauensvolle, verständigungsbereite Partner entgegengehen, die sich dem Leben und den Schwierigkeiten und Belohnungen, die Beziehungen mit sich bringen, stellen, ohne einander beherrschen zu wollen. Und insofern ist es wahrscheinlich, daß sie beide und Laura und Ruths Studenten einen Gewinn davontragen werden.

Ich hatte den Wunsch, die nächsten Kapitel im Leben von Ruth und Jay in Erfahrung zu bringen. Zwei Jahre nach Ruths Brief war ich nicht sehr optimistisch, daß es mir angesichts der Unstetigkeit des modernen Lebens gelingen würde, Ruth ausfindig zu machen, aber mein Schreiben wurde ihr nachgeschickt und ich erhielt Antworten von Ruth *und* Jay.

Ruth geht in ihrem Brief auf einige ihrer Erlebnisse näher ein und fügt ihrer Geschichte einige Einzelheiten hinzu. Sie erwähnt, daß sie einige Monate, nachdem sie Jay kennenlernte, ein Liebespaar wurden, und daß sie drei Monate später »entdeckte, daß ich schwanger war (Pillen waren damals in unserer Gegend nicht leicht erhältlich!). Ich wollte im Grund gar nicht heiraten – ich hatte gar nicht vor, je zu heiraten, weil ich im Beruf Karriere machen wollte – aber Jay lag sehr daran zu heiraten. Er war innerlich dazu bereit und er liebte mich, dazu kam noch der elterliche Druck von beiden Seiten, also heirateten wir«. Während Jays Militärzeit und während seines Dienstes in Vietnam lebte Ruth meist bei seinen Eltern, ihren Schwiegereltern – »sie sind wirklich die liebsten, besten Menschen, die ich kenne. Während seines Jahres in Vietnam begann ich für meinen Hochschulabschluß zu arbeiten und unterrichtete daneben an der Schule. Ich fühlte mich einsam und schrieb ihm jeden Tag. Ich glaube, ich bin in diesem Jahr nie auf den Gedanken gekommen, ihm untreu zu sein. Ich dachte damals ganz einfach nie daran, eine außereheliche Beziehung aufzunehmen. Ich weiß, daß das manche Leute kaum glauben werden, aber es ist wahr.

Jay kehrte nach einem Jahr zurück. Er war verändert und es war fast, als entdeckten wir einander zum ersten Mal. Nach einiger Zeit schaffte ich es, mich so weit zu entspannen, daß ich einen Orgasmus hatte, wenn wir koitierten. Unser Zusammenleben gestaltete sich immer besser. Jay verließ die Armee und nahm eine Stelle in seiner Heimatstadt an. Er machte damals viel durch (er ist ein friedliebender, sanfter, rücksichtsvoller Mensch, für den die Teilnahme am Krieg nahezu unerträglich war), aber wir waren mit unserem Leben sehr zufrieden.«

Sie streift dann kurz die drei Jahre, in denen sie Doug und Mary kennenlernten und Jay sein Studium wieder aufnahm, da sie diese Periode schon vorher ausführlicher dargestellt hatte. Ich lasse nun

Jay die Geschichte fortsetzen: »Ich möchte zunächst über meine Gefühle sprechen, die meiner Beziehung zu Laura vorausgingen. Nach meiner Rückkehr von Vietnam erweckte ich vermutlich äußerlich den Eindruck, mich wieder zu integrieren. Ich ging zur Arbeit, verdiente Geld, kam nach Hause, sah fern, las etwas, gab Geld aus und tat all die Dinge, die einen angeblich glücklich machen. Obwohl ich Ruth und Gordon sehr liebte, war ich mit mir selbst nicht zufrieden. Der Gedanke an Vietnam und die damit verbundenden quälenden Gefühle ließen mir keine Ruhe. Um alldem zu entrinnen, beschloß ich, abends einige Seminare für Hochschulabsolventen zu belegen. Je intensiver ich mich in diese Arbeit stürzte, desto mehr begeisterte mich der Lernprozeß. Heute fällt es mir schwer, mir die Freude und Aufregung zu vergegenwärtigen, die ich damals beim Lernen empfand. Ich entdeckte, wie viele unnötige Barrieren wir um uns errichten, wenn wir ›ich weiß es nicht‹ sagen. Damals schwor ich mir, meiner Lernbereitschaft in bezug auf Welt und Menschen nie wieder Schranken zu setzen.
Damals beschloß ich auch, mich im Rahmen meines Studiums mit den Encountergruppen auseinanderzusetzen. Fünf meiner Kommilitonen und ich faßten den Entschluß, selbst an einer Encountergruppe teilzunehmen, statt nur darüber zu lesen. Wir ersuchten einen der Psychologieprofessoren, die Gruppe zu leiten. Laura, ebenfalls Studentin, nahm auch an dieser Gruppe teil. Es war für alle Beteiligten eine sehr intensive emotionale Erfahrung. Laura und ich kamen einander sehr nahe und wurden schließlich ein Liebespaar. Ich dachte, daß zwischen Laura und mir und Ruth und mir alles in Ordnung sei. Ruth spürte, daß mich etwas belastete, deshalb begannen wir über Laura zu sprechen. Allein durch diesen Prozeß der Gespräche mit Ruth über Laura verlor die Geschichte an Intensität. Nachdem ich Ruth die Sache gestanden hatte, gingen Laura und ich nicht mehr zusammen ins Bett, obwohl wir einander an der Uni immer noch häufig sahen. Ich glaube, das war für Ruth am schwersten zu verstehen. Ich sagte Ruth, daß wir nicht mehr miteinander schliefen, aber sie konnte nicht verstehen, warum wir einander immer noch sahen. Das verstehe ich selbst nicht; wir konnten uns einfach nicht voneinander losreißen.«

Ruth nimmt etwa zu diesem Zeitpunkt die Erzählung wieder auf. Es war jetzt Sommer, Jay arbeitete den ganzen Tag an seinem *Master's Degree* [Hochschulabschluß], und sie hatte den Eindruck, daß seine Beziehung zu Laura abgekühlt war. Mit einer Freundin zusammen verbrachte sie fünf Wochen in Europa. »Ich war immer noch verletzt (mein Stolz), aber mein Urlaub war phantastisch und meine lange Abwesenheit bewirkte, daß wir beide zu den Dingen Abstand gewannen. Seit meiner Rückkehr in diesem Sommer geht alles zunehmend besser. Wir sind einander näher und lieben uns mehr denn je zuvor. Wir sind nicht mehr bloß zufrieden, sondern wahrhaft glücklich. Unser Sexualleben ist besser denn je und die Initiative geht oft von mir aus.«

Jay steuert ebenfalls seine Version dieses Zeitraums bei und berichtet uns über seine Liebe, sein Leben und seine Arbeit. »In diesem Sommer machte Ruth ihre Europareise, während ich noch an der Uni studierte. Laura war auch noch da, obwohl ich sie nicht sah, während Ruth verreist war. Ich glaube, Laura hatte erkannt, wie sehr ich Ruth liebte, und sie wußte, daß ich sie während Ruths Abwesenheit nicht sehen wollte. Als Ruth zurückkehrte, beschlossen wir beide, glaube ich, uns ernsthaft für unsere Beziehung, die immer sehr gut gewesen war, zu engagieren. Wir gaben uns dieses Versprechen nicht verbal, es war einfach eine jener nonverbalen Kommunikationen, die zwischen Menschen, die einander lieben, stattfinden können.«

Als Lauras Ehe in die Brüche ging, hatte sie ein großes, ja »verzweifeltes« Bedürfnis nach einem Menschen, mit dem sie intim kommunizieren konnte. Die Kommunikation zwischen Ruth und Jay funktionierte nicht gut. Wie es oft geschieht, wurden die Gefühle in der Satellitenbeziehung in tieferer, ehrlicherer und einfühlsamerer Weise mitgeteilt als in der Ehe. Zweifellos hat Laura Jays Leben bereichert – und dies führte nach einer stürmischen Periode zu einer Bereicherung seiner Ehe. Was empfand Laura dabei? War sie in einem Zwiespalt, hatte sie Schuldgefühle wegen ihrer Intimität mit Jay? Oder betrachtete sie ihre Beziehung als natürlich? Fand sie sich mit der Distanz ab, die Jay einhielt, als Ruth nach Europa fuhr, oder nahm sie es ihm übel? Konnte sie die allmähliche Auflösung der Beziehung akzeptieren oder litt sie sehr darunter? Wir neigen dazu, so großen Anteil an den Ehepartnern zu nehmen, daß wir vergessen, daß auch der »Außenseiter« ein Mensch ist, der, wie Laura, zu echter und starker Liebe fähig ist. Jay erkennt die Intensität ihrer Verstrickung an, wenn er sagt: »Wir konnten uns einfach nicht voneinander losreißen.« Es liegt auf der Hand, daß Laura, in dem sie mit Jay redete und ihn liebte, die beiden Ehepartner einander viel näherbrachte und ihre Ehe wiederherstellte. Aber es wäre mein Wunsch, mehr darüber zu erfahren, was dieses ganze Erlebnis für Laura selbst bedeutete.

Jay geht in seinem Bericht dann auf seine beruflichen Aktivitäten ein. »Ich unterrichte jetzt in einer kleinen Grundschule auf dem Land eine Schar von Kindern, denen ich sehr zugetan bin. Wissen Sie, wenn man Kinder liebt und bereit ist, es ihnen auch zu zeigen, dann lernen sie von einem, wenn man sich noch so ungeschickt anstellt. ›In Freiheit lernen‹ – dieser Grundsatz ist mir bei meiner Arbeit eine große Hilfe gewesen und wird es auch künftig sein. – Seien Sie gut zu sich und Ihren Nächsten – und danke, daß Sie Ruth zu einer Zeit halfen, als ich es nicht konnte.«

Ruth stimmt zu, daß Jay ein *»unglaublich guter* Lehrer ist!« Sie sind übersiedelt, aber Ruth unterrichtet immer noch und arbeitet nebenbei an ihrer Dissertation. Sie macht zwei Bemerkungen, die ein sehr klares Bild ihrer gegenwärtigen Beziehung zeichnen. »Wir sind seit fast neun Jahren verheiratet und ich würde mein Leben gegen kein anderes, das ich kenne, eintauschen! Wenn ich damals im College *geplant* hätte, ein Kind zu bekommen – ich hätte mir keinen besseren Vater, Ehemann und Menschen aussuchen können.

Keiner von uns beiden würde zu sagen behaupten, daß wir nicht vielleicht eines Tages eine außereheliche Beziehung oder einen Partnertausch oder etwas anderes versuchen werden. Wer weiß, worauf wir morgen Lust haben werden? Aber im Augenblick haben wir einfach kein Bedürfnis danach und suchen nicht nach etwas anderem. Vielleicht werden wir in einigen Jahren den Wunsch haben, etwas völlig anderes zu probieren, aber ich weiß jetzt, daß wir einander näher und glücklicher denn je sind. Ich glaube nicht, daß einer von uns beiden je Angst haben wird, den anderen zu ›verlieren‹. (Ich weiß, daß man etwas, das man nicht besitzt, nicht verlieren kann, aber Sie wissen trotzdem, was ich meine!) Alles was in unserer Ehe geschehen ist, hat letzten Endes dazu beigetragen, sie zu festigen. Vielleicht haben wir bloß Glück gehabt; vielleicht hatten wir gute elterliche Vorbilder (wir stammen beide aus glücklichen Ehen); vielleicht passen wir einfach gut zusammen. Es ist mir im Grunde gleichgültig, weshalb; ich bin einfach froh, daß wir haben, was wir haben.«

Beim Studium dieser jüngsten Briefe wurde mir klar, daß ich die weiteren Erfahrungen von Ruth und Jay verfolgen *mußte*. Es wird mir oft vorgeworfen, zu optimistisch in bezug auf die menschliche Natur, auf kommunikative Beziehungen und den Wachstumsprozeß zu sein. Meine Kommentare über Ruth und Jay hatten optimistisch geendet, und ich hörte die Kritiker sagen: »Lächerlich! Dies ist eine unter Zwang geschlossene Ehe, im Augenblick völlig zerrüttet, weil der Mann in zwei Frauen verliebt ist, und Sie bringen es fertig, die Situation als konstruktiv zu betrachten!« Ich glaubte zwar an meine Worte, aber je mehr ich darüber nachdachte, desto wahrscheinlicher erschien es mir, daß meine Kritiker recht haben könnten. Die Ehe hätte in Bitterkeit enden können. Beide Partner hätten unter schrecklichen Schuldgefühlen leiden können. Ihre beruflichen Hoffnungen hätten zerstört sein können. Ich *mußte* der Sache nachgehen! Ich konnte die Geschichte nicht da abbrechen.

Wie schon so oft zuvor, rechtfertigt die Erfahrung eine konstruktive Sicht. Ruth und Jay zeigen so klar, wie dies nur möglich ist, daß Partner, die ihre Beziehung als einen *Prozeß* betrachten, Partner, die es riskieren, ihre Gefühle offen zu kommunizieren, die versuchen, ihre Beziehung zu gestalten, statt einander Garantien für die Zukunft zu geben, ein reiches und erfülltes, wenn auch keinesfalls konfliktfreies Leben führen werden. Sie können, wie Ruth schreibt, »froh sein, daß wir haben, was wir haben«.

Ich nehme deshalb von meiner früheren Bewertung nichts zurück. Ich vermute, daß Laura ihre Erfahrung mit Jay als einen Wachstumsprozeß in ihrem Leben auffaßt, und ich hoffe, daß John seine enge Bindung an Ruth ähnlich sieht. Ich bin sicher, daß Ruths Studenten aus der personenbezogenen Einstellung Gewinn ziehen, die sie sich zu eigen gemacht hat. Was ich nicht vorausgesehen habe, war, daß Jays Aufgeschlossenheit auch seinen eigenen Schülern zugutekommen würde. Wie Ruth bin ich gern bereit, die Zukunft als unbekannte Größe zu betrachten, aber sie ist keine furchterregende Unbekannte.

Dies ist eine Partnerschaft, in der die Kontrolle ursprünglich zum großen Teil von außen ausgeübt wurde: durch die äußeren Umstände der Schwangerschaft, des elterlichen Drucks, der gesellschaftlichen Erwartungen, der Einberufung – um nur einige zu erwähnen. Wir hatten Gelegenheit, den Wandlungsprozeß zu verfolgen, den sie im Laufe von neun Jahren durchmachte. Trotz der Perioden, in denen Ruth Jay zu bevormunden suchte und Jay es mit der Strategie des Betrugs probierte, konnten wir beobachten, daß die Berührung mit dem personenbezogenen Ansatz jedesmal zu einer Schwächung der äußeren Einflüsse und zur Aufgabe der Versuche führte, einander zu beherrschen. Da sie beide durch Perioden des Konfliktes und Schmerzes wie auch der Erfüllung gegangen sind und sich dabei weiterentwickelt haben, ist ihr Bedürfnis, den anderen zu beherrschen, immer mehr geschwunden. Die Folge war, daß es ihnen zunehmend gelungen ist, für einander ein wachstumförderndes Klima zu schaffen. Aus Marionetten sind Persönlichkeiten geworden. Sie haben zwar einen großen und liebevollen *Einfluß* aufeinander, aber jeder von ihnen wird als eigenständige Persönlichkeit respektiert. Die politische Basis ihrer Beziehung ist jetzt völlige Gleichberechtigung, wobei jeder Partner über sein eigenes Leben und Verhalten selbst bestimmt. Sie haben in ihrer Ehe eine personenbezogene Politik entwickelt.

4.

Macht oder Menschen: Zwei Tendenzen in der Erziehung

Das Bildungswesen ist wahrscheinlich jene Institution, die den prägendsten Einfluß auf die Gestaltung der zwischenmenschlichen Beziehungen des heranwachsenden Menschen ausübt – ein Einfluß, der den der Familie, der Kirche, der Polizei und der Regierung übertrifft. Wir werden einen Blick auf die vergangene und gegenwärtige Bildungspolitik dieses Landes werfen und sie mit den Grundsätzen einer Bildungseinrichtung vergleichen, die auf einem personenbezogenen Ansatz basiert.

Die Politik der traditionellen Schule sieht so aus:

Der Lehrer ist die Quelle des Wissens, der Schüler ist in der Position des Empfängers. Lehrer und Schüler sind durch einen Statusunterschied voneinander getrennt.

Die zentralen Elemente dieser Art des Unterrichts sind der Vortrag als Instrument der Wissensvermittlung an den Empfänger und die Prüfung als Meßinstrument, um festzustellen, wieviel er davon aufgenommen hat.

Der Lehrer ist der Inhaber der Macht, der Schüler hat zu gehorchen. Auch der Administrator ist Machthaber, sowohl Lehrer als auch Schüler müssen ihm gehorchen. Die Herrschaft wird stets von oben nach unten ausgeübt.

Autoritäre Herrschaft ist im Klassenzimmer die Regel. Neuen Lehrern wird oft geraten: »Sehen Sie vom ersten Tag an auf die Disziplin der Schüler.«

Es herrscht ein Minimum an Vertrauen. Am auffallendsten ist das Mißtrauen des Lehrers gegenüber dem Schüler. Es wird nicht erwartet, daß der Schüler zufriedenstellend arbeitet, ohne daß ihn der Lehrer ständig überwacht und überprüft. Das Mißtrauen des Schülers gegenüber dem Lehrer ist diffuser – er hat wenig Zutrauen zu den Motiven, der Ehrlichkeit, der Fairneß und der Tüchtigkeit des Lehrers. Zwischen einem unterhaltsamen Vortragenden und denen, die er unterhält, kann ein gutes Verhältnis bestehen. Manchem Lehrer wird auch Bewunderung entgegengebracht, aber gegenseitiges Vertrauen ist kein hervorstechender Zug.

Die Untertanen (die Schüler) sind am leichtesten zu beherrschen, wenn sie zeitweilig oder ständig in einem Zustand der Angst gehalten werden. Die körperliche Züchtigung ist heute selten geworden, aber öffentliche Kritik und Verspottung und die ständige Angst vor dem Versagen sind weitaus wirksamer. Diese Angstzustände scheinen zuzunehmen, je höher wir in der Bildungshierarchie aufsteigen, denn der Schüler hat immer mehr zu verlieren. In der Grundschule kann der Schüler der Verachtung preisgegeben sein oder als dumm oder schlecht hingestellt werden. In der *High School* [weiterführenden Schule von 10–18 Jahren] kommt dazu noch die Angst, den Abschluß nicht zu schaffen und dann beruflich, wirtschaftlich und bildungsmäßig benachteiligt zu sein. Im College sind alle diese Konsequenzen noch bedeutungsschwerer. In der *Graduate School* (oberste Stufe des Hochschulstudiums) sind durch die Abhängigkeit von einem Professor noch mehr Möglichkeiten vorhanden, jemanden aus einer autokratischen Laune heraus extrem hart zu bestrafen. Viele Doktoranden haben ihre Promotion nicht geschafft, weil sie sich weigerten, jedem Wunsch ihres Doktorvaters nachzukommen. Sie befinden sich in der Position von Sklaven, die der Macht eines orientalischen Despoten über Leben und Tod ausgeliefert sind. Das Bewußtsein dieser Erniedrigung ist der Grund, weshalb Farber einer ätzenden Kritik am Bildungswesen den Titel *Der Student als Nigger* gab[1].

Die Demokratie und ihre Werte werden in der Praxis ignoriert und in den Staub getreten. Der Schüler hat keinen Anteil an der Wahl seiner Ziele, seines Lehrplans und seiner Arbeitsweise. Andere bestimmen sie für ihn. Er hat keinen Einfluß auf die Auswahl des Lehrpersonals und auf die Bildungspolitik. Die Lehrer haben ihrerseits kein Mitspracherecht bei der Wahl des Direktors oder anderer Verwaltungsbeamter. Oft haben auch sie keinerlei Einfluß auf die Gestaltung der Bildungspolitik. Die politischen Praktiken der Schule stehen in scharfem Kontrast zu dem, was darin *über* die Tugenden der Demokratie und die Bedeutung von Freiheit und Verantwortung gelehrt wird.

Das Schulsystem bietet nicht Raum für den ganzen Menschen, sondern nur für seinen Intellekt. In der Grundschule wird die unstillbare Neugier des normalen Kindes und seine überschießende körperliche Energie gezügelt und, wenn möglich, erstickt. In der Oberstufe wird das Thema, das alle Schüler am stärksten interessiert – Sex und die Beziehung zwischen den Geschlechtern – fast vollständig ignoriert und mit Sicherheit nicht als wichtiger Lernbereich betrachtet. Im College herrscht die gleiche Situation: nur der Verstand ist willkommen.

Wer glaubt, daß solche Auffassungen inzwischen verschwunden seien oder daß ich übertreibe, braucht nur einen Blick in die Los Angeles *Times* vom 13. Dezember 1974 zu werfen. Daraus geht hervor, daß die Universität von Kalifornien (die alle Universitäten des Bundesstaates umfaßt – Berkeley, UCLA und andere) alle Hebel in Bewegung setzt, um den Abgeordneten John Vasconcellos von sämtlichen Ausschüssen fernzuhalten, die die Universitätspolitik betreffen. Vasconcellos hatte sich in den drei vorangegangenen Jahren als Leiter einer staatlichen Enquête über das höhere Bildungswesen Verdienste erworben. Und weshalb will die Universität verhindern, daß er Einfluß auf die Universitätspolitik ausübt? Weil er für zwei Reformen eintritt. Zum einen für die Bereitstellung eines bestimmten Prozentsatzes der Haushaltsmittel für Schulversuche. Dies wird strikt abgelehnt. Aber der Hauptgrund, weshalb man sich gegen ihn sträubt, ist, daß er *sowohl* »das affektive als auch das kognitive« Lernen einführen will, wie Doktor Jay Michael, ein Vizepräsident der Universität, erklärt. Michael stellt dazu fest: »Wir glauben ... daß es ein Wissen gibt, das separat und unabhängig davon existiert, wie sich ein Mensch fühlt ... und daß das akkumulierte Wissen der Menschheit kognitiv ist. Es kann übermittelt werden, es kann gelehrt und gelernt werden und die Beschäftigung mit dieser Art von Wissen ist akademische Forschung.« Er fährt fort: »Wir haben den Eindruck, daß er [Vasconcellos] das kognitive Lernen aufgeben oder zumindest seine Bedeutung auf ein Niveau reduzieren möchte, wie es für Wissenschaftler inakzeptabel ist ...«

Vasconcellos erwidert darauf, daß er kognitive Fähigkeiten durchaus für wichtig halte, »aber ich glaube auch, daß die affektive, die emotionale Komponente ... äußerst bedeutsam ist«. Er ist der

Ansicht, kognitive Fertigkeiten sollten mit besserer Kenntnis des Selbst und des interpersonalen Verhaltens kombiniert werden.
Der politische Aspekt dieses Meinungsstreits ist hochinteressant. Der Vizepräsident vertritt eindeutig den pädagogischen »Trichterstandpunkt«, wonach der Lehrkörper im Besitz des Wissens ist, das er dem passiven Empfänger übermittelt. Von der Möglichkeit einer Veränderung fühlt er sich so bedroht, daß er jede Innovation im Unterrichtsverfahren blockiert. Am bedrohlichsten scheint jedoch der Gedanke zu sein, daß Professoren wie Studenten sich durch ihre Erfahrung einer Gefühlskomponente in allem Wissen als menschlich erweisen. Würde dies auch nur partiell zugegeben, dann befänden sich Studenten und Professorenschaft auf einer gleicheren Ebene und die Herrschaftspolitik wäre geschwächt. Diese Position wurde 1975 von einem der »großen« Universitätskomplexe vertreten.
Obwohl dieses traditionelle Bild von Erziehung überaus verbreitet ist, gilt es heute nicht mehr als der alleinseligmachende Weg, den die Pädagogik einzuschlagen hat. Noch vor zehn Jahren boten nur einige wenige stille Pioniere eine Alternative zu diesem traditionellen Bild an. Heute gibt es in den Vereinigten Staaten in jeder größeren Stadt Dutzende von »alternativen Schulen«, »freien Schulen« und »Universitäten ohne Mauern«, in denen humanistisches, personenbezogenes, prozeßorientiertes Lernen stattfindet.

Die folgenden Grundbedingungen müssen erfüllt sein, wenn sich in einer Schule, einem College oder einer Universität personenbezogenes Lernen entwickeln soll.
Voraussetzung: Ein Leiter oder eine Person, die in der Situation als Autoritätsfigur gilt, hat genügend Vertrauen zu sich selbst und in seinen Beziehungen zu anderen, um anderen die Fähigkeit zuzutrauen, selbständig zu denken und zu lehren. Ist diese Voraussetzung gegeben, werden die folgenden Aspekte möglich:
Der Leiter (facilitator) teilt mit den anderen – Schülern, Studenten und möglicherweise auch Eltern oder Gemeindemitgliedern – die Verantwortung für den Lernprozeß. Die Lehrpläne, die administrativen und operationalen Entscheidungen, die Finanzierung und Planung obliegen sämtlich der Verantwortung der betreffen-

den Gruppe. So kann eine Schulklasse über ihr eigenes Curriculum entscheiden, während die gesamte Gruppe die Verantwortung für die Gesamtplanung trägt.

Der Leiter stellt Lernmittel zur Verfügung – er schöpft dabei aus sich selbst und seinen eigenen Erfahrungen, aus Büchern, Materialsammlungen oder Gemeinschaftserfahrungen. Er ermutigt die Lernenden, selbst Unterrichtsmaterial beizusteuern, von dem sie Kenntnis oder womit sie Erfahrungen gesammelt haben. Er erschließt Quellen, die außerhalb des Erfahrungsbereichs der Gruppe liegen.

Der Schüler/Student arbeitet allein oder zusammen mit anderen sein eigenes Lernprogramm aus. Geleitet von seinen eigenen Interessen trifft er anhand der Fülle verfügbarer Materialien seine Wahl hinsichtlich seiner eigenen Lernrichtung und übernimmt die Verantwortung für die Konsequenzen dieser Entscheidung.

Ein förderliches Lernklima wird geschaffen. Bei den Klassen- oder Schulkonferenzen herrscht eine Atmosphäre der Echtheit, der Anteilnahme und des verständnisvollen Zuhörens. Dieses Klima kann ursprünglich von der Person ausgehen, die als Leiter fungiert. Im Verlaufe des Lernprozesses wird es immer häufiger von den Lernenden füreinander geschaffen. Von den Mitschülern zu lernen, wird ebenso wichtig, wie aus Büchern oder Filmen oder Gemeinschaftserfahrungen oder vom Leiter zu lernen.

Das Hauptinteresse gilt der Förderung eines kontinuierlichen Lernprozesses. Demgegenüber sind die Lerninhalte zwar bedeutsam, nehmen jedoch einen sekundären Rang ein. Ein Kurs wird daher nicht dann als erfolgreich beendet angesehen, wenn der Schüler »alles gelernt hat, was er wissen muß«, sondern wenn er gelernt hat, *wie er das lernen kann,* was er wissen will.

Die Disziplin, deren es bedarf, damit der Schüler seine Ziele erreicht, ist eine Selbstdisziplin und wird vom Lernenden als seine eigene Verantwortung anerkannt und akzeptiert.

Die Bewertung des Umfangs und der Bedeutung des vom Schüler erworbenen Wissens wird in erster Linie durch ihn selbst vorgenommen, obwohl diese Selbsteinschätzung durch anteilnehmende Rückmeldungen seitens anderer Gruppenmitglieder und des Leiters beeinflußt und ergänzt werden kann.

In diesem wachstumfördernden Klima wird rascher und weniger oberflächlich gelernt als im traditionellen Unterricht, und das Gelernte hat einen umfassenderen Einfluß auf das Leben und Verhalten des Schülers. Dies kommt daher, daß die Richtung selbst gewählt und das Lernen selbst initiiert wurde und die Gesamtpersönlichkeit mit ihren Gefühlen und Leidenschaften wie auch ihrem Intellekt am Lernprozeß beteiligt ist.

Die politischen Implikationen des personenbezogenen Unterrichts sind klar: Der Schüler/Student behält die Macht und Kontrolle über sich selbst; er nimmt am Entscheidungsprozeß teil; der Leiter schafft das Klima für diese Zielsetzungen. Der wachsende, suchende Mensch ist die politisch relevante Kraft. Dieser Lernprozeß stellt eine revolutionäre Abkehr von der Politik der traditionellen Erziehung dar.

Was veranlaßt einen Lehrer, seine Unterrichtsstrategie umzukehren? Die Gründe sind mannigfaltig.

Zunächst berichte ich über meine eigenen Erfahrungen. Als sich mein Standpunkt in der Therapie durch immer größeres Vertrauen zu den Fähigkeiten des Individuums auszeichnete, konnte es nicht ausbleiben, daß ich auch mein Vorgehen als Lehrer in Frage stellte. Wenn ich meine Klienten als vertrauenswürdig ansah und sie für fähig hielt, in einer von mir geschaffenen Ambience selbst Entdeckungen zu machen und ihr Leben zu steuern, warum konnte ich meinen Studenten nicht das gleiche Klima bieten und einen *selbst*bestimmten Lernprozeß fördern? Ich versuchte es an der Universität von Chicago. Dabei stieß ich auf weit mehr Widerstand und Feindseligkeit als bei meinen Klienten. Ich glaube, daß dies eine defensive Verhärtung meiner Haltung zur Folge hatte: Ich bürdete nun die *ganze* Verantwortung der Klasse auf, statt mich selbst als ein Teil der Lerngruppe zu begreifen. Ich machte viele Fehler und zweifelte oft an der Weisheit des ganzen Ansatzes. Doch trotz all meiner anfänglichen Ungeschicklichkeit waren die Resultate erstaunlich. Die Studenten arbeiteten intensiver, lernten mehr und leisteten kreativere Denkarbeit als in allen meinen früheren Seminaren. Ich setzte daher meine Bemühungen fort und verbesserte, glaube ich, meine Befähigung als Leiter.

Obwohl ich über meine Erfahrungen zu sprechen und zu schreiben begann und einige meiner Studenten in Klassen, die sie leiteten, auf ähnliche Weise verfuhren, verließen mich die nagenden Zweifel nicht, ob dieses Verfahren vielleicht nur aufgrund meiner persönlichen Eigenart oder bestimmter Haltungen funktionierte, die wir im Beratungszentrum von Chicago entwickelt hatten. Es bedeutete für mich eine ungeheure Bestätigung, als sich herausstellte, daß auch andere ähnliche Anfangsschwierigkeiten durchmachten, daß sie die von uns skizzierten Prinzipien anwandten und damit ähnliche – ja fast identische – Erfahrungen machten. Eine Englischlehrerin namens Jacqueline Carr, mit der ich keinen Kontakt gehabt hatte, berichtete über die ambivalente Art und Weise, in der sie schließlich »den Sprung ins Wasser« wagte[2]. Nachstehend ihr Report, wie und weshalb sich das politische Klima in ihrem Klassenzimmer veränderte.

»Als ich kürzlich Schriften von Carl Rogers las, war ich von einigen der ›idealistischen‹ Konzepte, die er darin vertritt, abwechselnd fasziniert, frustriert und schließlich besessen. Ich fragte mich: ›Wieviel Freiheit kann man Schülern der Oberstufe einräumen? Wieviel Verantwortung für ihre eigene Bildung können sie selbst übernehmen?‹

Gerne hätte ich daran geglaubt, daß die Heranwachsenden die Verantwortung für ihre Bildung selbst übernehmen können, wenn man ihnen nur genügend Freiheit läßt. Aber ich dachte immer wieder: ›Es funktioniert sicher nicht ... das ist unmöglich zu verwirklichen ... die Kinder werden außer Kontrolle geraten ... die Verwaltung wird es nie erlauben ... etc.‹ Ich ärgerte mich über meine eigene Heuchelei, einerseits zu glauben, was ich da las, und andererseits nicht nach diesen Überzeugungen zu handeln.«

Die Voraussetzung für die Veränderung bildet eindeutig eine Phase des Fragens, Zweifelns und Reifenlassens seitens des Lehrers. Stück um Stück wird der Boden bereitet, um das Wagnis zu riskieren und vom Lehrer zum Vermittler zu werden.

»Eines Freitags kündigte ich an, daß wir am Montag mit der Lektüre von *Romeo und Julia* beginnen würden. Ein Junge beklagte sich: ›Warum lesen wir nie etwas Gutes ... etwas anderes ... immer nur Shakespeare, Dickens, Hugo ...‹ Ich rechtfertigte meine

Wahl mit dem Hinweis auf den Landesschulrat, die Lehrplanrichtlinien, die Hochschulanforderungen, die kulturellen Erfordernisse und die persönliche Befriedigung.

Als ich meine Erklärung beendet hatte, sagte eines der Mädchen: ›Warum dürfen wir nie tun was wir wollen?‹ Fragen wie diese sind Lehrern seit Generationen gestellt worden. Ich hörte auf zu reden, holte einmal tief Luft, setzte mich auf meinen Schreibtisch und sah mich um. Alle Schüler warteten auf meine Reaktion. Ich sagte: ›Gut! Am Montag kann jeder von euch seinen eigenen Studienplan für die nächsten sechs Wochen mit in die Klasse bringen. Ihr könnt euch jedes Gebiet aussuchen, das euch interessiert, so lange dabei gelesen und geschrieben wird.‹ «

Mit einer einzigen Erklärung hat sie die Politik der zwischenmenschlichen Beziehungen in ihrer Klasse auf den Kopf gestellt.

»Die Schüler waren sprachlos. Dann fragte einer: ›Aber wie können Sie uns prüfen?‹ Ich antwortete: ›Sechs Wochen lang keine Prüfungen.‹ Ein anderer Schüler fragte: ›Und wie werden Sie uns benoten?‹ Ich sagte: ›Wir werden gemeinsam ein System finden, das darauf basiert, wieviel ihr geleistet habt, wieviel ihr glaubt, im Vergleich zu den letzten sechs Wochen gelernt zu haben und wieviel ihr im Verhältnis zu euren Mitschülern gearbeitet habt.‹

Einige der Schüler waren besorgt, verwirrt und verunsichert. Ein Junge fragte: ›Können wir auch einfach mit der Arbeit fortfahren, die Sie für die nächsten sechs Wochen geplant hatten?‹ Einige der Schüler hatten sichtlich Angst, daß sie mit der Freiheit und der Verantwortung nicht zurechtkommen würden.«

Die Reaktionen auf diese politische Umwälzung sind dieselben, denen ich und viele andere in Mrs. Carrs Position begegnet sind. Schüler und Studenten, die nach Freiheit gerufen haben, reagieren sichtlich verschreckt, wenn ihnen klar wird, daß sie auch Verantwortung bedeutet. Es herrscht auch eine gesunde Skepsis hinsichtlich der Echtheit der Veränderung. Wird der Lehrer nicht fortfahren, durch Noten und Prüfungen zu dominieren? Handelt es sich nicht um eine Pseudofreiheit? Sobald sie sich vergewissert haben, daß sie echt ist, macht sich ein neuer Geist bemerkbar.

»Ich schlug vor, über die Dinge zu sprechen, die sie gerne tun wollten. Ein Junge sagte: ›Ich möchte die ganzen sechs Wochen lang etwas darüber lesen, wie man Kurzgeschichten schreibt und dann versuchen, eine zu schreiben.‹ Ein anderer Schüler sagte: ›Ich möchte sechs Wochen lang bloß all die Bücher lesen, die ich immer lesen wollte, für die ich aber keine Zeit hatte.‹ Mehrere Schüler wollten sich sechs Wochen lang auf die Werke eines Autors konzentrieren. Ein Mädchen wollte Literatur über Semantik lesen, eine andere über Psychologie, eine dritte über Kommunismus. Ein Junge hatte vor, sich mit den Konzepten des ›freien Willens‹ und des ›Determinismus‹ zu befassen.

In dieser Art ging die aufgeregte Diskussion weiter ... Die ›Durchschnittsschüler‹ schienen noch viel begeisterter zu sein als die Hochschulanwärter. Ich konnte mir ihre Kommentare nach Verlassen des Klassenzimmers vorstellen. ›Mrs. Carr läßt uns tun, was wir wollen, und wir dürfen uns außerdem selbst benoten.‹ Ich ging deshalb schnurstracks zum Leiter der Englischabteilung und auch zum Direktor. Ihre kooperativen und interessierten Reaktionen überzeugten mich, daß wir Lehrer oft die Ausrede ›die Behörde erlaubt das nicht‹ für unseren eigenen angeblichen Mangel an Freiheit heranziehen.«

Mrs. Carrs Schüler leisteten weit mehr kreative Arbeit als je zuvor. »Die Schüler kamen vor der Schule, in der Mittagspause und nach der Schule in die Klasse. Während der Unterrichtszeit arbeiteten sie fleißig und ohne Unterbrechung.« Aber, wie sie sagt: »Die Themen der Schülerarbeiten erschienen mir weniger wichtig als ihre persönlichen Reaktionen auf ihre Projekte.«

Nachstehend vier Zitate aus den Äußerungen ihrer Schüler: Die ersten beiden lassen erkennen, daß die Übertragung der Entscheidungsbefugnis auf den Schüler ein völlig verändertes Verantwortungsgefühl und viel größeren persönlichen Einsatz bewirkt. Aus dem dritten geht die Zunahme an Selbsterkenntnis hervor, aus dem vierten das wachsende Gefühl der Reife. All diese Konsequenzen sind charakteristisch, wenn der Unterricht in personenbezogener Weise gestaltet wird.

»Weil ich die Schule nicht mag, war ich überrascht, wie gut ich studieren und lernen kann, wenn ich nicht dazu gezwungen werde.«

»Ich habe noch nie im Leben so viel gelesen.«

»Die verschiedenen ›freien‹ Diskussionen haben mir sehr geholfen, mich selbst besser zu verstehen.«
»Ich kam mir vor, als ob ich erwachsen sei – nicht ständig überwacht und bevormundet.«

Nicht jeder hat sich bei dem Versuch, mit dem personenbezogenen Ansatz zu arbeiten, so leicht getan. Joann Lipshires[3] übernahm einen Lehrauftrag für drei Sekundarstufenseminare mit dem Titel »Menschliche Beziehungen«. Sie hatte große Schwierigkeiten bei der Bearbeitung des Problems der negativen Gefühle – ihrer eigenen und jener der Schüler. Eines der Seminare war ihrer eigenen Einschätzung nach »eine Katastrophe«. Aber ihr Fachbereichsleiter ermutigte sie, ihre Bemühungen fortzusetzen und zuletzt konnte sie sagen: »Ich glaube, dank meiner Anstrengungen ist es mir endlich gelungen, jungen Menschen etwas zu geben, wonach sie verzweifelt verlangen.«
Sobald sie ihre Seminare auf fünfzehn Schüler beschränkte, für einen entspannteren und behaglicheren Rahmen sorgte und keine geringschätzigen und verletzenden Kommentare mehr duldete, begannen sich ihre Seminare in einer Weise zu entwickeln, die uns inzwischen bereits vertraut ist. Die Schüler urteilten fast ausschließlich günstig.
Ihr Bericht spricht zwei weitere Aspekte an, die gewöhnlich nicht so gut dokumentiert werden. Sie weist darauf hin, daß sich die Veränderungen der Schulatmosphäre, einschließlich einer größeren Selbstachtung und der verbesserten Fähigkeit, anderen zuzuhören, auch auf die Politik der Familie auswirkt. Ein Schüler berichtet folgendes: »Ich habe angefangen, meiner Mutter zu Hause zuzuhören, und ich habe dadurch gelernt, sowohl an ihr selbst als auch an den Dingen, die sie sagt, Anteil zu nehmen. Ich klassifiziere sie nicht mehr als ›Mutter‹ oder ›Elternteil‹ (für mich Symbole der Autorität, der ich unter allen Umständen trotzen würde), sondern als Mitmensch, der ebensoviel Liebe und Aufmerksamkeit verdient wie ich oder jeder andere. Wir versuchen nicht mehr, die Gedanken, die sich der andere über das Leben macht, zu verändern, sondern wir bemühen uns, sie zunächst einmal zu verstehen.«

Die Mutter einer Studentin, die an dem Seminar über ›Menschliche Beziehungen‹ teilgenommen hatte, urteilte: »Als Mutter eines Kindes, das an dem Kurs über ›Menschliche Beziehungen‹ teilgenommen hat, möchte ich ihn auch anderen Schülern empfehlen. Dieser Kurs hat meiner Tochter Gelegenheit gegeben, in mannigfacher Weise über sich selbst nachzudenken. Sie hat dadurch erkannt, weshalb sie bestimmte Dinge sagt und wie sie zu anderen steht. Ihre Wertvorstellungen scheinen dadurch eine positivere Form angenommen zu haben. Die Ehrlichkeit, mit der sie mit ihren Gefühlen umgeht, hat sie zu einem besseren Menschen gemacht. Ich glaube, Kurse dieser Art können auch in der Grundschule gehalten werden.«

Mrs. Lipshires kann sich außerdem auf den Bericht zweier Beobachter – Pädagogiklehrer, die von einem nahegelegenen College entsandt wurden – über die Disziplin in ihren Seminaren stützen. Die beiden Berichte gleichen einander im Ton:

»Sie haben nicht nur Vergnügen am Unterricht, sondern das Vertrauen, das die Lehrerin ihnen entgegenbringt, wird durch die Bemühungen der Schüler, zügig und diszipliniert voranzukommen, erwidert.«

»Disziplin ist für die meisten Lehrer ein Problem. Es wird immer so dargestellt, als werde die Autorität des Lehrers von den Schülern überrollt – ›diese Kinder haben keinen Respekt!‹ In diesem Seminar scheint es niemals ernstliche disziplinarische Probleme oder auch nur kleinere Schwierigkeiten zu geben, etwa die Aufmerksamkeit der ganzen Klasse zu erlangen. Der Schlüssel dazu ist die Lehrkraft: Ihre Äußerungen drücken stets ihre aufrichtigen und echten *Gefühle* aus, und sie bringt auch den *Gefühlen* ihrer Schüler außergewöhnliche Achtung entgegen.«

Die Art und Weise, wie sich die Disziplinierung durch eine äußere Autorität in Selbstdisziplin verwandelt, könnte kaum klarer formuliert werden.

Veränderungen sind nie leicht. Als Pionier voranzuschreiten, ist angsterweckend für den Lehrer und wird von seinen Kollegen als bedrohlich empfunden. Es erscheint viel einfacher, wieder zur Autoritätsposition zurückzukehren. Es fällt schwer, den eigenen

Schülern als Person gegenüberzutreten. In der Primär- und Sekundärstufe muß man sich zusätzlich mit der skeptischen oder antagonistischen Haltung der Eltern auseinandersetzen. Viele Lehrer haben die Erfahrung gemacht, daß sich die elterlichen Zweifel nur dann überwinden lassen, wenn sie Möglichkeiten finden, die Eltern in den Lernprozeß einzubeziehen. Einige haben die Eltern aufgefordert, in verschiedenen Funktionen freiwillig am Unterricht mitzuwirken. Eine einfallsreiche Oberstufenlehrerin lud die Eltern ihrer Schüler zu einem »Lernabend« ein, an dem sie mit dem selbstbestimmten Ansatz, den sie ihren Kindern gegenüber benutzte, bekanntgemacht wurden und darüber eifrig diskutierten.

Ein neuer pädagogischer Ansatz erfordert neue Existenzweisen und neue Methoden, mit Problemen umzugehen. Die Pioniere haben auch die Erfahrung gemacht, daß sie, um eine stille Revolution in den Schulen zu bewirken, unbedingt der Unterstützung einer Gruppe bedürfen.

Diese kann klein sein, vielleicht nur aus zwei oder drei Personen bestehen, aber es müssen Leute sein, denen gegenüber man seinen Standpunkt nicht zu verteidigen braucht, sondern offen über die Erfolge und Rückschläge und die noch ungelösten Probleme und Schwierigkeiten sprechen kann.

Ich habe bisher hauptsächlich von den Risiken gesprochen, die dem Lehrer in seiner Beziehung zu den Schülern erwachsen, wenn er die Unterrichtspolitik ändert. Aber der »neue Lehrer« riskiert es auch, die Administration zu verunsichern. Wie kann er mit diesem Problem fertigwerden?

In vielen Bundesstaaten und Gemeinden werden die Lehrer immer stärker zur Rechenschaft gezogen. Man erwartet von ihnen, daß sie für jeden Schüler und für jedes Fach »Verhaltensziele« festlegen und später den Nachweis erbringen, daß diese Ziele erreicht wurden. Die Besorgnis, die diesen manchmal gesetzlich festgelegten Forderungen zugrunde liegt, ist verständlich. Die Öffentlichkeit erwartet, daß die jungen Menschen etwas lernen, und dies wurde bisher als der einzige Weg betrachtet, um festzustellen, ob tatsächlich etwas gelernt wird.

Vom Standpunkt jedes guten Lehrers, des konventionellen wie des innovativen, wird dies zu einer neuen Zwangsjacke, die jede Abweichung vom Erwarteten, jeden Vorstoß in aufregendes pädagogisches Neuland verhindert. Der Universitätsprofessor Dr. David Malcolm berichtet, wie er mit dieser Aufforderung, Verhaltensziele abzufassen, verfuhr[4].

»An meiner Universität sind gegenwärtig ›Rechenschaftsberichte‹ die große Mode, und jeder muß für seine Studenten ›Verhaltensziele‹ entwerfen. Beides steht in diametralem Gegensatz zu allen meinen persönlichen Überzeugungen in bezug auf das Lernen und wozu die Menschen da sind. Aus Protest habe ich mich geweigert, Ziele für ›meine‹ (welche Arroganz!) Seminare zu verfassen. Statt dessen habe ich einige vorläufige Ideen über die Ziele für mein eigenes Verhalten zu Papier zu bringen versucht. Ich glaube, Sie haben den Nagel auf den Kopf getroffen, und ich möchte sie Ihnen mitteilen.«

Sie folgen nachstehend in gekürzter Form.

Eine Liste von Verhaltenszielen, verfaßt von und für Dave Malcolm

(Die folgenden Ausführungen basieren auf der Annahme, daß Verhaltensziele bei der eigenen Person ansetzen müssen.)

FRAGE: Also gut, was *tut* das Mitglied des Professorenkollegiums (in diesem Fall, *ich*) an seinem idealisierten »Lernort«; d. h. einem Ort, der keinen Pförtner kennt?

ANTWORT: Nun ... *erstens*, ich muß den Lernenden die Möglichkeit geben, über mich als Person, über meine Erfahrung und mein Fachwissen zu verfügen ... *zweitens*, ich muß so bereit sein, wie mir dies möglich ist, Erfahrungen vorzuschlagen (Material, das sie lesen, Dinge, die sie tun, Leute, mit denen sie in Kontakt treten, Prozesse, die sie beobachten, Ideen, die sie bedenken, Praktiken, die sie versuchen könnten, und so fort), auf die sie vielleicht von sich aus nicht gekommen wären, und damit die ihnen offenstehenden Optionen erhöhen; *drittens*, ich muß die Autonomie und Freiheit jedes Lernenden respektieren, einschließlich der Freiheit zu versagen; und *letztens*, ich muß bereit sein (vielleicht sollte ich besser sagen, ich muß *den Mut haben*), jedem Lernenden so aufrichtig wie möglich und so gut ich das nur irgend kann, ehrliches

Feedback zu geben, und zwar über soviele der folgenden Punkte wie möglich:
(Er nennt neun Bereiche, darunter die Fähigkeit zur Theoriebildung; das in der Praxis bewiesene Geschick; die mündliche und schriftliche Kommunikationsfähigkeit; der Grad an Selbsterkenntnis, Einsicht und Geschicklichkeit in den zwischenmenschlichen Beziehungen; die Innovationsfähigkeit; und meine Einschätzung seines Fortschrittes oder Wachstums. Er ist *bereit,* in diesen Punkten Rückmeldung zu geben, falls der Student dies wünscht.)
Dies ist eine gewissenhafte und anregende Formulierung der eigentlichen »Ziele« einer personenbezogenen Wissensvermittlung. Malcolm sieht sich mit der unmöglichen Aufgabe konfrontiert, Zielsetzungen für die Studenten zu definieren. Es wird von ihm erwartet, daß er sich innerhalb der alten, konventionellen, autoritären Strukturen bewegt. Seine eigene Auffassung von Pädagogik gestattet dies einfach nicht. Er macht sich daher mutig daran, in überlegter und präziser Weise die Ziele zu formulieren, die er *sich selbst,* nicht den Studenten setzt. Seine Erklärung kann Lehrern als Richtlinie dienen. Vor allem zeigt sich daran jedoch die völlige Unvereinbarkeit der alten und der neuen Politik; wir haben es also mit einer Revolution im Sinne der folgenden Definition zu tun.
»Was ist eine Revolution? Eine Neudefinition der Fakten unserer Existenz, und zwar in einer solchen Weise, daß die neue und die alte Definition der gleichen Fakten nicht miteinander koexistieren können[5].« Selbstverständlich bedroht das Vorantreiben einer Revolution die Macht einer konventionellen Verwaltung und stellt ein entsprechendes Risiko für den »Facilitator« dar, der im wahren Sinne des Wortes ein Radikaler ist, das heißt die Probleme an den Wurzeln packt. Dieses Risiko kann nicht ignoriert werden.
Bei dem Versuch, der Herausforderung einer personenbezogenen Pädagogik gerecht zu werden, wurde den Problemen des Schülers bzw. Studenten bisher zuwenig Aufmerksamkeit geschenkt. Zunächst empfinden die Schüler Mißtrauen, Frustration und Verärgerung, später werden diese Gefühle durch Faszination und Kreativität abgelöst. Niemand hat diese wechselnden Reaktionen besser erfaßt als Dr. Samuel Tenenbaum, der an einem Seminar teilnahm, das ich 1958 an der Brandeis-Universität abhielt. Sein Be-

richt veranschaulicht, wie sich eine drastische Veränderung der Machtbeziehungen in einer Klasse auf den Lernenden auswirkt[6].

Ich habe oft darüber nachgedacht, weshalb die Reaktionen in diesem Seminar zunächst negativer und schließlich weitaus positiver waren als in jedem anderen Kurs, den ich abgehalten habe. Ich glaube, es hat zum Teil mit der Tatsache zu tun, daß die Studenten so begierig waren, vom »Meister«, dem »Guru«, zu lernen, daß sie sich weigerten, jegliche Verlagerung der Autorität zu akzeptieren. Ein weiterer Grund könnte sein, daß alle Teilnehmer ein abgeschlossenes Hochschulstudium hatten und die meisten von ihnen bereits berufstätig waren, oder, wie Dr. Tenenbaum, den Kurs als Postpromotionsseminar belegten. Solche Studenten sind meiner Ansicht nach noch abhängiger von der Autorität als Grundschulkinder.

Ich verbrachte den größten Teil der ersten Zusammenkunft des Seminars, an dem etwa fünfundzwanzig Studenten teilnahmen damit, mich selbst und meine Absichten vorzustellen, und fragte, ob andere dasselbe zu tun wünschten. Zuerst herrschte verlegenes Schweigen, dann berichteten die Studenten, was sie zur Teilnahme an dem Seminar veranlaßt hatte. Ich gab der Gruppe einen Überblick über die vielen Lehrmittel, die ich mitgebracht hatte – Nachdrucke, hektographiertes Material, Bücher, eine Liste mit empfohlener Lektüre (keine Pflichtlektüre), Tonbänder mit therapeutischen Gesprächen und Filme. Ich bat um freiwillige Helfer, die dieses Material verwalten und verleihen, das Tonbandgerät bedienen und einen Filmprojektor auftreiben sollten. Diese Fragen waren rasch gelöst, und damit endete die erste Zusammenkunft. Dr. Tenenbaum berichtet nun weiter:

»Es folgten darauf vier harte, frustrierende Sitzungen. Während dieser Zeit kam die Gruppe anscheinend überhaupt nicht voran. Die Teilnehmer sprachen ziel- und wahllos, sie sprachen aus, was ihnen gerade einfiel. Ein Teilnehmer erwähnte irgendeinen Aspekt der Rogersschen Philosophie; der nächste führte die Gruppe, ohne auf den Vorredner einzugehen, in eine völlig andere Richtung; ein dritter beachtete die ersten beiden Beiträge gar nicht, sondern setzte an einem völlig neuen Punkt an. Zeitweilig gab es schwache Anstrengungen, eine zusammenhängende Diskussion zu errei-

chen; im großen und ganzen jedoch fehlten dem Seminarablauf Kontinuität und Richtung. Der Leiter nahm jeden Beitrag aufmerksam und interessiert zuhörend zur Kenntnis; bei keinem Beitrag gab er zu verstehen, er sei gleicher oder anderer Meinung.
Die Gruppe war auf einen solchen, völlig unstrukturierten Ansatz nicht vorbereitet. Sie wußte nicht, wie sie vorgehen sollte. In ihrer Verwirrung und Frustration verlangten die Teilnehmer, daß der Lehrer die ihm von Gewohnheit und Tradition zugewiesene Rolle spiele, daß er für uns in einer autoritativen Sprache klarstelle, was richtig und was falsch, gut und böse sei. Waren sie nicht von weither gekommen, um vom Orakel selbst zu lernen? Waren sie nicht in einer glücklichen Lage? Standen sie nicht kurz vor der Einweihung in die richtigen Riten und Praktiken durch den großen Mann selber, den Gründer der Bewegung, die seinen Namen trägt? Die Notizbücher wurden in Erwartung des Höhepunkts, der Sprüche des Orakels, aufgeschlagen. Sie blieben allerdings fast unbenutzt.
Die Gruppenteilnehmer fühlten sich seltsamerweise von Anbeginn an und auch in ihrem Ärger miteinander verbunden. Auch außerhalb der Sitzungen gab es Aufregung und Aufruhr; denn auch in der Frustration hatten sie wie nie zuvor in einer Unterrichtssituation, und wahrscheinlich auf eine nie zuvor gegebene Art und Weise miteinander kommuniziert. Die Gruppe war durch eine gemeinsame, einzigartige Erfahrung verbunden. Die Mitglieder der Gruppe hatten in dem Rogers-Seminar ihre Gedanken ausgesprochen; die Worte kamen nicht aus einem Buch, noch waren sie eine Widerspiegelung der Gedanken des Leiters oder irgendeiner anderen Autorität. Die Ideen, Emotionen und Empfindungen kamen aus ihnen selbst; darin bestand der befreiende und aufregende Prozeß.
In dieser Atmosphäre der Freiheit, die sie nicht gefordert hatten und auf die sie nicht vorbereitet waren, in dieser Atmosphäre sprachen sich die Teilnehmer aus, wie Studenten es selten tun. Während dieser Zeit mußte der Leiter viele Schläge einstecken; mir kam es vor, daß er oft genug betroffen schien. Obwohl er die Ursache unseres Ärgers war, spürten wir merkwürdigerweise eine große Zuneigung für ihn; denn es schien nicht richtig zu sein, sich

über jemanden zu ärgern, der den Vorstellungen anderer mit solcher Sympathie und Empfindsamkeit zuhörte. Wir meinten alle, daß es sich um ein kleines Mißverständnis handeln müßte; wenn man es erst einmal verstehen und aus dem Wege räumen würde, wäre alles wieder in Ordnung. Doch unser Leiter, an der Oberfläche nett und freundlich, hatte einen ›Kern aus Eisen‹. Er verstand das offensichtlich nicht; und wenn doch, so war er eigensinnig und bockig. Er gab einfach nicht nach. Das Tauziehen hielt also an. Wir sahen Rogers an und Rogers sah uns an. Ein Teilnehmer meinte unter allgemeinem Kopfnicken: ›Wir sind Rogers-zentriert, nicht schülerzentriert. Wir sind gekommen, um von Rogers zu lernen.‹« (Ebd. [6], S. 293f.)
Nachdem dies noch eine Weile so gegangen war, versuchten einige Studenten die Führung zu übernehmen und das Seminar nach bestimmten Themen oder anderen Gesichtspunkten zu organisieren, aber diese Strukturierungsversuche wurden weitgehend ignoriert. Schließlich forderte die Gruppe immer hartnäckiger, daß ich ein Referat halten sollte. Ich erklärte, ich hätte soeben eine Arbeit abgeschlossen und sei bereit, einen Vortrag darüber zu halten, aber ich fügte hinzu, daß ich auch gerne bereit sei, sie abziehen zu lassen, damit sie sie lesen könnten. Sie bestanden darauf, daß ich ein Referat darüber halten solle und ich willigte ein. Es betraf ein Thema, das mich sehr interessierte und ich glaube, daß ich das etwas über eine Stunde dauernde Referat nach besten Kräften gestaltete. Tenenbaum berichtet über das Ergebnis.

»Nach den lebhaften und scharfen Auseinandersetzungen, an die wir uns gewöhnt hatten, war diese Vorlesung eine Enttäuschung, extrem langweilig und einschläfernd. Diese Erfahrung stoppte jegliches weitere Verlangen nach Vorträgen.« (Ebd., S. 296.)
»In der fünften Sitzung bestand kein Zweifel: etwas Definitives war geschehen. Die Teilnehmer sprachen miteinander; sie gingen an Rogers vorbei. Teilnehmer baten darum, angehört zu werden und wollten gehört werden. Die bisher stockende, stotternde, befangene Gruppe war eine miteinander agierende Gruppe geworden, eine völlig neue, zusammenhängende Gruppe, die auf einzigartige Art und Weise funktionierte. Daraus entwickelten sich Dis-

kussionen und Gedanken, die keine andere Gruppe (außer dieser) wiederholen oder kopieren könnte. Der Leiter nahm daran teil, doch seine Rolle, die wichtiger als jede andere in dieser Gruppe war, verschmolz irgendwie mit der Gruppe; die Gruppe, nicht der Leiter, war wichtig, war das Zentrum, die Grundlage.
Was war die Ursache für diesen Umschwung? Ich kann den Grund nur vermuten. Ich glaube, folgendes war passiert: Vier Sitzungen lang lehnten es die Teilnehmer ab zu glauben, daß der Leiter seine traditionelle Rolle verweigern würde. Sie glaubten immer noch, er würde die Aufgabe stellen, der Mittelpunkt alles Geschehens sein, die Gruppe manipulieren. Die Gruppe brauchte vier Sitzungen, um ihren Irrtum zu erkennen: Er (der Leiter) war gekommen, ohne etwas außer seinem Selbst, seiner eigenen Persönlichkeit mitzubringen; wenn die Teilnehmer wirklich wollten, daß etwas passierte, mußten *sie* den Inhalt bestimmen. Es war in der Tat eine unbequeme, herausfordernde Situation. Sie mußten mit der Sprache herausrücken, auch wenn Risiken damit verbunden waren. Es war Teil des Prozesses, daß sie etwas mitteilten, Einwände erhoben, übereinstimmten, widersprachen. Auf alle Fälle waren ihre Persönlichkeiten, ihr je inneres Wesen daran beteiligt; und von dieser Situation an war diese besondere, einzigartige Gruppe, diese neue Schöpfung da.« (Ebd., S. 296f.)
»Nach der vierten Sitzung und in zunehmendem Maße danach kamen die Teilnehmer dieser zufällig zusammengewürfelten Gruppe einander näher, ihre wirklichen Persönlichkeiten kamen zum Vorschein. Als sie untereinander, miteinander agierten, gab es Augenblicke der Einsicht und der Enthüllung und des Verstehens, die einen fast ehrfürchtig machten. Es war, glaube ich, das, was Rogers ›Momente der Therapie‹ nennen würde, jene schwangeren Augenblicke, in denen sich eine menschliche Seele in ihrem ganzen atemlosen Staunen vor unseren Augen entfaltete. Eine Stille, ja Ehrfurcht breitete sich über die Gruppe; jedes Mitglied fühlte sich von einer Wärme und einer liebevollen Zuneigung umgeben, die an Mystik grenzten. Ich für meinen Teil, und ich glaube für die anderen sprechen zu können, hatte nie zuvor ein derartiges Erlebnis gehabt. Es war Lernen und Therapie. Ich meine nicht Krankheit, wenn ich Therapie sage, sondern eine gesunde Verän-

derung im Menschen, eine Zunahme an Flexibilität, Offenheit, Zuhörbereitschaft. In diesem Prozeß fühlten wir uns alle emporgehoben, freier, uns selbst und anderen gegenüber annahmewilliger, offener für neue Ideen; wir gaben uns große Mühe, zu verstehen und zu akzeptieren.

Wir leben in keiner heilen Welt. Es gab Anzeichen von Feindseligkeit, wenn Mitglieder sich widersprachen. In dieser Atmosphäre waren die Schläge dennoch irgendwie sanfter, als ob die scharfen Kanten abgeschliffen worden wären; wenn Angriffe zu Unrecht erfolgten, wandten sich die Teilnehmer einem anderen Thema zu, und der Schlag ging sozusagen ins Wasser. Mir ging es so, daß ich sogar jene Teilnehmer, die mich zu Anfang ärgerten, in dem Maße immer mehr akzeptierte und respektierte, wie ich sie besser kennenlernte. Als ich versuchte, das Geschehen zu verstehen, kam mir der Gedanke: sobald man einem anderen näherkommt, seine Gedanken, seine Emotionen, seine Empfindungen wahrnimmt, wird er nicht nur verstehbar, sondern auch gut und erwünscht.« (Ebd., S. 297f.)

»Im Laufe dieses Prozesses sah ich, wie harte, starre, dogmatische Menschen sich in der kurzen Zeit von nur wenigen Wochen vor meinen eigenen Augen veränderten und mitfühlende, verstehende und zu einem erheblichen Grad vorurteilslose Menschen wurden. Ich sah, wie neurotische Zwangscharaktere sich entspannten und sich und andere eher akzeptierten. Ein Teilnehmer beeindruckte mich besonders durch die Veränderung, die er zeigte; als ich ihm von meiner Beobachtung erzählte, meinte er: ›Es ist schon wahr. Ich fühle mich weniger verkrustet, der Welt gegenüber offener. Ich mag mich jetzt auch eher. Ich glaube nicht, daß ich woanders je so viel gelernt habe.‹ Ich sah, wie scheue Menschen an Selbstvertrauen gewannen und wie aggressive Menschen empfindsamer und bescheidener wurden.

Man könnte sagen, daß es sich hierbei offensichtlich um einen emotionalen Prozeß handelt. Das wäre allerdings meiner Meinung nach eine völlig falsche Darstellung. Der Anteil intellektueller Thematik war erheblich, stand jedoch immer in einem sinnvollen und entscheidenden Bezug zum jeweiligen Menschen insofern, als die Thematik dem einzelnen als Person sehr viel bedeutete. Ein

Teilnehmer sprach sogar diesen Punkt direkt an: ›Sollten wir uns eigentlich nur für die Emotionen interessieren? Spielt der Intellekt gar keine Rolle?‹ Da mußte ich wiederum fragen: ›Gibt es unter uns einen Teilnehmer, der in einem anderen Seminar soviel gelesen oder nachgedacht hat wie hier?‹

Die Antwort lag auf der Hand. Wir hatten Stunde um Stunde gelesen; das für uns reservierte Zimmer war bis 10 Uhr abends besetzt, und man verließ es dann nur, weil der Universitätspförtner das Gebäude abschließen wollte. Die Teilnehmer spielten Bandaufzeichnungen ab, sie sahen sich die Filme an. Aber am meisten redeten sie und redeten und redeten.« (Ebd., S. 299.)

»Die Methode, die Rogers anwandte, war frei, fließend, offen und permissiv. Beispiel: Ein Teilnehmer begann eine interessante Diskussion; ein zweiter griff den Punkt auf, ein dritter führte uns vielleicht weg in eine andere Richtung. Wir fühlten uns daraufhin alle frustriert. So ist es aber auch im Leben: es fließt wie ein Fluß, oft scheinbar sinn- und ziellos; nie fließt dasselbe Wasser vorbei, nie weiß man, was im nächsten Augenblick passieren wird. In diesem Zustand lag dennoch eine Erwartung, eine Wachheit, eine Lebendigkeit; man hätte in einer Unterrichtssituation der Realität des Lebens kaum näherkommen können. Der autoritäre Mensch, der auf sauber geordnete Fakten fixiert ist, hält diese Methode sicherlich für bedrohlich, denn hier findet er keine Bestätigung, keine Beruhigung, sondern nur eine Offenheit, ein Fließen, nichts Abgeschlossenes.« (Ebd., S. 300)

Ich habe nirgends eine lebendigere Darstellung des anfangs chaotischen und allmählich harmonischeren Prozesses gefunden, in dem die Gruppe zögernd die Verantwortung für sich selbst übernimmt und zu einem konstruktiven Organismus wird, der sensibel auf seine eigenen Bedürfnisse hört und reagiert. Äußerlich verwirrend, innerlich organisiert, verfolgt die Gruppe ihre in stetigem Wandel begriffenen Ziele und erfüllt ihre intellektuellen, persönlichen und emotionalen Bedürfnisse.

Zeitigt eine personenbezogene Pädagogik Resultate? Die Forschung hat uns darauf eine definitive Antwort gegeben. Dr. David Aspy hat zehn Jahre lang Forschungsarbeiten geleitet, mit denen untersucht wurde, ob humane, personenbezogene Haltungen im

Unterricht meßbare Auswirkungen haben und falls ja, worin diese Auswirkungen bestehen[7]. Aspy zeichnete 3700 Unterrichtsstunden von 550 Grund- und Oberschullehrern auf und analysierte die Resultate mit streng wissenschaftlichen Methoden. Er und seine Kollegin Dr. Flora Roebuck stellten fest, daß sich die Schüler personenbezogener Lehrer drastisch von denen anders orientierter Pädagogen unterscheiden. Sie machten beim Lernen konventioneller Fächer größere Fortschritte. Sie zeigten sich im Gebrauch höherer kognitiver Prozesse wie Problemlösen überlegen. Sie hatten ein positiveres Selbstkonzept als die Schüler anderer Gruppen. Sie initiierten mehr Verhalten im Klassenzimmer. Sie hatten weniger disziplinäre Probleme. Sie hatten eine geringere Abwesenheitsrate von der Schule. Sie wiesen sogar eine Zunahme ihres I. Q. auf.
Lehrer können ihre wachstumfördernde, personenbezogene Haltung schon mit fünfzehn Stunden intensiven Trainings verbessern. Für die gesamte Pädagogik ist die Erkenntnis bedeutsam, daß die Lehrer nur dann solche Fortschritte machen, wenn die *Schulungsleiter* selbst die genannten Voraussetzungen in hohem Maß erfüllen. Salopp ausgedrückt könnte man sagen, daß der Kontakt mit diesen Einstellungen »ansteckend« wirkt. Dies sind nicht einfach intellektuelle Erkenntnisse. Diese Lehrer haben ein positiveres Selbstbild als ihre weniger personenbezogenen Kollegen. Sie offenbaren ihren Schülern mehr von sich selbst. Sie reagieren sensibler auf die Gefühle der Schüler. Sie loben mehr. Sie sind aufgeschlossener gegenüber den Ideen der Schüler. Sie halten seltener Vorträge.
Die geographische Lage der Schulen, die rassische Zusammensetzung und die Rassenzugehörigkeit des Lehrers haben nichts an diesen Gefühlen geändert. Ob es sich um schwarze oder weiße oder mexikanische Lehrer handelt, um schwarze, weiße oder mexikanische Schüler, um Schulen im Norden, im Süden, auf den Virgin Islands, in England, Kanada oder Israel, die Ergebnisse sind im wesentlichen dieselben.

Aspys Ergebnisse werden durch die praktische Erfahrung in der Medizinerausbildung bestätigt. Die medizinische Fakultät der McMaster-Universität hat begonnen, sich bei der Medizinerausbildung des personenbezogenen Ansatzes zu bedienen. Obwohl diese jungen Männer und Frauen niemals die konventionellen medizinischen Fächer belegt haben, erwerben sie in intensiver dreijähriger Arbeit das medizinische Wissen, dessen sie bedürfen, um Patienten zu behandeln. Diese Studenten erzielen bei der strengen kanadischen Zulassungsprüfung ausgezeichnete Resultate und sind außerdem kreativer und humaner.

Ein weiteres Beispiel: Neunhundert führende Medizinprofessoren der Vereinigten Staaten haben sich aus Sorge über die enthumanisierende Wirkung der medizinischen Ausbildung zu einer Projektgruppe mit dem Titel »Menschliche Dimensionen in der medizinischen Ausbildung« zusammengeschlossen. In intensiven vier- und zehntägigen Tagungen haben sie gelernt zuzuhören, in ihrem Unterricht personenbezogener zu verfahren und in ihren persönlichen Beziehungen kommunikativer zu sein. Dies hat an einigen medizinischen Fakultäten bereits erstaunliche Resultate gezeitigt.

Kurz, ob in der Grundschule, an den weiterführenden Schulen oder an den Universitäten, personenbezogene Einstellungen lohnen sich und stellen gleichzeitig die Politik der Pädagogik auf eine neue Grundlage.

5.

Die Politik der Administration

Organisationen – sei es der Regierung, der Industrie, des Schulwesens oder der Medizin – sind traditionell durch hierarchische Machtstrukturen verwaltet worden. An der Spitze steht eine Person, wie in einem Industriekonzern oder in der katholischen Kirche, oder eine kleine Gruppe, wie in der Kommunistischen Partei. Obwohl die Macht auf verschiedenen Wegen auch von den Regierten nach oben fließt, wird die Organisation gewöhnlich als ein Herrschaftsprozeß *erlebt,* in dem die Kontrolle von oben nach unten ausgeübt wird. Dies kann durch das Medium von Befehlen und Anordnungen erfolgen oder durch selektiv gegebene Belohnungen, wie Beförderungen und Gehaltszulagen.

In den letzten Jahren haben viele große amerikanische Unternehmen diese extrem hierarchische Machtstruktur modifiziert. Sie haben sich bemüht, die Entscheidungsbefugnis, Verantwortung und Initiative auf die gesamte Organisation zu verteilen, insbesondere auf alle Ebenen des Managements. In anderen Ländern – vor allem in Schweden – hat man auch die Arbeiterschaft in diese Experimente einbezogen. In allen diesen Fällen haben die Herrschenden versucht, die offene Kommunikation in allen Richtungen zu verstärken: Von unten nach oben; vom Topmanagement nach unten; horizontal von Abteilung zu Abteilung und von Fachkraft zu Fachkraft. In bestimmten Industrien waren konstruktive Wirkungen zu beobachten. Viel hing davon ab, wie aufrichtig der Wunsch der Unternehmensleitung war, den Mitarbeitern der Organisation Gelegenheit zu geben, ihre persönliche Entwicklung zu maximieren. Solche konstruktiven Tendenzen werden jedoch oft durch zwei Elemente neutralisiert oder zunichte gemacht. Das eine ist die Tatsache, daß sich die Unternehmensführung fast ohne Ausnahme das »Recht, zu heuern und zu feuern« vorbehält. Das zweite ist der Umstand, daß die Steigerung des Profits und nicht das Wachstum des Menschen als Hauptziel angesehen wird.

Vor einigen Jahren hatte ich Gelegenheit, vor Leitern großer Unternehmen über die Möglichkeit eines personenbezogenen Aufbaus der Verwaltung zu sprechen. Schon vor dem Treffen verteilte ich an die Gruppe einige Notizen, die zur Diskussion auffordern sollten. Diese Aufzeichnungen repräsentieren meine persönliche Auffassung von der Bedeutung einer personenbezogenen Administration.

BEMERKUNGEN ZUR MENSCHENFÜHRUNG (ZWEI EXTREME)

Einfluß und Wirkung	*Macht und Herrschaft*
Einzelnen und Gruppen Autonomie gewähren	Entscheidungen treffen
Menschen die Freiheit geben, ihre Aufgaben zu erfüllen	Befehle erteilen
Eigene Ideen und Gefühle als einen Aspekt der Gruppenarbeit ausdrücken	Das Verhalten der Untergebenen dirigieren
Lernen fördern	Die eigenen Gedanken und Gefühle für sich behalten
Unabhängigkeit im Denken und Handeln fördern	Autorität über Menschen und Organisationen ausüben
Die »inakzeptablen« innovativen Schöpfungen akzeptieren, die zustande kommen	Sich, wenn nötig, durchsetzen
Delegieren und die volle Verantwortung übertragen	Falls nötig, Zwang ausüben
Feedback geben und empfangen	Lehren, Instruktionen und Ratschläge erteilen
Selbstbewertung fördern und sich darauf verlassen	Andere bewerten
Seinen Lohn in der Entwicklung und den Leistungen anderer finden	Belohnungen austeilen
	Einen Lohn in den eigenen Leistungen finden

Nachstehend meine persönlichen Präferenzen, Überzeugungen und Erfahrungen, die sich auf die linke Spalte der Führungsskala konzentrieren.

Ich habe den dringenden Wunsch, Einfluß und Wirkung auszuüben – damit meine ich Verhalten meinerseits, das geeignet ist, das Verhalten anderer zu *verändern,* aber nicht, indem ich ihnen meine Auffassungen aufzwinge oder Herrschaft über sie ausübe –

allerdings hatte ich selten den Wunsch oder die Fähigkeit, Herrschaft oder Macht auszuüben.

Mein Einfluß ist immer dann *gewachsen,* wenn ich meine *Macht* oder *Entscheidungsbefugnisse* mit anderen geteilt habe. Durch den Verzicht auf Zwang oder Bevormundung glaube ich Lernen, Kreativität und Selbstbestimmung gefördert zu haben. Diese zählen zu den Produkten, an denen mir am meisten gelegen ist.

Der größte Lohn ist es für mich, sagen zu können: »Ich habe es ermöglicht, daß dieser Mensch etwas ist und leistet, das er vorher nicht sein oder leisten konnte.« Kurz, es erfüllt mich mit tiefer Befriedigung, ein Förderer des Werdens zu sein.

Durch die Förderung der menschlichen Fähigkeit zur Selbstbewertung habe ich zur Autonomie, Selbstverantwortlichkeit und Reifung anderer beigetragen.

Indem ich den Menschen die Freiheit gegeben habe, »das Ihre zu tun«, habe ich ihr Leben und Lernen ebenso bereichert wie das meine.

Die Eigenschaft, die ich an mir am meisten schätze, ist meine Fähigkeit, ein Klima echter persönlicher Freiheit und Kommunikation um mich herum zu schaffen.

Ich liebe den Kontakt mit jüngeren Menschen, weil ich ihre Fähigkeit schätze, neue Gedanken zu denken und kreativ zu handeln; ebenso wichtig sind mir die lebendigen und entwicklungsfähigen Elemente von Menschen jeden Alters.

Dies waren nicht bloß theoretische Überlegungen. Sie hatten sich auf einer völligen Umwälzung meines eigenen Verhaltens als Administrator entwickelt, eine Umwälzung, die etwa 1945 stattfand, als ich das Beratungszentrum der Universität von Chicago gründete. Mein personenbezogener Ansatz in der *Therapie* war es, was meine Ansichten über Administration veränderte. 1948 sagte ich in einem Referat: »Seit fast zwanzig Jahren habe ich administrative Verantwortung für verschiedene Personalgruppen getragen. Ich hatte im Umgang mit administrativen Problemen bestimmte Verfahrensweisen angenommen – Verfahrensweisen, die sich mehr oder weniger verfestigt hatten. Während ich ein immer tieferes Interesse für die klientenzentrierte Form der Beratung entwickelte, kam es mir nicht im mindesten in den Sinn, daß sich dies je

auf die Art und Weise auswirken würde, in der ich mit Organisationsproblemen umging. Erst seit zwei oder drei Jahren bin ich mir bewußt, welche Revolution dieser Ansatz im Verwaltungswesen bewirken könnte. Ich möchte nochmals auf einen Punkt hinweisen, den ich eingangs angesprochen habe, nämlich, daß die Wirksamkeit des klientenzentrierten Ansatzes in der Beratung zur Folge hat, daß diese Konzepte ständig in andere Bereiche vordringen, in denen man noch nicht an ihre Verwendung gedacht hatte.
Ich persönlich habe es ebenso schwierig wie lohnend gefunden, den Versuch zu unternehmen, diese Konzepte auf die Administration anzuwenden[1].«
Ich fand es in der Tat verwirrend und schwierig, am Beratungszentrum eine personenbezogene Verwaltung zu *praktizieren*. Wir schlugen bei unseren Versuchen viele verschiedene Richtungen ein, und selbst einige jener, die uns im Augenblick als Sackgassen erschienen, erwiesen sich später als wertvoll. Angesichts eines auf zirka fünfzig Personen anwachsenden Mitarbeiterstabes gab es immer Aufregungen und Veränderungen und Personalzugänge. Ich habe nie eine stärkere Gruppenloyalität und ähnlich produktive und kreative Leistungen erlebt wie in diesen zwölf Jahren. Die Arbeitszeit bedeutete nichts: Zu allen Tageszeiten bis weit in die Nacht hinein sowie an Wochenenden und Feiertagen arbeiteten die Mitglieder des Stabes, einfach weil es ihnen Freude machte.
Durch die Arbeit am Beratungszentrum lernte ich viele merkwürdige Dinge. Anfangs war ich ziemlich entsetzt darüber, daß es uns nie zu gelingen schien, den *richtigen* Operationsmodus für das Zentrum zu finden. Zuerst wurden alle Entscheidungen durch Konsens getroffen. Das war zu umständlich. Wir delegierten die Entscheidungsbefugnis an eine kleine Gruppe. Das erwies sich als zu langsam. Wir wählten eine Koordinatorin und kamen überein, uns ihren Entscheidungen zu fügen, obwohl die Möglichkeit bestand, ihr, wie einem Premierminister, in einer Abstimmung das Mißtrauen auszusprechen. Mit der Zeit dämmerte mir, daß es keinen richtigen Modus gibt. Die Lebendigkeit und Vitalität und Wachstumskapazität des Zentrums hing sehr eng mit seinem Mangel an Rigidität und seiner immer wieder überraschenden Fä-

higkeit zusammen, sich kollektiv anders zu besinnen und einen neuen Operationsmodus auszuprobieren.

Ich stellte fest, daß es, sobald die Macht dezentralisiert war, nicht viel bedeutete, der Koordinator oder Vorsitzende des Haushaltsausschusses oder was auch immer zu sein. Die Folge war, daß sich sehr oft die zuletzt eingestellten Mitarbeiter um die administrativen Aufgaben bewarben, da sie darin eine Möglichkeit sahen, sich mit der Arbeitsweise des Zentrums vertraut zu machen. Ein Praktikant hatte vielleicht den Vorsitz des Komitees inne, das über die Ausgaben für das kommende Jahr entschied. Das neueste Mitglied des Stabes stand oft an der Spitze einer Planungsgruppe oder einer Gruppe, die über die Mitgliedschaft oder die Beförderungen entschied. Die Unterscheidungen zwischen Büropersonal, diplomierten Studenten in der Ausbildung, Praktikanten und Stabmitgliedern haben wir nie vollständig aufgehoben. Die länger dienenden Gruppenmitglieder konnten mehr Zeit für Forschung und Therapie aufwenden, in dem Bewußtsein, daß die Vollversammlung Entscheidungen der verschiedenen administrativen Gremien korrigieren würde, falls diese nicht genau den Bedürfnissen der Mitglieder entsprachen.

Ich entdeckte die ungeheure Bedeutung persönlicher Gefühle für die Lösung administrativer Probleme. Oft verschwendete der Stab *Stunden* (so schien es jedenfalls) mit der Diskussion von Bagatellen, bis ein scharfsichtiges Mitglied die dem Problem zugrundeliegenden Gefühle erfaßte und aussprach – eine persönliche Animosität, ein Gefühl der Unsicherheit, eine Rivalität zwischen zwei Führungsaspiranten oder bloß die Ressentiments von irgend jemandem, der sich noch nie richtig Gehör verschafft hatte. Sobald die *Gefühle* offen zutage lagen, schrumpfte die Streitfrage, die so wichtig erschienen war, zu einem Nichts zusammen. Funktionierte jedoch die Kommunikation der Mitglieder untereinander, konnten gewichtige Fragen, wie die Verteilung der Haushaltsmittel für das folgende Jahr, die Wahl eines Koordinators oder die Annahme eines wichtigen Programmpunkts, in wenigen Minuten entschieden werden.

In einer funktionierenden Gruppe mit dichter und oft intimer Kommunikation ist es sehr schwierig, ein Gruppenmitglied zu entlassen. In den zwölf Jahren wurde nur ein einziger Mitarbeiter gefeuert und das nach vielen Versuchen, ihm zu helfen und nach mehreren Warnungen, daß seine fragwürdigen Leistungen und Praktiken von der Gruppe einfach nicht toleriert werden konnten. Andererseits besetzten wir viele einjährige Praktikantenstellen, konnten aber nicht alle diese Leute in unseren permanenten Stab aufnehmen. Es ergab sich also immer wieder das Problem, zwei Leute auszuwählen und vier oder fünf zu entlassen. Auch dies war für den Stab eine sehr schmerzliche Erfahrung, und wir schlossen viele Kompromisse in Form von nominellen und unbezahlten Anstellungen oder Vergabe von Teilzeitarbeit, um für potentiell schmerzliche Entlassungen eine humane Lösung zu finden.

Wir entwickelten sehr effektive Methoden des Krisenmanagements. Wenn die Gefahr oder Krise von außerhalb der Gruppe drohte – beispielsweise eine drastische Budgetkürzung oder ein Angriff seitens der psychiatrischen Fakultät –, tendierte die Gruppe dazu, sofort ihre Reihen zu schließen und einem oder mehreren Mitgliedern die Vollmacht zu übertragen, die Krise nach eigenem Ermessen beizulegen. Handelte es sich um eine interne Krise – ein unausgeräumter Zwist zwischen zwei Mitarbeitern oder die Frage, inwieweit die Handlungsweise eines Mitarbeiters als ethisch vertretbar anzusehen sei –, so wurden gewöhnlich Vollversammlungen einberufen, damit die persönlichen Gefühle, um die es ging, geäußert werden konnten und eine akzeptable zwischenmenschliche Lösung gefunden wurde.

Der Fall ist sehr selten, daß der personenbezogene Ansatz in der Organisation von unten nach oben wirksam wird. Unsere Arbeitsweise im Beratungszentrum änderte an den administrativen Praktiken des Dekans, unter dessen Aufsicht wir operierten, *nichts*. Sie blieb auch ohne Auswirkung auf die Gesamtverwaltung der Universität, die ausgesprochen hierarchisch war. Ich glaube, diese Erkenntnis ist ganz einfach ein gesellschaftliches Faktum. Ein Individuum mit einer personenbezogenen Einstellung kann sich oft einen Handlungsfreiraum sichern, wie mir das in meiner Beziehung zu dem Dekan möglich war, um dann seine Überzeugungen mit denjenigen, die im Organisationsschema »unter« ihm sind, voll zu verwirklichen. Aber es ist nicht wahrscheinlich, daß dieser Ansatz innerhalb der Organisation nach oben vordringen wird, wenn sich die Inhaber der Führungspositionen nicht durch ein hohes Maß an Innovationsbereitschaft auszeichnen.

Da ist noch eine Erkenntnis, die mir zum Teil durch meine Erfahrungen am Beratungszentrum, aber noch überzeugender durch Erfahrungen mit anderen Gruppen zugewachsen ist. Wenn ich etwas unsicher bin, nicht ganz bereit, Macht und Autorität mit der Gruppe zu teilen, wenn ich ein gewisses Bedürfnis verspüre, Kontrolle auszuüben, dann *muß* ich dies *offen* ansprechen. Eine Organisation oder eine Gruppe kann durchaus mit einem gewissen Maß an Freiheit und einem gewissen Maß an Kontrolle funktionieren, wenn die Beteiligten klar und unzweideutig *wissen,* welches Verhalten der Kontrolle des Leiters unterliegt und in welchen Bereichen das Individuum oder die Gruppe die freie Wahl hat. Dies mag keine ideale Situation sein, aber es ist eine durchaus praktikable. Bittere Erfahrungen haben mich jedoch gelehrt, welch ein demoralisierendes Erlebnis es für alle Beteiligten darstellt, wenn man einer Gruppe zum Schein Machtbefugnisse überträgt, um sie ihr in einer Krisensituation wieder wegzunehmen. Ich habe gelernt, daß mein Wunsch, die Gruppe mit Autorität auszustatten, vor allem anderen *echt* sein muß.

Gibt es Beweise, daß eine Gemeinschaft, die die beteiligten Personen und ihr Potential in den Mittelpunkt stellt, ebenso wirksam funktionieren kann wie eine konventionelle, hierarchisch aufgebaute Organisation? Diese gibt es in der Tat.

Ein Forschungsteam unter Leitung von Rensis Likert führte in einer Versicherungsgesellschaft eine Untersuchung des Führungsstils durch[2]. Zuerst maßen sie die Produktivität und Arbeitsmoral der beaufsichtigten Gruppen und teilten sie in zwei Kategorien ein, je nachdem, ob sie in diesen Punkten gut oder schlecht abschnitten. Sie stellten signifikante Unterschiede im Verhalten, den Methoden und der Persönlichkeit der Vorgesetzten der produktiveren, einsatzfreudigeren Gruppen und den Eigenschaften der Leiter der schlecht abschneidenden Gruppen fest. In den erstgenannten Abteilungen waren die Vorgesetzten und Gruppenleiter in erster Linie an den Mitarbeitern als Menschen interessiert und erst in zweiter Linie an der Produktion. Die Vorgesetzten ermutigten ihre Mitarbeiter zur Mitbestimmung und Diskussion und die Entscheidungsfindung in bezug auf Arbeitsprobleme und Programme kam in einem gemeinsamen Prozeß zustande. Interessanterweise überwachten die Vorgesetzten dieser gut abschneidenden Guppen die geleistete Arbeit nicht unmittelbar, sondern vertrauten auf die Verantwortlichkeit ihrer Mitarbeiter, gute Arbeit zu leisten. Die Leiter der Abteilungen, die eine niedrige Produktivität und Arbeitsmoral aufwiesen, legten das gegenteilige Verhalten an den Tag. Sie interessierten sich in erster Linie für die Produktion, sie trafen Entscheidungen, ohne Rücksprache zu halten, und sie überwachten die Arbeit sehr genau. Man könnte sich kaum überzeugendere Beweise für die Vorteile eines personenbezogenen Ansatzes wünschen.

Diese Pilotstudie wurde von Likert später auf etwa *fünftausend* verschiedene Organisationen ausgedehnt[3]. Wieder hatte er sich in Unternehmen begeben und die produktivsten sowie die unproduktivsten Manager identifiziert, wobei alle dazwischen liegenden zum Zwecke dieser Untersuchung ignoriert wurden. Harold Lyon[4], dem es nicht gelungen war, die Verwaltung einer Regierungsbürokratie in einem Bundesministerium nach personenbezogenen Gesichtspunkten zu reorganisieren, gibt einen ausgezeichneten Überblick über Likerts Untersuchungsergebnisse:

Die produktiven Manager waren sehr »mitarbeiterorientiert«. Sie betrachten ihre Mitarbeiter als nicht austauschbare Individuen. Die unproduktiven Manager waren hingegen »produktionsorientiert«. Sie sahen in ihren Mitarbeitern nur Werkzeuge, um die anstehende Arbeit zu erledigen.

Die Produktiven waren große Delegierer; die Unproduktiven waren dies nicht.

Die Produktiven beteiligten ihre Mitarbeiter an der Entscheidungsfindung. Die Unproduktiven waren sehr autokratisch.

Die Produktiven straften relativ wenig. Die Unproduktiven straften ziemlich viel.

Die Produktiven hatten einen guten, offenen, wechselseitigen Kommunikationsfluß. Die Unproduktiven waren verschlossen und relativ unzugänglich.

Die Produktiven hielten wenige Konferenzen ab, bei denen nur ein oder zwei Leute sprachen. Sie kamen ohne häufige Konferenzen aus, da sie einen so offenen Kommunikationsfluß hatten. Dieses Ergebnis ist angesichts der Häufigkeit von Konferenzen in der Bürokratie sehr aufschlußreich. Die Unproduktiven hielten häufig formelle Konferenzen ab, bei denen nur die Chefs sprachen und gewöhnlich explizite Instruktionen erteilten.

Die Produktiven waren sehr stolz auf ihre Arbeitsgruppen. Die Unproduktiven litten unter der schlechten Arbeitsmoral.

Die Produktiven planten in effektiver Weise voraus. Es handelte sich bei ihnen nicht bloß um weichliche oder extrem nachgiebige Experten in Menschenführung. Die Unproduktiven fielen durch schlechte Planung auf.

In Krisenzeiten übten die Produktiven weiter ihre Überwachungsfunktion aus, während die Unproduktiven ihre Ärmel hochkrempelten und selbst mit Hand anlegten. Tritt im Damm ein Loch auf, dann geht der Unproduktive hin und steckt seinen Finger hinein. Bricht dann ein zweites Loch auf, dann ist kein Vorgesetzter da, der sich um die Krise kümmern kann[5].

Eine ganz anders geartete Untersuchung wurde 1945 von G. W. Cherry vorgelegt[6]. Er benutzte ausgeklügelte Forschungsmethoden und entsprechende statistische Techniken, um folgende Fragen und deren Wechselbeziehungen zu studieren:

Wie ist der »sich voll entfaltende Mensch« (Rogers) oder der »selbstverwirklichte Mensch« (Maslow) beschaffen? Können Verhaltenswissenschaftler diesen Menschen objektiv definieren?

Welchen Persönlichkeitstypus wünscht sich die große privatwirtschaftliche oder öffentliche Organisation als Führungskraft? Kann dieser Typus objektiv definiert werden?

Wie sieht der erwünschte Managertypus der zweiten Frage im Vergleich mit dem sich voll entfalteten Menschen der ersten Frage aus?

In welcher Relation stehen die Merkmale des sich voll entfaltenden Menschen zu der tatsächlichen Produktivität, Kreativität, zwischenmenschlichen Kooperation und beruflichen Zufriedenheit von Führungskräften?

Ohne auf Cherrys Methoden einzugehen, möchte ich seine Ergeb-

nisse in vereinfachter Form wiedergeben. Zunächst stellte er fest, daß erfahrene Verhaltenswissenschaftler weitgehend hinsichtlich einer objektiven Beschreibung des sich voll entfaltenden Menschen übereinstimmen.
Siebenunddreißig von ihm befragte Führungskräfte in leitenden Stellungen zeichneten ein objektives Bild des von ihrer Organisation erwünschten Managertyps.
Wie zu erwarten, wichen diese beiden Bilder beträchtlich voneinander ab. Die auffallendsten Unterschiede:
Der sich selbst verwirklichende Mensch weist folgende Merkmale in stärkerem Maße auf als der erwünschte Managertyp:

Überläßt sich persönlichen Phantasien, Tagträumen und fiktiven Spekulationen.
Drückt feindselige Gefühle direkt aus.
Genießt sinnliche Erfahrungen (wie Tasten, Schmecken, Riechen, Körperkontakt).
Denkt und assoziiert auf ungewöhnliche Weise; hat unkonventionelle Denkprozesse.
Interessiert sich für philosophische Probleme; z.B. Religion, Wertvorstellungen, der Sinn des Lebens, etc.
Genießt ästhetische Eindrücke, reagiert auf ästhetische Reize. Hat Einsicht in seine Motive und sein Verhalten.
Beherrscht gesellschaftliche Techniken wie Phantasiespiele und Rollentausch und hat Humor.
Schätzt die eigene Unabhängigkeit und Autonomie hoch.

Aus diesen Beispielen ergibt sich eindeutig das Bild des sich selbst verwirklichenden Menschen als ein wärmeres, originelleres, offeneres, ausdrucksfähigeres Individuum mit umfassenden philosophischen und künstlerischen Interessen und einem größeren Einblick in sein psychisches und physisches Selbst. Der »ideale« Manager hält beispielsweise sowohl negative wie positive Gefühle zurück. Der sich voll entfaltende Mensch drückt sowohl Zuneigung wie feindselige Gefühle offen aus. Der »ideale« Manager hat viel größere Ähnlichkeit mit dem allgemeinen Stereotyp eines »Führers« – zuverlässig, produktiv, ernsthaft, aufgeschlossen, jemand, auf den man sich stützen kann, aber nicht ein Träumer oder Philosoph und auch nicht ein völlig autonomer Mensch.
Nun könnte man reagieren: »Na und? Das sind ganz einfach zwei verschiedene Ideale. Der sich selbst verwirklichende Mensch wäre wahrscheinlich kein guter Manager.«
In diesem Zusammenhang ist Cherrys Antwort auf seine vierte

Frage von Interesse. Wäre ein sich selbst verwirklichender Mensch ein guter Manager? Durch eine raffinierte Methode ist es ihm gelungen, diese Frage zu beantworten.

Er entdeckte, daß das Bündel von Eigenschaften, die mit Wärme, Fähigkeit zu engen zwischenmenschlichen Beziehungen, Mitgefühl und Rücksichtnahme zu tun haben, sehr signifikant mit den Merkmalen der Produktivität, Kreativität, Kooperationsbereitschaft und beruflichen Zufriedenheit korrelierten. Ein personenbezogener Manager dürfte demnach für die Organisation wertvoller sein als ein stereotypischer Führer.

Ein weiteres Ergebnis war, daß Menschen, die sowohl negative als auch positive Gefühle und Informationen erkennen und äußern, die einfühlsam, aber nicht übermäßig behütend sind, sich in der Regel als produktiver – und als unzufriedener mit ihrem Job erweisen!

Schließlich stellte sich heraus, daß ein Bündel von Merkmalen, die oft mit Führungskräften assoziiert werden – machtorientiert, aggressiv, ausbeuterisch, Ziele durch Manipulation und/oder Betrug erreichend – nicht mit Produktivität korrelieren und eine negative Korrelation mit Kreativität, Kooperationsbereitschaft und beruflicher Zufriedenheit aufweisen.

All dies scheint die etwas überraschende Schlußfolgerung nahezulegen, daß ein Mensch, der imstande ist, enge zwischenmenschliche Beziehungen zu entwickeln, der vor allem personenbezogen ist, der keinen großen Wert auf Macht legt, der eine sich entfaltende Persönlichkeit mit der Fähigkeit, sich selbst zu verstehen ist, sich alles in allem wahrscheinlich als der effektivste und produktivste Leiter eines Unternehmens erweisen dürfte.

Der Skeptiker – und in Verwaltungsposten gibt es deren viele – mag noch viele Fragen zu stellen haben. »Diese Untersuchungen sind ja schön und gut, aber lassen sich solche Gedanken in der Industrie tatsächlich verwirklichen? Und vor allem, wäre eine solche Organisation imstande, sich finanziell selbst zu tragen? Würde sie sich als profitabel erweisen?« Für solche Leute mag die folgende Geschichte von Interesse sein. Ich verbürge mich für ihre Richtigkeit.

Ich kenne einen Mann, der viele Jahre lang als Konsulent eines großen Industrieunternehmens tätig war. Diese Firma ist in den verschiedensten Produktionsbereichen vertreten, aber bei den meisten ihrer Produkte handelt es sich um kleine Massenartikel.
Dieser Mann hat durch seine Persönlichkeit, durch seine Schulungsarbeit und durch kognitive Methoden in dieser Organisation einen personenbezogenen Führungsstil etabliert – nicht in der ganzen Organisation natürlich, aber bei einer beträchtlichen Anzahl von Führungskräften des mittleren und oberen Ranges.
Dieser Mann wurde so geschätzt und die von ihm geschulten Manager erwiesen sich als so effektiv, daß man ihm vor einigen Jahren gestattete, ein »Experiment« durchzuführen. Bestimmte Fabriken, in denen der Konsulent Führungskräfte und sonstiges Personal geschult hatte und ständig mit diesen Leuten zusammenarbeitete, wurden als experimentelle Produktionsstätten ausgewählt. Andere Betriebe wurden zu Kontrolleinheiten ernannt. Es ist hervorzuheben, daß es sich um einen sehr modernen Industriegiganten mit durchgehend guten Personalbeziehungen, einem hohen Effizienzniveau verglichen mit anderen Herstellern derselben Produkte und natürlich einem rigorosen Kosten-Nutzen-System handelt. Sowohl die Pilot- als auch die Kontrollbetriebe begannen das Experiment daher als »gut geregelte« Systeme.
In den vergangenen sieben Jahren gewann die personenbezogene Orientierung in den Pilotbetrieben immer mehr Anhänger. Den Angestellten wird von ihren Vorgesetzten Vertrauen entgegengebracht – ihre Arbeit wird nicht ständig genau überwacht, inspiziert und überprüft. Auch untereinander bringen die Mitarbeiter einander Vertrauen entgegen. Die gegenseitige Wertschätzung der Mitarbeiter ist ungewöhnlich hoch, ebenso ihre Achtung für die Fähigkeiten der anderen. Der Unternehmensberater und die Belegschaft haben sich vor allem um den Aufbau guter zwischenmenschlicher Beziehungen bemüht und die vertikale und horizontale wechselseitige Kommunikation sowie die Dezentralisierung der Verantwortung und der Entscheidungsfindung gefördert.
Die Ergebnisse beginnen sich nunmehr klar abzuzeichnen: In den Pilotbetrieben betragen die Stückkosten etwa 22 Cents. In den Kontrollfirmen liegen die Kosten für dasselbe Produkt bei 70

Cents! Die Pilotbetriebe werden von jeweils drei bis fünf Führungskräften geleitet. In den Kontrollwerken von vergleichbarer Größe sind siebzehn bis dreiundzwanzig Manager tätig! In den Pilotbetrieben schlendern die Mitarbeiter und Vorgesetzten in ernste Gespräche, meist über ihre Arbeit, vertieft von den Parkplätzen in den Betrieb. In den Kontrollwerken hasten die Mitarbeiter meist einzeln zur Stechuhr.

Wie heißt dieser Konzern? Wer ist dieser Konsulent? Als ich meinen Bekannten beschwor, diese Ergebnisse zu veröffentlichen, erklärte er, dies sei ihm nicht gestattet. Der Gewinnzuwachs des Unternehmens ist so groß, daß dies als Firmengeheimnis gilt, das in dieser sehr konkurrenzintensiven Industrie nicht an andere Firmen weitergegeben werden dürfe! Als ich mich über die Ironie des Ganzen mokierte – daß es ein Firmengeheimnis ist, Mitarbeiter als Menschen zu behandeln! – erklärte er mir, daß die Unternehmensleitung seiner Arbeit wenig Verständnis entgegenbringe. Sie interessiere sich nur für die Bilanz. »Einmal im Jahre ziehe ich mich elegant an, um mit dem Vorstandsvorsitzenden zu Mittag zu essen. Er versichert mir dann, daß er von meiner Arbeit in den Betrieben sehr beeindruckt sei, und fragt mich, wieviel Mittel ich für das kommende Jahr benötige. So weit reicht in etwa sein Verständnis.«

Da ich diese Geschichte nicht belegen kann, ist mir die Skepsis manchen Lesers durchaus verständlich. Dennoch ist es eine wahre Geschichte, ich habe mich selbst davon überzeugt. Die Tatsache, daß sie nicht offen erzählt werden kann, zeugt von den widersprüchlichen Zielsetzungen eines modernen kapitalistischen Unternehmens – das ein echtes Interesse am Menschen zeigt, solange dieses Interesse Gewinn bringt.

Während ich die oben zitierten theoretischen, praktischen, im Einsatz erprobten Befunde sammelte, fragte ich mich, weshalb ich sie vorlegen wollte. Diese Frage setzte einen inneren Dialog in Gang. Tue ich es, um den Leser intellektuell zu überzeugen, daß eine personenbezogene Orientierung am besten ist? Nein, denn selbst wenn Sie verstandesmäßig überzeugt wären, besäßen Sie nicht die Grundlage für die entscheidenden Einstellungen, die physischen

Erkenntnisse, die einen solchen Ansatz möglich machen. Tue ich es, weil ich glaube, daß die Lektüre solcher Evidenz Ihr Verhalten personenbezogen machen wird? Nein. Ich glaube, daß sich Verhalten durch bloße Lektüre selten in einem signifikanten Maß verändert. Warum also?

Nach einigem Nachdenken bin ich zu dem Schluß gekommen, daß die Präsentation von Tatsachenmaterial – sei es in Form von empirischen Studien, Aktionsforschung, Fallbeispielen oder subjektiven Berichten – einen Effekt haben kann, weswegen sie sich lohnt: sie kann Sie veranlassen, Ihr Bewußtsein für neue Möglichkeiten zu öffnen. Und dadurch kann sich die Chance erhöhen, daß Sie einige der Hypothesen des personenbezogenen Ansatzes zumindest in kleinem Umfang *selbst erproben.* Vielleicht erproben Sie sie, um sie zu widerlegen. Aber falls Sie überhaupt einen Versuch damit machen, öffnen Sie sich für viszerale Erfahrungen, die Ihr Verhalten und Sie selbst ändern können.

Vielleicht fangen Sie an, Ihrem heranwachsenden Sohn oder Ihrer Tochter offener, einfühlsamer und vertrauensvoller zu begegnen. Falls Sie ein leitender Angestellter sind, werden Sie vielleicht ausprobieren, was geschieht, wenn Sie einem oder zwei Ihrer Untergebenen mehr verantwortliche Autonomie zugestehen. Oder Sie werden vielleicht versuchen, Ihre Frau bzw. Ihren Mann ganz von seinem oder ihrem Standpunkt aus zu verstehen, ohne zu versuchen, diese Wahrnehmungen zu verändern oder unter Ihre Kontrolle zu bringen. Als Lehrer werden Sie Ihren Schülern vielleicht in einem kleinen Lernbereich, in dem Sie es verantworten können, Wahlmöglichkeiten einräumen. In jedem der genannten Fälle würden Sie damit die Politik der Beziehung ein kleines bißchen verändern und dann aufmerksam registrieren, welche Konsequenzen dies für die Einstellung und das Verhalten nach sich zieht. Dieses erste Öffnen der Tür zu einer möglichen Teilung von Macht und Herrschaft, zu kommunikativeren und menschlicheren Seinsweisen ist es, was für mich die Präsentation von Beweismaterial rechtfertigt.

Ich hoffe, klargemacht zu haben, daß eine personenbezogene Organisation, in der die Basis der Macht und Herrschaft von jedem

Individuum als in ihm selbst ruhend *erfahren* wird, durchaus im Bereich des Möglichen liegt. Es gibt ausreichende Evidenz darüber, daß die Mitglieder einer solchen Organisation in verantwortungsvoller Weise zusammenarbeiten können (und dies auch tun), um die künftige Politik zu gestalten, administrative Detailfragen zu lösen, eine Vielzahl von Organisationsformen zu erproben und die Krisen zu bewältigen, die zwangsläufig auftreten. Die Gruppe ist eher imstande, kluge Entscheidungen zu treffen als ein einzelner, denn sie stützt sich auf das Führungspotential aller Beteiligten.

Ich glaube, daß die Probleme einer personenbezogenen Organisation nicht weniger komplex und schwierig sind als die einer hierarchischen Organisation. Sie sind jedoch völlig anderer Art, und ihre Lösung geht mit weit größerer persönlicher Entfaltung einher. Ich glaube, daß eine personenbezogene Organisation nie besonders effizient *erscheint.* Routinevorgänge werden häufig aus menschlichen Gründen gestört. Die Organisation macht für einen Außenstehenden nie einen sehr guten Eindruck, weil er nicht leicht feststellen kann, wer »den Laden schmeißt«. Ihre Effizienz ist menschlich, ihre Führung ist pluralistisch und eines ihrer wichtigsten »Produkte« ist die Entwicklung des vollen Potentials der Beteiligten.

Ich habe in dieser Beschreibung nicht oft den Begriff »Politik« verwendet, aber es dürfte klar sein, daß sich die Politik einer personenbezogenen Organisation um 180 Grad von der eines traditionellen Zusammenschlusses unterscheidet. Sie basiert auf anderen Wertvorstellungen, funktioniert nach anderen Prinzipien, erzielt ihre Effektivität durch andere Maßnahmen. Eine personenbezogene Gemeinschaft ist nicht eine modifizierte Variante einer traditionell strukturierten Organisation. Es ist ein kollektiver Organismus, der nicht die geringste Ähnlichkeit mit den heutigen Organisationen aufweist. Es handelt sich in der Tat um eine Revolution in der Verwirklichung menschlicher Zielsetzungen.

6.

Der personenbezogene Ansatz und die Unterdrückten

Das Problem der gesellschaftlichen Unterdrückung wird häufig angeschnitten, wenn ich vor großen Auditorien spreche, und noch unumwundener in Arbeitskreisen. Es wird das Argument vorgebracht, daß ein personenbezogener Ansatz ein Luxus sei, den sich eine wohlhabende Mittelschicht leisten könne, der aber im Umgang mit einer unterdrückten Minorität sinnlos sei. Ob es sich um Schwarze, Mexikaner, Puertoricaner, Frauen, Studenten oder andere entfremdete und relativ machtlose Gruppen handelt, es wird behauptet, daß ein so »sanftes« Vorgehen unbrauchbar sei. Was diese Gruppen benötigten, seien Arbeitsplätze oder gleicher Lohn oder Bürgerrechte oder Bildungschancen – lauter Dinge, die dem Unterdrücker mit Gewalt abgenötigt werden müßten, die er nicht freiwillig aufgeben werde. Ein personenbezogener Ansatz sei deshalb zu »schwach«, um diese Situationen zu bewältigen.

Ich könnte entgegnen, daß meine Erfahrungen diesen Behauptungen direkt zuwiderlaufen, wenn ich auch nur begrenzt Gelegenheit hatte, mit rassischen und ethnischen Minderheiten zu arbeiten. Aber ich glaube, die beste Antwort gibt uns das Denken von Paulo Freire, der mit analphabetischen brasilianischen Bauern zusammengearbeitet hat, deren Status nur wenig über dem mittelalterlicher Leibeigener lag. Freires Buch *The Pedagogy of the Oppressed*[1] wurde 1968 in Portugiesisch veröffentlicht und 1970 ins Englische übersetzt. Mein Buch *Freedom to Learn*[2] erschien 1969. Es gibt kein Anzeichen, daß er etwas über mein Werk gehört hatte, und ich wußte nichts von dem seinen. Ich wandte mich an Schüler und Studenten in verschiedenen Bildungseinrichtungen. Er berichtet über seine Arbeit mit verängstigten, unterjochten Bauern. Ich bemühte mich um einen Stil, der Schüler und Lehrer ansprechen sollte. Freire sucht die Kommunikation mit Marxisten. Ich führe gern konkrete Beispiele an. Er schreibt fast völlig abstrakt. Doch die Prinzipien, auf denen seine Arbeit aufbaut, gleichen den

Grundsätzen von *Freedom to Learn* so genau, daß ich nicht aus dem Staunen herauskam.
Ich versuche kurz zu beschreiben, wie Freire arbeitete und welche Wirkung er auf die Bauern hatte. Er konnte nur fünf Jahre in Brasilien arbeiten, bevor man ihn einsperrte; die Repräsentanten der alten Ordnung und die Militärjunta, die 1964 die Macht übernahm, fürchteten ihn. Er wurde »ermutigt«, das Land zu verlassen, ging nach Chile, und hat seither in verschiedenen internationalen Organisationen gearbeitet. Ich habe oft erklärt, daß, falls in diesem Land eine Diktatur errichtet würde, eine ihrer ersten Handlungen– sofern sie im mindesten intelligent wäre – darin bestünde, mich und andere, die eine personenbezogene Auffassung vertreten, zu verhaften.
Freire setzt sich erbittert gegen das »Trichterprinzip« im Bildungswesen zur Wehr, das darin besteht, daß der Lehrer alles weiß und lehrt, während die Schüler nichts wissen und belehrt werden. Er schlägt ein neues, in der Praxis entwickeltes Konzept vor, das so aussieht, daß sich ein interdisziplinäres Team in ein geographisches Areal begibt, welches beispielsweise durch einen hohen Grad an Analphabetentum und apathischer Abhängigkeit gekennzeichnet ist. Das Team erklärt auf zwanglosen Zusammenkünften seine Ziele, bemüht sich, Vertrauen aufzubauen, und heuert freiwillige Helfer. Die Teammitglieder treten als »sympathisierende Beobachter mit einer Einstellung des *Verständnisses* gegenüber allem, was sie sehen, auf[3].« Sie versuchen nicht, den Leuten ihre eigenen Wertvorstellungen aufzunötigen, sondern sie quasi von innen zu sehen – wie sie reden, wie sie denken und ihre Gedanken formieren, wie sie untereinander in Beziehung treten. Dies wird mit den freiwilligen Helfern erörtert, die an allen Aktivitäten des Teams teilnehmen. Insbesondere halten sie Ausschau nach den Widersprüchen, Problemen und Fragestellungen, die im Bewußtsein und im Leben der Armen eine Rolle spielen. Diese Fragen versuchen sie den Eingeborenen zu verdeutlichen, häufig in graphischer Form.
Beispielsweise stellte einer der Forscher, der mit einer Gruppe von Miethausbewohnern zusammenarbeitete, in der Absicht, das Alkoholismusproblem anzugehen, eine Szene dar, in der ein Betrunkener eine Straße entlang schwankt und drei junge Männer an der

Straßenecke miteinander reden. Die Gruppenteilnehmer waren übereinstimmend der Ansicht, daß »der einzige, der hier produktiv ist und seinem Land nützt, der Trunkenbold ist, der nach Hause geht, nachdem er den ganzen Tag für niedrigen Lohn geschuftet hat und der sich Sorgen über seine Familie macht, weil er ihre Bedürfnisse nicht befriedigen kann. Er ist der einzige Arbeiter. Er ist ein anständiger Arbeiter und ein Trunkenbold wie wir«[4]. Der Forscher (ich würde ihn einen Förderer oder Helfer nennen [*Facilitator*]) war klug genug, sein ursprüngliches Ziel aufzugeben und die Gruppe zu ermutigen, ihren wahren Gefühlen weiter Luft zu machen – über die niedrigen Löhne, über die Ausbeutung, über das Trinken als Flucht aus der Realität und der Frustration ihrer Ohnmacht.

Im Verlauf der Diskussion bekommt es der Helfer mit den gleichen Problemen zu tun, denen jeder schülerbezogene Lehrer ausgesetzt ist. Nachdem eine Zeitlang lebhaft diskutiert wurde, tritt plötzlich Schweigen ein und jemand sagt zum Gruppenleiter: »Entschuldige, wir sollten still sein und dich sprechen lassen. Du bist derjenige, der etwas weiß, wir wissen nichts.« In einer anderen Gruppe bemerkt ein Bauer: »Warum erklärst du uns die Bilder nicht? Dann dauert es nicht so lange, und wir brauchen uns nicht den Kopf zu zerbrechen[5].« Aber Freire hat erkannt, daß wahrhaft selbstinitiiertes Lernen nur stattfindet, wenn er die Leute auf ihre Weise zu diesen Problemsituationen Stellung nehmen läßt. Allmählich kommt ihnen ihre Welt und deren Probleme voll zu Bewußtsein. Dann beginnen sie nach Lösungen zu suchen. Die Probleme, »die von den Leuten ausgegangen sind, kehren zu ihnen zurück – nicht als Lerninhalte, die zu speichern sind, sondern als Aufgaben, die gelöst werden müssen[6].«

Obwohl Freire wenig über die allgemeinen Resultate berichtet, sind die Veränderungen in der Einstellung klar. Anfangs »fühlt sich der Bauer dem Boß unterlegen, weil der Boß der einzige zu sein scheint, der etwas weiß und die Leitung übernehmen kann[7]«. Sie betrachten sich selbst als faul, untüchtig, wertlos, unfreier als ein Tier. Deshalb fühlen sie sich zum Unterdrücker und seiner Lebensweise hingezogen, und ihr höchster Traum ist, ihm zu gleichen und andere zu unterdrücken. Aber allmählich ändert sich das

Selbstbild und das Ziel. Die Bauern machen Äußerungen wie: »Jetzt ist mir bewußt, daß ich ein Mensch bin, ein gebildeter Mensch.« »Wir waren blind, jetzt wurden unsere Augen geöffnet.« »Jetzt werden wir für die Genossenschaftsfarm nicht mehr eine nutzlose Last sein.« »Ich arbeite und durch meine Arbeit verändere ich die Welt[8].«

Freires Ansatz folgt dem Verlauf dieses Prozesses. Zuerst orientiert sich der Lehrplan an den Problemen, so wie der Bauer sie sieht, wobei die Helfer diesen Prozeß fördern. Dann wird Lehrmaterial bereitgestellt, um die Fragen und Widersprüche bewußtzumachen. In Gruppen, die nie zuvor ihre Gedanken oder Gefühle artikuliert haben, kommen allmählich freie Diskussionen in Gang. Jetzt wird die Begeisterung spürbar, die selbstbestimmtes Lernen auslösen kann. Je mehr sich die Teilnehmer den anderen offenbaren, desto mehr beginnen sie, sich selbst und anderen Gruppenmitgliedern als eigenständigen Personen zu vertrauen. Sie verändern ihre Ziele. Statt einfach danach zu streben, selbst Unterdrücker zu werden, entwerfen sie ein neues, humaneres Gesellschaftssystem. Schließlich beginnen sie, überlegte Schritte zu unternehmen, um die schrecklichen Bedingungen zu verändern, unter denen sie leben.

Man könnte einwenden, daß Freire gescheitert ist, da er als gefährlicher Revolutionär des Landes verwiesen wurde. Vielleicht. Aber ich habe mit dem personenbezogenen Ansatz die Erfahrung gemacht, daß für jeden Menschen, der gefeuert oder vertrieben wurde, ein Dutzend unabhängig denkende und handelnde Vorkämpfer des Wandels nachgewachsen sind.

Meine Erfahrungen mit unterdrückten Gruppen – Studenten vor allem, aber auch Schwarze, Chicanos und Frauen – veranlassen mich, Freire zuzustimmen, daß es sich bei diesem Ansatz um einen zutiefst revolutionären Prozeß handelt, der jeder autoritären Struktur gegenüber subversiv wirkt. Nachstehend vier seiner Hauptargumente. Zunächst ein Wort über die Verschiebung der Machtbeziehungen. Er spricht davon, daß das vertikale Autoritätsgefüge, welches für die »Trichterpädagogik« charakteristisch ist, gebrochen wird, und erklärt dazu: »Durch den Dialog verschwindet der Lehrer-der-Schüler ebenso wie die Schüler-des-Leh-

rers und an ihre Stelle tritt ein neuer Begriff: Lehrer-Schüler mit Schüler-Lehrern. Der Lehrer ist nicht länger bloß jemand, der lehrt, sondern jemand, der im Dialog mit den Schülern selbst lernt, während die Schüler ihrerseits gleichzeitig lernen und lehren. Beide sind gemeinsam für einen Prozeß verantwortlich, in welchem alle wachsen[9].«
Freire ist von der Bedeutung dieser Machtverschiebung zutiefst überzeugt. »Der bedeutsamste Aspekt vom Standpunkt der liberalen Pädagogik ist, daß sich die Menschen als Herren ihres eigenen Denkens und ihrer Weltsicht fühlen, die sich explizit oder implizit in ihren eigenen Vorschlägen und denen ihrer Gefährten manifestiert. Weil diese Auffassung der Pädagogik auf der Überzeugung beruht, daß sie nicht ihr eigenes Programm präsentieren kann, sondern ein solches Programm im Dialog mit den Betroffenen erarbeiten muß, verkörpert sie so etwas wie die Pädagogik der Unterdrückten, an deren Gestaltung die Unterdrückten selbst teilnehmen müssen[10].«
Ein dritter Passus gilt der Zurückweisung der Ansicht, daß eine revolutionäre Bewegung nur dann Erfolg haben kann, wenn sie sich von Anfang an die propagandistische, dogmatische Führung verschafft. »Eine Pädagogik, die Problembewußtsein erzeugt, kann nicht im Interesse des Unterdrückers sein. Keine repressive Ordnung kann erlauben, daß sich die Unterdrückten die Frage stellen: Warum? Zwar kann nur eine revolutionäre Gesellschaft eine solche Pädagogik in systematischer Form verwirklichen; die revolutionären Führer brauchen jedoch nicht im vollen Besitz der Macht zu sein, um diese Methode anwenden zu können. Im revolutionären Prozeß dürfen sich die Führer nicht der ›Trichtermethode‹ als einer durch ihre Zweckmäßigkeit gerechtfertigten Zwischenlösung bedienen, in der Absicht, erst später eine wahrhaft revolutionäre Pädagogik zu verwirklichen. Sie müssen von Anfang an revolutionär verfahren – das heißt, in der Form des Dialoges[11].«
Das Vorwort enthält schließlich eine Vision der Tragweite dieser Arbeit. »Ein namhafter brasilianischer Entwicklungsforscher bestätigte vor kurzem, daß diese Art von Bildungsarbeit unter der Bevölkerung einen neuen Faktor der gesellschaftlichen Verände-

rung und Entwicklung darstelle, ›ein neues Verhaltensinstrument für die Dritte Welt, mit dessen Hilfe sie traditionelle Strukturen überwinden und in das moderne Zeitalter eintreten kann‹[12].«

Ich stimme mit Freires Grundauffassungen überein. In dem Abschnitt über Pädagogik bin ich bereits dafür eingetreten, die Grundprinzipien, über die wir uns einig zu sein scheinen, auf alle Lernsituationen auszudehnen.

Der *National Health Council* ist eine Organisation, der Vertreter des amerikanischen Ärzteverbandes, des Zahnärzteverbandes sowie von Schwesternorganisationen, Krankenversicherungen und vielen anderen ähnlichen Gruppen angehören. Vor einigen Jahren beschlossen diese »Gesundheitsproduzenten«, wie sie sich selbst nannten, an ihrem Jahreskongress Vertreter der »Gesundheitskonsumenten« aus den städtischen Slums und der unterprivilegierten Landbevölkerung teilnehmen zu lassen. Diese humane und mutige Entscheidung, die Risiken für sie selbst beinhaltete, verdient volle Anerkennung. Die Vertreter der Gesundheitskonsumenten wurden von örtlichen Verbänden gewählt oder ernannt. Sie waren ausnahmslos arm, viele von ihnen schwarz, einige mexikanischer Abstammung. Als der Zeitpunkt der Konferenz heranrückte, wurde den Planern unbehaglich zumute und sie luden Mitarbeiter des *Zentrums für Studien der Person* als Gruppenleiter zu der Tagung ein. Diese Einladung wurde angenommen.

Bei der Eröffnung der Konferenz konnte man die Feindseligkeit der »Konsumenten« fast mit Händen greifen. Nach dem üblichen unverbindlichen Eröffnungszeremoniell drohte die Konferenz zu platzen. Die »Konsumenten« waren nahe daran, die Tagung zu verlassen. Sie sahen darin lediglich einen weiteren Versuch des Establishments, die Armen durch eine folgenlose Scheinbeteiligung zu beschwichtigen. Dazu wollten sie sich nicht hergeben. Nur dank der Äußerungen der Facilitatoren, daß sie ohne Honorar durch das ganze Land angereist waren, um sicherzustellen, daß alle Teilnehmer *gehört* würden und jeder ein ungekürztes Mitspracherecht habe, gelang es, die Konferenz fürs erste zusammenzuhalten.

Es wurden zwanzig Gruppen mit je zwanzig bis fünfundzwanzig

Mitgliedern gebildet, wobei in jeder Gruppe sowohl »Produzenten« als auch »Konsumenten« vertreten waren. Ich erinnere mich an die Gruppe, die ich leitete. Die Bitterkeit der Armen brach in voller Gewalt aus ihnen heraus. Ihr Zorn über die weißen Ärzte, über den Mangel an Gesundheitseinrichtungen, über ihr fehlendes Mitspracherecht in bezug auf ihre eigene Gesundheitsvorsorge war so stark, daß einige der Ärzte Angst bekamen, während andere mit selbstgerechter Empörung reagierten. Der Wert eines Gruppenleiters, der die zum Ausdruck kommenden Gefühle verstehen und klären helfen konnte, wurde in überzeugender Weise demonstriert. Ohne Zweifel wäre die Konferenz ohne die Gruppenleiter auseinandergebrochen. Ein Schwarzer machte seinem Haß gegen die Unterdrückung Luft, indem er sagte, die Marines hätten ihm beigebracht, wie man tötet, und falls nötig, werde er diese Ausbildung gegen die Menschen und Institutionen einsetzen, die ihn unterjochten. Eine Negerin mit geringer formaler Bildung war zweifellos die einflußreichste Person in der Gruppe. Höchst skeptisch gegenüber jedermanns Motiven, einschließlich der meinen, sprach sie über ihren langen und schrecklichen Kampf gegen Armut, Vorurteile und Unterdrückung. Wann immer sie sprach, hörten ihr alle zu – und lernten etwas.
Im Laufe der Gruppensitzungen nahm das gegenseitige Verständnis in geringem, aber signifikantem Maß zu. Die weißen Ärzte begannen ihre Funktion so sehen zu lernen, wie sie den Behandelten erschien. Ein Gettobewohner, der die Krankenversicherungen haßte, erkannte, daß der Versicherungsagent in unserer Gruppe kein übler Mensch war und daß sie kommunizieren konnten. Eine weiße Sozialarbeiterin brachte schließlich den Mut auf, uns zu erzählen, daß sie einmal die Probe aufs Exempel gemacht und sich als Arbeitslose um ärztliche Betreuung beworben habe. In dieser Rolle hatte sie sich an verschiedene »Hilfsorganisationen« gewandt. Die skandalöse Behandlung, die ihr zuteil geworden war, habe sie in bezug auf ihren eigenen Beruf desillusioniert, aber jetzt schöpfe sie aufs neue Hoffnung. Einige Schwarze hatten mit anderen Angehörigen ihrer Rasse Meinungsverschiedenheiten, was ihnen sehr peinlich war, da sie so keine Solidarität gegen die Weißen entwickeln konnten. Eine Amerikanerin mexikanischer Abstam-

mung erklärte schließlich unter Tränen, daß sie sich *sowohl* von Schwarzen wie auch von Weißen verachtet und vernachlässigt fühle.

Allgemeiner ausgedrückt, brachen im Verlauf dieses Prozesses die bestehenden Konflikte – zwischen den Besitzenden und den Habenichtsen, zwischen Schwarzen und Weißen, zwischen den akademisch gebildeten Betreuern und ihren Patienten, zwischen Establishment und Radikalen – offen aus. Aber diese heftigen Ausbrüche fanden in einem Klima statt, in dem jeder einzelne respektiert wurde und seine Gefühle ausdrücken konnte, ohne unterbrochen zu werden; ein Klima, in dem die Gruppenleiter die Würde jedes Teilnehmers mit der gleichen emotionalen Anteilnahme wahrten und nach Kräften die offene Kommunikation förderten. In dieser Atmosphäre gelang es, die Probleme weitgehend zu klären, und, was ebenso wichtig ist, die Teilnehmer stellten sich als eigenständige, nicht austauschbare Individuen dar, von denen jedes die Probleme auf seine eigene Weise wahrnahm. Allmählich wurde eine echte zwischenmenschliche Kommunikation möglich.

Manche Radikale mögen an diesem Punkte einwenden: »Sehen Sie, was Sie erreichen, ist eine bessere, aggressionsfreiere Kommunikation! Sie zerstören die Möglichkeit revolutionären Wandels! Sie entschärfen den Haß und die Bitterkeit, ohne die es keine echte Veränderung für die Unterdrückten geben kann!« Ich möchte solche Leser nur bitten, sich den Rest der Geschichte anzuhören.

Obwohl sich die »Gesundheitskonsumenten« nie zuvor gesehen hatten, schlossen sie sich rasch zusammen und begannen Resolutionen zu formulieren, die in den verschiedenen Gruppen zirkulierten und dort diskutiert, revidiert und ergänzt wurden. Dann wurde uns allen mitgeteilt, daß es die »traditionelle Politik« des *National Health Council* sei, nur als Forum zu dienen, daß der *Council* keine offizielle Stellung zu Gesundheitsfragen beziehe und deshalb keine Resolutionen angenommen werden könnten. Die »Konsumenten« ließen sich davon nicht einschüchtern und warteten auf die große Abschlußsitzung der ganzen Tagung, bei der die Ergebnisse in einer Reihe von Referaten zusammengefaßt werden sollten, obwohl einige der vorgesehenen Redner bis dahin gar nicht teilgenommen hatten. Ein Sprecher der »Konsumenten«

stellte sofort den Antrag, die ganze Tagesordnung fallenzulassen und statt dessen über die Resolutionen zu beraten und abzustimmen, die zirkuliert hatten. Es herrschte große Aufregung, und die Für und Wider wurden sehr emotional vorgebracht. Der Antrag wurde mit großer Mehrheit angenommen, die vorgesehenen Referenten wurden mit Dank entlassen. Die Konferenz nahm dann nach hitzigen Diskussionen eine große Zahl von Resolutionen an, wobei kein Wort mehr über die »traditionelle Politik« verloren wurde. Die Tagung endete mit höchst positiven Gefühlen, nicht nur auf seiten der »Konsumenten«, sondern auch auf seiten der meisten Angehörigen des Establishments. Das überraschende Ergebnis war, daß im darauffolgenden Jahr eine große Zahl dieser Resolutionen verwirklicht wurden.

Nachstehend meine eigenen Schlußfolgerungen aus der Arbeit Freires sowie aus meinen Erfahrungen mit den »Konsumenten«, die ich in »Wenn-dann-Form« zusammenfassen möchte.

Für die Arbeit mit Minderheiten, Unterdrückten bzw. jedem, der sich machtlos fühlt, gilt meiner Ansicht nach folgendes:

Wenn es einem Menschen mit personenbezogenen Einstellungen gelingt, in die Gruppe aufgenommen zu werden,

wenn dieser Helfer sich von dem Wunsch freihalten kann, das Ergebnis zu beeinflussen, wenn er es der Gruppe zutraut, mit ihren eigenen Problemen selbst fertig zu werden, und wenn er die Fähigkeit hat, anderen bei ihrem Selbstausdruck behilflich zu sein,

wenn *alle* Einstellungen und Gefühle, so »extrem« oder »unrealistisch« sie auch sein mögen, respektvoll angehört werden,

wenn die von der Gruppe erlebten Probleme akzeptiert und klar definiert werden,

wenn der Gruppe und ihren Mitgliedern gestattet wird, kollektiv und individuell ihre eigenen nächsten Schritte selbst zu bestimmen,

dann kommt ein Prozeß in Gang, der folgende Merkmale aufweist:

Aus einigen Gruppenmitgliedern werden lang unterdrückte Gefühle herausbrechen – vorwiegend negative, feindselige, bittere Gefühle.

Da sie sehen, daß diese Haltungen akzeptiert und verstanden wer-

den, werden es mehr und mehr Gruppenmitglieder wagen, die ganze Skala ihrer erlebten Gefühle zum Ausdruck zu bringen.
Da eine rückhaltlose Aussprache stattgefunden hat, treten die Individualität und die Stärken der einzelnen Mitglieder ins Bewußtsein, und es beginnt sich ein gegenseitiges Vertrauen zu entwikkeln.
Die irrationalsten Gefühle sind nunmehr etwas entschärft, weil sie voll zum Ausdruck gebracht wurden und weil die Gruppe mit Rückmeldung darauf reagiert hat.
Die Gefühle, die auf gemeinsamen Erfahrungen der Gruppe beruhen, werden geklärt und gestärkt.
Das Vertrauen nimmt zu – sowohl das Selbstvertrauen des einzelnen als auch das allgemeine Vertrauen in der Gruppe.
Die Probleme werden von der Gruppe realistischer eingeschätzt und sind weniger von Irrationalität überlagert.
Da das gegenseitige Vertrauen zugenommen hat, kommt es seltener zu »Ego-trips«, wobei die Mitglieder um die Führungsposition rivalisieren oder versuchen, eine vorgeschlagene Lösung auf ihr Konto zu verbuchen oder um jeden Preis durchzusetzen.
Die Gruppe ergreift innovative, verantwortungsbewußte und oft revolutionäre Maßnahmen, die realistisch sind und *jetzt* verwirklicht werden können.
Die Führung verteilt sich auf viele Gruppenmitglieder. Jeder Teilnehmer entwickelt Achtung für sich selbst und seine eigenen Führungsqualitäten.
Es werden konstruktive Schritte unternommen, sowohl seitens der Gruppe als auch seitens einzelner Mitglieder, um die Situation zu verändern, in der sie sich befinden.
Die einzelnen Mitglieder fühlen sich durch die Gruppe genügend unterstützt, um Schritte zu planen, von denen sie wissen, daß sie als radikal angesehen werden, selbst, wenn dies hohe Risiken für sie einschließt.

7.

Die Lösung interkultureller Spannungen: Ein Anfang

Ich fiedle, während Rom brennt? Was nützt uns eine neue Einstellung zum Familienleben oder zur Psychotherapie, wenn unserem ganzen Planeten die Vernichtung droht? Hat es einen Sinn, unsere Schulen personenbezogener zu machen, wenn ein Atomkrieg *alle* Schulen, *alle* Schüler, *alle* Lehrer, *alle* Befürworter jedweder pädagogischen Richtung auslöscht? Wir können der Tatsache nicht aus dem Weg gehen, daß sich unsere Welt – der Planet Erde – in tödlicher Gefahr befindet. Der frühere Generalsekretär der Vereinten Nationen, U Thant, erklärte 1969: »Ich möchte nicht überdramatisieren, aber aus der mir verfügbaren Information ... kann ich nur schließen, daß den Mitgliedern der Vereinten Nationen vielleicht noch zehn Jahre verbleiben, um ihre alten Querelen zu begraben und eine globale Partnerschaft miteinander einzugehen.« Ein klein wenig optimistischer betitelten die Autoren eines imposanten neuen Buches über die internationalen Beziehungen ihr Werk *7304,* um darauf hinzuweisen, daß die Zwanzigjahresfrist, innerhalb derer sich ihrer Meinung nach das Schicksal des Planeten entscheiden wird, nur 7304 *Tage* umfaßt[1].

An der Spitze der Weltprobleme, die darüber entscheiden werden, ob uns eine Zukunft beschert sein wird, rangieren die alten und neuen Konflikte, welche die Kulturen, Ideologien, Religionen und Nationen entzweien. Niemand weiß, ob der Haß zwischen Arabern und Israeli einen neuen – und möglicherweise katastrophalen – Krieg auslösen wird. Die jahrhundertealte Fehde zwischen Protestanten und Katholiken in Nordirland kann in jedem Augenblick zu einer ungehemmten tödlichen Explosion führen. Die Situation in Südafrika ist eine letale Zeitbombe. Die Spannungen zwischen der Sowjetunion und der Volksrepublik China stellen eine schwelende Gefahr unbekannten Ausmaßes dar. Die Diskrepanz an Reichtum und Einkommen zwischen den »Besitzenden« und den »Habenichtsen« dieser Welt schürt in der Gegenwart wie auch für die Zukunft Haß. Hier in Amerika haben sich Schwarze und Weiße über die Frage des »busing« und andere Integrationsprobleme bekriegt. Blicken wir über unsere Grenzen hinaus, so begegnen wir Terroristengruppen, die die Welt durchschweifen und Gewalttaten gegen völlig Unschuldige begehen. Die Liste unausrottbarer Fehden zwischen den Rassen, Kulturen und Nationen scheint kein Ende zu nehmen.

Unsere schrumpfende Welt und die Fortschritte unserer Technik machen jeden dieser Zwiste zu einer Frage von Leben und Tod für jeden Bürger dieser Erde.

Kann der personenbezogene Ansatz einen nützlichen Beitrag zur Lösung dieser ungeheuren und gefährlichen globalen Probleme leisten? Auf der Mikroebene gibt es bereits signifikante Modelle für den Umgang mit diesen Spannungen; alles spricht für die Annahme, daß diese Modelle mit einiger Phantasie ausgeweitet und benutzt werden könnten. Die Kosten würden einen Bruchteil der zweihundertachtzig *Milliarden* Dollar betragen, die die Welt 1975 für Waffen ausgegeben hat[2].

Die Politikwissenschaftler beginnen selbst schon in die Richtung des personenbezogenen Ansatzes zu weisen. Finlay und Hovet erklären, um »die Weltprobleme in konstruktiver Weise zu bewältigen, ist eine globale Strategie nötig. Eine solche Strategie muß das scheinbar Unmögliche versuchen: *die grundverschiedenen und miteinander konkurrierenden Nationen der Welt mit dem Bewußtsein zu erfüllen, für eine gemeinsame Sache zu kämpfen.* Dies erfordert, daß die Nationen ihr in Machtbegriffen definiertes Eigeninteresse hinter sich lassen und sich auf die gemeinsamen Interessen konzentrieren, die darin bestehen, das Potential des Menschen voll zu verwirklichen[3].« Während die Verfasser den zweiten Satz dieses Passus durch Kursivschrift hervorheben, möchte ich den letzten Satz dick unterstreichen. Der Wunsch, ihren Bürgern die Möglichkeit zu geben, ihre eigenen Anlagen zu verwirklichen, ist einer der wenigen Punkte, der die meisten Nationen dieser Welt miteinander vereint. Und gerade in dieser Hinsicht kann die Erfahrung mit dem personenbezogenen Ansatz etwas zu bieten haben.

In einer Zeit großer sozialer Umwälzungen treten lange ruhige

Perioden des Heranreifens, Experimentierens und Modellbauens auf, bevor etwas geschieht. Informationen werden gesammelt, Lösungen werden entdeckt, und oft werden erfolglose Versuche unternommen, diese Lösungen zu propagieren. Inzwischen schärft sich auch das Problembewußtsein des Durchschnittsbürgers, der sich von den oberflächlichen Korrekturversuchen frustriert fühlt. Schließlich erkennt die gesamte Öffentlichkeit manchmal über Nacht das Problem in voller Deutlichkeit. Man schürft diesmal tiefer nach Lösungen und entdeckt, daß die Antworten in kleinerem Umfang bereits vorhanden sind. Es entwickelt sich ein klarer öffentlicher *Wille,* das Problem zu meistern, der ungeheure Kräfte in Bewegung setzt. Dies bedeutet nicht, daß rasch eine wundersame Lösung gefunden wird, denn die meisten gesellschaftlichen – und auch technologischen – Probleme sind höchst komplex und bringen viele unvorhergesehene Schwierigkeiten mit sich. Aber sobald diese Kurve genommen ist, sobald sich diese amorphe Masse »Öffentlichkeit« entschlossen hat, ein Problem anzupacken, geht es plötzlich rasch vorwärts.

Das Telefon, das Radio, das Automobil – sie alle durchliefen eine langsame Reifungsperiode, bevor die Allgemeinheit den Wert jedes einzelnen dieser Dinge erkannte und ihre rasche Entwicklung forderte.

Margaret Sanger gründete 1916 die erste Klinik für Geburtenkontrolle. Das Interesse der Öffentlichkeit war negativ, sie leistete erbitterten Widerstand. Dennoch wurden, dank einer in kleinem Rahmen arbeitenden Gruppe von Idealisten, viele Probleme der Schwangerschaftsverhütung angepackt und gelöst und eine enorme Menge von Daten über die explodierende Bevölkerungsrate und ihre Auswirkungen gesammelt. Erst in den sechziger Jahren, als die Übervölkerung zu einem ernsten Problem geworden war, wachte die Öffentlichkeit auf. Heute unterstützen viele Nationen Programme zur Familienplanung und zur Eindämmung der Zuwachsraten.

Wir haben seit vielen Jahren gewußt, daß Fabriken, Bergwerke und Autos die Umwelt verschmutzen. Unmassen von Daten darüber wurden angehäuft. Doch plötzlich – am eindrucksvollsten dramatisiert vielleicht durch den Smog in Los Angeles und dem

Umkippen des Erie-Sees – wurde der Umweltschutz zu einem *nationalen* Anliegen. Die Öffentlichkeit hatte beschlossen, etwas dagegen zu unternehmen.

Generationen hindurch blieb den Schwarzen das Wahlrecht vorenthalten, und sie durften nicht auf gleiche Behandlung vor dem Gesetz hoffen. In den fünfziger und sechziger Jahren beschloß die Öffentlichkeit, etwas dagegen zu tun. Es kam zu Veränderungen, die manchmal überraschend schnell, manchmal mit tragischer Langsamkeit vor sich gingen. Aber die Fortschritte sind nicht zu leugnen.

Wenn es fast zu spät erscheint, erfaßt das große kollektive Bewußtsein den Ernst eines Problems und beginnt, dramatisch voranzudrängen. Weil der kollektive Entschluß so spät kommt, ist das Resultat immer zweifelhaft – die Welt kann immer noch an Übervölkerung zugrundegehen, wir mögen an der Umweltvergiftung sterben, die rassischen Konflikte mögen zu Eruptionen der Gewalt führen – aber zumindest unternehmen wir massive Anstrengungen, um diese Probleme zu meistern. Dieses Wissen um die Vergangenheit ist es, was mir den Mut gibt, Methoden zur Lösung interkultureller, interrassischer und internationaler Spannungen vorzuschlagen. Ich glaube, daß sich die Öffentlichkeit entschließen wird, nach Alternativen zu suchen, wenn es ihr wahrhaft zu Bewußtsein kommt, daß die gegenwärtigen Zielsetzungen der Politik zu unser aller Vernichtung führen müssen. Der personenbezogene Ansatz bietet eine solche Alternative.

Bei der Darstellung dieser Alternative beginne ich mit den kleinsten Beispielen der Konfliktlösung, zuerst im Individuum, dann zwischen einzelnen, dann zwischen kleinen Gruppen, um mich schließlich den bitteren Auseinandersetzungen und Spannungen zwischen großen Gruppen zuzuwenden. Für einige der verwirrendsten internationalen Konflikte verfügen wir bereits über Lösungen im Kleinformat, Lösungen auf der Mikroebene. Ich bin mir durchaus bewußt, daß diese Miniaturmodelle mit ungeheuren Schwierigkeiten konfrontiert sein werden, wenn man sie in globale Dimensionen umsetzt, aber es wird sich um *technologische* Schwierigkeiten handeln, die zu lösen unsere Kultur so überaus befähigt ist. Einige der Grund*prinzipien* zeichnen sich durch eine

Kohärenz, eine Folgerichtigkeit und eine bewiesene Effektivität aus, die einer näheren Untersuchung würdig sind. Viele dieser Grundprinzipien basieren auf der personenbezogenen Einstellung zu den Problemen der Macht, der Herrschaft und der Entscheidungsfindung.

Der Konflikt innerhalb des Individuums ist die Urform aller Zerwürfnisse und Spannungen. Eines der häufigsten Probleme, mit dem ich als Psychotherapeut konfrontiert war, wurde durch das Individuum verkörpert, das mit sich selbst im Kampf liegt: »Nach außen hin bin ich ein durchaus akzeptabler Mensch; ich bin imstande, meinen Unterhalt zu verdienen [bzw. einen Haushalt zu führen]; ich werde von den Menschen in meiner Umgebung einigermaßen anerkannt. Aber innerlich habe ich das Gefühl, ein Betrüger zu sein. Ich fühle mich wertlos, untüchtig, voll von schlechten Trieben und üblen Absichten. Es besteht eine unüberbrückbare Diskrepanz zwischen dem, was ich zu sein *scheine* und was ich wirklich *bin*. Wenn die Leute wüßten, wie ich wirklich bin, würden sie mich ablehnen.«

Hier findet ein Machtkampf in der Psyche dieses Menschen statt. Um »durchzukommen«, *muß* er seine Fassade aufrechterhalten, doch diese betrügerische Maske wird ständig von seinem »wahren Ich« unterminiert. Er ist sicher, daß sein Leben unbefriedigend oder erschreckend oder beides sein wird, welche Seite auch die Oberhand behält.

Als Therapeut lernte ich, diese völlig entgegengesetzten Gefühle zu akzeptieren. Ich erinnere mich an einen jungen Mann, der in entscheidenden Augenblicken eine »Mattscheibe« hatte – sein Verstand funktionierte nicht mehr, er wurde verwirrt und nahezu desorientiert, er versagte bei wichtigen Prüfungen und war unfähig, seine Pflichten zu erfüllen. Eine Zeitlang verstand ich nicht, warum ihm dies als ein so unwiderlegbarer Beweis eines schlechten und bösen Aspekts seines Charakters erschien, obwohl ich seine sehr widersprüchlichen Gefühle akzeptierte. Dann enthüllte er mehr über seine Beziehung zu seinem Vater und andere Autoritätsfiguren. Schließlich gab ich zu bedenken: »Ich frage mich, ob es darauf hinausläuft, daß Sie durch dieses momentane Versagen eine hundertprozentig sichere Methode gefunden haben, um all jenen eins auszuwischen, die Sie beherrschen und nach ihren Vorstellungen formen wollen?« Nach einem Augenblick des Schweigens, in dem er dies zu verdauen schien, brach er in unbeherrschbares Gelächter aus, was ihm sehr peinlich – und mir unerklärlich war. Dann gab er stockend und etwas beschämt zu, daß nicht nur meine Vermutung zutreffend war, sondern daß er mit dem wilden Gelächter zum ersten Mal bewußt den Triumph erlebte, den er empfunden hatte, sooft er seinen Vater und alle anderen durch diese beunruhigenden Anfälle von Geistesabwesenheit zur Verzweiflung brachte.

In späteren Gesprächen stellte sich die langsamere und schwierigere Erkenntnis ein, daß diese zwei Teile seiner Person beide akzeptiert werden konnten, daß sie verträglich in einer Person wohnen konnten, daß sie nicht fundamental unvereinbar waren. Er begann zu erkennen, daß es nicht stimmte, daß ein Teil von ihm schlecht und ein anderer gut, ein Teil richtig und einer falsch war. Genauer ausgedrückt, er kam zu der Erkenntnis, daß er sich offen um die Zustimmung und Anerkennung anderer bemühen, daß er sich aber auch der Kontrolle durch andere entziehen konnte. Er erkannte, daß er tun konnte, was *er* wollte, und nicht einfach, was andere von ihm erwarteten oder forderten. Die zwei Elemente seines Gefühlslebens, die vorher so unvereinbar gewesen waren, daß sie einander nicht einmal berührten, konnten vielleicht durchaus in einem Menschen miteinander koexistieren.

Wie kann die Kluft zwischen den Individuen überbrückt werden? Zu den Kräften, die die Menschen entzweien, zählen eheliche Konflikte, Geschwisterrivalität, sportliche oder akademische Konkurrenz bis aufs Messer, sowie rassische und bildungsmäßige Unterschiede. Halten wir uns einen Augenblick lang die ungeheure Kluft vor Augen, die zwischen der Lebenserfahrung eines schwarzen Gettobewohners in einer unserer Innenstädte und einem gebildeten weißen Akademiker besteht, der niemals einen Tag wirklichen Hungers kannte, der nie auf der Straße gelebt hat und nie das Opfer blinder Vorurteile wurde. Wie können diese beiden Individuen irgendeine Gemeinsamkeit empfinden? Vor kurzem erhielt ich einen sehr rührenden Beweis, daß auch eine solche Kluft über-

brückt werden kann. Ein Volkshochschuldozent schickte mir einen Aufsatz, den einer seiner Schüler namens Michael, ein ungebildeter und sprachlich ungewandter Schwarzer, geschrieben hatte. Michael hatte das Kapitel mit dem Titel »Das bin ich« meines Buches *»Die Entwicklung der Persönlichkeit«*[4] gelesen und sich davon sehr betroffen gefühlt. Dieses Kapitel schildert die Kämpfe und Erkenntnisse, die für mich, mein inneres persönliches Leben von Bedeutung waren. Es ist *nichts* darin enthalten, was eine Verbindung zur Gettoerfahrung oder zum Kampf der Schwarzen um menschliche Identität herzustellen scheint. Und dennoch, lesen Sie Michaels ungelenken, aber eindrucksvollen Bericht:
[Der folgende Text enthält im englischen Original grammatikalische und orthographische Fehler, auf deren Nachahmung im Deutschen verzichtet wurde: d. Ü.]
»Ich kehrte noch einmal zu dem ersten Kapitel zurück, das ich für diesen Kurs gelesen hatte. Dieses Kapitel ist ein gut geschriebenes Stück Literatur, das meiner Definition von mir, so wie ich heute existiere, sehr nahe kommt. Ich liege auf der gleichen Wellenlänge, die der Verfasser in diesem Buch darstellt. Ich habe mich mit den gleichen Ideen, Konzepten und Erfahrungen befaßt, von denen der Autor spricht. Ich bin aber auch verwirrt von der Geschichte, die ich bis jetzt zu verstehen glaubte [wegen dieses Kapitels, das ich zu verstehen behaupte] aus dem einfachen Grund, weil ich denke, daß der Autor ein gebildeter Weißer ist, der unserer heutigen Gesellschaft entsprechend weit davon entfernt ist, wie ein armer Schwarzer zu empfinden. Wenn uns also die Gesellschaft auf zwei verschiedene Ebenen des Seins gestellt hat, dann sollte ich nicht auf der gleichen Ebene denken wie dieser ausgezeichnete Schriftsteller. Es ist nicht möglich, daß ich auf der gleichen Ebene denke wie dieser Mann, deshalb ist mir beim Lesen dieses Kapitels eine Frage gekommen, die da heißt: warum kann ich verstehen, was dieser Autor geschrieben hat und warum paßt es auf mich wie meine eigene Haut?
Durch die Lektüre dieses Buches sind mir auch positive Gefühle gekommen, nämlich das Gefühl, daß ich und dieser Mann in Wirklichkeit gar nicht verschieden voneinander sind, denn ich bin

daraufgekommen, daß das einzige im Leben eines Menschen, das ihn von jemand anderem unterscheidet, die Gedanken sind, die er nur für sich selber hat. Ich habe das Gefühl, daß dieser Autor dies auch weiß, und zwar aufgrund seiner Bereitschaft, den Leser in sich hineinschauen zu lassen, damit man sein wahres Ich erkennt, das er in sich entdeckt hat.
Ich habe verstanden, was er über sich selbst sagt, weil ich mich selbst im gleichen Maß begriffen habe, in dem er über sich selbst spricht. Es war, als läse ich eine Formel, die ich nie zuvor gelesen hatte, aber ich hatte die gleichen Erfahrungen wie dieser Mann auf der Reise in sein Inneres. Wenn nun dieser wundervolle Mann zufällig nicht über seine Reise in sein Inneres geschrieben hätte, dann wäre die Chance sehr gering gewesen, daß ich allein daraufgekommen wäre, daß das, was die Gesellschaft mir vorher eingepaukt hatte, falsch war, deshalb war mir auch damals etwas nicht richtig vorgekommen, wenn es hieß, daß alle Menschen innerlich gleich seien. Wenn dieses [Kapitel] nicht in dem Augenblick meinen Weg gekreuzt hätte, würde ich immer noch nach einer Erklärung suchen. Ich danke diesem Menschen für das Verständnis, das er mit mir geteilt hat.«
Obwohl ich ihn nie persönlich kennengelernt habe, fühle ich mich Michael ebenso nahe wie er sich mir. Weshalb? Weil wir uns in unserem Menschsein berühren – den Konflikten, Gefühlen, Erkenntnissen, Verwirrungen, Erfahrungen, die wir miteinander gemein haben – obwohl sich unser Leben nach außen hin vielleicht in *nichts* gleicht, außer daß wir beide geboren wurden und gelebt haben. Dennoch hat er das Gefühl, daß das, was ich geschrieben habe, für ihn gilt, als sei es auf ihn gemünzt, obwohl er nicht verstehen *kann,* wieso ein gebildeter Weißer etwas mit einem im Getto aufgewachsenen Schwarzen gemein haben kann.
Ich habe dergleichen schon öfter erlebt. Menschen, die das Leben zu meistern suchen, die es verstehen und von ihm lernen wollen, haben ein riesiges Reservoir an Gemeinsamkeiten. Es spielt keine Rolle, daß ich ein älterer weißer Amerikaner der Mittelschicht bin und Sie vielleicht eine gelbe oder schwarze Haut haben oder Kommunist oder Israeli oder Araber oder Russe oder jung oder eine Frau sind. Wenn wir bereit sind, uns einander offen mitzuteilen,

dann gibt es große Bereiche, in denen eine Verständigung möglich ist. Gerade in Hinblick auf die »Gedanken, die man hat und die kein anderer hat«, können wir mit der offenen und intimen Kommunikation beginnen. Eine Erkenntnis zeichnet sich in Michaels Aufsatz deutlich ab. In dem Maße, in dem ich mich ihm in meinem Werk offenbaren konnte – ohne den Wunsch, zu führen, zu bevormunden oder zu überreden –, war er imstande, sich selbst zu öffnen und sich als eigenständige und wertvolle Person wahrzunehmen.

Wenn ein tragischer Zufall es wollte, daß Michael und ich uns bei einem Rassenkrawall auf entgegengesetzten Seiten der Barrikaden wiederfinden würden, wäre dann eine Verständigung immer noch möglich, könnten wir einen Weg finden, um die Krise auf konstruktive Weise zu lösen? Wenn wir eine hautnahe Kommunikation zwischen uns herstellen könnten – ja. Wir haben die menschliche Basis zur Beilegung von ökonomischen, ideologischen und bürgerrechtlichen Konflikten und zur Überwindung der revolutionären Gewalt.

Auseinandersetzungen verlaufen nach einem einfachen Schema. Beide der beteiligten Parteien sind von der gleichen Überzeugung durchdrungen: »Ich habe recht und du hast unrecht; ich bin gut und du bist schlecht.« Dies gilt für Spannungen zwischen Individuen ebenso wie zwischen Gruppen, wo es dann heißt: »Wir haben recht und ihr habt unrecht; wir sind gut und ihr seid schlecht.« Eine der größten Schwierigkeiten bei jedem Zwist besteht darin, zu erkennen, oder, was noch schwieriger ist, zu akzeptieren, daß unser Gegenspieler, sei es ein einzelner oder eine Gruppe, ebenso überzeugt ist wie wir, selbst im Recht und gut zu sein. Um die Spannung zu vermindern, muß daher dieses Schema irgendwie durchbrochen werden. Der personenbezogene Ansatz leistet dabei seine größten Dienste.

Vor einigen Jahren wurde von Eugene Gendlin und anderen Mitarbeitern des Beratungszentrums im Süden von Chicago eine »Hilfsgemeinschaft« namens *Changes* gegründet. Diese Gruppe betreute die Einwohner des Viertels, von denen viele der Gesellschaft entfremdet oder Angehörige der Gegenkultur waren. Die

Mitglieder der Gruppe wurden im »absoluten Zuhören« geschult, ein Handbuch über dieses Thema wurde veröffentlicht und Übungen dazu abgehalten. Wie kann man ein Konzept über Empathie bzw. Einfühlung allgemein verständlich erklären? Ich zitiere einen Absatz aus dem »Handbuch« über das Zuhören:

»Es geht nicht darum, den Leuten Trips zu verschaffen. Du hörst nur zu und wiederholst das, was der andere gesagt hat, Schritt für Schritt, genau so, wie es der andere in diesem Augenblick zu empfinden scheint. Du mischt nie etwas von deinen eigenen Dingen oder Ideen hinein, schiebst nie etwas unter, was der andere nicht ausdrückte ... um zu zeigen, daß du genau verstanden hast, bilde ein oder zwei Sätze, die genau die persönliche Bedeutung erfassen, die dir der andere vermitteln wollte. Dazu kannst du gewöhnlich deine eigenen Worte benutzen, aber für die heiklen Kernpunkte bediene dich der Worte des anderen.«

Ein anderer Aspekt ihrer Ausbildung, das »Fokussieren«, hilft dem Betreffenden, »sich von Augenblick zu Augenblick bewußt zu sein, was in ihm selbst vorgeht, wie er sich fühlt, wovon dies beeinflußt wird und wie, was wirklich wichtig ist, in all seinen komplexen Einzelheiten[5]«. Die Mitglieder von *Changes* werden also darin ausgebildet, dem anderen *zuzuhören* und sich darauf zu *konzentrieren,* was in ihnen selbst vorgeht. Ein Mitglied berichtet, wie sich diese Einstellungen auf Spannungen innerhalb der Gruppe auswirken:

Durch diese Techniken ist es möglich, die Gruppeninteraktionen radikal zu verbessern. Das zeigte sich, als die Frauen in unserer Südchicagoer Lesbierinnengruppe mit einer Kirche in der Nachbarschaft, die eine Reihe von radikalen Gemeinschaftsprojekten unterstützte, über einen monatlichen Kaffeenachmittag für Lesbierinnen verhandelte. Ein Problem dabei war der tief verwurzelte Wunsch der Frauen, Männer fernzuhalten, der in Widerspruch zu dem Grundsatz der Kirchengemeinschaft stand, jedermann die Teilnahme an den Kaffeenachmittagen zu gestatten, gleichgültig, welche Gruppe in dieser Woche als Veranstalter auftrat. Die Verhandlungen wurden zum größten Teil von einer überaus empfindlichen Lesbierin geführt, die sich sowohl in der homosexuellen als auch in der heterosexuellen Welt von Männern überrannt fühlte, und einem männlichen Vertreter der Kirchengemeinschaft, der die Politik der offenen Tür und die vertrauensvolle, überkonfessionelle Einstellung, auf der sie basierte, beibehalten wollte und weder die Vorgeschichte noch die Bedürfnisse begriff, die hinter dem defensiven Wunsch nach einem rein weiblichen Kaffeenachmittag für Lesbierinnen stand.

Persönliche Antipathien und Spannungen behinderten den Versuch, sich auf ein für beide Seiten akzeptables Vorgehen zu einigen; die Spannung eskalierte durch eine Reihe von Vorfällen, die überwiegend auf Mißverständnissen basierten, bis schließlich die ganze Einrichtung der Kaffeenachmittage gefährdet war und eine gemeinsame Versammlung einberufen werden mußte. Ohne Vorausplanung ergab es sich zufällig, daß die von beiden Gruppen entsandten Vertreter Angehörige der radikalen Therapiegemeinschaft *Changes* waren und deren Techniken gelernt und sich zu eigen gemacht hatten. Dies hatte zur Folge, daß die beiden Protagonisten, die sich mit ihren Verhandlungen so schwer getan hatten, nicht nur ihre Positionen darlegen konnten, sondern mit Hilfe der übrigen Anwesenden ihre Gefühle der Kränkung, des Unverstandenseins und des Mißtrauens vermitteln konnten. Das stoppte die Polarisierung, verlagerte die auf Verteidigung ausgerichteten Energien beider nach innen und bereitete den Boden für neue Verhandlungen, die nunmehr auf klaren und deutlichen Kenntnissen der zugrundeliegenden Bedürfnisse und Ängste der jeweils anderen Gruppe basierten. Dies machte es möglich, einen Modus für die Kaffeenachmittage zu finden, der den Idealen beider Gruppen gerecht wurde. Der Vorfall eröffnete in der Tat Kommunikationsmöglichkeiten zwischen den beiden Gruppen auf einer tieferreichenden Ebene, als dies angesichts ihrer ursprünglichen sozialen Entfremdung voneinander möglich gewesen wäre. Die Kaffeenachmittage für Lesbierinnen sind zu einer florierenden Gemeinschaftseinrichtung geworden und den Rest des vergangenen Jahres über geblieben. Diese Dinge, von denen ich gesprochen habe, funktionieren tatsächlich[6].

Dieser kleine Vorfall demonstriert, daß der Konflikt anfangs nach dem üblichen Schema verläuft: »Die Entscheidung muß in meinem Sinne getroffen werden, weil ich den guten Grundsatz verteidige, daß die unterdrückten Lesbierinnen ein Recht auf eine geschlossene Versammlung haben.« »Nein, der Beschluß muß in meinem Sinn gefaßt werden, weil ich für den guten Grundsatz eintrete, daß die Veranstaltungen in dieser Kirche für jedermann zugänglich sein müssen.« Es handelt sich um einen frontalen Zusammenstoß zweier miteinander nicht zu vereinbarender Prinzipien. Die Tatsache, daß Mitglieder beider Parteien durch *Changes* eine personenbezogene Orientierung erworben hatten, verleiht diesem Disput die ganze Signifikanz eines reinen Laborexperiments. Hört man den beiden Gegenspielern zu und hilft man ihnen, sich auf ihre eigenen Gefühle der Kränkung und des Mißtrauens zu konzentrieren, dann sieht der Konflikt über »Prinzipien« plötzlich ganz anders aus. Er wird zu einer Frage der Gefühle, der Bedürfnisse und der Ängste beider Gruppen und der zwei Hauptfiguren. Sobald diese Neudefinition stattgefunden hat, stellt jede der beiden Gruppen fest, daß sie ihre Bedürfnisse befriedigen kann, ohne die der anderen Gruppe zu verletzen. Neue Kanäle realistischer Kommunikation tun sich auf. Der Kurs, der zu einer frontalen Kollision im Entscheidungsprozeß führt, ändert sich völlig, wenn jeder Beteiligte in die Lage versetzt wird, ganz er selbst zu sein – einschließlich seiner Gefühle, Ängste, Ideen, Hoffnungen und seines Mißtrauens. Die Entscheidung wird dann auf einer menschlichen Basis gefunden, nicht als Ergebnis eines politischen Zusammenstoßes.

Judy Henderson, die mir den obigen Vorfall berichtete, bezeichnet sich selbst als Mitglied der radikalen Linken. Sie glaubt, daß der personenbezogene Ansatz für die revolutionäre Tätigkeit ein Gewinn ist, denn sie hat oft erlebt, daß sich radikale Gruppen durch ihre zwischenmenschlichen Spannungen selbst zerstören. »Diese Gruppen haben sich mir gegenüber im Namen des Radikalismus direkt und indirekt autoritär verhalten«, berichtet sie. »Ich spreche von der Tyrannei unausgesprochener Normen und Rollen, die auf subtile Weise darüber entscheiden, was gesagt wird und was nicht, wer am meisten redet und wer zuhört und wer am Schluß wessen Bedürfnisse oder Ideen unterstützt, nicht aber seine oder ihre eigenen.«

Sie ist sich bewußt, daß die Rücksichtnahme auf die Gefühle eines Menschen als konterrevolutionär gilt. »Die meisten von uns haben schon Losungen gehört wie: ›Das ist Politik, nicht Therapie! Es gibt keine andere Lösung als die kollektive; individuelle Lösungen sind eine Kooptation.‹ Ich habe mit einer Reihe von Gruppen zu tun gehabt, in denen der Gedanke, sich mit persönlicher Erfahrung und Interaktion zu befassen, als mehr als nutzlos galt, als eine Energieverschwendung, ein Abschweifen von den ›wesentlichen Fragen‹, ja sogar als ›elitär, verweichlicht und verhätschelnd‹ verteufelt wurde.« Henderson hält jedoch diese neue Art des »Zuhörens« und des »Fokussierens« für geeignete Instrumente des Wandels. »Dies sind potentielle Mittel radikaler Selbsterfahrung, Interaktion und Gruppenprozesse. Für mich sind diese Techniken die materielle Basis zur Entdeckung einer neuen Politik und einer neuen Möglichkeit, andere zu politisieren, die sich aus einem umfassenden, bis jetzt noch kaum nutzbar gemachten Verständnis und Zugang zum Sitz der Macht im Individuum ergeben ... aber dies geht nicht ohne Rückschläge und Erschöpfungszustände vor sich. Ich sage dies, nachdem ich zusammen mit einigen anderen ein Jahr lang darum gekämpft habe, diese Einstellungen und Prozesse in unser persönliches, kollektives und politisches Leben zu integrieren. Es geht langsam; es erfordert eine starke Überzeugung und Ausdauer. Der Anfang zieht sich ungeheuer lang hin; zunächst muß man aufs neue lernen, was es bedeutet, man selbst zu sein, dann, mit jemand anderem zusammenzusein und dann, eine Gruppe zu bilden. Ich darf die langfristigen Ziele nicht aus dem Auge verlieren, wenn ich im Sumpf persönlicher Schwierigkeiten stecke. Ich muß mich an die Prozesse halten, denen ich zu vertrauen gelernt habe, selbst wenn ich mich vor den anderen um mich herum fürchte und an ihnen und an dem, was wir tun, zweifle. Ich muß mich mit einiger Erleichterung daran erinnern, um welch neue Sache es uns geht und gegen was wir alles ankämpfen müssen, wenn ich anfange, die Effizienz etablierter Institutionen und die reibungslosen Aktionen von Gruppen zu beneiden, die ihre Macht in der bekannten, Eindruck schindenden Art organisieren ... Aber es erscheint mir nach einjähriger Erfahrung überaus lohnend, denn ich sehe an mir selbst und an den echten Herausforderungen, die wir als Gemeinschaft angepackt haben, *wirkliche* Veränderungen und die Möglichkeit eines neuen Gesellschafts-

systems, das unsere Krankheiten an den Wurzeln ausrottet ... Ich fühle mich bei diesem Kampf auf eine Weise gut und richtig wie nie zuvor. Ich fühle eine Klarheit in mir und empfinde die menschliche Schönheit bei allen, mit denen ich zusammenarbeite, ich habe das alles in den Griff gekriegt und es fließt stark in meine politische Vision und Aktion ein und bringt mir große Freude, auf die merkwürdigste, unerwartetste Weise, auch wenn ich ›liebe‹[7].«
Hier ist ein Mensch, der gelernt hat, daß revolutionäre Veränderungen in gesellschaftlichen Gruppen am besten und dauerhaftesten durch die subtilen, diffizilen, scheinbar »ineffizienten« Einstellungen bewirkt werden, die dem personenbezogenen Ansatz zugrundeliegen.

Rassische oder sonstige Spannungen innerhalb der Gemeinschaft können durch Anwendung des personenbezogenen Ansatzes abgebaut werden, der beide Parteien eines Konfliktes stärkt.
Ein junger Pastor in einer Kleinstadt im Staate Wyoming von etwa 9000 Einwohnern machte sich über die scharfen Gegensätze zwischen den *Chicanos* (Amerikaner mexikanischer Herkunft) und den *Anglos* (Amerikaner angelsächsischer Abstammung) Sorgen und versuchte, etwas dagegen zu unternehmen. Der Ort wird durch die Bahnlinie in zwei Hälften geteilt; in der südlichen wohnen die Chicanos, etwa ein Viertel der Bevölkerung; im Norden die Anglos. Die weißen Amerikaner waren überzeugt, daß in der Stadt alles in bester Ordnung sei, weil es keine allzu offenkundige Diskriminierung gab. Die Mexiko-Amerikaner fühlten sich dagegen sehr wohl diskriminiert. Sie fühlten sich unterdrückt, fanden, die Gemeinde gehe auf ihre Bedürfnisse nicht ein, und hegten Gefühle, die von passiver Resignation bis zu unverhohlener Wut reichten.
Dem Pastor, Lloyd Henderson, gelang es, eine bescheidene Subvention zur Finanzierung eines Programms zu erhalten, das der Verbesserung der Kommunikation dienen sollte. Zunächst wählte er neun Bürgervertreter aus, die einen repräsentativen Querschnitt der Bevölkerung darstellten – die Anglos waren ebenso vertreten wie die Chicanos; die Oberschicht ebenso wie die Mittel- und Unterschicht; Männer wie Frauen. Er lud einen »Facilitator« [sog.

Förderer] vom *Zentrum zum Studium der Person* ein, über ein Wochenende einen intensiven Schulungskurs für diese Bürgervertreter abzuhalten. Dabei entdeckten sie, daß von ihnen nicht die Übernahme einer Führungsrolle im konventionellen Sinn erwartet wurde, sondern daß sie als Förderer des Selbstausdrucks und der Kommunikation wirken sollten. Die Gruppen sollten keine Aktionen starten, sondern vor allem die Kommunikation verbessern. Dann wurden neun Gruppen von je acht bis fünfzehn Mitgliedern ins Leben gerufen. Sie trafen sich zwölf Wochen lang einmal wöchentlich, mit der zusätzlichen Möglichkeit eines gemeinsam zu verbringenden Wochenendes, die von manchen genutzt wurde und von manchen nicht. Auch die Gruppen repräsentierten alle Bevölkerungsschichten; der Richter des Städtchens war mit einigen jungen Chicanos in einer Gruppe beisammen, die ihn bisher für ihren schlimmsten Feind gehalten hatten.

Zuerst verließen sich die Gruppenmitglieder auf den Leiter und erwarteten, daß er die Verantwortung übernehmen werde, aber allmählich erkannten sie, daß die Gruppen nur funktionieren würden, wenn sie die Verantwortung für sich und ihre Mitteilungen selbst übernahmen. Die Gespräche wurden in persönlicher Weise geführt, konzentrierten sich aber auf kommunale Probleme. So wurde beispielsweise über Arbeitslosigkeit gesprochen und Unzufriedenheit über die Eisenbahn geäußert, die eine zentrale Rolle in der Kommune spielte. Sie sprachen über Schulprobleme ihrer Kinder. Die Hauptgesprächsthemen waren also Gemeinschaftsprobleme, die aber in einem persönlichen Rahmen erörtert wurden. Für die Chicanos war es entmutigend, aufs neue mit dem Mangel an Solidarität in ihren eigenen Reihen konfrontiert zu sein. Während die Anglos in den Chicanos eine geschlossene Gruppe sahen, waren sich diese wohl bewußt, daß ihre Uneinigkeit sie daran hinderte, ihre Situation zu verbessern.

Eine der charakteristischsten Entdeckungen bei diesen Gruppentreffen war, daß die Einstellungen der Teilnehmer, gleich welcher Herkunft und welchen Alters, einander ähnlicher waren als sie angenommen hatten. Wenn über die Kinder oder den Bedarf an Arbeitsplätzen gesprochen wurde, waren die Gefühle beiderseits des Schienenstrangs die gleichen. Ein Ausdruck der Verwunderung und Betroffenheit erschien auf den Gesichtern zweier Mütter, einer Anglo und einer Chicano, als sie entdeckten, wie sehr sie sich in ihren Hoffnungen und ihren Problemen, was ihre Kinder betraf, glichen.

Mitglieder der Gruppen wurden eingeladen, an einer Lokalsendung des Fernsehens mitzuwirken und über ihre Aktivitäten und Fortschritte zu berichten. Dadurch wurden die Bürger über das Projekt auf dem laufenden gehalten und ihr Interesse an einer Verbesserung der Kommunikation geweckt.

Allmählich zeichnete sich ein Wandel ab. Menschen, die sich normalerweise nie begegnet wären, entwickelten über Kultur- und Altersschranken hinweg Freundschaften zueinander. Der Richter brachte den jungen Leuten größeres Verständnis entgegen, mit denen er es vor Gericht zu tun hatte. Gegen Ende zu starteten einige Gruppen Aktionen – beispielsweise redeten sie mit den Arbeitgebern des Ortes über ihre Beschäftigungspolitik.

Nach Abschluß des Gruppenprojekts schlossen sich die Chicanos zusammen, verfaßten eine Petition und erhielten von der Bundesregierung einen Zuschuß, der dazu dienen sollte, die Zahl der vorzeitigen Schulabgänger zu reduzieren, die Berufsausbildung zu verbessern und mexiko-amerikanischen Eltern eine Besichtigung der staatlichen Universität zu ermöglichen, um ihre Bildungsziele zu erhöhen. (Dies nur als Beispiele der Aktivitäten dieser Gruppe.) Sie verpflichteten sogar einen Leiter für die Durchführung dieses Programmes. Es trug viel dazu bei, das Selbstbewußtsein der Einwohner des südlichen Stadtteils zu heben.

All dies wurde mit Hilfe des personenbezogenen Ansatzes und einem Budget von weniger als fünftausend Dollar erreicht. Der Pastor hatte es für richtig gehalten, die führenden Persönlichkeiten der Gemeinde mit Verantwortung zu betrauen. Er hatte diese Leute und sich selbst einer sehr kurzen, aber intensiven Schulung im Zuhören und in der Kommunikationsförderung unterzogen. Es gelang ihm, genügend Gruppen auf die Beine zu stellen, um eine »kritische Masse« zu schaffen. Eine Gruppe allein hätte den unmittelbar Beteiligten geholfen, aber fast sicher keine Wirkung auf die Kommune ausgeübt. Neun Gruppen mit nur etwas über hundert Teilnehmern (von einer Gesamtbevölkerung von neuntausend) erwiesen sich hingegen als einflußreich genug, um sinnvolle soziale Aktionen zu starten. Die Resultate sprechen für sich selbst – sie sind ein Anzeichen dafür, was alles erreicht werden kann, wenn die Spannungen nicht zu groß sind und die Bitterkeit nicht zu tief sitzt. Menschen auf beiden Seiten des Schienenstrangs wurden sich ihrer Macht bewußt und gebrauchten sie, denn der offene Austausch und die persönliche Kommunikation hatte ihnen ihre eigene Stärke vor Augen geführt.

Zeuge einer tiefsitzenden Feindschaft wurde ich, als ich mit einer Gruppe aus dem nordirischen Belfast zusammenarbeitete. Da konnte man beobachten, was in einer Gruppe geschieht, in der die Bitterkeit von generationenaltem ökonomischen, religiösen und kulturellen Haß gespeist wird. An der Gruppe nahmen fünf Protestanten (darunter ein Engländer) und vier Katholiken teil. Diese neun Personen waren so ausgewählt worden, daß auf beiden Seiten Extremisten und Gemäßigte, Männer und Frauen, Ältere und Jüngere vertreten waren. Der Engländer war ein Oberst im Ruhestand. Wir wollten offene Kommunikation fördern und diese Interaktion filmen[8].

Bei den ersten Zusammenkünften kamen die Bitterkeit, der Schrecken und die Verzweiflung des Alltags in Belfast klar zum Ausdruck. Toms Schwester war von einer Bombe zerrissen worden, die von Terroristen beider Seiten hätte stammen können. Dennis und seine Familie verbargen sich hinter Matratzen, als bei einem Feuergefecht in ihrer Straße Geschosse in ihr Haus einschlugen. Dennis mußte bei verschiedenen Anlässen mithelfen, die noch lebenden oder toten zerfetzten Opfer von Bombenexplosionen wegzutragen. Becky berichtete wiederholt über die Brutalität britischer Armeepatrouillen gegenüber ihren halbwüchsigen Söhnen. Nach einem Vorfall, bei dem ihrem Sohn die Erschießung angedroht worden war, »kam der Junge herein, und ich habe noch nie im Leben so viel Angst im Gesicht eines Menschen gesehen«.

Die junge und attraktive Gilda sprach von der Hoffnungslosigkeit. »Ich bin voller Verzweiflung. Ich gebe einfach auf, versteht ihr.« Und auch Becky sagte: »Ich habe wirklich überhaupt keine Hoffnung ... Wenn nicht etwas unternommen wird, frißt die Bitterkeit an diesen Jugendlichen weiter, und eines Tages werden sie vielleicht IRA-Mitglieder.«

Die Bitterkeit herrschte auf beiden Seiten. Die hübsche Protestantin Gilda sagte: »Wenn ich einen IRA-Mann auf dem Boden liegen sähe – in euren Augen ist das wahrscheinlich falsch –, würde ich auf ihm *herumtrampeln,* denn aus meiner Sicht ist der einfach losgezogen und hat unschuldige Menschen ermordet.«

All diese aggressiven Gefühle hinterlassen ihre Spuren. Sean, ein sensibler junger katholischer Lehrer, sagte, er habe einen »eisernen Rolladen« zwischen seinem funktionierenden Selbst und den brodelnden Gefühlen in seinem Inneren herablassen müssen. Sonst würde er Amok laufen. Mit einer sehr ruhigen, leisen Stimme sprach er von dieser inneren wilden Bestie: »Ja, ich kenne mich selbst. Ich bin mir dessen sehr bewußt und es macht mir Angst, zu wissen, daß es da ist. Denn es ist gewalttätig und emotional und dumm ... ich mache lange Spaziergänge und lasse das in mir sprechen. Es sind nicht sehr menschliche Gefühle – es ist aber wiederum auch nicht ganz so, als habe man eine Bestie in sich – irgendwelche animalischen Gefühle, versteht Ihr – «

Diese ganze explosive Mischung aus Haß und Gewalttätigkeit, aus Angst und Verzweiflung, ist so übermächtig, daß der Gedanke, ein Wochenende könnte daran *irgend etwas* ändern, völlig abwegig erscheint. Dennoch haben Veränderungen stattgefunden. Als Beispiel der Ausschnitt eines Dialogs zwischen Dennis, einem Protestanten, und Becky, einer Katholikin:

DENNIS *(über Becky sprechend)*: In Belfast denkt man einfach, wenn sie eine Katholikin ist, ist sie eine Katholikin, man steckt sie in ein kleines Fach, und damit hat es sich. Aber das kann man einfach nicht tun. Ich habe begriffen, daß sie schlimmer dran ist als ich ... ich möchte nicht in ihren Schuhen stecken ... weil ich das Gefühl habe, daß sie eine absolute Verzweiflung empfindet, wie sie mich an ihrer Stelle befallen würde. Ich weiß nicht, wie ich reagieren würde, wenn ich einer ihrer Söhne wäre. Ich würde wahrscheinlich losziehen und mir eine Knarre besorgen und etwas unheimlich Radikales tun und zum Schluß erschossen werden.

BECKY *(später)*: Worte sind zu schwach, um auszudrücken, was ich gegenüber Dennis empfinde seit dem Gespräch, das wir zur Abendbrotzeit hatten. Wir sprachen zehn Minuten lang ruhig miteinander und ich hatte das Gefühl, hier hast du einen Freund gefunden. Einfach so.

DENNIS: Wir sind zur Essenszeit hier gesessen und haben leise miteinander gesprochen, während ihr alle beim Abendessen wart –

BECKY: Ich glaube, daß er mich als Mensch vollkommen versteht.

DENNIS: Ja, ich verstehe dich, ohne Frage –
BECKY: Und deshalb bin ich sehr dankbar und glaube, einen Freund gefunden zu haben.

Bei unseren Zusammenkünften war der Haß, der Argwohn und das Mißtrauen der zwei verfeindeten Gruppen stark spürbar, manchmal in verdeckter Form, aber allmählich wurde das alles viel offener geäußert. Die Gruppenteilnehmer sprachen nicht nur für sich selbst, aus ihnen brachen die Ressentiments und Vorurteile von Generationen vor ihnen heraus. Die Gruppeninteraktion dauerte insgesamt nur sechzehn Stunden, dennoch wurde während dieser unglaublich kurzen Zeit der jahrhundertealte Haß nicht nur gemildert, sondern in einigen Fällen von Grund auf verwandelt. Es ist ein Beweis, daß personenbezogene Einstellungen eine Atmosphäre schaffen können, in der der offene Austausch gedeiht. In einem Klima dieser Art führt Selbstentblößung zur Kommunikation. Bessere Kommunikation bewirkt sehr oft Verständnis und Verständnis spült viele der uralten Barrieren hinweg. Der Fortschritt war so rapid, die Veränderung so signifikant, daß einige der Äußerungen, die ich hier zitiert habe, aus dem Film herausgeschnitten werden mußten. So viel Verständnis für den Gegner zu zeigen, hätte das Leben der Sprecher gefährdet, sobald dieser Film in Belfast gezeigt wurde.

Als die Gruppe nach Belfast zurückkehrte, trafen sich fast alle Teilnehmer weiterhin im Hause des britischen Obersts, der im sichersten Viertel wohnte. Nach Fertigstellung des Films bildeten die Gruppenteilnehmer Teams – ein protestantisches und ein katholisches –, zeigten ihn in vielen Kirchengruppen beider Konfessionen und führten Diskussionen darüber. Nichts davon war im voraus geplant gewesen. Es standen keine finanziellen Mittel zur Verfügung. All diese Aktionen gingen auf ihre eigene spontane Initiative zurück.

Durch die Fortschritte, die eine Gruppe in die Richtung der Versöhnung machte, hat das Töten in Belfast natürlich noch nicht aufgehört. Aber nehmen wir einmal an, daß es tausend oder zweitausend Gruppen gegeben hätte. Die Kosten hätten einen Bruchteil dessen betragen, was katholische und protestantische Privatarmeen und die britischen Okkupationstruppen verschlingen. Und was die »Facilitatoren« betrifft, es gibt bereits Hunderte von hinreichend ausgebildeten Leuten, die binnen drei Monaten die Arbeit aufnehmen könnten.

Diese Art der Betrachtung wurde durch ein Gespräch mit zwei Bürgern aus Belfast, die die Gemeinde bestens kennen, mit dem Projekt vertraut sind und gesehen haben, welche Wirkung dieser Film auf kleine Zuschauergruppen ausübt, voll bestätigt. Sie treten dafür ein, eine große Zahl irischer Bürger als Förderer *(facilitors)* auszubilden. »Wir müssen Tausende von Menschen an dieser Sache beteiligen. Sobald wir dies tun, wird es für die zwei Prozent paramilitärischer Bewaffneter schwieriger, [der Öffentlichkeit ihren Willen aufzuzwingen]. Der Gedanke der Encountergruppen ist die Lösung! Straße um Straße müssen wir Encountergruppen organisieren.« Und wann wird dies geschehen? Es wird geschehen, sobald die davon betroffene Öffentlichkeit erkennt, daß das Problem so ernst ist, daß etwas unternommen werden *muß*. Es fehlt nicht an der Erfahrung oder am Personal oder an überzeugenden Beweisen. Es fehlt der öffentliche Wille. Die Öffentlichkeit ist noch nicht überzeugt, daß es Lösungen gibt, und selbst wenn es sie gäbe, ist sie – noch – nicht bereit, das Risiko einzugehen. Sobald dies der Fall ist, hat ein humanistischer, personenbezogener Ansatz etwas zu bieten, selbst in Situationen, in denen man es mit einer Todfeindschaft zu tun hat.

Ich habe einige Erfahrung in der Arbeit mit gemischten schwarzweißen Gruppen, mit Gruppen, die aus Chicanos und Weißen bestehen, und mit Gruppen, denen Weiße, Schwarze, Chicanos, Philippinos und andere angehörten. Die farbigen Gruppenmitglieder empfanden eine ungeheure Wut und Bitterkeit gegenüber den Weißen. Unter fördernder Leitung wurde die Gruppe zu einem Ort des vehementen verbalen Ausdrucks dieser Gefühle. Die Weißen fühlen sich besudelt, wenn sie derart mit Schmähungen überhäuft werden. Der Zorn ist überwältigend. Es gibt verschiedene natürliche Reaktionen seitens der weißen Amerikaner, die nicht im mindesten hilfreich sind: »Ich kann Ihre Bitterkeit verstehen, weil ich selbst unterdrückt worden bin; ja, ja, ich kann verstehen, was Sie empfinden, aber ich persönlich habe nie an Ihrer Unterdrückung teilgenommen. Die weiße Gesellschaft hat Sie unterdrückt.« Um effektiv zu sein, scheinen die Weißen zwei Einstellungen lernen zu müssen – eine zu sich selbst und eine gegenüber den Angehörigen der Minderheiten. Das erste ist die Erkenntnis und Annahme der Tatsache, daß »ich wie ein Weißer denke«. Für Männer, die mit der Empörung der Frauen umgehen wollen, empfiehlt es sich, zu erkennen: »Ich denke wie ein Mann.« Trotz aller unserer Bemühungen, vorurteilsfrei zu erscheinen, tragen wir in Wirklichkeit viele parteiische Einstellungen in uns.

Die Empörung muß sich Gehör verschaffen. Dies bedeutet nicht, daß es genügt, einfach zuzuhören. Sie muß akzeptiert, verinnerlicht und mit voller Einfühlung verstanden werden. Während uns die Schmähungen und Anklagen als bewußter Versuch erscheinen, den Weißen weh zu tun – ein Akt der Katharsis, um Jahrhunderte der Mißhandlung, Unterdrückung und Ungerechtigkeit hinwegzuschwemmen –, ist es in Wahrheit so, daß sich die Wut nur verflüchtigt, wenn sie ohne Vorbehalte angehört und verstanden wird. Danach geht mit den Schwarzen oder anderen Angehörigen von Minoritäten eine fast unglaubliche Verwandlung vor sich – als sei ein Gewicht von ihren Schultern genommen.

Um dieses einfühlsame Zuhören zu erlernen, muß der Weiße auch auf seine eigenen Gefühle achten, seine Gefühle des Zorns und Grolls über »unfaire« Anklagen. Irgendwann wird auch er diese Gefühle äußern müssen, aber die Hauptaufgabe ist, sich einfühlsam in die Welt der Minorität zu begeben, eine Welt des Hasses, der Bitterkeit und des Grolls, und zu wissen, daß diese Welt ein verständlicher, akzeptabler Teil der Realität ist.

Bei der Arbeit mit internationalen Gruppen ist es faszinierend zu beobachten, wie sich allmählich ein Verständnis für die Sitten und Überzeugungen sehr verschiedener Nationalitäten, Rassen und Kulturen herausbildet. Die Reaktionen der Teilnehmer und Gruppenleiter auf den personenbezogenen Ansatz sind überwältigend positiv gewesen. Sie sprechen davon, wie die Angst vor der Kommunikation abgebaut wurde; von dem Gefühl, gehört zu werden, und von dem Bewußtsein der Schönheit und des Reichtums kultureller Unterschiede.

Ich möchte dem Leser ein Gefühl davon vermitteln, wie es in einer Gruppe zugeht, die kulturelle, religiöse, rassische und nationale Grenzen überschreitet. Es folgt der Bericht einer Schwedin, Binnie Kristal-Andersson[9], die sehr persönlich über ihre Erfahrungen in einer zehntägigen Gruppe berichtet.

KRISTAL-ANDERSSON: Ich hatte vorherige Erfahrungen mit einem dreitägigen interkulturellen Arbeitskreis für Kommunikation, der 1974 in Stockholm stattfand. Dort traf ich Charles Bevonshire, der zum ersten Mal einen derartigen Workshop in Schweden leitete, und ich hatte damals das Gefühl, daß diese drei Tage eine der bedeutsamsten Erfahrungen meines Lebens waren – eine Gruppe völlig unterschiedlicher Menschen aus mehreren verschiedenen Nationen zu treffen und kennenzulernen und mit ihnen über alles, von der Angst vor dem Tod bis zur Angst vor dem Leben und alles was dazwischenliegt, zu sprechen. Wir teilten Tränen, Lachen, Zorn, Gedanken, Ängste und Unsicherheit miteinander, wir lernten, für die Werte und Sitten der anderen aufgeschlossen zu sein, selbst wenn sich diese völlig von unseren eigenen unterschieden, wir lernten Gefühle gegenüber Leuten auszudrücken, denen wir uns normalerweise nicht geöffnet hätten, wir lernten zuzuhören und unsere inneren Bedürfnisse ohne zweideutige oder verwirrende Signale auszudrücken. Wir erlebten einander mit dem wachsenden Bewußtsein, daß es mehr Gemeinsames als Trennendes zwischen uns gab.
Konnte diese zehntägige Begegnung in Furudal eine ebenso bereichernde Erfahrung sein? Ich hatte eben meine Teilnahme an einer zweijährigen psychodynamisch orientierten Gruppe (eineinhalb Stunden pro Woche) beendet. Innerlich fühlte ich, daß ich in dem klientenzentrierten dreitägigen Workshop mehr über mich und andere gelernt hatte, als in der zweijährigen Gruppenerfahrung. Ich war neugierig, ob sich dieser Eindruck wiederholen würde.
Die Gruppe versammelte sich am ersten Abend vor einem offenen Kamin – sechzehn sehr verschiedene Menschen: Leitende Angestellte großer Organisationen, Psychologen, ein (schwarzer) amerikanischer Lehrer, der in Deutschland arbeitete, eine Deutsche, die in Hamburg geistig behinderte Kinder betreute, ein neunzehn-

jähriger amerikanischer Student, Journalisten des schwedischen Rundfunks, zwei akademisch gebildete Hausfrauen, ein Sozialarbeiter und ein holländischer Psychologe. Die Gruppenmitglieder waren zwischen neunzehn und zweiundfünfzig Jahre alt. Ihre Interessen erstreckten sich von Tennis bis zum Schreiben von Gedichten. Wir gehörten verschiedenen Rassen und Nationalitäten an – Holländer, Deutsche, Amerikaner, Schwarze und Weiße, Schweden, eine Malaysierin. Wir divergierten völlig in bezug auf unsere religiösen Überzeugungen – von der tiefreligiösen amerikanischen Hausfrau über kühle schwedische Protestanten bis zu radikalen Atheisten. Es waren die verschiedensten politischen Parteien und Interessen vertreten und ebensoviele Lebensstile wie Teilnehmer. Ein Gruppenmitglied drückte es so aus: »Als ich hörte, aus welch unterschiedlichem Milieu die Teilnehmer kommen, dachte ich, das muß schief gehen, das kann nichts werden.« Und wir schienen auch alle sehr verschiedene Motive für unsere Teilnahme zu haben …

Am Anfang, in den ersten Tagen, kamen Ressentiments zum Vorschein, Aggressionen, Klischees, falsche Eindrücke in bezug auf die Person oder seine Rasse oder Nationalität. Aber diese verschwinden allmählich, werden hinwegerklärt oder einfach unwichtig, sobald der Mensch hinter der Nationalität, dem Akzent, der Rasse oder Hautfarbe zum Vorschein kommt … Als sich eine Frau als Anhängsel ihres Mannes beschrieb, wurde eine andere Teilnehmerin ärgerlich und fragte sie, ob sie selbst hören könne, was sie da sagte und was ihre Worte bedeuteten. Die Angesprochene wurde traurig und begann dann über ihren Zorn gegenüber ihrem Mann und manchmal auch ihren Kindern zu sprechen, weil sie ihr Leben für diese geopfert habe.

Das Mädchen chinesischer Herkunft bat jedesmal um Erlaubnis, wenn sie etwas in der Gruppe sagen wollte. »Darf ich …« »Könnte ich …« Ein anderes Mädchen fragt sie, weshalb sie sich jedesmal entschuldige, wenn sie etwas zu sagen habe – weshalb sie um Erlaubnis bitte, etwas sagen zu dürfen. Sie wird durch die Bemerkung sehr verunsichert, schweigt eine Zeitlang und wird dann zornig und weint. Das andere Mädchen sagt, sie habe sie nicht verletzen wollen, aber sie erinnere sie an all die schüchternen, kleinen, wohlerzogenen Mädchen, die sich entschuldigen müssen, und sich schuldig fühlen, wenn sie etwas zu sagen haben und nicht einem Bild gleichen, das jemand für sie gemalt hat. Das malaysische Mädchen sprach dann über ihre Kindheit – sie wuchs in einem bürgerlichen chinesischen Elternhaus auf und lernte von frühester Kindheit an zu schweigen, höflich zu sein, ihr Leben später einem Mann zu widmen, zu lernen und zur Schule, ja sogar zur Universität zu gehen und dabei nur auf die Ehe zu warten. Am Ende dieses Gruppentreffens umarmten sich diese beiden Frauen und gingen Hand in Hand miteinander weg ... Charles Bevonshire[10], der Gruppenleiter, wird von Zeit zu Zeit von mehreren Gruppenmitgliedern angegriffen, weil er nicht führe, nicht helfe oder bei einem Streit vermittle, nicht erkläre oder die Gemüter besänftige, aber er wiederholt nur immer wieder ruhig, daß er nicht die Verantwortung für die Gruppe übernehmen könne, sondern sie dies selbst tun müßte – daß er nicht zu ihrem Leiter, ihrem Gott erhoben werden wolle – nein, sie könnten die Antworten selbst finden. Manche hielten es für einen Trick oder glaubten, er tue nur so oder er warte nur auf den richtigen Moment, um die Führung zu übernehmen. Selbst als er eines Tages sagte, er habe Angst und fühle sich unsicher, lachte ihn ein Mitglied aus und glaubte ihm nicht, wollte ihm einfach nicht glauben ...

Die Gruppe spaltete sich oft in kleinere Einheiten auf, in denen die vorher begonnenen Gespräche häufig mit einem noch tieferen, intensiveren Kontakt, manchmal bis in die frühen Morgenstunden, fortgesetzt wurden. In diesen zehn Tagen wurde wenig geschlafen. Die Offenheit und Ehrlichkeit, mit der wir ständig miteinander redeten, verlieh jeder Situation eine besondere Intensität – selbst den Anlässen, bei denen nicht gesprochen wurde, wie Laufen, Schwimmen, Bootfahren, Tanzen und beim Besuch einer uralten »fäbod« hoch oben in den Bergen, wo wir den Geigenklängen lauschten – wo immer wir auch hingingen, wir konnten der Konfrontation, der Spannung und der Nähe – sowohl positiv wie negativ – nicht mehr entgehen ...

Es ist schwer in Worten zu beschreiben – dieses Sich-selbst-Verschenken und das Fallenlassen der Masken und des Gefühls, nett sein zu müssen, irgend etwas tun zu müssen. Diese Befriedigung,

von morgens bis abends sagen zu können, was man denkt und fühlt ...
In den letzten Tagen interviewte ich die Teilnehmer. Alle hatten an Einsicht gewonnen: in sich selbst, ihr Leben, die Kultur, der sie angehören, ihre verschiedenen Rollen in der Gesellschaft und wie andere Menschen sie aufgrund ihrer Volkszugehörigkeit und als Vertreter einer Kultur wahrnehmen ...
Als ich in die Gruppe kam, hatte ich Angst, nicht akzeptiert zu werden. Ich suchte nach einem Platz, und ich befürchtete, ihn in der Gruppe (oder in der Welt) nicht finden zu können. Ich hatte Angst, nicht akzeptiert zu werden; aber ich wurde akzeptiert und fand einen Platz und da erkannte ich, daß ich gar nicht von jedem in der Gruppe akzeptiert werden wollte und akzeptiert zu werden brauchte. Ich lernte beides zu akzeptieren, Ablehnung und Annahme, und ich lernte, mich nicht vor meiner Stärke als Frau und als Mensch zu fürchten. Ich konnte so viele verschiedene Seiten von mir zeigen und erproben und stellte fest, daß einige akzeptiert und andere abgelehnt wurden. Als ich eines Tages von jemand abgelehnt wurde, den ich sehr mochte, lief ich zuerst weg und kam dann zurück, obwohl ich nie zuvor zurückgekommen war.
Eine der bemerkenswertesten Tatsachen bei internationalen Gruppen ist, daß sie sich kaum von jeder anderen Encountergruppe unterscheiden. Wie Binny sagt, erscheinen die nationalen und rassischen und kulturellen Unterschiede unwichtig, sobald die *Person* entdeckt wird. Trotz aller Unterschiede enthalten die menschlichen Probleme, die wir alle bewältigen wollen, ein großes Potential an Verständnis und Nähe. Die Teilnehmer dieses Workshops sprechen nicht viel über kulturelle Fragen. Statt dessen sprechen sie von Dingen wie: »Ich habe meine Familie wiedergefunden«; »ich war nicht ehrlich zu mir selbst«; »ich kann endlich weinen und Gefühle zeigen, statt ständig Witze zu machen«; »ob ich mich ändern werde, ändern kann oder zu ändern wage, weiß ich noch nicht, aber ich bin meiner selbst sicherer«; »ich bin selbstbewußter geworden«; »ich habe gelernt, meinen Gefühlen mehr zu vertrauen.« Halten Sie sich diese Äußerungen vor Augen. Welche stammt von einem Schwarzen, von einem Deutschen, von einem Mann, von einer Schwedin? Es ist unmöglich, dies auch nur

zu erraten. Dies sind *menschliche* Aussagen. Und das scheint das typische Ergebnis solch personenbezogener Gruppen zu sein. Es ist unser Menschsein, das die Schranken löst und uns einander nahebringt.

Dies scheint dann einzutreten, wenn Menschen aus höchst unterschiedlichem kulturellen Milieu über ihre Kräfte verfügen lernen, weil sie angehört und akzeptiert wurden und ihnen gestattet wurde, über sich selbst zu bestimmen. Das ist die zwischenmenschliche Politik der interkulturellen Anwendung des personenbezogenen Ansatzes.

Ich hoffe, es ist mir gelungen zu zeigen, daß Modelle für den konstruktiven Umgang mit fast jeder Spielart von Intergruppenspannung existieren. Ob es sich um religiöse Differenzen handelt oder um Bitterkeit, die auf dem Gegensatz arm-reich basiert, oder um Mißtrauen, das seine Wurzeln in unterschiedlichen kulturellen Bräuchen hat, oder um die brodelnde Wut, die durch rassische Diskriminierung oder tödliche jahrhundertealte Fehden entsteht, die eine Reihe dieser Elemente aufweisen – es fehlt uns nicht an dem Wissen und der Erfahrung im Gebrauch zwischenmenschlicher Fertigkeiten, mit deren Hilfe diese Spannungen abgebaut werden können. Diese Fertigkeiten sind noch verbesserungsbedürftig. Wir müssen uns über die Probleme klarwerden, die auftauchen werden, wenn man diese Bestrebungen hundert- oder tausendfach multipliziert. Aber die Erfahrungen mit dem personenbezogenen Ansatz deuten darauf hin, daß es keinen Grund zur Verzweiflung gibt. Wir haben Fortschritte bei der Entwicklung von Laborlösungen gemacht. Sobald die Welt dazu bereit ist, können wir mit der nötigen Demut sagen, daß wir bereit sind, einen tastenden Anfang zu wagen.

Durch jedes der zitierten Beispiele läuft der rote Faden der zwischenmenschlichen Politik. Das Individuum wird nur nicht durch mächtige Führer manipuliert; es wird nicht durch irgendeine charismatische Persönlichkeit bekehrt; es wird befähigt, mehr es selbst zu sein, mehr von sich auszudrücken, guten und schlechten Gefühlen gegenüber offener zu sein. Und aus dieser vollständigeren und kräftigeren Menschlichkeit heraus berührt ein Mensch den anderen, die Kommunikation wird echt, die Spannungen vermindern sich, und die Beziehungen werden expressiv und verständnisvoll, wobei das Negative ebenso akzeptiert wird wie das Positive. Dies ist das Endresultat einer personenbezogenen Politik in Konflikten zwischen Gruppen.

In diesem ersten Teil des Buches ist es mir darum gegangen, zu zeigen, daß eine neue Politik der Beziehungen möglich ist. Von den intimen Konflikten der Ehe bis zu den Auseinandersetzungen zwischen Nationen gibt es lebendige, überzeugende Beispiele dafür, was der personenbezogene Ansatz in der Praxis zu leisten vermag.

Diese neue Politik ist durch die Entdeckung geprägt, daß die machtvollste Haltung, die man in jeder menschlichen Beziehung einnehmen kann, paradoxerweise darin besteht, verantwortungsbewußte Macht in den Händen des einzelnen oder der betreffenden Gruppen zu belassen. Diese selbstbestimmte Beziehung kann sich dann in konstruktiver Weise wandeln und wachsen, wenn die eine oder die andere Seite imstande ist, ein förderliches Klima zu schaffen. Dort wo die Macht relativ gleich verteilt ist, können beide Partner die Voraussetzungen für den Wandel schaffen. Ist die Macht ungleich oder wird die eine Seite als mächtiger *angesehen* – z.B. der Lehrer oder Administrator –, müssen die ersten Schritte von dem vermeintlichen Führer, der vermeintlichen Macht ausgehen.

Die Einstellungen, die Wandel und Wachstum und verbesserte Beziehungen bewirken, haben nichts Geheimnisvolles an sich, obwohl sie schwer zu erlangen sein mögen. Es zählt dazu die Bereitschaft, sich in die wahrgenommene Realität des anderen »einzuleben«; eine Bereitschaft, sich in die private Welt des anderen hineinzuversetzen und sie so wahrzunehmen, als wäre es die eigene. Je mehr es zu einem solchen profunden Verstehen kommt, desto mehr Spannungen werden abgebaut, neue Einsichten bieten sich an und Kommunikation wird möglich. Ebenso förderlich ist die Wertschätzung, die Achtung und Zuneigung für den anderen Menschen. Je mehr dies vorhanden ist, desto mehr Selbstachtung gewinnt das Individuum und desto verantwortungsbewußter und

aufgeschlossener wird es sich gegenüber anderen verhalten. Die Echtheit und Maskenlosigkeit des einen ermutigt schließlich auch den anderen, sich unverfälscht zu zeigen, so daß eine echte Begegnung (im Buberschen Sinne) möglich wird.
Ich habe keinen theoretischen Modus der Präsentation dieser neuen zwischenmenschlichen Politik gewählt. Ich habe meine eigenen Erfahrungen und die anderer herangezogen, um zu zeigen, daß funktionierende Beispiele, lebendige Modelle auf jeder Ebene und in jedem wichtigen Bereich unseres Lebens existieren – ob wir uns nun in unserer Rolle als Eltern, Partner, Therapeuten, Lehrer, Administratoren, gesellschaftliche Aktivisten oder internationale Vermittler verstehen.
Was vielleicht am allerwichtigsten ist, ich habe versucht, die revolutionäre Natur dieses scheinbar so einfachen und gradlinigen Ansatzes zu demonstrieren. Er bedroht das Familienleben, so wie wir es in der Vergangenheit gekannt haben. Er stellt die Erziehung vom Kopf auf die Füße. Er verändert die Grundstruktur der helfenden Berufe. Er bedroht die Überzahl, die Macht und die Bedeutung der Führungskräfte und Administratoren in der Industrie sowie in jeder anderen Organisation. Militante und Konservative finden ihn gleichermaßen bedrohlich in gesellschaftlichen Fragen, interrassischen Spannungen und internationalen Konflikten. Der Ansatz ist neu, wenn auch nicht unbedingt die ihn tragenden Ideen, die auf alte Wurzeln zurückgehen. Was das Establishment höchst bedrohlich empfindet, ist, daß Beweise existieren, aus denen hervorgeht, daß die Sache *funktioniert.* Es handelt sich nicht um eine utopische Ideologie, die als unrealistisch abgetan werden kann. In jedem der von mir erwähnten Bereiche hat sich dieser Ansatz als praktikabel, konstruktiv und wirksam erwiesen. Die Erkenntnis, daß es sich um eine *lebensfähige Alternative* zu unseren gegenwärtigen Formen der Machtergreifung und Machtausübung handelt, ist sein allerbedrohlichster Aspekt. Wir haben es nicht nur im Prinzip, sondern *de facto* mit einer stillen Revolution zu tun.

II. TEIL

Der personenbezogene Ansatz in Aktion

8.

Ein personenbezogener Workshop: seine Planung und seine Früchte

In den vergangenen Tagen hatte ich Gelegenheit, mich an diese höhlenartige Halle mit ihren dunkel getäfelten Wänden und den reich gegliederten Pilastern zu gewöhnen, auf denen die hochgiebelige Decke ruht. Und ich habe viele der 135 Menschen kennengelernt, die sich zwanglos in der Mitte des großen Saales versammelt haben. Ihre Gesichter sind vom sanften Licht der Deckenlampen erhellt. In Erwartung des Gemeinschaftstreffens setzen sie sich noch etwas unruhig zurecht, die Mehrheit eng nebeneinander auf dem Fußboden, um einander besser hören zu können. Rings herum sind Sessel und Sofas aufgestellt, auf denen all jene Platz genommen haben, die zu alt oder zu steif sind, um noch gerne auf dem Teppichboden zu sitzen. Ich sehe, daß Clancy hier ist, ein aufgeweckter, fröhlicher Geist in einem winzig kleinen, schmächtigen Körper. Er schnallt sein künstliches Bein ab, legt seine Krükken nieder und setzt sich auf den Boden. Und Rachel aus Brasilien, aristokratisch und sanft; Frank aus Argentinien mit seinem wild wuchernden Bart; die lächelnde Betsy aus Vermont; Jane, die blankäugige Pferdeliebhaberin aus der Gegend von San Francisco; Don, der Musiklehrer aus Kansas, der in seiner Arbeit aufgeht; Julia aus Holland, mit ihrem still-friedlichen Gesicht; und Clifton, deren schokoladenbraune Haut ihre großen seelenvollen Augen betont.

Niemand leitet die Versammlung. Niemand hat sie einberufen. Wir sind einfach zusammengekommen. Zwei oder drei Leute kündigen Zusammenkünfte an und sprechen über ihre Pläne. Dann steht Vicente auf und spricht, er berichtet uns in emotionaler Weise über die entsetzlich armen Menschen, mit denen er in den mexikanischen Gettos zusammenarbeitet. Sein Englisch ist nicht gut, aber seine Botschaft lautet, daß wir unser soziales Gewissen schärfen müssen. Es ist nicht genug, uns selbst zu verstehen und dabei ein Leben ihm Wohlstand zu genießen. Er bezweifelt, ob ein

personenbezogener Ansatz für die Unterjochten und Armen in den Barrios irgendeinen Sinn haben kann. Er müht sich ab, uns die Pein und die Dringlichkeit seiner Situation vor Augen zu führen.
Er macht den Fehler, einen Augenblick zu verstummen, und jemand ergreift das Wort und weist ihn zurück. »Es gibt auch hier Unterdrücker und Unterdrückte. Wenn wir in bezug auf uns selbst Fortschritte machen können, wenn wir über den Kleinkram hier hinauskommen können, werden wir besser imstande sein, die kleinen und großen Dinge in der Welt draußen zu meistern.« Ein anderer unterstützt ihn. »Indem wir uns selbst verändern, tragen wir dazu bei, diese ganze Problematik von Reichtum und Armut in der Welt zu verändern.« Es ist gelungen, Vicente zum Schweigen zu bringen. Er setzt sich, aber sein Gesicht ist traurig und bekümmert.
Das Thema ist jedoch noch nicht gestorben. Ein anderer Redner steht auf und wird bald zum Schweigen gebracht. Die Für und Wider dieses Problems verhaspeln sich ineinander.
Ein anderes Thema kommt auf. »Wenn die Unterdrücker gestürzt werden, übernehmen die Revolutionäre einfach die alten repressiven Rollen. Aber wir haben hier die Gelegenheit, den *Charakter* der Revolution zu verändern. Diese Gruppe *ist* die Revolution. Wir werden einen ständigen Dialog mit den verschiedendsten Institutionen führen. Die Pädagogen lernen, wie man die Schule umkrempelt. Einige von uns lernen, wie man Krankenhäuser infiltriert. Andere verändern die Kirchen von innen heraus ...« Der Redner spricht weiter, von seinen Gedanken fortgerissen. Dann spricht Gary – mit dem Wuschelkopf und dem offenen Gesicht – so leise, daß es schwer fällt, ihn zu hören. Er arbeitet an einer nahe gelegenen Klinik, die sich der orthodoxen psychoanalytischen Ideologie verschrieben hat und sehr autoritär strukturiert ist. Es gibt an dieser Klinik Kurzurlaube für Bildungszwecke, und um einen solchen hatte Gary ersucht, um an diesem Workshop teilnehmen zu können. Sein Ansuchen wurde abgelehnt: »Rogers' Ideen sind spekulativ und wertlos.« Gary beschloß, die Sache selbst in die Hand zu nehmen. Er plante die Behandlung aller seiner Therapiefälle in den freien Stunden, die ihm der Workshop beließ. Er brachte alle seine Berichte, Statistiken und Verwaltungs-

arbeiten auf den neuesten Stand. Er traf Vorkehrungen, damit er die laufenden Berichte sofort nach dem Workshop in Angriff nehmen konnte. Dann kam er, ohne nochmals um Erlaubnis zu fragen. Heute wurde er von seinem Direktor zur Rede gestellt. »Sie haben in der letzten Woche keine vollen vierzig Stunden gearbeitet.« Gary erklärte, er sei eine verantwortungsbewußte Fachkraft. Er habe alle seine beruflichen Aufgaben erfüllt beziehungsweise entsprechende Vorkehrungen dafür getroffen. Er nehme an dem Workshop teil, weil er glaube, daß das, was er hier über den Prozeß wachstumsfördernder Beziehungen lernen könne, der Arbeit mit seinen Patienten, dem Klinikdienst und der ganzen Krankenhausgemeinschaft ebenso zugute kommen werde wie ihm selbst.

Dies setzte eine lange Diskussion zwischen dem Direktor und Gary in Gang. Schließlich ließ der Direktor durchblicken, daß man Gary entlassen könne, weil er die Regeln und den Zeitplan der Klinik mißachtet habe. Gary entgegnete erregt (obwohl in dieser Klinik Gefühle stets als Anzeichen von Unreife, Abhängigkeit, Übertragung, Narzißmus oder Auflehnung gegen Vaterfiguren angesehen werden): »Ich habe meine Aufgaben in verantwortungsbewußter Weise erfüllt; ich werde die verlorene Zeit einarbeiten; ich sammle Erfahrungen, die meiner Arbeit mit meinen Patienten zugute kommen, für die Klinik von Nutzen und für mich reich an Erkenntnissen sein werden. Der einzige Aspekt, den ich vernachlässigt habe, ist Ihre Macht und Autorität über mich. Ich handle auf eigene Verantwortung, und ich weiß, daß Sie die Macht haben, mich zu bestrafen.« Der Direktor sah ihn an, schien im Begriff, ihn zu entlassen und senkte dann den Blick. Sein Kinn sank auf seine Brust und er schwieg.

»Ich glaube, es gibt nichts mehr zu sagen.« Gary stand auf, ging weg und kam zu unserem Gemeinschaftstreffen, wo er uns jetzt von der Konfrontation erzählt. Er hat keine Ahnung, ob er entlassen werden wird.

Mehrere Teilnehmer signalisieren ihm auf verschiedene Art ihr Mitgefühl, aber bald beginnen da und dort wieder Einzelgespräche. Die Teilnehmer offerieren positive Bewertungen ihrer bisherigen Erfahrungen. »Ich habe gelernt, besser zuzuhören.« »Ich habe

eine größere Toleranz für Unentschiedenheit entwickelt.« »Ich komme in Kontakt mit mir selbst.«
Aber dann ergreift die stets spannungsgeladene, dramatische, sehr politisch orientierte Denny das Wort. »Selbstverwirklichung ist nicht genug! Es bleiben nur noch drei oder vier Jahre, um die Ausbreitung dieser schrecklich gefährlichen Kernkraftwerke zu verhindern! Es *genügt nicht* zu fühlen und zu denken! Wir *müssen aktiv* sein. Ich brauche eure *Körper*, um die Straßen zu blockieren, wo diese Kraftwerke gebaut werden! Ich brauche eure *Energie*, um diesen Kampf zu führen! Es bleibt uns nicht mehr viel Zeit!«
Es hagelt Proteste. Dies ist keine Gruppe von Mitläufern, das wird Denny nur zu deutlich bewußt gemacht. Jemand sagt: »Das ist das erste Mal in diesem Workshop, daß irgend jemand versucht hat, mir zu sagen, was ich zu tun habe. Das gefällt mir nicht.« Denny hat es die Rede verschlagen, sie setzt sich.
Dann meldet sich Anne zu Wort. Ich habe mich mehrmals mit ihr unterhalten. Sie ist Ende sechzig, aber in den letzten drei oder vier Jahren hat sie ihr Leben völlig umgekrempelt. Sie ist unerhört unternehmungslustig und spontan. Sie denkt selbständig und geht ihren eigenen Interessen nach. Auch sexuell ist sie freier geworden, und sie erzählte mir, daß ihre seit fünfunddreißig Jahren bestehende Ehe jetzt erfüllter und aufregender denn je sei und ihnen beiden mehr Spielraum zum Wachsen gebe, und sie immer besser imstande seien, mit den negativen Aspekten ihrer Beziehung umzugehen. Sie hat irgendwie gelernt, ihr eigenes Leben zu leben – ein ermutigendes Beispiel, wie schön das Alter sein kann. Sie spricht leise, aber mit einer unmißverständlichen Festigkeit. »Ich habe mich die ganze Zeit schlecht gefühlt, weil wir Vicente nicht richtig *angehört* haben. Wir haben uns nicht darum gekümmert, daß er sagte, ›ich bin noch nicht fertig‹, als er sich setzte. Sicher hat ihn das die ganze Zeit geschmerzt. Ich möchte *hören*, was er zu sagen hat.«
Der ganze Charakter der Zusammenkunft ändert sich in diesem Augenblick. Wir wenden Vicente unsere Aufmerksamkeit zu und vernehmen seine leidenschaftliche Verzweiflung. Dann hören wir nacheinander all jenen zu, denen das Wort so brüsk abgeschnitten worden war – so Denny, die mit ihrem Kreuzzug so viele gegen

sich aufgebracht hatte. Wir *verstehen* jetzt ihr Drängen, ohne sie herunterzumachen. Was bis zu diesem Augenblick ein zusammenhangloser Haufen von 136 Menschen gewesen war, wird allmählich zu einem verbundenen sozialen Organismus. Wir sind nunmehr bereit, von den grundverschiedenen Individuen, die sich hier befinden, Dinge anzunehmen, von ihnen zu lernen und uns durch sie bereichern zu lassen. Plötzlich liegt ein ganz anderer Geist in der Luft. Und das ist intuitiv geschehen, ohne daß jemand den Kurs abgesteckt oder uns auf diesen Weg geführt hätte. Es scheint geschehen zu sein, weil die Gruppe es dank ihres inneren Gespürs kollektiv so will.

Ich bin sehr aufgewühlt – und auch sehr müde. Ich verlasse die Versammlung und begebe mich auf mein Zimmer, um zu ruhen und zu schlafen. Aber der Schlaf will sich nicht einstellen. Deshalb setze ich mich hin und schreibe diese Aufzeichnungen.

11. August 1975
23.30 Uhr

Ich habe die Versammlung verlassen, einfach, weil schon viel mehr vorgegangen war, als ich verdauen konnte; und ich wollte versuchen, meine eigenen Gefühle zu klären, die durch die Fülle der Ereignisse in Aufruhr geraten waren. Ich ging unbesorgt weg, weil ich wußte, daß die Gemeinschaft fähig war, mit allen Problemen fertig zu werden, die auftauchen könnten, und viel klüger damit umzugehen wußte, als ich – oder irgendein anderer *einzelner* – dies könnte.

Das erste Gefühl, das mir zum Bewußtsein kam, war *Stolz.* Ich war stolz, einer Gemeinschaft anzugehören, in der es so viel liebevolle Zuwendung für den Nächsten gab, eine Zuwendung, die umfassender und sensibler war als ich oder ein anderer einzelner Anwesender sie leisten hätte können. Ich dachte an Vicente und die Tatsache, daß jemand schließlich erkannt hatte – was mir entgangen war –, daß er nicht vollständig angehört oder akzeptiert worden war. Ich hatte an einer Gemeinschaft teilgenommen, die durch eine Reihe ihrer Mitglieder darauf bestand, daß Denny, ihr Zorn und ihre Leidenschaft *Gehör fanden*, obwohl sie diese in einer Weise ausgedrückt hatte, die viele übelnahmen. Auch diese

Ablehnung wurde angehört und akzeptiert. Ich beobachtete, daß die Menschen einander wirklich zuhörten. Garys mutige Konfrontation löste Angst und Schmerz und Wut und Frustration aus – und eine Mischung aus Stolz, Freude und Trauer. Ideen und Ursachen und Problemlösungen wurden angeboten – und wir *hörten zu*, ob wir nun zustimmten oder völlig anderer Ansicht waren.
Ich will damit nicht sagen, daß wir alle zuhörten, daß alle von uns *hörten.* Es gab Unterbrechungen, Mißverständnisse, Verdrehungen, die Unfähigkeit zu verstehen, und manchmal fehlte auch *der Wunsch* zu verstehen. Auch ich hatte meinen Teil daran. Aber schließlich hatte ich in fast jedem Fall den Eindruck, daß der Betreffende Gehör fand. Ich war stolz auf mich und darauf, daß ich mich für neue Bereiche aufschloß und dabei mit neuen und manchmal überwältigenden Problemen konfrontiert war; aber wir machten Fortschritte, es war ein dynamischer Prozeß in Gang, und allmählich gelang uns das besser, was wir da versuchten.
Ich dachte an etwas in meinem eigenen Erfahrungsbereich, das mit all dem zu tun hat: Ich habe an der Entwicklung der Einstellung, der Philosophie, des Ansatzes mitgewirkt, die hier vorzuherrschen scheinen. Ich hatte damals nicht die geringste Ahnung, daß dies über die Einzeltherapie hinausgreifen würde. Aber von einer Sache war ich überzeugt, und heute bin ich mir über ihre Bedeutung im klaren: Wenn es uns gelänge, auch nur eine signifikante Wahrheit über die Beziehung zwischen *zwei* Menschen zu entdecken, würde diese auch in einem größeren Rahmen anwendbar sein. Natürlich meinte ich damit keine absolute Wahrheit, nur eine Annäherung an eine Erkenntnis über das, was zwischen einem Menschen mit Problemen und einem Menschen, der zu helfen versucht, vor sich geht. Wenn es uns gelänge, diese Wahrheit, diese Mechanismen, diese Gesetzmäßigkeiten zu entdecken, so müßte dies viele Implikationen haben. Und meiner Ansicht nach hat sich das als richtig erwiesen. Was wir entdeckten, hat verbreitete Anwendung gefunden.
Als die frühesten Astronomen entdeckten, daß die Erde nicht das Zentrum des Universums war, sondern sich um die Sonne drehte, waren ihre Erkenntnisse noch voll von Irrtümern, aber dennoch übten sie ungeheure Wirkungen aus. Ihre Befunde revolutionierten

alle Aspekte des Lebens – Religion, Philosophie, Kunst und Kultur. Es ist nicht von der Hand zu weisen, daß wir ähnliche Entdekkungen machen.
Während ich an dem mühsamen, beschwerlichen und schmerzhaften Prozeß teilnehme, der uns zu einer Gemeinschaft werden läßt, bin ich mir zweier Reaktionen bewußt. Einerseits bin ich manchmal so frustriert, daß ich mich frage, ob es sich überhaupt lohnt. Aber meine zweite Reaktion ist viel stärker. Ehrfürchtig wohne ich der Geburt von etwas Neuem in der Welt bei. Und ich finde meine frühere Überzeugung bestätigt. Wenn wir auch nur eine Teilerkenntnis über den Prozeß gewinnen können, der es 136 Menschen ermöglicht, zusammenzuleben ohne einander zu zerstören, mit liebevoller Anteilnahme für die vollständige Entwicklung jedes einzelnen zusammenzuleben, im Reichtum ihrer Verschiedenheit zusammenzuleben, statt in der Sterilität des Konformismus, dann haben wir vielleicht eine Wahrheit mit vielen, vielen Implikationen entdeckt.
Ich weiß nicht, wie die Probleme der Ausbeutung der Armen durch die Reichen gelöst werden können, weiß nicht, wie wir dem Schrecken des nuklearen Schattens entgehen können, noch wie die unglaubliche soziale Ungerechtigkeit der Welt beseitigt werden kann. Ich wünsche von ganzem Herzen, ich wüßte es. Aber wenn es uns gelingt, eine Erkenntnis über den Prozeß zu gewinnen, wie eine Gemeinschaft entsteht, dann verzweifle ich nicht. Der Entdeckung jeder Annäherung an die Wahrheit wohnt eine gewaltige revolutionäre Kraft inne. Und ich glaube, daß wir einer solchen Entdeckung auf der Spur sind, obwohl ich sie nicht definieren kann, ich kann nur einige ihrer Eigenschaften charakterisieren. Ich habe deshalb die Hoffnung, daß durch unser Tun einige der ungeheuren Weltprobleme auf Wegen, die ich mir heute noch nicht erträumen kann, berührt werden.

Das Obige ist ein Ausschnitt aus einem sechzehntägigen intensiven Workshop auf der Basis des personenbezogenen Ansatzes. Es gibt *meinen* Eindruck von der Zusammenkunft an jenem Abend wieder. Ich bin zu der Überzeugung gekommen, daß damals 136 verschiedene Workshops im Gange waren und daß jeder von uns die Ereignisse etwas anders sah und ihnen eine andere Bedeutung beimaß. In diesem Kapitel behandle ich vor allem die Planung und den Prozeß des Workshops, so wie ich ihn selbst wahrnahm und erlebte. Wo immer dies möglich war, habe ich jedoch auch Material verwendet, das mir von anderen Teilnehmern gegeben wurde, um auch einige andere Meinungen zu Wort kommen zu lassen.

Wie ist dieses Projekt zustande gekommen? In welcher Weise unterscheidet sich ein solcher Arbeitskreis von anderen Konferenzen, Workshops oder Seminaren? Ich glaube, es gibt tiefreichende Unterschiede. Sie werden deutlich, wenn ich die einzelnen Schritte beschreibe, die zu der Entstehung einer vitalen, wenn auch vorübergehenden Gemeinschaft führten. Unsere Methoden waren das genaue Gegenteil der sonst bei konventionellen Unternehmungen benutzten.

Wie ist dieser Entschluß, einen Workshop abzuhalten, überhaupt zustande gekommen? Es waren drei Leute, die im vergangenen Sommer als Organisatoren an zwei Workshops teilgenommen hatten, John, Natalie und ich. Wir beschlossen, für den Sommer einen größeren Arbeitskreis mit etwa hundert Teilnehmern zu planen, der etwa sechzehn Tage dauern sollte. Für eine so große Teilnehmerzahl brauchten wir neun Gruppenleiter: wenn kleine Intensivgruppen einen Teil der Erfahrung bilden sollten, konnte jedes Mitglied des Stabes eine elfköpfige Gruppe leiten.

Wir kamen zusammen, um sechs weitere Mitarbeiter auszuwählen. Als jeder von uns eine Liste von Leuten machte, mit denen er gern zusammenarbeiten wollte, stellten wir überrascht fest, daß wir uns über vier Namen weitgehend einig waren. Diese standen also außer Frage, aber in bezug auf zwei weitere gab es Differenzen. Wir diskutierten diese Meinungsverschiedenheiten aus, bis wir eine Lösung gefunden hatten, die alle Beteiligten zufriedenstellte. Wir waren uns auch einig, daß Joann, die im vergangenen Sommer die organisatorischen Aufgaben koordiniert hatte, wieder eingeladen werden sollte, und daß sie, falls sie akzeptierte, als gleichrangiges Mitglied des Stabes an allen Entscheidungen zu beteiligen sei. Der Gedanke, jemanden hier zu haben, der bloß »geheuert worden war, um einen Job zu erledigen«, bedrückte uns.

All dies mag höchst belanglos erscheinen, aber ich möchte auf die

Machtaspekte hinweisen. Zwischen uns dreien gab es keine Rangunterschiede. Niemand hatte die Leitung. Es gab niemanden, der seine Ideen allein durchsetzte. In bezug auf Alter und professionellen Status war ich der Senior der Gruppe, aber meine Gedanken und Gefühle hatten nur dann Gewicht, wenn die anderen sie billigten.

Joann und die sechs anderen – Maria, Jared, Maureen, David, Marion und Dick – wurden sofort eingeladen, mit zwei Ausnahmen alle per Ferngespräch, und zu unserer Freude erhielten wir am gleichen Tag sieben Zusagen.

Die in der Nähe von *La Jolla* Wohnenden trafen sich zur Besprechung der nächsten Planungsschritte. Die Leute boten sich für verschiedene Aufgaben an und diese Angebote wurden in modifizierter Form auch akzeptiert. Ich selbst bot an, den Prospekt zu verfassen. Da es unmöglich war, die Aufgaben gleichmäßig zu verteilen, wurde beschlossen, daß jeder die Zahl der Arbeitsstunden notieren sollte, die er vor Beginn des Workshops leistete, und dann auf dieser Basis sein Honorar – bei gleichem Stundenlohn – erhalten werde.

Jetzt begann die aktive Arbeit. Keine wichtigen Entscheidungen wurden getroffen, ohne vorher schriftlich oder telefonisch die Zustimmung der Mitarbeiter einzuholen. Da unser Mitarbeiterstab geographisch weit verstreut war – vier im Gebiet von *La Jolla*, drei um San Francisco und je einer in Ohio, Texas und Maine – war dies nicht immer leicht, aber wir hielten es für notwendig.

Ich entwarf einen kurzen Text für den Prospekt, schickte ihn an die Mitarbeiter und war erstaunt, als ich mit Änderungsvorschlägen bombardiert wurde. Es gibt so etwas wie Verfasserstolz, und der meine war etwas ramponiert. Nachdem ich darüber geschlafen hatte, wurde mir klar, wie sehr diese Veränderungen zur Verbesserung der Broschüre beitragen würden und welche Herausforderung es war, die manchmal widersprüchlichen Ansichten in Einklang miteinander zu bringen. Ich verfaßte also einen zweiten Entwurf, der eine kleinere Anzahl von Änderungsvorschlägen auslöste. In der Zwischenzeit waren der Titel des Workshops, unsere Absichten, die Beschreibung des geplanten Verlaufs und die Qualifikationen der Teilnehmer drastisch geändert worden. Der dritte

Entwurf wurde schließlich von allen akzeptiert. Dies mag als eine sehr umständliche Methode erscheinen, einen Prospekt zu verfassen. Aber lassen Sie mich nochmals auf den politischen Aspekt verweisen. Zehn Leute, von denen nur wenige bereits vorher zusammengearbeitet haben und von denen keiner die anderen neun alle gut kennt, sind nun mit Hilfe der Post als gleichberechtigte Mitarbeiter zusammengekommen. Außerdem ist der Workshop jetzt zur *Sache aller* geworden: alle haben zu seiner Konzeption beigetragen und niemand hat das Gefühl: »Ich bin als Mitarbeiter des Workshops angestellt worden«, sondern jeder hat das Gefühl: »Ich nehme an der Verantwortung für *unseren* Workshop teil.«
Da die Broschüre einen wichtigen Anteil an der Entwicklung der Gruppe hatte, seien hier die entscheidenden Absätze zitiert:

Ein personenbezogener Ansatz:
der individuelle Wachstumsprozeß
und seine sozialen Implikationen
Ein Sommer-Workshop, 1.–16. August 1975

ZIELE

Dieser Workshop basiert auf einer Einstellung zu menschlichen Beziehungen und menschlichem Wachstum, die davon ausgeht, daß Lern- und Handlungsfähigkeit innerhalb der Person liegen und nicht von einem Experten ausgehen können, der sich mit dieser Person befaßt oder von einem System, das diese unter Kontrolle hält.
Der Workshop soll ein Ort sein, an dem Menschen, die an den Wert und die Würde des Individuums und an die Fähigkeit des Menschen zur Selbstbestimmung glauben, zusammenkommen können, um eine Gemeinschaft zu schaffen. Der Workshop schätzt die Beiträge jedes einzelnen Teilnehmers. Wir heißen alles willkommen, was die inneren Kräfte des Menschen freisetzt. Die Gemeinschaft soll uns Gelegenheit geben, unsere Berufswelt, unsere persönlichen Fragen, Probleme, Befriedigungen, unsere Kreativität und unsere Innovationen miteinander zu teilen. Wir vertrauen darauf, daß der Workshop das psychologische Klima de-

monstrieren wird, in dem Selbsterkenntnis und selbstbestimmtes Handeln gedeihen können. Wir hoffen, daß diese Erfahrung nicht nur zu einem persönlichen inneren Wachstum, sondern zu einem gesteigerten Verständnis der eigenen Verantwortlichkeit in der Welt und der Handlungsmöglichkeiten, die sich aus dieser Verantwortung ergeben, führen wird.

Es wird davon ausgegangen, daß in Verfolgung dieser Ziele die Gemeinschaft über folgende Themen beraten wird: Die Politik des personenbezogenen Ansatzes; die Förderung problemlösender Umwälzungen in der Gesellschaft und ihren Institutionen; die neuen Rollen von Männern und Frauen; Möglichkeiten, mit Menschen, die anders sind, zu leben, zu arbeiten und in Beziehung zu treten; Möglichkeiten, allein und in engen Beziehungen mit anderen zu leben; die Probleme der Lebensübergänge; die Veränderung der Lebensstile; Psychotherapie und Heilkunde; die »anderen Welten« der übersinnlichen Phänomene; die Entwicklung einer umfassenderen personenbezogenen Theorie und Philosophie; die Probleme einer humanistischen Forschung.

Schließlich sind wir davon überzeugt, daß wir alle – Teilnehmer und Gruppenleiter – Methoden und Techniken lernen werden, die uns Vitalität, Energie und neue Kräfte spenden, wenn wir unsere Erfahrungen in unseren Alltag einzubringen versuchen.

DAS FORMAT

Es ist unser Ziel, Lernen durch Erfahrung und kognitives Lernen miteinander zu verbinden – den persönlichen und den intellektuellen Ansatz. Dementsprechend wird es Vollversammlungen, Interessengruppen, Encountergruppen, Seminare, Bücher, Tonbänder, Filme, Gelegenheiten zur Übung und Entwicklung der zwischenmenschlichen Fähigkeiten und Einübungen in alternative Verhaltensweisen geben – auf alle die genannten Elemente wird die Gruppe bei der Gestaltung ihres Programms zurückgreifen können. Die ersten Schritte werden von den Mitarbeitern geplant, aber der gesamte Verlauf der Veranstaltung wird ein gemeinsames Produkt sein, das auf die Bedürfnisse der Teilnehmer einschließlich der Facilitatoren zugeschnitten ist.

Um Menschen verschiedenen Alters, verschiedener Rasse, Berufe und sozio-ökonomischen Status' in den Workshop aufnehmen zu können, wurde darauf hingewiesen, daß die Auswahl *nicht* auf der Basis schriftlicher Leistungsnachweise erfolgen würde. Das Hauptkriterium sollte der »tatsächliche oder potentielle Einfluß sein, den der Betreffende auf Personen ausübt, die mit den entscheidenden Tagesfragen befaßt sind«. Zur weiteren Bereicherung des Workshops wurde auch die Teilnahme von Ehegefährten und Partnern willkommen geheißen. Bezüglich der Teilnahmegebühren schrieben wir: »Wir versuchen etwas Neues, das aber mit der Philosophie übereinstimmt, die dem personenbezogenen Ansatz zugrunde liegt. Die Höhe der Gebühr wird von der persönlichen Entscheidung des jeweiligen Teilnehmers abhängen, der diese seiner Situation entsprechend trifft. Manche Teilnehmer werden das Drei- oder Vierfache des Durchschnittsbetrages zahlen, andere eine weit geringere Summe.«

Der breite Erfahrungshorizont der Mitarbeiter wurde beschrieben und darauf hingewiesen, daß sie nicht eng auf irgendeinen bestimmten Ansatz festgelegt seien und daß jeder von ihnen Spezialwissen und Erfahrung in den Workshop miteinbringe.

Dies ist nicht bloß die Ankündigung eines Workshops, vielmehr eine signifikante politische Aussage und als solche gemeint. Es gibt keine Gruppe von Experten, die die Teilnehmer unterweisen sollen. Es wird klargemacht, daß die Entscheidungen über die Pläne und Programme von der ganzen Gruppe getroffen werden. Es wird keine Teilnehmer erster und zweiter Klasse geben – schriftliche Befähigungsnachweise werden ignoriert.

Im sozialen wie auch im interpersonalen Sinn handelt es sich hier um eine politische Aussage. Es wird auf die gesellschaftlichen Implikationen eines Ansatzes dieser Art hingewiesen, auf die »Verantwortung des Individuums gegenüber der Welt«, und auf das Problem, »wie im Bewußtsein dieser Verantwortung zu handeln ist«. Sie läßt keinen Zweifel daran, daß die Macht von uns allen – Mitarbeitern und Teilnehmern – geteilt werden wird, und daß wir uns verpflichtet fühlen, diese persönliche Macht im sozialen Umfeld zu gebrauchen.

Politisch noch unkonventioneller war unsere Art und Weise, die

Teilnehmergebühren zu ermitteln. Es war kein geringes Risiko, aber wir beschlossen, die Leute ihre Gebühren selbst festsetzen zu lassen. In dieser materialistischen Gesellschaft ist dies in der Tat riskant. Kann man den Menschen vertrauen, ihr Einkommen ehrlich anzugeben? Insbesondere in einem Jahr der Wirtschaftsflaute? Wir konnten dies einfach nicht wissen, aber wir beschlossen, es herauszufinden. Wir einigten uns auf eine sorgfältig formulierte »finanzielle Erklärung«, die jeder Teilnehmer ausfüllen sollte.

Wir erklärten unseren Wunsch, mit der Praxis zu brechen, Workshops und andere Lernerfahrungen nur den Wohlhabenden zugänglich zu machen. Wir wollten eine vielfältigere sozio-ökonomische und bildungsmäßige Mischung.

Aber wir stellten auch klar, daß wir eine *durchschnittliche* Teilnehmergebühr von 325 Dollar pro Person erzielen mußten. Es folgte eine Reihe von Fragen, deren wichtigste lautete: »Wie hoch ist mein jährliches konsumierbares Gesamteinkommen?« Die Bewerber wurden aufgefordert, sich die Frage vorzulegen, ob sie über finanzielle Reserven verfügten und wieviel sie für ihre Familie aufwenden mußten. In einer Tabelle wurden nach *Einkommen* gestaffelte Gebühren vorgeschlagen: beispielsweise bei einem Einkommen unter 5000 Dollar eine Gebühr zwischen 50 und 150 Dollar; bei einem Jahreseinkommen zwischen 20- und 30000 Dollar eine Gebühr zwischen 600 und 900 Dollar. Schließlich wurde der Bewerber aufgefordert, eine Erklärung zu unterschreiben, welche schloß: »Nach sorgfältiger Erwägung der oben genannten Punkte glaube ich durch die Entrichtung einer Gesamtgebühr in Höhe von ... Dollar einen angemessenen Beitrag zu leisten.«

Unser Unternehmen war startbereit. Die Prospekte wurden an einen begrenzten Kreis von Interessenten in den Vereinigten Staaten geschickt. Wir hatten beschlossen, uns nicht um ausländische Teilnehmer zu bemühen. Wir annoncierten auch in verschiedenen Fachzeitschriften und Informationsblättern einschließlich des Zirkulars des Schulungsprogramms von *La Jolla*. Dies ist ein Ausbildungsprogramm für Gruppenleiter, das vom *Center for Studies of the Person* veranstaltet wird und an dem in seiner neunjährigen

Geschichte viele ausländische Interessenten teilgenommen haben. Dann warteten wir auf die Reaktionen.
Bald begannen die Bewerbungen hereinzuströmen. Über 170 Bewerbungen trafen aus den Vereinigten Staaten und, zu unserer Überraschung, aus zwölf anderen Ländern ein. Das Auswahlkomitee war überrascht von dem breiten Spektrum: Mittellose, Akademiker, der Direktor eines Musikkonservatoriums, Menschen mit relativ geringer Bildung, aber in Positionen; Psychiater, Pädagogen; alle Altersgruppen von 22 bis 72; etwa gleichviel Männer und Frauen. Unsere Hoffnung auf eine breite Skala von Interessen, Berufen und Altersstufen hatte sich erfüllt und dazu hatte sich unerwartet eine lange Liste verschiedener Nationalitäten gesellt.
Die finanziellen Erklärungen wurden dem Auswahlkomitee nicht bekanntgegeben, um eine Beeinflussung durch diesen Faktor auszuschließen. Im Lauf der folgenden Woche gingen meine Gefühle in Sachen der Finanzfrage mit dem Eintreffen jedes neuen Stapels von Bewerbungsschreiben bergauf und bergab. Anfang Mai hatten wir einen Krisenpunkt erreicht. Der durchschnittliche Beitrag lag nur etwas über 200 Dollar. Die Mitarbeiter hielten eine Beratung ab, beschlossen, den Workshop nicht abzusagen, sondern statt dessen die Teilnehmerzahl von 100 auf 126 zu erhöhen und den akzeptierten Bewerbern von unserer schwierigen Lage zu berichten. Die Teilnehmer wurden aufgefordert, ihre Beiträge, falls möglich, um 20 Prozent zu erhöhen. Die Reaktion war äußerst ermutigend. Einige erhöhten ihre Beiträge um mehr als 20 Prozent, die meisten um 20 Prozent, und wer dies nicht konnte, rief uns an oder schrieb uns, um die Gründe zu erklären.
Die Politik der selbstbestimmten Gebühren hatte sich als wichtig erwiesen, und zwar in einem Maße, das unsere Erwartungen weit überstieg. Jeder Bewerber wird als vertrauenswürdiger Mensch, der für seine Handlungen voll verantwortlich ist, behandelt. Ein unerwartetes Ergebnis war, daß sich die Teilnehmer aufgrund der Krise weitgehend mit dem Programm identifizierten.
Die Meinung der Bewerber über dieses Vorgehen spiegelte sich in ihren Reaktionen, um die wir in der Finanzerklärung gebeten hatten:
»Ich halte dieses System für sehr gut. Gleichzeitig habe ich das

starke Bedürfnis, Ihnen zu erklären, weshelb ich mich entschlossen habe, eine so geringe Summe zu bezahlen. Es wirkt so geizig und armselig und entspricht nicht dem Wert, den die Teilnahme an Ihrem Workshop für mich hat. Der Grund ist, daß ...«

»Ich glaube, dies ist der einzig richtige Weg, in einer solchen Situation zu verfahren, und obwohl ich nicht daran gewöhnt bin und es schmerzt, mehr als das Minimum zu bezahlen, das nach dem herkömmlichen Prinzip gefordert werden würde, halte ich es für richtig. Ich hoffe, daß es funktioniert und Ihnen gestattet, auf diese Weise weiterzuarbeiten. Als ich diese Zeilen schrieb, hatte ich mich noch nicht auf die genaue Summe festgelegt, die ich zahlen wollte, und je mehr ich schreibe, desto höher schweifen meine Gedanken; deshalb habe ich beschlossen, jetzt aufzuhören.«

»Meine erste Reaktion war: ›Das ist großartig!‹ Dann, als ich nachrechnete, wollte ich erst ein bißchen mogeln, dann entschied ich mich für ... Dollar – die niedrigste Summe, die ich zahlen konnte, ohne unehrlich zu sein. Nach zweitägigem Nachdenken und einigem Unbehagen beschloß ich ... Dollar (eine größere Summe) zu zahlen. Es war eine interessante Erfahrung. Die Idee gefällt mir, und jetzt (nachdem der Entscheidungsprozeß abgeschlossen ist) habe ich ein gutes Gefühl in bezug auf die ganze Sache.«

Einige Frauen fragten, wieviel eine Ehefrau zahlen solle, deren Mann ziemlich gut verdiente, die aber dies zu *ihrem* Workshop machen möchte, nicht zu etwas, das *er* finanzierte. Einige Angehörige der Gegenkultur hatten Schwierigkeiten, weil sie wußten, daß sie mehr Geld verdienen (und daher auch mehr zahlen) könnten, wenn sie bereit wären, einen konventionellen Beruf auszuüben, aber »ich arbeite nur, bis ich ein bißchen Geld beisammen habe, dann lebe ich davon, während ich schreibe oder spiele ... ich verdiene deshalb weniger, als ich verdienen könnte.«

Zu unserer Überraschung wurde die Frage der Gebühren in den ganzen sechzehn Tagen des Workshops nie zu einem Diskussionsthema. Wir waren erstaunt und erfreut, daß es uns mit knapper Mühe gelang, unsere Kosten zu decken, und die Mitarbeiter keine Gehaltseinbuße hinnehmen mußten.

Da einige der Mitarbeiter einander überhaupt nicht kannten, verbrachten wir vier Tage miteinander, die der Entspannung und Planung dienten. Wir trafen uns auf dem *Mills College Campus*, den wir als geeignetsten Ort für den Workshop ausgewählt hatten.
Das ist ein weiteres Beispiel der scheinbaren Verschwendung, die den personenbezogenen Ansatz kennzeichnet. Hätten wir eine Reihe von Kursen angeboten, so hätte ein Tag oder noch weniger zur Vorausplanung genügt, da jeder von uns gewußt hätte, was er lehren konnte. Und durch einen solchen Prozeß hätten wir uns daran gehindert, von einander und von den Teilnehmern zu lernen.
Als wir uns trafen und zusammen arbeiteten und spielten, nahmen die Zielsetzungen dieser vier Tage Gestalt an: wir wollten im Umgang miteinander wir selbst sein, mit all unseren Problemen, unseren Schmerzen, unserer Kompetenz und unserer Kreativität, damit wir auch der ganzen Gruppe gegenüber wir selbst sein konnten.
Wir überlegten, wie wir ein Klima schaffen konnten, das eine Verhaltensvielfalt und eine selbstverantwortliche Einstellung fördern würde. Wir planten die ersten Augenblicke und Stunden des Workshops sehr sorgfältig, weil sie den Ton für alles Folgende angeben.
Wir sammelten Materialien für die verschiedensten Lernerfahrungen.
Wir beschlossen, zwei der sechzehn Tage zur Erholung freizugeben. Wir entwarfen für die ersten dreieinhalb Tage ein einfaches Programmschema, das den Tagesablauf, nicht aber den Inhalt strukturierte.
Wir machten ein *Brainstorming*, das heißt, wir sammelten die Erfahrungen und Ideen, die jeder von uns beitragen wollte, ließen die Programmgestaltung jedoch im einzelnen offen, denn wir wollten den Workshop nicht von Anfang an voll verplanen, sondern uns auf unser augenblickliches Gefühl verlassen.

Nachstehend der einfache Zeitplan, auf den wir uns einigten und den wir bei der Eröffnungsversammlung verteilten:

	Freitag	*Samstag*	*Sonntag*	*Montag*	*Dienstag*
Vormittag 9–12		Klein-gruppen	Vollver-sammlung	Klein-gruppen	Vollver-sammlung
Nachmittag 13^{h}–17.30^{h}	Anmel-dung	Ruhe und Erholung. Bibliothek, Filme etc. zur Benut-zung	Ruhe und Erholung; siehe Samstag	Klein-gruppen	
Abend 19^{h}–22^{h}	Vollver-sammlung	Klein-gruppen	Klein-gruppen	Party	

Wir hatten beschlossen, auch kleine Intensivgruppen abzuhalten, weil wir glaubten, daß Menschen besser zusammen arbeiten, lernen und sich einbringen können, wenn sie einander näher kennenlernten. Wir hielten es für unwahrscheinlich, daß die kleinen Gruppen länger als einige Tage beisammenbleiben würden, und wir beauftragten einen Mitarbeiter, sich um diejenigen Teilnehmer zu kümmern, die nicht an Kleingruppen interessiert waren. Aber auch dieser einfache Zeitplan sollte nur in Aktion treten, wenn sich die ganze Gruppe dafür aussprach. Mit anderen Worten, auch Alternativen sollten berücksichtigt werden.

Hier ist der Bericht unseres Mitarbeiters John K. Wood über diesen Abschnitt der Planung: »Wir begannen ... mit einem Treffen der Mitarbeiter – zehn begabte und unverwechselbare Persönlichkeiten. Wir sprachen miteinander über unser persönliches Leben, unsere Wünsche, unsere Ängste und unsere Phantasien in bezug auf den Workshop. Wir unterhielten uns darüber, was wir als Lernmaterial und als Lehrer anbieten wollten und was wir uns selbst von dieser Erfahrung versprachen. Wir teilten unsere Gemeinsamkeiten und unsere Unterschiede miteinander. Wir lachten und weinten und betranken uns zusammen.« Und schließlich konnten wir »gemeinsam atmen«, gemeinsam erleben. »Sicher hatten wir nicht alle ähnliche Gefühle, Gedanken, Überzeugungen oder Erwartungen bei diesem Zusammensein oder bei der Arbeit im Workshop«, aber wir konnten als lebendige, atmende Menschen zusammensein. Wir hatten begonnen, uns als eine Einheit zu fühlen, und wir empfanden eine unausgesprochene Übereinstimmung in bezug auf unsere Ziele, welche tiefreichender war als alle Differenzen.

»Als wir zu zehnt zusammenkamen, geschah etwas.« Wir einigten uns auf ein »Konzept« – eine Einstellung, eine Philosophie, die unsere verschiedenen Persönlichkeiten und Haltungen widerspiegelte, aber auch unsere »Einheit«, unser Eins-Sein im Erleben. »Später spiegelten sich unsere individuellen Persönlichkeiten und Stimmungen in der Gemeinschaft aller Teilnehmer (136). Indem sich jeder Mitarbeiter so frei gab, wie er es im Moment war, sanktionierte er, wenn man so will, diese Seinsweise und ermöglichte es damit den Teilnehmern, ebenso zu sein. Wenn sich beispielsweise einer der Mitarbeiter gleichgültig fühlte, wurde diese Gleichgültigkeit von den Mitarbeitern akzeptiert und stand daher jedem zur Verfügung, der solche Gefühle ausdrücken wollte.« War einer der Mitarbeiter wütend, so wurde es dadurch legitim, seine Wut auszudrücken. »Die Gemeinschaft reflektierte alle Spaltungen und Polaritäten und jeden Luxus, den sich der Mitarbeiterstab leistete, ebenso wie dessen kreative und wachstumsfördernde Fähigkeiten und seine Bereitschaft, Zuwendung zu geben. Und da der Mitarbeiterstab sich als Einheit fühlte, spiegelte auch die Gemeinschaft diese Einheit wider.«

Ich glaube, dies gibt den überaus subtilen Einfluß der Mitarbeiter gut wieder, der es jedem Teilnehmer ermöglichte, seine augenblicklichen Gefühle, Erfahrungen und Gedanken voll auszuleben. In diesem Sinne wurde jeder Teilnehmer ermächtigt, er selbst zu sein. Ich glaube, daß dieser Einfluß nicht annähernd so stark gewesen wäre, wenn die Mitarbeiter vor Beginn des Workshops nicht ihre eigenen sehr menschlichen Aspekte und die Sachfragen, über die sie geteilter Meinung waren – denn wir waren keinesfalls eines Sinnes –, genau ausgeleuchtet hätten.

Besonders genau wurden die Einzelheiten des Ankunftsnachmittages geplant. Wir wollten, daß sich die personenbezogene Atmosphäre von Anfang an mitteilen sollte. Joann, die Koordinatorin, ist sympathisch und kontaktfreudig; wir waren deshalb froh, daß sie die Anmeldungsformalitäten und die Abrechnung der Teilnehmergebühren übernahm. Einige früher ankommende Teilnehmer wurden ersucht, verschiedene Aufgaben zu übernehmen, wozu sie sich gern bereit erklärten, wie beispielsweise später Ankommende vom Bus abzuholen und sie zu den Schlafräumen zu führen. Jeder Teilnehmer konnte sein Zimmer selbst auswählen. Mir erschien dies etwas übertrieben, da alle Schlafräume gleich waren, aber es erwies sich als sehr vorteilhaft. Alle Zimmertüren standen offen. Jeder Neuankömmling wurde durch das Gebäude geführt, wählte ein Zimmer, schloß die Tür hinter sich und kam dann später herunter, um seine Anmeldung abzuschließen. Die früher Angekommenen wurden gebeten, die später Eintreffenden in Empfang zu nehmen.

Um die Identifizierung und das Kennenlernen der Teilnehmer untereinander zu beschleunigen, wurde von einem Frühankömmling eine riesige Teilnehmerliste angefertigt, die den Namen jedes Teilnehmers, einen Platz für ein Foto und seine Zimmernummer enthielt. Die Mitarbeiter wechselten sich darin ab, von jedem Neuankömmling ein Polaroidbild zu machen. Dieses wurde neben den Namen geklebt. Sobald der Teilnehmer ein Zimmer gewählt hatte, wurde auch die Zimmernummer verzeichnet. Am Ende der Liste wurden auch Fotos und die Zimmernummern der einzelnen Mitarbeiter angebracht.

Weshalb wurde nun diesen Einzelheiten solche Aufmerksamkeit geschenkt? Das hatte eine sehr wesentliche Wirkung: Da die Leute zur Mitarbeit aufgefordert wurden, fühlten sie sich als Teil des Unternehmens, nicht als passive Empfänger. Ein Zimmer wählen zu können, bedeutet, daß der einzelne bestimmen kann, statt Befehle entgegennehmen zu müssen. Das Aufhängen der Fotos besagte, daß der Kontakt der Teilnehmer untereinander für ebenso wichtig gehalten wurde wie die Interaktion mit den Mitarbeitern. Es herrschte vom ersten Augenblick an eine Politik egalitärer, selbstverantwortlicher, selbstbestimmter Aktivität.

Eine der schärfsten Auseinandersetzungen unter den Mitarbeitern betraf die Frage, wie die erste Versammlung eröffnet werden sollte. Es fehlte nicht an Vorschlägen. Es sollte überhaupt keine Tagesordnung geben. Auf einer Tafel sollten die Themen verzeichnet sein, mit denen sich der Workshop befassen würde. Carl sollte die Veranstaltung eröffnen. Carl wollte das nicht – es würde so aussehen, als sei dies *sein* Workshop. Die Mitarbeiter sollten in der Mitte in einem Kreis sitzen und über die Möglichkeiten des Workshops diskutieren. Wir konnten uns nicht einigen und niemand wollte die Verantwortung übernehmen. Nachdem sie sich im Flüsterton unterhalten hatten, erklärten schließlich Jared und Maureen, die beiden jüngsten Mitarbeiter, wenn sie es zusammen machen könnten, würden sie das Treffen eröffnen. Wir stimmten erleichtert zu, ohne die geringste Ahnung, wie sie es machen wollten.

Es mag überraschen, daß wir auf die ersten Schritte so viele Gedanken verschwendeten. Aber die Erfahrung hat gezeigt, daß sich ein Grundgefühl in den ersten Stunden – oft schon in den ersten Minuten – jeder Konferenz entwickelt, das dann die persönliche und politische Form der ganzen Zusammenkunft prägt.

Als der Abend der Eröffnung herankam und sich 126 nervöse Teilnehmer und zehn befangene Mitarbeiter im Auditorium versammelt hatten, ergriffen Maureen und Jared das Wort. Ich weiß nicht mehr, was sie sagten, aber es war so aufrichtig und bescheiden, es drückte ihre eigenen Hoffnungen und Unsicherheiten so klar aus, daß die Atmosphäre sofort gelöster wurde und jeder sich willkommen fühlte. Sie hatten kaum geendet, als sich schon Teilnehmer zu Wort meldeten, um von ihren eigenen Hoffnungen und Erwartungen, ihren Gründen für die Teilnahme und den verschiedensten persönlichen Belangen zu berichten. Der Abend verlief angenehm. In einem geeigneten Augenblick wurde der Programmentwurf für die nächsten drei Tage zur Sprache gebracht und von der Gruppe akzeptiert. Eine Methode zur Auswahl der kleinen Gruppen wurde beschrieben, die gewährleistete, daß jede Gruppe nach Alter, geographischer Herkunft und Geschlecht gemischt war. Dieser Vorschlag wurde mit Erleichterung angenommen – einige Teilnehmer berichteten, daß ihnen der Gedanke an die Zusammensetzung der Gruppen Unbehagen bereitet habe. Das Treffen endete mit einer Reihe notwendiger Ankündigungen und der Beantwortung von Fragen über Essensbons und verschiedene Einzelheiten des Zusammenlebens. Die Teilnehmer hatten bereits einen großen Anteil an der Verantwortung und Entscheidungsfindung selbst übernommen. Die Mitarbeiter hatten eine relativ bescheidene Helferrolle gespielt, keinesfalls jedoch einen beherrschenden Part.

Jede Encountergruppe ist anders, und ich habe nur einen vagen Eindruck davon, was in den anderen acht Kleingruppen vor sich ging, deshalb werde ich mich auf diejenige beschränken, zu der ich gehörte. Ich kann nur einige kleine Vorfälle berichten, ohne einen Vertrauensbruch zu begehen; aber diese winzigen Episoden zeigen, in welcher Weise die Kleingruppen zum Gelingen des Workshops insgesamt beitrugen.
Ich traf am zweiten Morgen mit unserer Gruppe zusammen – wir waren fünfzehn, darunter vier Ausländer. Ich eröffnete die Gruppe, indem ich einfach sagte, daß wir nach dem vorläufigen Programm fünfzehn Stunden miteinander zubringen könnten, und daß ich hoffte, wir würden einander sehr gut kennenlernen. Die Sache entwickelte sich am Anfang sehr zäh. Dies war einer der Augenblicke, in dem ich mich für die Gruppe verantwortlich zu fühlen schien. Mein Magen begann sich allmählich vor Ungeduld und Frustration zusammenzukrampfen, denn ich wünschte, die Sache würde *schneller* in Gang kommen. Ich sagte fast nichts, aber innerlich drängte ich. Unter den ersten, die in der Gruppe das Wort ergriffen, war Ben, ein älterer Psychiater, der zweierlei vorbrachte. Zum einen wollte er mich, die Autorität, über Therapie ausfragen. Diese Art von Abhängigkeit ärgert mich immer. Ich sagte ihm, daß ich jetzt keine Lust hätte, seine Fragen zu beantworten, aber daß wir später eine Interessengruppe bilden könnten, falls genügend Leute dafür votierten. Aber er fuhr fort, mir Fragen zu stellen. Darüber hinaus wollte er seine Einstellung zur Therapie und zum Leben erläutern, welche darauf hinauslief, daß Gefühle den Menschen daran hindern würden, vernunftgemäß zu leben, und daß er stolz sei, viele Jahre lang seine Gefühle unter Kontrolle gehalten zu haben. Die Gruppenmitglieder glaubten ihm zunächst nicht und begannen dann, ihm kritisch auf den Zahn zu fühlen. Ben trotzte diesen Angriffen mit der Gelassenheit eines Buddha. Keiner dieser Einwände könne ihn berühren, erklärte er. Diese Reaktionslosigkeit brachte einige der Frauen in Rage, und die Attacken verschärften sich. Ich hatte das Bedürfnis, Ben mitzutei-

len, daß ich seine Einstellung verstand, obwohl ich sie nicht teilen konnte. Je mehr er zu erkennen gab, wie er mit seinen engen Beziehungen umging, speziell mit seiner früheren Frau, desto skeptischer und ärgerlicher wurde die Gruppe, bis er zugab, daß die Angriffe tatsächlich Gefühle in ihm auslösten, daß er sie jedoch erfolgreich unterdrückte.

Viele andere Gruppenmitglieder äußerten sich während dieser ersten Sitzung, aber ich hatte dennoch das Gefühl, daß alles zu *langsam* gegangen sei.

Im Laufe des Nachmittags (der der Ruhe, Erholung bzw. den Lehrmaterialien gewidmet war) gelang es mir, mit meinen Gefühlen der Verantwortlichkeit für die Gruppe ins reine zu kommen. Als wir uns am Abend wieder zusammenfanden, berichtete ich der Gruppe, wie verantwortlich ich mich gefühlt hatte, und daß mir die Tatsache mißfiel, daß meine Magennerven versucht hatten, den Gruppenprozeß zu beschleunigen. Es war mir klar geworden, daß dies lächerlich sei. Ich bin *nicht* für die Gruppe verantwortlich. Es ist unsere Gruppe und ich möchte daran teilnehmen, aber nicht drängen, nicht einmal innerlich. Jemand sagte: »Willkommen in der Gruppe«, das war alles. Von diesem Augenblick an äußerten sich die Teilnehmer viel freimütiger. Wahrscheinlich hatten sie meine unausgesprochene Besorgtheit gespürt und als Last empfunden. Ich weiß es nicht.

Michele, eine attraktive Frau Ende Dreißig, enthüllte allmählich und unter Schmerzen ihren Konflikt. Sie fühlt sich seit ihrer Scheidung vor zwei Jahren einsam und wünscht sich eine enge Beziehung zu einem Mann ebensosehr, wie sie sich davor fürchtet. Sie ist zu tief verletzt worden. Dieser Konflikt ist hier im Workshop unerträglich präsent für sie. An diesem Nachmittag hat sie sich zusammen mit einem Mann zu der Gruppe beim Schwimmbecken gesellt. Nach einer Weile drängte es sie, die Flucht zu ergreifen. Ohne ihm ein Wort zu sagen und ohne daß er es bemerkte, ging sie weg und besuchte eine Filmvorführung des Workshops. Aber sie war in einem solchen inneren Aufruhr, daß sie auch von dort weglief. Ein Mitglied des Workshops – ein Mann –, der sie weggehen sah, bemerkte ihr verstörtes Aussehen und folgte ihr. Sie war ärgerlich, daß es ihr nicht gelungen war, ihn abzuschütteln, aber es klang dennoch so, als hätte sie aus dem Gespräch mit ihm einen Gewinn gezogen. Sie sagte, die Erfahrung des Workshops rühre ihren ganzen Konflikt des *Alleinseins* wieder auf. Sie hatte sich schließlich für diesen Weg entschieden – mit ihren Kindern und ihrer Arbeit *allein* zu bleiben und sich von schmerzhaften Beziehungen abzukapseln. Aber jetzt meldete sich ihr Verlangen nach Nähe wieder, das ihr nichts als Schmerzen eingebracht hatte. »Ich ziehe immer Leute an mich heran und stoße sie dann wieder weg. Es ist schrecklich, ich kann diesen Streß nicht ertragen.«

Ich und die Gruppe versuchten, sie zu verstehen und ihr bei dem Gefühl, in zwei Richtungen gezerrt zu werden, zu folgen. Ich war nicht sicher, ob wir eine Hilfe für sie darstellten.

Dann meldete sich Ben zu Wort. Er sagte, er habe einen sehr schwierigen Nachmittag verbracht. Ihm sei klar geworden, daß er vielleicht unrecht habe, daß es vielleicht nicht konstruktiv sei, seine Gefühle zu unterdrücken. Er habe erkannt, wie sich seine Haltung auf seine Beziehung zu Mitgliedern der Gruppe auswirkte – daß er ihnen kalt und gefühllos erschienen sei. Er erinnere sich, daß sich seine Frau in genau diesen Begriffen bitter über ihn beklagt hatte. Er habe den Eindruck, er erreiche nicht, was er wolle, und er werde sein langjähriges Verhaltensmuster ändern. Er werde versuchen, sich seine Gefühle bewußt zu machen und sie zu äußern, statt sie zu unterdrücken.

Ich hörte mir seine Erklärung mit Interesse, aber auch mit ziemlicher Skepsis an. Die Umkehr erschien mir zu plötzlich und etwas unglaubwürdig. Die Gruppe begrüßte seine neue Haltung. Dann ergriffen andere das Wort, einer nach dem andern zog die Aufmerksamkeit der Gruppe eine Zeitlang auf sich.

Gegen Ende des Abends ertappte ich mich dabei, wie ich über Michele und das schmerzhafte Tauziehen in ihrem Innern nachdachte. Ich wünschte heftig, sie zu umarmen. Dies setzte einen inneren Dialog in Gang, wobei mir mein Verstand alle möglichen Gründe lieferte, warum ich nichts dergleichen tun sollte. »Ist nicht sexuelle Anziehung ein Grund, warum du sie umarmen willst? Was läßt dich glauben, daß sie es akzeptieren würde, da sie doch nichts so fürchtet wie Nähe? Dies ist erst das zweite Gruppentreffen, und manche würden (vielleicht zu Recht) ein lächerliches Berührungsritual darin sehen. Sie hat nicht den geringsten Wunsch nach etwas Derartigem geäußert, also vergiß den ganzen dummen Impuls!« Und dann hörte ich mich zu ihr sagen (ein etwas kleinmütiger und indirekter Ausdruck meiner Gefühle): »Michele, wenn ich dir sagen würde, daß ich dich gern umarmen würde, was würdest du antworten?« Zu meinem Erstaunen antwortete sie rasch: »Ich würde mich sehr freuen.« Wir standen also auf und umarmten einander in der Mitte des Kreises fest und innig. Dann gingen wir auf unsere Plätze zurück – ich war ziemlich verlegen, aber irgendwie froh, daß es mir gelungen war, einem inneren Gefühl zu folgen, ob dies nun richtig oder falsch war. Ihr nächster Satz, fast beiseite gesprochen, warf mich völlig um: »Vielleicht fliege ich morgen doch nicht nach Hause.« Ich konnte kaum glauben, daß mein intuitiver Impuls, den mein Verstand so skeptisch beurteilt hatte, derart ins Schwarze getroffen hatte. Ich hätte mir nicht träumen lassen, daß ich in mir etwas ausagierte, das zu einer bedeutsamen Erkenntnis für die ganze Gemeinschaft werden sollte.

Einige Tage später unterhielt ich mich mit Michele. Ich hatte bezweifelt, daß ihre Worte ernst gemeint waren. Aber sie sagte mir, sie habe ihre Koffer in den ersten Tagen des Workshops gar nicht ausgepackt, so schmerzhaft seien die dadurch geweckten alten Konflikte gewesen, und sie habe sich tatsächlich versucht gefühlt, mit dem nächsten Flugzeug nach Hause zurückzukehren.

Selbst aus dieser fragmentarischen Darstellung der ersten zwei Gruppentreffen werden die Machtaspekte klar.

Die Gruppe wählt ihr Tempo selbst. Sie wird nicht manipuliert oder gedrängt und unter Druck gesetzt.

Wer Risiken auf sich nimmt, baut zwischenmenschliches Vertrauen auf. Ich riskierte es, von meinen verwirrten Gefühlen hinsichtlich meiner Verantwortung zu sprechen und wurde danach noch stärker akzeptiert.

Ben riskierte es, uns seine Einstellung mitzuteilen; die Gruppe reagierte mit Vertrauen und Anteilnahme, wenn auch kritisch.

Michele riskierte es, uns ihre Schmerzen und Konflikte mitzuteilen und empfing dafür Zuwendung und Anteilnahme. Ich riskierte es, aufgrund einer Intuition zu handeln, und stellte fest, daß sowohl

meine inneren Gefühle als auch die Reaktion der Gruppe Vertrauen verdienten.
Die Gruppe entdeckt, daß Intimität ungefährlich ist. Sie lernt etwas über persönliche- und Gruppen-Verantwortung.
Die Gruppe erkennt, daß sie sich selbst Rechenschaft schuldig ist. Jedes Mitglied lernt, daß es die Aufgabe hat, sich selbst einzubringen, wenn die Gruppe dem persönlichen Wachstum förderlich sein soll.
Die Kleingruppe hilft also dem Individuum wesentlich, sich über sein Potential und seine Fähigkeiten zur Einflußnahme, zur Kommunikation und zur Teilnahme klarzuwerden. Die Macht liegt ganz deutlich beim einzelnen. Die Chance, daß wir uns zu einer größeren Gemeinschaft kraftvoller Persönlichkeiten zusammenfinden werden, hat stark zugenommen.
Am Sonntag, nachdem jeder zwei Sitzungen in Kleingruppen zugebracht hatte, fand eine zweite Vollversammlung statt. Eine Zeitlang saßen alle plaudernd und in Gespräche vertieft herum. Eine gewisse nervöse Verwirrung war spürbar. Ich glaube, die unausgesprochene Frage lautete: »Wer leitet die Versammlung eigentlich?« Dann klatschte – ausgerechnet – Ben in die Hände, um die Versammlung zu eröffnen. Es lag auf der Hand, daß er sprechen wollte, aber jemand anderer wollte wissen, wie sich die Leute fühlten, und so wurden verschiedene Reaktionen auf die Kleingruppenerfahrungen – positive wie negative – geäußert. Dann berichtete Ben über seine Erfahrungen in unserer Kleingruppe. Er sagte: »Heute nacht bin ich erst zwischen drei und vier Uhr früh eingeschlafen. Die Gefühle, die ich verleugnet hatte, drangen allmählich an die Oberfläche – Verwirrung, Kränkung, Angst, Groll. Ich zweifelte am Wert *jeder* Theorie der Persönlichkeit. Das einzige, woran ich nicht zweifeln konnte, war, daß ich ein Bedürfnis nach menschlichem Kontakt habe und alles tun werde, um ihn zu bekommen, selbst wenn ich dazu negative Gefühle ausdrücken muß. Ich glaube immer noch, daß Liebe die Kraft ist, die uns in den Schwierigkeiten dieser Welt hilft zu überleben, aber ich zweifle jetzt daran, daß es *immer* Liebe sein *muß*, was ich empfinde.« Er fügte hinzu, in seiner Theorie und Philosophie des Lebens sei eine scharfe Wende eingetreten.

Nach ihm teilten viele der Anwesenden persönliche Erfahrungen mit, die sie gemacht hatten. Andere – politischer Denkende – sprachen über wichtige gesellschaftliche Fragen. Diese wurden erörtert, aber nicht sehr eingehend.

Die Gruppe besprach dann, was nach dem dreitägigen Programm weiter geschehen solle. Es war klar, daß viele spezialisierte Interessen vorlagen, und es wurde daher der Vorschlag gemacht, daß am Ende dieser Versammlung jeder, der eine Interessengruppe gründen wollte, das Thema, seinen Namen und die voraussichtliche Zeitdauer – ein zweistündiges Treffen, zwei dreistündige Treffen etc. – auf ein Blatt Papier schreiben sollte, auf dem die Interessenten dann unterschreiben konnten. Joann versprach, zu diesem Zweck in der Haupthalle einen großen Bogen Papier an die Wand zu heften.

Mehrere Teilnehmer erboten sich, als Programmkomitee zu fungieren und einen Zeitplan für diese Interessengruppen aufzustellen, um Überschneidungen zu vermeiden und auch andere Aktivitäten zu arrangieren. Dieser Vorschlag wurde nicht genügend ausdiskutiert und weder gebilligt noch abgelehnt, aber das Programmkomitee bestimmte dennoch einen Termin für seine Zusammenkunft. Sofort nach Auflösung der Vollversammlung setzte ein Ansturm auf die Haupthalle ein, wo mehrere Teilnehmer Joann dabei behilflich waren, eine ganze Wand mit Pergamentpapier zu bedecken. Innerhalb einer halben Stunde hatten sich dort mindestens dreißig Arbeitsgruppen herauskristallisiert, und die Leute schrieben sich eifrig in die einzelnen Gruppen ein.

Man sollte diese Versammlung einmal unter dem Aspekt von Macht und Herrschaft betrachten. Sobald klar war, daß die Mitarbeiter keine Leitungsfunktion auszuüben gedachten, wurden die Anwesenden von einem Mitglied, das der Gruppe ein dringendes Anliegen vorzutragen hatte, zur Ordnung gerufen. Dann begann die Gemeinschaft ohne bewußte Absicht ihre Bedürfnisse zu befriedigen. Zunächst ließ man die anderen an persönlichen Erfahrungen teilhaben, wodurch sich ein größeres Vertrauen entwikkelte. Dann begann die Planung für das Leben der Gemeinschaft, und es wurde ein echter Konsens über die Einrichtung von Interessengruppen und die Art und Weise, wie sie gebildet werden sollten, erzielt. Der Eifer, mit dem die Teilnehmer diese Gelegenheit ergriffen, schien ein Anzeichen dafür zu sein, wie selten sie die Möglichkeit haben, *frei* zu wählen, welche ihrer eigenen Interessen sie verfolgen wollen, selbst zu bestimmen, welchen Beitrag sie leisten wollen, und ihren Lehrplan selbst zu gestalten.

Wie sich herausstellte, wurde in den folgenden Gruppen, die ich hier in willkürlicher Reihenfolge nenne, besonders ausdauernd und ernsthaft gearbeitet: Die Paargruppe, die mit der Gruppe für Männer-Frauen-Beziehungen verschmolz; die »Machtgruppe«, die sich mit Fragen politischer Herrschaft befaßte; die Heilkundegruppe, die sich speziell auf übersinnliche Heilmethoden konzentrierte; eine Frauengruppe; eine Männergruppe; eine Gruppe für Bildungsreform; eine Forschungsgruppe, die neue Methoden der humanistischen Forschung zu entwickeln suchte; eine Gruppe, die sich mit Problemen der Lebensübergänge befaßte; eine Selbstsicherheitstrainingsgruppe; eine klientenzentrierte Gestalttherapiegruppe; eine Gruppe, die sich die Organisation von Zentren für psychische Gesundheit unter Mitwirkung von Laien zur Aufgabe gestellt hatte.

Dabei ist die Geschichte des Programmkomitees von Interesse. Die Mitglieder dieses Ausschusses hatten angeboten, sich an der Strukturierung des künftigen Gemeinschaftsleben zu beteiligen. Ihr Angebot war zwar nicht abgelehnt worden, aber man hatte es auch nicht akzeptiert. Die folgenden Ereignisse zeigen, wie überaus empfindlich Menschen auf einen drohenden Machtverlust reagieren. Vor dem nächsten Morgen war mir bereits eine Reihe von Gerüchten über den Programmausschuß zu Ohren gekommen, die in einem solchen Brustton der Überzeugung kolportiert wurden, daß ich mich fragte, ob sie wohl wahr seien. In dem Ausschuß, so hieß es, hätten sich alle machthungrigen Teilnehmer des Workshops zusammengefunden. Sie machten Pläne, den ganzen Charakter der Tagung zu verändern. Sie versuchten, die Leitung zu übernehmen. Ich wußte nicht einmal, wer diesem Komitee angehörte, und sah daher der dritten Vollversammlung am Dienstag – der letzten von den Mitarbeitern vorgeschlagenen Veranstaltung – mit Neugier entgegen, weil ich hoffte, mir ein eigenes Bild machen zu können.

An diesem Morgen begann Jane als Sprecherin des Programmkomitees dessen Pläne zu erläutern. Ihre Ausführungen waren klar und eloquent und berücksichtigten offene Fragen ebenso wie unterschiedliche Meinungen. Sie wies auf alle Faktoren hin, die man beachtet hatte, damit jeder Gelegenheit zu einer persönlichen Entscheidung haben würde, ohne in ernsthafte Interessenkonflikte zu kommen. Sie erläuterte den vom Komitee vorgeschlagenen Zeitplan. Die Interessengruppen waren optimal in diesen Programmplan eingebaut und auch die Kleingruppen erhielten Gelegenheit, weiterhin zusammenzukommen, falls sie es wünschten. Es war der flexibelste und vollständigste Plan, den ich mir vorstellen konnte, und er wurde kompetent präsentiert. Ich lachte, wenn ich an die Gerüchte dachte und war stolz auf die Vertrauenswürdigkeit unserer Gesamtgruppe.

Die Teilnehmer waren einhellig derselben Ansicht. Man hörte Gemurmel wie: »Ausgezeichnet«, »das ist genau das, was wir brauchen.« Es wurden einige Fragen gestellt, und dann sagte jemand: »Nehmen wir diesen Plan an!« Es kam zu einem Chor positiver Reaktionen, und fast jede Hand samt der meinen erhob sich. Eine Gruppe von 136 Menschen hatte rasch einen Konsens über ein sehr schwieriges Thema erzielt. Das Programmkomitee hatte sich unsere Gratulationen verdient. Es hatte etwas geleistet, was die Mitarbeiter vermutlich nicht fertiggebracht hätten.

Dann hörte ich zu meinem Entsetzen jemand sagen: »Treffen wir keine vorschnelle Entscheidung. Ich habe einige Fragen.« Ich war wirklich ärgerlich. Ich konnte nicht zuhören. Aber dann meldeten sich auch einige andere und ich begann zu hören. Sie hatten keine Einwände gegen die Einteilung des Zeitplans – fanden diese sogar ausgezeichnet –, aber sie stellten die Idee eines Zeitplans *als solche* in Frage! John Wood schildert diesen entscheidenden Augenblick so: »Der Intellekt der Planer, der Programmacher hatte einen Zeitplan entworfen – ein künstliches Gebilde –, welches gewährleisten würde, daß wir unsere sechzehn Tage nach den Spielregeln des *Intellekts* leben würden ... Die schwache Stimme der Intuition empörte sich dagegen kollektiv: ›Diese Art der Gestaltung, das Befolgen eines Zeitplans ist nicht neu. Es gibt uns Sicherheit, gewiß. Aber was ich mir wünschen würde, ist, eine Zeitlang *mit den*

anderen Mitgliedern der Gemeinschaft auf neue Art zusammenzuleben, nur den inneren Gefühlen und Empfindungen gehorchend ...‹ Was da vorgeschlagen wurde, war: ›Schauen wir doch, ob wir nicht alle *gemeinsam* unsere eigenen Wege gehen können.‹ Das Erstaunliche war für mich nicht so sehr die Tatsache, daß sich diese wenigen Stimmen meldeten, denn sie sind immer präsent, sondern, daß sie gehört wurden, und daß wir *als Gruppe* reagierten und uns entschieden, diese neue Art des Gemeinschaftslebens – der Intuition folgend – zu erproben, und daß wir daran festhielten.«
So war es tatsächlich. Aus dem fast einmütigen Konsens zugunsten des Zeitplans wurde ein fast ebenso einmütiger Konsens, in intuitiver Weise zusammenzusein und zusammenzukommen. Für mich hatte es sich als sehr sinnvoll erwiesen, in unserer kleinen Gruppe meiner Intuition entsprechend zu handeln. Aber was würde die Folge sein, wenn man sich zusammen mit 135 anderen Menschen von seiner Intuition leiten ließ? Das überstieg mein Vorstellungsvermögen. Als sich die Versammlung auflöste, war kein Programmschema für die Zukunft vorhanden, nicht einmal ein Termin für die nächste Vollversammlung stand fest. Ich hatte das Gefühl, haltlos dahinzutreiben. Als ich in mein Zimmer zurückging, dachte ich darüber nach, daß ich mich jedesmal, wenn ich auf die Fähigkeit einer Gruppe zur Selbstbestimmung vertraue, in angsterregende neue Lernbereiche gedrängt fühle. Ich hatte geglaubt, einen ziemlich guten Überblick über die allgemeinen Richtungen zu haben, in die sich ein personenbezogener Workshop entwickeln konnte. Aber jetzt hatte ich mich auf etwas eingelassen, was meine wildesten Phantasien überstieg. Es paßte in vieler Hinsicht zu meinen Überzeugungen, aber ...! Ich hatte erklärt: »Der Mensch ist weiser als sein Verstand«, aber es war mir nicht eingefallen, in einer Gruppe von 136 Menschen die Intuition ans Steuer zu setzen und den Verstand auf den zweiten Platz zu verweisen! Ich hatte mit John Wood übereingestimmt, daß unsere Zivilisation zum Untergang verdammt ist, wenn wir nicht aufhören, dem Verstand, der Wissenschaft und der Technologie den Vorrang einzuräumen, und statt dessen der Intuition größeren Raum geben, die es den »primitiven« Völkern einschließlich der

amerikanischen Indianer ja viele Jahrhunderte lang gestattete, in Harmonie mit ihrer Umwelt zu leben. Aber dieses Abdanken zugunsten der Intuition nun real zu erleben, erfüllte mich mit Angst. Würde der Workshop weiterbestehen? Würden wir je wieder zusammenkommen? Ich hatte ein beunruhigendes Gefühl von Unsicherheit. Wenn dies ein Lernprozeß war, dann war er jedenfalls schmerzhaft.

Wir *sind* wieder zusammengekommen. Das einzige, woran ich mich deutlich erinnere, ist, daß ich das vage Gefühl hatte: »Ich glaube, wir sollten ein Treffen abhalten.« Ich hatte mit niemandem darüber gesprochen. Als ich in die Halle kam, waren mindestens hundert Teilnehmer anwesend, und weitere strömten herein. Irgendwie hatten wir es geschafft! Unsere Intuition hatte uns nicht im Stich gelassen.

Die Versammlung war erfolgreich. John Wood meditiert über ihre Bedeutung: »Die Richtung, die diese Gemeinschaft einschlug, ermutigt mich, darin ein Anzeichen zu sehen, daß wir vielleicht neue Sinnesorgane für unser Überleben zu entwickeln beginnen. Die undifferenzierten, stummen, intuitiven Kräfte des Menschen beginnen ihrer selbst gewahr zu werden und die Herrschaft des Intellekts in Frage zu stellen. Anscheinend entsteht in uns die Bereitschaft, nicht nur auf diese innere Stimme zu hören und unsere individuelle Existenz danach zu gestalten, sondern uns auch als Gemeinschaft davon leiten zu lassen.«

Nach diesem Treffen ging es mit dem Workshop auf konstruktive Weise voran. Die Teilnehmer folgten ihrer Intuition, ohne auf den Intellekt als Planungsinstrument zu verzichten. Es fanden eine oder zwei Vollversammlungen statt, aber ich erinnere mich nur vage an sie. Die meisten Interessengruppen boten die Gelegenheit, aufregende Dinge zu lernen. Eine Teilnehmerin schreibt: »Ich verbrachte viel Zeit in den Interessengruppen, die mich durch die Effizienz, mit der sie arbeiteten, beeindruckten. Dort, und in persönlichen Gesprächen, lernte ich mehr über die Beratungstätigkeit, über Gruppen und über Psychologie als in den letzten zwei Jahren durch Zeitschriften und Bücher.« Alles in allem schien sich der Workshop in einem lebhaften Entwicklungsprozeß zu befinden.

Am neunten Tag erschien plötzlich ein großer Anschlag auf dem Schwarzen Brett: »Heute um 19.30 Uhr Vollversammlung.« Niemand schien zu wissen, wer diese Versammlung einberief, aber es klang dringend, und so versammelten wir uns alle.

Die Leute wollten wissen, wer das Treffen einberufen hatte. Die Mitarbeiter? Nein. Wer dann? Schließlich meldete sich Mary zu Wort und erklärte, daß ihre Gruppe, Gruppe X, die Initiative ergriffen hatte, weil sie sich über Vorschläge für den kommenden Tag, Sonntag, nicht einigen konnte. Es herrschte große Verärgerung darüber, daß eine solche Versammlung ohne Hinweis, von wem die Initiative ausging, einberufen worden war. Der Ärger wurde noch größer, als wir erfuhren, daß die kleine Gruppe selbst diesen Vorschlag nicht einstimmig angenommen hatte. Nach und nach meldeten sich die anderen Mitglieder der Gruppe zu Wort, um ihren Anteil an der Verantwortung für diese Entscheidung auf sich zu nehmen und sich der Kritik und dem Zorn zu stellen. Schließlich sagte das Gruppenmitglied Angelina, eine scheue, sensible Ausländerin: »Ich habe den Anschlag gemacht und an das Brett geheftet.« Ich glaube, niemand reagierte auf ihre Äußerung.

Das Treffen artete nunmehr in ein einziges Gezänk aus – über das Programm, über den Zeitplan, über die Optionen für Sonntag, über den Termin der nächsten Vollversammlung. Die Frustration stieg zeitweilig so an, daß sich die Leute anbrüllten. Drei Teilnehmer ergriffen ein großes Blatt Papier und einige Buntstifte, setzten sich auf den Fußboden und zeichneten ihre Gefühle der Frustration. Es gab ein Gerangel um »Sendezeit«. Jemand schlug vor, daß jeder Redner die Äußerungen seines Vorredners zusammenfassen sollte, bevor er selbst Stellung nahm. Das wurde als zu »artifiziell« abgelehnt. Jemand anderer schlug vor, daß jeder Sprecher der Diskussion nach Beendigung seines Beitrags den nächsten Redner bestimmen sollte, indem er auf eine der erhobenen Hände wies. Diese Prozedur wurde eine Zeitlang eingehalten, bis ein Teilnehmer dieses Privileg mißbrauchte, als er gewählt wurde, indem er zwei seiner Freunde das Wort erteilte, bevor er selbst redete. Eine Mitarbeiterin, Maria, war über diese Manipulation so empört, daß sie ihn ärgerlich anfuhr. Die Leute konnten sich auf *nichts* einigen. Die Gruppe schien auseinanderzufallen. Wim, der wegen des Mangels an Struktur schon die ganze Zeit skeptisch gewesen war, erklärte heftig, es sei *unmöglich*, ohne Leiter, ohne Katalysator eine Gemeinschaft zu bilden. Bei diesen Worten sah er mich anklagend an. Andere widersprachen ihm. Mehrere gaben ihrer Enttäuschung darüber Ausdruck, daß *nichts* vorangehe.

Plötzlich begann Angelina, die den Anschlag am Brett angebracht hatte, zu weinen und zu stöhnen. Sie flippte wirklich in extremer Weise aus und begann am ganzen Körper zu zittern. Einige Teilnehmer umarmten sie. Natalie kam herbei, bettete sie auf ihren Schoß und versuchte, sie zu trösten. Während der nächsten halben Stunde war die Aufmerksamkeit der Gruppe ausschließlich auf sie gerichtet – alle waren besorgt, manche zweifellos verängstigt. Es wurden Mäntel und Jacken über sie gebreitet, um sie warmzuhalten. Ihre Landsleute standen um sie herum und redeten leise in ihrer eigenen Sprache mit ihr und fragten sie verschiedenes. Ihre Hauptreaktion, die sie mehrfach wiederholte, lautete: »Ich weiß nicht, was los ist. Ich habe vor jedem Angst.« Im Raum herrschte völlige Stille, während wir darauf warteten, daß sie ihre Ängste aussprechen werde. Ich versuchte auf einige ihrer fragmentarischen Äußerungen zu reagieren. Ich erinnere mich, daß ich zu ihr sagte: »Ich kann zulassen, daß du deine Angst empfindest und sie dir zu eigen machst, aber für mich gehörst du immer zu uns, wie du dich auch fühlen magst. Ich mag dich, ganz gleich, was du fühlst.« Einige Augenblicke später, als sie sich beruhigte, sagte sie: »Ich fühle mich besser, viel besser.« Ein spürbarer Seufzer der Erleichterung ging durch die Gruppe.

Es folgte eine Diskussion darüber, daß wir ihr nicht zugehört hatten und, noch schlimmer, daß wir auch einander nicht zugehört hatten. Jemand schlug vor, am nächsten Morgen eine kurze Vollversammlung abzuhalten, und ohne ein Gegenargument oder eine Diskussion wurde ein Konsens darüber erzielt. Die Gruppe zögerte auseinanderzugehen. Wir wollten zusammensein. Schließlich begann jemand einen lauten, ungestümen Schlangentanz zu vollführen – offensichtlich, um die Spannung abzubauen –, und allmählich gingen die Leute auseinander.

Ich habe mir über die Episode mit Angelina den Kopf zerbrochen.

Ich glaube, daß sie auf zwei Faktoren zurückzuführen war. Da sie den Anschlag gemacht und an das Brett geheftet hatte, dürfte sie sich angesichts all der Angriffe sehr ausgeliefert und schuldig gefühlt haben. Und da sie sehr sensibel und nicht besonders wortgewandt war, erlebte sie den ganzen Zorn und die Frustration und Zerstrittenheit der Gruppe als inneren Aufruhr, bis es für sie unerträglich wurde.
Sicher ohne dies beabsichtigt zu haben, wurde sie der erste Mensch, dem die ganze Gruppe mit ungeteilter Aufmerksamkeit zuhörte. Es liegt vermutlich in der Natur der Sache, daß wir im Laufe der nächsten langen Vollversammlung, am elften Abend des Workshops (den ich zu Beginn dieses Kapitels beschrieben habe), einander aufmerksam zuzuhören begannen. Der Organismus »Workshop« erfüllte die Aufgabe, die er sich ohne Worte selbst gestellt hatte. Er wurde zu einer Gemeinschaft.

Ich kann auch nicht annähernd alles schildern, was geschah, außer daß die Gruppe stetige Fortschritte machte, daß die Wärme und Zuneigung zwischen den Teilnehmern noch deutlicher spürbar war und daß immer mehr Mitglieder der Kleingruppen den Vorsatz faßten, ihr Leben nach ihrer Rückkehr in bestimmter Weise zu ändern.
Auf einer Vollversammlung setzten sich drei Homosexuelle, zwei Männer und eine Frau, die einander hier gefunden hatten, in die Mitte des Raumes und sagten, sie wollten eine Erklärung abgeben. Beide Männer ergriffen das Wort, sie erzählten über ihren Lebensstil als Homosexuelle, die Probleme, die das für sie mit sich brachte, und die Unsicherheit, die sie empfanden, ob der Workshop sie akzeptieren werde. Einer der beiden hatte an der Männergruppe teilgenommen, aber nicht zu erkennen gegeben, daß er homosexuell war. In der folgenden Nacht hatte er einen entsetzlichen Alptraum, der ihm bewußt machte, daß er vor heterosexuellen Männern gräßliche Angst empfand. Er sei nunmehr dabei, diese neue Einsicht zu verarbeiten.
Der Frau fiel es ungeheuer schwer, sich zu äußern, sie sprach unter Tränen und ihre Stimme war kaum lauter als ein Flüstern. Sie hatte ihren Lebensstil nicht einmal gegenüber ihrer kleinen

Gruppe enthüllt, und es bedurfte ungeheuren Mutes, dem Workshop davon zu erzählen. Die Reaktion auf sie und die Männer war sehr akzeptierend und unterstützend. Ihre Aussagen eröffneten der Diskussion ganz neue Bereiche.

Dann war da die erstaunliche Wirkung der »schweigenden« Gruppe. Eine größere Anzahl von Teilnehmern hatte sich zusammengefunden und beschlossen, vierundzwanzig Stunden miteinander zuzubringen, ohne ein Wort zu sprechen, und, falls nötig, nur durch Gesten zu kommunizieren. Dies erwies sich als eine erstaunlich intensive Erfahrung, nicht nur für die Teilnehmer, sondern für den Workshop als Ganzes.

Und dann gab es die *»Mid-Life-Panik«* der Gruppe, wie es jemand nannte, als den Teilnehmern bewußt wurde, daß nur noch wenige Tage übrig waren. Manche waren von sich selbst enttäuscht, weil sie noch nicht soviel angeboten oder beigetragen hatten, wie sie wollten. Andere hatten Angst, sie würden manches nicht lernen, was sie zu lernen gehofft hatten. Es herrschte das Gefühl vor, wie John Wood sagt, »daß ich am Tag des Jüngsten Gerichts [am letzten Tag] vor meinen eigenen Augen nicht bestehen könne und Reue über vertane Chancen empfinden würde«.

Schließlich kam der unvergeßliche letzte Morgen heran, an dem die Teilnehmer einander intensiver denn je zuvor mitteilten, was die Erfahrung für sie bedeutet hatte. Obwohl sich die große Mehrheit höchst positiv äußerte, war die Atmosphäre offen und freimütig genug, so daß sich auch diejenigen, die über den Mangel an Struktur enttäuscht waren oder verschiedene Aspekte des Ablaufs kritisierten oder über unsere Unzulänglichkeiten verärgert waren, äußern konnten. Schließlich wurde tränenreich Abschied genommen von einer Gruppe von Menschen, die einander kennen und lieben gelernt hatten. Der Workshop war zu Ende.

Ich möchte erläutern, wie sich dieser chaotische, frustrierende, ungleichmäßige Prozeß, durch den wir zu einer Einheit verschmolzen, aus meiner Sicht darstellt. Ich vermute, daß sich viele Leser gesagt haben mögen: »Was ist der Sinn dieser ganzen Konfusion? Kein Thema wird gründlich durchleuchtet! Die Zeitverschwendung ist *haarsträubend!* Warum in Gottes Namen übernimmt nicht jemand die *Leitung* und organisiert die Sache so, daß die Teilnehmer wenigstens *etwas* lernen können!?!« Ich kann Ihnen versichern, daß es Zeiten gab, da jeder von uns von genau solchen Gefühlen heimgesucht wurde, und manch einer, wie Wim aus Holland, konnte sich fast bis zum Ende nicht davon befreien. Aber ich möchte auf mehrere Punkte hinweisen, die mir in höchstem Maße bedenkenswert erscheinen:

Diese Gruppe von 136 Menschen war vollständig für sich selbst verantwortlich.

Die Teilnehmer hätten jederzeit eine Person oder eine Gruppe *auffordern* können, die Leitung zu übernehmen. Sie taten es nicht.

Sie hätten jeweils einen Versammlungsleiter wählen und die Probleme auf parlamentarischer Basis regeln können. Sie taten es nicht.

In einer unausgesprochenen, intuitiven Weise *entschieden* sie sich dafür, sich gemeinsam durchzuringen, bis sich eine Form des Zusammenseins entwickelte, die als befriedigend empfunden wurde – wobei zwar nicht immer Harmonie herrschte, aber die kollektiven Bedürfnisse befriedigt wurden.

Ohne Zweifel wurde dieses Endresultat keineswegs durch verstandesmäßige Mittel oder Einsichten herbeigeführt. Es wurde durch viszerale Lernprozesse erreicht, durch ein »Gefühl in unseren Knochen«, ein nonverbales Aufspüren der Richtung, die wir einzuschlagen wünschten. Und welcher Art waren diese Erkenntnisse? Ich glaube, sie waren sowohl persönlicher als auch sozialer Natur und übertrafen in ihrer Bedeutsamkeit bei weitem jede Erkenntnis, die der Gruppe von außen hätte vermittelt werden können. Ein Teilnehmer drückte es so aus:

»Die Vollversammlung ... ein Ort, an dem ich meine eigene Macht realisiere. Es kommt einzig und allein auf mich an. Ich habe das Gefühl, was immer ich in der Gruppe und von der Gruppe brauche, es ist für mich da ... Und ich habe Zeit, um herauszubekommen, was ich brauche oder möchte. Da ist immer Platz für mich. Es ist eine grenzerweiternde Erfahrung. Und somit ist da auch immer Platz für dich. Kein anderer hat die Tagesordnung geplant. Niemand wird mir sagen, was ich zu tun habe. Ich bekomme ein Gefühl meiner Macht. Dieses begleitet mich, wo immer ich auch hingehe. Ich bin – ich.«

Die sozialen Lernerfahrungen gehen aus dem Brief einer Teilnehmerin hervor, den ich nachstehend zitiere. Für sie war dies eine revolutionierende Erkenntnis. »Die Tatsache, daß es zumindest für eine begrenzte Zeit *möglich* war, eine Gemeinschaft derart zu etablieren, zu welcher wir zusammenwuchsen, hat meine ganzen Ansichten über soziale Alternativen erschüttert und mir aufs neue ein Ziel gegeben, an das ich glauben und für das ich arbeiten kann.« Ich versuchte meine eigenen Entdeckungen in dem Memorandum niederzulegen, das ich nach dem Treffen am elften Abend schrieb. »Ehrfürchtig wohne ich der Geburt von etwas Neuem in der Welt bei. Und ich finde meine frühere Überzeugung bestätigt. Wenn wir auch nur eine Teilerkenntnis über den Prozeß gewinnen können, der es 136 Menschen ermöglicht, zusammenzuleben, ohne einander zu zerstören, mit liebevoller Anteilnahme für die vollständige Entwicklung jedes einzelnen zusammenzuleben, statt in der Sterilität des Konformismus, dann haben wir vielleicht eine Wahrheit mit vielen, vielen Implikationen entdeckt.«

Lassen Sie mich den politischen Aspekt der Situation noch auf etwas andere Weise zusammenfassen. In einer Gruppe, in der die Herrschaft auf alle verteilt ist, wo dank eines förderlichen Klimas (in den Kleingruppen) jeder Mensch »er-mächtigt« wird, ist eine neue Art von Gemeinschaft möglich, ein gleichsam organisches Fließen, in dem die Individuen in ökologisch-sinnvoller Weise miteinander zusammenleben. Hier führt jeder einzelne und niemand führt. Die Entscheidungsbefugnis hat ihren Sitz in jedem Individuum, und die Entscheidung der Gemeinschaft wird intuitiv ein Konsens sein, der alle individuellen Entscheidungen berücksichtigt. Macht und Führung und Herrschaft fließen reibungslos von einer Person zur anderen, je nach den auftretenden Bedürfnissen. Die einzigen Analogien, die einem in den Sinn kommen, stammen aus der Natur. Der Saft steigt oder fällt im Baum, wenn die Umweltbedingungen die eine oder andere Richtung angezeigt sein lassen. Die Knospe öffnet sich, wenn sie dazu bereit ist – nicht in dem Bestreben, die Konkurrenz zu schlagen. Der Kaktus schrumpft in der Dürre und Sonnenhitze, um nach dem Regen wieder bis zum Bersten anzuschwellen – beides dient dem eigenen Überleben. Und eine letzte Analogie, die mir auf so viele Mitglieder unserer Gruppe (aller Gruppen?) zuzutreffen scheint. Die Samen vieler Pflanzen können viele Jahre überleben, ohne zu keimen. Aber wenn die *richtigen Bedingungen* vorhanden sind, sprießen und wachsen und erblühen sie. Für mich ist dies ein Symbol des Wachstumsprozesses unserer Gemeinschaft.

Weiter oben habe ich über Ben, über einige Risiken, die ich einging, und über Michele und ihren Konflikt des Suchens und Fliehens in bezug auf Männer berichtet. Für alle jene, die wissen möchten, was weiter geschah, füge ich diese kurzen Ergänzungen hinzu.

Ben, der ältere Psychiater, hielt an seinem neuen Vorsatz fest, in der Gruppe zu einem fühlenderen Menschen zu werden. Er erklärte mir, er brauche jetzt die Antworten auf seine intellektuellen Fragen bezüglich therapeutischer Theorien nicht mehr – er finde die Antworten in seiner eigenen Erfahrung. Er trat zu den Gruppenmitgliedern in einer Weise in Beziehung, die in erstaunlichem Gegensatz zu seinem ursprünglich so distanzierten Verhalten stand. Er war für den Workshop insofern sehr wertvoll, als er die Interessengruppe einberief und anleitete, die es sich zur Aufgabe gestellt hatte, Zentren für psychische Gesundheit unter Mitwirkung paraprofessioneller Laien zu gründen.

Ich selbst nahm an der Gruppe weiterhin genau wie die anderen teil – das heißt, ich versuchte, den anderen zu helfen, wenn das meinem Bedürfnis entsprach, und bearbeitete meine Probleme in der Gruppe, sooft diese für mich vordringlich waren.

Das hervorstechendste Beispiel des zweiten Falles betrifft eine Episode, die zu schildern mir schwerfällt. Ich habe mehrmals die Zusammenkunft am elften Abend des Workshops erwähnt und die Notizen zitiert, die ich mir an jenem Abend machte. Ich ging in froher Stimmung zu Bett, aufgeregt und erfreut über die Art, wie sich der Workshop entwickelte und über die neuen Bezirke, in die ich hineingezogen wurde.

Am nächsten Morgen wachte ich deprimiert auf. Es schien so unerklärlich und lächerlich – gerade als alles so großartig voranging. Ich machte vor dem Frühstück einen langen Spaziergang und versuchte, Ordnung in meine Gefühle zu bringen. Kein Zweifel – ich tat mir selbst leid! Es war absurd! Aber ich konnte das Gefühl nicht abschütteln, und als wir nach dem Frühstück zusammenkamen, beherrschte es mich so sehr, daß ich es der Gruppe anvertrauen mußte. Während sie mir halfen, der Sache auf den Grund zu gehen – zwei Gruppenmitglieder hatten ihre Arme um mich gelegt – gewann ich allmählich Klarheit.

Ich kann nicht leugnen, daß ich bei der Entwicklung des Trends zu einem personenbezogenen Ansatz in vielen Lebensbereichen eine bedeutsame Rolle gespielt habe. Viele, viele Menschen bewegen sich heute in diese Richtung. Dies erfüllt mich natürlich mit Befriedigung, aber es stellt auch eine große Last an Verantwortung dar. Woher soll *ich* wissen, ob in dieser Richtung das Heil liegt? Jede historische Bewegung und Tendenz hat ihre unsichtbaren Mängel und Widersprüche, die schließlich zu ihrem Niedergang führen. Welche Mängel bin ich unfähig zu erkennen? Inwieweit führe ich Menschen durch meine Ideen und meine Schriften *in die Irre?* Niemand kann diese Frage beantworten, und ich fühlte die Last dessen, der an der Spitze marschiert. Rückblickend begreife ich auch den Grund, warum mich diese Depressionen gerade in diesem Augenblick erfaßten. Der Entwicklungsprozeß der Gemeinschaft, so wie er sich am Abend zuvor dargestellt hatte, trieb mich in unbekanntes Territorium. Ich hatte einen Trend mitbegründet, der sich inzwischen verselbständigt hatte und von dem ich nicht wußte, wohin er mich führen würde. Aber es »gelang uns immer besser, was wir da vorhatten«. Unter Tränen – ich weine leicht – spürte ich diesem Gefühl, eine Last zu tragen, nach. Dabei fühlte ich mich wie jeder andere Teilnehmer auch schuldig, soviel Zeit in Anspruch zu nehmen, und verspürte schließlich eine vorübergehende Erleichterung. Erst im späteren Verlauf des Tages wurde mir bewußt, daß die Bürde vollkommen von mir abgefallen war und ich wieder den Mut hatte, mich dem Flusse zu überlassen.

Was Michele betrifft, will ich versuchen, einen Vorfall in annähernd ihren eigenen Worten wiederzugeben, den sie der Gruppe in einem späteren Abschnitt des Workshops berichtete und der mir ihren eigenen Fortschritt zu kennzeichnen scheint. »Ich habe soviel gelernt! Ich habe gelernt, daß ich mich nicht ständig bemühen muß, den Männern zu gefallen. Ich kann mich auf meine eigenen Gefühle verlassen. Gestern abend war ich mit einem Mann [kein Angehöriger des Workshops] verabredet. Ich zögerte hinzugehen. Ich hatte den Eindruck, daß wir nicht viel miteinander gemein hatten. Auf dem Weg in seine Wohnung hielten wir am Supermarkt, um Sachen zum Grillen einzukaufen. Er kaufte ein Steak um sieben Dollar. Ich dachte: ›Mit diesem Steak kriegst du mich auch nicht ins Bett!‹ Wir kamen in seine Wohnung. Das Gespräch war oberflächlich. Ich versuchte, immer so zu reagieren, wie es meinen Gefühlen entsprach. So fragte er beispielsweise: ›Willst du mir nicht in der Küche helfen?‹, und ich antwortete: ›Nein, es gefällt mir, diese Musik zu hören und dabei Gedichte zu lesen.‹ Es wurde weiter oberflächlich geredet, und schließlich fragte er mich: ›Was hat es eigentlich mit dieser Encounter-Bewegung auf sich?‹ Also versuchte ich, es ihm zu erklären – ernsthaft. Wir begannen wirklich miteinander zu sprechen. Ich ließ ihn von Anfang an wissen, daß ich nicht vorhatte, in seinem Bett zu landen. Unser Gespräch wurde immer interessanter. Wir entdeckten, daß uns eine Menge miteinander verband, und ich genoß den Abend sehr. Dann verbrachte ich die Nacht in seiner Wohnung.« Aha! sagte mein argwöhnischer Verstand. Da sieht man, was aus den guten Vorsätzen wird! Aber ich hatte unrecht. [Sie *hatte* in seiner Wohnung, aber nicht *mit ihm* geschlafen.]

Sie fuhr fort: »Wie oft bin ich während des ganzen Zusammenseins mit einem Mann oberflächlich gewesen und habe mir dabei die ganze Zeit Sorgen gemacht, wie der Abend enden würde. Jetzt weiß ich, daß ich aus meinen eigenen Gefühlen heraus handeln kann. Ich kann das Erlebnis als solches genießen und mich auf meine Gefühle verlassen. Es war so wundervoll, mich als selbständiger Mensch zu fühlen.«

Dem kann ich nichts hinzufügen. Michele hat sich selbst »ermächtigt«.

Der Workshop liegt erst wenige Monate zurück, aber schon jetzt haben wir, ich und andere Teilnehmer und Mitarbeiter viele Briefe erhalten, die von seiner Wirkung zeugen. Ohne Anspruch auf

Vollständigkeit und ohne den Versuch einer objektiven Bestandsaufnahme, möchte ich einfach aus einigen dieser Briefe zitieren. Zunächst führe ich die negativste Reaktion an, die ich erhalten habe. Ich finde es interessant, daß die darin geäußerten Gefühle nicht durchweg negativ sind.

»Ich schaue mit gemischten negativen und positiven Gefühlen auf den Workshop zurück, aber es überwiegt der Eindruck, daß es eine sehr wertvolle Erfahrung war.« [Er zitiert aus seiner damaligen Tagebucheintragung über die vorletzte Vollversammlung.]

»Ich war traurig, daß wir uns schon voneinander verabschiedeten, obwohl noch ein halber Tag übrig war. Ich war verärgert, weil ich einige negative Gefühle, vor allem Enttäuschung, hatte und mich nicht traute, sie in der allgemeinen Harmonie zu äußern. Schließlich sagte ich: ›Ich möchte festhalten, daß ich sowohl einige negative als auch einige positive Eindrücke habe.‹ Carl sagte: ›Ich möchte sie hören, und ich glaube, die Gruppe ebenfalls.‹ Ich antwortete: ›Ich übernehme zu oft die Rolle des Nein-Sagers.‹ Suzanne meinte: ›Ich schätze deine Nein-Sager-Rolle.‹ Deshalb erklärte ich schließlich: ›Vielleicht wünschte ich mir eine beständigere Gruppe oder Organisation. Ich fühle mich nicht als Teil der Gemeinschaft oder genauer gesagt, *im Augenblick* schon, nicht aber heute früh; wohl gestern abend, aber nicht während des gestrigen Tages. Ich fühle mich einmal oben und einmal unten, einmal drinnen und dann wieder draußen‹.«

Ein Teilnehmer versucht zu verdeutlichen, wie durchdringend die Wirkung war.

»Ich habe Ihnen noch nicht gesagt, was *in Wirklichkeit* geschehen ist – es berührt alles, alles, was ich tue, alles, was ich sage ... ein guter Freund hat mir gesagt, daß ich auf eine ruhige Weise sehr selbstsicher geworden bin. Ich spüre das in allen Bereichen meines Lebens, aber besonders bei der Arbeit. Ich kann selbst nicht glauben, was ich gestern in der Konferenz sagte! Ich bin mir meiner Macht so bewußt, obwohl es mich immer noch erschreckt, das auszusprechen und schwarz auf weiß geschrieben zu sehen – aber es schreckt mich nicht genug, um mich aufzuhalten.«

Eine Mutter schildert einige ihrer sehr positiven Reaktionen und schließt mit folgenden Äußerungen:

»Irgendwie bedarf ich im Augenblick der Unterstützung einer Gruppe weniger dringend als ich erwartete, weil ich selbst viel stärker zähle!« [Sie beschreibt, welche Schritte sie unternommen hat, um einen Hochschulabschluß zu machen, was ihr vorher fast unmöglich erschienen war.] »Ich möchte Ihnen von meinen Kindern erzählen. Ich führte ein langes Gespräch mit ihnen über die nächsten paar Monate, und welche Schwierigkeiten vor uns liegen. Sie sind so verständnisvoll! Wir haben es so arrangiert, daß wir wenigstens beim Frühstück zusammen sind und miteinander meditieren können, bevor sie in die Schule gehen und ich an meine Arbeit. Die Qualität unserer Beziehung ist jetzt besser als je zuvor. Solche unerwarteten Dinge geschehen jetzt mit mir!«

Die soziale Missionarin Denny, die gesagt hatte: »Ich brauche eure Körper, um die Straßen zu blockieren«, schrieb mir mehr als zwei Monate nach dem Workshop einen sehr bewegenden Brief. Sie berichtet über die ungeheure Frustration, die sie am Anfang empfand. »FAST NIEMAND SAGTE ETWAS ÜBER SOZIALE UMWÄLZUNGEN! Ich fühlte mich entfremdet, verloren, unverbunden; im Gegensatz zu der Wärme und Sensibilität rings um mich fühlte ich mich lieblos, insensibel und unzulänglich. Äußerungen politischen und sozialen Engagements, ob von mir oder von anderen, wurden von der Gruppe regelmäßig abgeblockt. Ich war gekränkt und vergrub meine Kränkung ...«

Sie war nahe daran, die Vollversammlungen zu verlassen. »Bei den Gemeinschaftstreffen fühlte ich mich immer lebloser und distanzierter. Schließlich verlor ich die Hoffnung, mich je zugehörig zu fühlen. Ich erwog, die Gemeinschaft ganz aufzugeben und mich ausschließlich auf die Interessengruppen, speziell die politische Gruppe, zu konzentrieren. Da wurde mir klar, daß mir daran lag, dazuzugehören. Während ich den anderen Teilnehmern zuhörte, hatte ich mich, ohne mir dessen bewußt zu sein, stark für den Entwicklungsprozeß engagiert – ich wollte in das Geschehen miteinbezogen bleiben.«

In der Zusammenkunft am elften Abend, als ein Teilnehmer nach dem anderen seine Anteilnahme an sozialen Fragen äußerte und damit auf taube Ohren stieß, begann sie vor Zorn zu kochen, bis schließlich »meine Wut explodierte«. »Sie hatten alle von Dingen gesprochen, die auch mich bewegten. So wie man sie nicht anhörte, so hatte man auch mich nicht angehört und ich mußte jetzt einfach für meine eigenen Gefühle eintreten. Wenn ich den anderen meinen Zorn nicht mitteilte, riskierte ich für den Rest des Workshops von der Gemeinschaft ausgeschlossen zu bleiben; ein Teil meines Lebens blieb dann ungelebt, ein sehr trauriger Gedanke.«

»Als ich den häßlichen Klang meiner Wut hörte, hatte ich das Gefühl: ›Jetzt passiert es – ich sterbe.‹ Das, wovor ich mich gefürchtet hatte, geschah nun – ich offenbarte mich. Aber ich starb nicht daran. Ich überlebte die demütigende Scham meiner unschönen Nacktheit, und von diesem Augenblick an fühlte ich mich als Mitglied der Gemeinschaft. Wäre ich mir der Kränkung und Verletztheit, die hinter meiner Wut standen, voll bewußt gewesen, so hätte ich hoffentlich versucht, auch dies mitzuteilen, statt es mit Worten über andere Dinge zuzudecken.«

Sie berichtet, daß sie nach ihrer Rückkehr nach Hause in drei sehr bedeutsame politische Konfrontationen verstrickt war. Vielleicht die wichtigste war eine öffentliche Versammlung der örtlichen Schulbehörde, bei der es um die Frage der Rassenintegration ging.

»Auf diesem Treffen hörte keiner dem anderen zu! Ich versuchte erfolglos und in ungeeigneter Weise, die Leute dazu zu bringen. Äußerlich wirkte ich vor den 800 Anwesenden frustriert, hilflos und ›unkonzentriert‹. Innerlich schlotterte ich zwar etwas, war aber von der Wichtigkeit dessen, was ich zu tun versuchte, absolut durchdrungen. In diesem riesigen Saal fühlte ich die Kraft aller 135 Teilnehmer des Workshops hinter mir. Es war wundervoll, mich als Teil dieser größeren Gemeinschaft zu fühlen. Die ganze Aufmerksamkeit konzentrierte sich auf mein Gesicht, meine Kleider, meinen Körper; meine Unfähigkeit, mich adäquat mitzuteilen, war belanglos. Ich empfand nur eine leichte persönliche Verlegenheit. Was hier geschah, war um soviel größer als das. Ich fühlte mich nicht gedemütigt. Intensiver denn je zuvor empfand ich meine Kraft und mein Vertrauen in meinen Organismus. Später sagte man mir, daß mein Auftreten eine positive Wirkung auf die Schulbehörde ausgeübt hatte und dazu beitrug, daß sie den Integrationsantrag unterstützte.«

»Für mich ist für eine Weile der Konflikt zwischen politischen Anliegen und persönlichen Anliegen, den ich im Workshop empfand, gelöst. Je besser ich mich selber kennenlerne, desto politisch effektiver werde ich sein. Das wird von selbst kommen. Ich ›weiß‹ es.«

Für mich ist ihr Brief äußerst bedeutsam. Er bestätigt mich in meiner Überzeugung, daß *dauerhafte* Revolutionen nicht durch Propaganda oder Massendemonstrationen bewirkt werden, sondern durch veränderte Menschen. Denny ist ein veränderter Mensch, und ihre gesellschaftliche Wirksamkeit als Revolutionärin hat dadurch gewonnen, nicht verloren.

Von einem Mitglied unserer Kleingruppe, einer Akademikerin aus einem lateinamerikanischen Land, habe ich einen Brief erhalten, der alles, was ich von anderen Teilnehmern gehört habe, wundervoll auszudrücken scheint.

Während der letzten Zusammenkunft des Workshops erinnerten drei der forschungsorientierten Teilnehmer alle übrigen daran, bestimmt die Fragebogen auszufüllen, die von der Forschungsgruppe konzipiert und verteilt worden waren. Jemand fragte, ob die Fragebogen denn wichtig seien. Eine der Teilnehmerinnen antwortete: »Die Studie ist wichtig für mich, weil ich nicht sicher bin, ob dieser Workshop *wirklich* signifikant ist und ob sich die Teilnehmer *wirklich* verändert haben, oder ob dies bloß eine anspruchsvolle Art ist, einen Urlaub zu verbringen.« Diese eben zitierte Frau schrieb mir den folgenden Brief.

30. August 1975

Carl,

würde es Dich interessieren, einiges von dem zu erfahren, was sich seit dem Workshop unter dem Kreuz des Südens zugetragen hat?

Ich hatte beschlossen, mir mit Neuerungen Zeit zu lassen: Ich habe sie gesehen, all diese Leute, die von therapeutischen oder religiösen Veranstaltungen voll von kurzlebigen, widerwärtigen »Anfassen-und-Fühlen«-Ritualen und sentimentalem Geschwätz über Liebe, Frieden und so weiter zurückkehren – ich wollte deshalb meinen Kopf oben behalten. Nun, es hat nicht den Anschein, als ob mir das je wieder gelingen würde. Ich habe bereits mit einzelnen, mit Gruppen und vor Massen gesprochen (150 unbekannte Studenten können einem als Masse erscheinen), und zu meiner großen Überraschung hatte ich das Gefühl, gehört zu werden und manchmal sogar Glauben zu finden. Der Vorschlag einer neuen, bisher nicht denkbaren Form der gesellschaftlichen Organisation wird von unsentimentalen, wissenschaftlichen Geistern für *möglich* gehalten! Ich bin erstaunt über meine eigene Beredsamkeit, da es ja in der Tat nicht möglich ist, das, was wir erlebt haben, in bloße Worte zu übersetzen. Die einzige Schlußfolgerung, die ich ziehen kann, ist, daß die Menschen auf irgendeiner Ebene wissen, wovon ich rede; es scheint mir, als bestärkte ich nur eine innere Überzeugung, daß ihre Hoffnungen, Wünsche oder Tendenzen *de facto* nicht irrational sind.

Obwohl solche Wirkungen wahrscheinlich sehr klein sind, macht es mir natürlich Angst, aber davon weiß niemand etwas außer Dir: verkaufe ich den Leuten eine Fata Morgana, führe ich ein hungerndes Volk in die Irre, indem ich unerfüllbare Versprechungen mache? Meine Angst ist nicht imstande, mich aufzuhalten, aber sie veranlaßt mich eher zu untertreiben, Zweifel zu äußern und Kritik an meinem eigenen, zu starken Glauben willkommen zu heißen. Es fällt mir schwer, diese beiden Erdbebenherde in mir, die Gemeinschaft und unsere Gruppe, in Zaum zu halten.

Die Erfahrungen in unserer kleinen Gruppe und Deine Nähe überstiegen meine kühnsten Erwartungen so sehr, daß ich ihr Echo immer noch in mir höre, wie Glocken, die in den unerwartetsten Momenten anklingen, und obwohl ich noch immer nicht sicher bin, was sie für die Zukunft bringen werden, fühle ich ständige Wellen, die jede einzelne Zelle erfassen und mich »für immer« verändern. Es sind dies pure Gefühle, ohne Worte, denn ich habe vergessen, was in den entscheidendsten Momenten von Dir, mir und den anderen im einzelnen gesagt wurde. Was unglaublich frisch und gegenwärtig geblieben ist, sind die Erkenntnisse dieser Augenblicke, wie ich mich in dem Moment fühlte, wenn ich mir einfacher, offenkundiger Dinge bewußt wurde, wie »ich bin frei«, »ich bin eine Frau«, »ich *muß nicht* mit Adjektiven wie nett, tüchtig etc. assoziiert werden«, »jetzt bin ich zornig«, »jetzt bin ich weich«. Carl, ist es das millionste Mal, daß es gesagt wird? Du hast mir das Gefühl gegeben, daß Du es trotzdem gerne erfahren würdest.

19. September

Ich möchte diesen Brief immer noch abschicken, weil jedes seiner Worte fast drei Wochen später immer noch wahr ist, bloß daß ich inzwischen sicherer bin, daß mir das alles bleiben wird. Und jetzt möchte ich sehr rasch von dem zweiten »Erdbeben« sprechen, das mich auf andere Weise erneuerte. Die Tatsache, daß es *möglich* war, zumindest für kurze Zeit eine Gemeinschaft der Art zu schaffen, zu der wir zusammenwuchsen, hat meine gesamten Ansichten über gesellschaftliche Alternativen umgestoßen und hat mir aufs neue ein Ziel gegeben, an das ich glauben und für das ich arbeiten kann. Früher hatte ich die Hoffnung, durch die Beeinflussung einzelner (Klienten oder Studenten) auch auf die größere Gemeinschaft verändernd wirken zu können, aber ich war mir auch bewußt, daß solche begrenzten Aktionen wenig Chance hatten, die gegenwärtig dominierenden Kräfte und Tendenzen zu überwinden. Vielleicht können wir nicht mehr tun, als in einem dunklen Wald Kerzen zu entzünden, aber meine eigene Kerze erscheint mir nun als ein viel zuverlässigerer Wegweiser.

Trotz meines Mißtrauens gegenüber allzu ehrgeizigen Plänen, sind die Dinge an allen Ecken in Bewegung gekommen – so werde ich beispielsweise im Oktober ein Seminar über Probleme des Alterns abhalten; ich habe angefangen, schwimmen zu lernen; jeden Freitag versammeln sich Freunde und Kollegen in meinem Haus, und ich werde an einem Kurs über Workshops teilnehmen. Dies sind einige wenige konkrete Neuerungen, aber es sind im Grunde nur natürliche Folgen davon, wie ich mich fühle und in einer qualitativ anderen Weise interagiere.

Ich bin froh, daß Du ein so verstehender Mensch bist, denn ich könnte mit Worten allein nicht ausdrücken, wie nahe ich mich Dir fühle oder (wird es Dich schütteln?) wie dankbar ich bin, daß es Dich gibt. Obwohl ich jetzt das Bedürfnis hatte, Dir über mich selbst zu erzählen, denke ich viel an Dich, in Liebe und Anteilnahme.

Als ich dieses Buch in Angriff nahm, dachte ich nicht daran, ein Kapitel über einen Workshop einzufügen. Ein solcher Gedanke ist mir auch im Verlauf *dieses* Workshops nicht gekommen. Aber danach hatte ich das Verlangen, darüber zu schreiben – einige Seiten, dachte ich. Je länger ich mich damit befaßte, desto stärker wurde ich davon gefesselt, bis sich schließlich ein umfangreiches Kapitel quasi von selbst geschrieben hatte. Für mich stellt es einen der befriedigendsten Teile des Buches dar, und ich möchte erklären, weshalb.

Es wurde mir bewußt, daß von all den Unternehmungen, auf die ich mich je eingelassen hatte, diese den personenbezogenen Ansatz am konsequentesten verkörperte, von Anfang an, durch seine Planung und seine Anfangsphasen ebenso wie durch seinen Gesamtprozeß der persönlichen Interaktion und des Wachsens einer Gemeinschaft. Deshalb ist dieses Projekt für mich zu einem entscheidenden Test für den Wert des personenbezogenen Ansatzes geworden. Dieser Test wurde in einer alle Erwartungen übertreffenden Weise bestanden. Die personenbezogene Orientierung erfuhr dadurch eine immens wichtige Bestätigung.

Jedenfalls wurde dort ein den ganzen Menschen umfassender Lernprozeß gefördert – Lernen durch Erfahrung, kognitives Lernen und, so muß ich jetzt hinzufügen, intuitives Lernen. Es erwies sich der große Vorzug eines personenbezogenen Lernens, das uns in Gebiete führte, von denen wir uns noch nie hatten etwas träumen lassen und in die wir nicht erwartet hatten vorzudringen.

Ich habe manchmal darüber nachgedacht, wie der Workshop verlaufen wäre, wenn ich mich als sein Guru, sein Leiter, gebärdet hätte. Im Laufe der Jahre hätte ich mit der stets bereiten Hilfe liebevoller Verehrer sicher zu einem Guru werden können. Aber dies ist ein Pfad, den ich gemieden habe. Wenn mir Menschen zuviel Verehrung entgegenbringen, erinnere ich sie an den Zen-Ausspruch: »Wenn du dem Buddha begegnest, töte ihn!« Was wäre geschehen, wenn ich die Rolle des aktiven Anführers, der Autoritätsfigur, akzeptiert hätte? Ich hätte die Gruppe bis an die äußersten Grenzen meiner Gedanken und Gefühle führen – aber ich hätte sie nicht über diese Grenzen hinausführen können. Ich hätte ihnen sagen – und vielleicht teilweise zeigen – können, wie man auf personenbezogene Weise leben kann. Was hätte das gebracht? Sie hätten gelernt, was ich weiß und wie ich bin. Sie hätten bei mir die Antworten auf einige ihrer Fragen gefunden und würden dazu neigen, sich bei mir weitere Antworten holen zu wollen. Ihrem Lernen wären daher definitiv Grenzen gesetzt gewesen und sie wären ermutigt worden, in Abhängigkeit zu verharren.

Vergleichen wir damit, was tatsächlich im personenbezogenen Prozeß vor sich gegangen ist. Ich war weniger aktiv als je zuvor in einem Workshop, begnügte mich damit, von dem Entwicklungsprozeß in der Großgruppe zu lernen und redete nur, wenn ich in der Kleingruppe das Gefühl hatte, Hilfe leisten zu können. So wurden wir alle zu Förderern des Lernens füreinander, wir führten einander auf neue Wege, wir lernten mit den Eingeweiden, wir lernten mit dem Verstand, und in diesem Prozeß lernten wir eine Unabhängigkeit des Denkens und Seins. Es war niemand da, auf den man sich stützen konnte. Jeder von uns wurde zu einem selbständig Lernenden.

Es gefällt mir, welche Auswirkungen dies auf das Verhalten hatte. Wir lernten nicht *ein* personenbezogenes Verhalten. Jeder einzelne ist im Begriff, die ihm gemäße Seinsweise selbst zu definieren. Das Resultat ist pluralistisch im allerbesten Sinn dieses Wortes und deckt sich doch insofern, als jeder von uns in etwas zuversichtlicherer, etwas sensiblerer Weise sagen kann: »Ich bin mein eigener Mensch.« Für eine Teilnehmerin bedeutet dies, mit ihren Überzeugungen in einer sozialen Frage vor 800 Menschen hinzutreten. Für eine andere bedeutet es, eine offenere Beziehung zu ihren Kindern. Für einen Mann bedeutet es eine schwierige Konfrontation mit einem autoritären Chef. Für einen anderen bedeutet es, auf einem langweiligen interkontinentalen Flug die Passagiere und Stewardessen dazu zu bringen, miteinander Lieder zu singen und einander kennenzulernen! Für einen dritten bedeutet es, sein Leben stärker der Liebe zu öffnen. Ein anderer versucht eine traditionelle Organisation in eine Gemeinschaft zu verwandeln und sagt dann: »Und so ist an 136 Orten in der ganzen Welt diese innere Macht und dieses Vertrauen am Werk, sie breiten sich aus in alle Richtungen bis an wer weiß welche Grenzen?« Die Zahl 136 ist zweifellos übertrieben – nicht jeder war tief berührt –, aber die Worte treffen das Gefühl, das ich habe, sehr genau. Ein Gärungsprozeß wurde in dieser Gruppe in Gang gesetzt, ein Sauerteig, ein Katalysator begann zu wirken, der nicht ohne tiefgreifende Folgen für die Ehe, die Familie, die Schule, die Industrie, die psychische Gesundheitsvorsorge und für politische Bewegungen bleiben kann. Es ist in der Tat eine aufregende Wachstumserfahrung gewesen, an der wir teilgenommen haben. Wie so vielen derjenigen, die mir geschrieben haben, bedeutet sie mir ungeheuer viel.

9.

Die Macht der Machtlosen
(Von Alan Nelson und Carl Rogers)

Üblicherweise halten wir Kinder und Jugendliche aus Mittelstandsfamilien nicht für eine unterdrückte Gruppe. Aber unter bestimmten Umständen können sie genau das sein, wie diese aufregende wahre Geschichte beweist. Sie handelt von einer solchen Gruppe, die reglementiert und manipuliert wurde. Ihre Rechte wurden ignoriert, ihre Stimmen blieben ungehört. Und sie waren völlig machtlos – kein Geld, keine Musik, kein Mitspracherecht in den wichtigen Dingen. Aber waren sie wirklich machtlos? Die Antwort, die sich aus der Geschichte ergibt, fasziniert mich.

Eine Erkenntnis, die mir dieser Bericht nahezulegen scheint, ist, daß Freiheit *irreversibel* ist. Sobald ein Mensch – ob Kind oder Erwachsener – verantwortliche Freiheit erlebt hat, wird er weiterhin danach streben. Sie mag danach im Verhalten durch maximale Anwendung jeder Art von Kontrolle einschließlich Gewalt völlig unterdrückt werden, aber es ist nicht möglich, sie zu eliminieren oder auszulöschen.

Ein weiteres auffallendes Element dürfte aus den vorangegangenen Kapiteln bereits klar geworden sein. Jede personenbezogene Unternehmung stellt notwendigerweise für neunundneunzig Prozent der etablierten Institutionen in unserer westlichen Kultur eine extreme Bedrohung dar, ob es sich nun um eine Schule, eine Ehe oder – wie in diesem Fall – um ein gut gemeintes Gemeindezentrum handelt. Falls Sie noch am revolutionären Charakter des personenbezogenen Ansatzes zweifeln sollten, so wird dieser Bericht Sie vielleicht überzeugen.

Ich war anwesend, als Alan Nelson bat, uns seine Geschichte erzählen zu dürfen. Sie brach einfach aus ihm heraus, wie wenn er lange darauf gewartet hätte, sie einer Gruppe mitzuteilen, deren Mitglieder begreifen könnten, was er und die anderen mitgemacht hatten. Ich ermutigte ihn nachdrücklich, seinen leidenschaftlichen Bericht einem größeren Publikum zugänglich zu machen. Das gedruckte Wort kann die Gluthitze dieser Augenblicke nicht ganz einfangen, aber Alans starkes Engagement und sein ebenso ausgeprägter Wunsch, den »Unterdrückern« gegenüber fair und verständnisvoll zu sein, wird selbst aus dem schriftlichen Bericht noch spürbar. Ich hoffe, daß Ihnen Alans Bericht ebensoviel Vergnügen macht und daß Sie genausoviel daraus lernen wie ich. Ich lasse nun Alan sprechen:

»Die folgende Geschichte habe ich 1974 auf einem Sommer-Workshop vor einer Interessengruppe über Politik und den klientenzentrierten Ansatz berichtet. Wir sprachen damals darüber, inwieweit der klientenzentrierte Ansatz auf politische Situationen anwendbar sei, insbesondere auf solche, in denen ein Machtungleichgewicht vorhanden ist – das heißt, wo einige Personen Macht besitzen und ausüben, um das Leben anderer zu beherrschen.

Ich danke Eva Cossack, die dieses Treffen auf Band aufzeichnete und mir eine Kopie ihrer Aufnahme gab, nach der das folgende Material transkribiert wurde. Ich habe einige meiner damaligen Äußerungen umgeschrieben, sowohl um die Geschichte klarer zu machen als auch die Anonymität der Teilnehmer an unserem Camp und anderer Leute zu wahren. Aber ich habe versucht, den ›Überdruck und die Dringlichkeit‹ meiner damaligen Erzählung, wie Carl es nannte, so zu belassen und nichts daran zu glätten.«

CARL: Alan, mir scheint, daß du uns mehrere Dinge genannt hast, die der klientenzentrierte Ansatz *nicht* ist – deiner Auffassung nach ist es weder eine Strategie noch eine Technik oder dergleichen. Aber ich glaube, du hast uns noch nicht gesagt, was dieser Ansatz im Machtbereich denn nun eigentlich *ist*.

ALAN: Gut. Ich glaube, es wäre hilfreich, wenn ... nun ich weiß, es hat vielen von uns geholfen, als du ein konkretes Beispiel gebracht hast, deshalb sollte ich das vielleicht auch tun.

Wären die Anwesenden bereit, sich etwa fünf Minuten lang ein Beispiel anzuhören? Ich glaube, es würde veranschaulichen, was ich mit personenbezogener Politik meine. Sie werden dadurch auch verstehen, wie ich dazu kam, diesen Ansatz als ganz unmittelbar politisch zu begreifen, sowohl in seinen Resultaten als auch in seinem Vorgehen.

Die Anderen: Ja, gut.

Alan: Gut ... Vor etwa vier oder fünf Jahren, als ich Theologie studierte und daran dachte, Geistlicher zu werden, übernahm ich im Sommer die Leitung eines *Day Camps* [eine Art von Kindertagesstätte für die Sommerferien – d. Ü.] in einem wohlhabenden Vorort von Boston. ... Ich möchte Ihnen zunächst etwas über den Stadtteil sagen. Ich wußte all dies nicht, als ich die Stelle annahm, sondern erfuhr es erst, während ich dort arbeitete und lebte.

Der Stadtteil, den ich Graceville nennen will, ist eine der ältesten Kommunen von Massachusetts. Wie man hört, ist ein großer Teil des Reichtums von Massachusetts in dieser Gemeinde konzentriert, genauer gesagt, in einem Teil dieser Gemeinde. Graceville besteht aus fünf Wahlbezirken. Die meisten wohlhabenden Leute der Gemeinde leben im ersten Bezirk. Die anderen vier Bezirke sind nicht annähernd so gut situiert. Das heißt, der Gegensatz ist äußerst kraß. Aber die Leute, die in dieser Gemeinde als arm gelten, sind, an den üblichen Maßstäben gemessen, nicht wirklich bedürftig. Es handelt sich dabei vorwiegend um Mittelstandsfamilien.

In der Gemeinde herrschte eine gewisse Schizophrenie. Die Leute, die über die politische Macht verfügten, hatten mit der Gemeinde als solcher am wenigsten zu tun. Die Pro-Kopf-Ausgaben für die Müllabfuhr in Graceville zählten zu den höchsten in Massachusetts – die Bildungsaufwendungen waren hingegen die niedrigsten des ganzen Staates. Das lag daran, daß die reichen Leute ihre Kinder auf Privatschulen schickten.

Vor einigen Jahren gründete der wohlhabende Bezirk, der guten liberalen Tradition entsprechend, das Gemeindezentrum von Graceville, und dieses Zentrum wiederum rief die Tagesstätte ins Leben, die ich leiten sollte. Ich sehe dies inzwischen als eine Art von liberaler Geste seitens der Gemeinde an, ohne Zweifel aus guten Motiven heraus unternommen und in verschiedener Hinsicht auch durchaus nützlich. Die Tagesstätte kostete relativ wenig und wurde vorwiegend von Familien aus den anderen vier Bezirken benutzt, die ihre Kinder den ganzen oder einen Teil des Sommers über während des Tages dort hinschickten. Einige Freiplätze standen auch für Negerkinder aus Roxbury, dem Getto von Boston,

zur Verfügung. In Graceville selbst gab es fast keine rassischen Minderheiten.
Die Kontrolle über das Gemeindezentrum wurde fast ausschließlich vom ersten Bezirk ausgeübt. Von den etwa fünfzig Mitgliedern des Aufsichtsrates stammten, glaube ich, nur zwei nicht aus dem ersten Bezirk. Und nur zwei waren unter fünfzig Jahre alt. Sämtliche Vorstandsmitglieder des Gemeindezentrums stammten aus dem ersten Bezirk. Die meisten Kinder aus dem ersten Bezirk verbrachten ihre Ferien in einem anderen, in der Nähe gelegenen Sommerlager, das besser ausgestattet und teurer war und auf Internatsbasis geführt wurde.
Der Mann, der mich als Leiter des *Day Camps* anstellte, war der Vorstandsvorsitzende des Gemeindezentrums von Graceville. Das war, was ich damals nicht wußte, eine seiner letzten Amtshandlungen. Den Leuten, die das Sagen hatten, war er ein zu liberaler Direktor. Er stand dauernd unter Beschuß und ging weg, als ihm ein besserer Job angeboten wurde. Aber wir beide unterhielten uns lange über meine Leitung des *Day Camps*, und diese Aufgabe erschien mir sehr attraktiv. Ich sollte das Camp selbständig leiten, den stellvertretenden Direktor und die Berater einstellen und das Programm entwerfen. Wir unterzeichneten meinen Vertrag im April ... dann ging er weg.
Als Reaktion auf ihn ernannten die Verwaltungsgremien einen Mann zum Leiter des Gemeindezentrums, der bei der Luftwaffe acht Jahre lang *Day Camps* geleitet hatte. Als ich diesen neuen Direktor kennenlernte, wußte er von mir so viel, daß da ein bärtiger Freak aus Harward unterwegs war, der *sein Day Camp* leiten sollte.
Dies war das erste Jahr meiner Bekanntschaft mit dem klientenzentrierten Ansatz, und ich dachte: »Also gut, ich werde versuchen, ein klientenzentriertes *Day Camp* zu veranstalten.« Die Chance, dies zu tun, etwas zu tun, woran ich glaubte, war einer der Hauptgründe, weshalb ich diese Stelle annahm. Ich freute mich auf einen aufregenden Sommer mit einer Schar ausgelassener Kinder im Camp. Noch nie zuvor hatte ich eine Aufgabe genau dieser Art übernommen, aber ich sagte mir, das wichtigste sei, wirklich zu versuchen, zu hören und zu verstehen, was die anderen

Teilnehmer des Camps berührte und bewegte. Ich hielt es für wesentlich, darauf zu vertrauen, daß sich die anderen aufgeschlossen und verantwortungsbewußt verhalten würden, wenn man ihnen die Chance gab. Ich vertraute darauf, daß die Leute imstande sein würden, ein gutes Camp zustande zu bringen. Ich betrachtete die Mitarbeiter quasi als meine Klienten ... in gewisser Hinsicht sah ich auch die Campteilnehmer so.

Ich heuerte also eine stellvertretende Direktorin, Jean, die seit vier Jahren in dem Camp gearbeitet hatte ... eine Frau, die wirklich großartig ist und jeden kannte und sehr sehr ... nun sie war wundervoll. Wir hatten uns lange darüber unterhalten, was für uns daran wichtig war, mit Kindern beisammenzusein und ein Camp zu leiten, und ich stellte sie ein. Gemeinsam interviewten wir alle Bewerber für die anderen offenen Stellen.

Die Struktur des Mitarbeiterstabes stand fest, wir konnten nichts daran ändern. Die Mitarbeiter bestanden aus zwei Gruppen, den ehrenamtlichen Helfern im Alter von dreizehn bis fünfzehn und den bezahlten Betreuern im Alter von sechzehn bis zweiundzwanzig. Die Betreuer verdienten durchschnittlich fünfunddreißig Dollar in der Woche. Die meisten Mitarbeiter hatten schon früher im Camp gearbeitet, und viele lehnten besser bezahlte Angebote zugunsten des Camps ab, weil sie gerne mit Kindern arbeiteten. Wir hatten insgesamt fünfundzwanzig Helfer und Betreuer und rechneten wöchentlich mit zwischen sechzig bis hundert Kindern im Alter von sechs bis dreizehn Jahren.

Als Jean und ich die Einstellungsgespräche führten, versuchten wir zu verstehen, was diesen jungen Leuten, die hier mitarbeiten wollten, wichtig war – wir hörten ihnen zu und versuchten, auf sie einzugehen. Bei einer späteren Mitarbeiterbesprechung sagten wir zu ihnen: »Dies ist euer Camp. Fast alle von euch sind nicht zum erstenmal hier. Was sollen wir damit machen? Wie stellt ihr euch euer Camp vor?« Wir suchten ihnen zu vermitteln, daß wir ihnen vertrauten, daß wir versuchen würden, sie zu verstehen und daß uns ihre Wünsche wichtig waren.

Anfangs waren sie etwas skeptisch. Aber schließlich sprudelten von allen Seiten die Vorschläge, was wir mit dem Camp anfangen wollten, wie wir es uns vorstellten. Jeder redete davon, was ihm an

den früheren Camps nicht gefallen hatte und was er diesmal besser machen wollte. Es war aufregend. Ungeheure Energien wurden freigesetzt; die Leute waren kreativ und gingen aufeinander ein.
Wir beschlossen gemeinsam, daß das Camp mehr auf Kooperation als auf Konkurrenz basieren sollte. Bisher hatte es an jedem Freitag Preisverteilungen gegeben, die fast keiner der Mitarbeiter mochte – es gab viele Kränkungen und der Konkurrenzgeist beherrschte das Camp so sehr, daß selbst die Betreuer und Helfer kaum miteinander auskamen, weil sie ständig in Wettstreit miteinander lagen. In der Vergangenheit hatte es oft getrennte Versammlungen der bezahlten Betreuer und der freiwilligen Helfer gegeben.
Als der neu ernannte Direktor des Gemeindezentrums von der Air Force eintraf, gingen Jean und ich hin, um ein erstes Gespräch mit ihm zu führen. Es war eine Katastrophe!
Er – wir wollen ihn Kenneth Barnes nennen – verhielt sich von Anfang an feindselig und aggressiv. Ich nehme an, es störte ihn, daß *sein Day Camp* von einem unausgegorenen jungen Harvard-Studenten geleitet wurde, der, zusammen mit seiner Stellvertreterin, bereits alle Mitarbeiter eingestellt hatte. Er erklärte, unsere bestehenden Verträge seien ungültig und wir müßten mit ihm neue aushandeln, da er der neue Direktor des Gemeindezentrums sei. Er betrachtete uns als seine Assistenten, die sich in bezug auf die Leitung des Camps seinen Wünschen und Befehlen zu fügen hätten – offensichtlich hatte er ganz andere Vorstellungen davon als Jean und ich. Zum Glück für uns unterschieden sich diese Vorstellungen auch beträchtlich von der Aufgabe, für die wir eingestellt worden waren.
Nach etwa einer Stunde, in der kaum ein freundliches Wort gesprochen wurde, endete die Besprechung, als wir erklärten, wir würden nicht über neue Verträge verhandeln, sondern betrachteten die bestehenden als gültig. Jean und ich baten ihn fast um eine freundlichere, weniger autoritäre Beziehung – dann gingen wir. Draußen erwogen wir zunächst zu kündigen, beschlossen dann aber doch, das Camp zu machen, so gut dies angesichts unserer offenkundigen Schwierigkeiten mit Mr. Barnes möglich war. Es war zu spät, um andere Stellungen zu finden, wir freuten uns

wirklich auf das Camp, und wir fühlten uns auch den Mitarbeitern verpflichtet, die wir angeheuert hatten.
Als das Camp begann, freute sich der ganze Mitarbeiterstab auf den gemeinsamen Sommer. Das Camp hatte einen glücklichen Start. Nach allen Anzeichen zu schließen, hatten alle Beteiligten ihre Freude daran. Die Teilnehmerzahlen waren höher, die Absencen niedriger denn je, die Eltern sowohl der Kinder als auch der Mitarbeiter zeigten sich überrascht und erfreut, wie gut das Camp lief und wie sehr es den Kindern dort gefiel. Und was vielleicht am allerwichtigsten ist, sowohl die Kinder als auch die Mitarbeiter selbst waren glücklich. Jean und ich waren sehr froh. Alle arbeiteten mit vollem Einsatz und es war einfach wundervoll.
Im Camp herrschte eine offene und freie Atmosphäre. Die Leute gingen aufeinander zu und redeten offen miteinander. Ich glaube nicht zuletzt, weil Jean und ich auf die Mitarbeiter eingingen, interessierten sich diese mehr für die Kinder, mit denen sie arbeiteten, und waren mit größerem Enthusiasmus bei der Sache als früher. Die Mitarbeiter hatten eine gewisse Freiheit, ihre Aktivitäten selbst zu wählen und zu verantworten, und sie erwiesen sich als sehr kreativ im Umgang miteinander. Es war alles in allem eine großartige Sache.
Und die Kinder – ich wünschte, ich könnte sie euch zeigen. Sie waren wirklich klasse! Diese Kinder waren so lebendig und ehrlich. Natürlich war ich auch manchmal müde und gereizt – allen ging es so. Aber wir kooperierten wirklich miteinander, wir hatten unseren Spaß und wir lernten einander und uns selber besser kennen.
Inzwischen verschlechterte sich die Beziehung zwischen mir und Mr. Barnes (der nicht mit seinem Vornamen genannt werden wollte). Aus seiner Perspektive war das Camp ein Problem. Er beklagte sich immer wieder, daß keine Disziplin herrsche – worunter er verstand, daß Leute stundenlang in Reih und Glied stehen. Die Mitarbeiter hatten sich dagegen ausgesprochen, jeden Morgen das ganze Camp aufmarschieren und den Fahnengruß sprechen zu lassen, so oft die Fahne auf dem Mast hochgezogen wurde. Es war langweilig, ein fauler Zauber. Und wir entschieden uns dagegen. Wir machten es auch deshalb nicht, weil Mr. Barnes

die Benutzung des Schwimmbeckens so eingeteilt hatte, daß eine Gruppe fast überhaupt nicht zum Schwimmen kam. Die Kompromißlösung des Flaggenproblems bestand darin, sie jeden Morgen von Betreuern aufziehen zu lassen ... jeden Abend holten Mitarbeiter sie wieder herunter, falteten sie zusammen und brachten sie in das Büro zurück.

Es gab auch andere Veränderungen. Die Kinder hatten mehr Möglichkeit, selbst zu bestimmen, was sie tun wollten, z. B. mehr Ausflüge zu unternehmen. Weil sowohl Kinder als auch Betreuer beteiligt waren, bemühten wir uns immer um einen Konsensus oder Kompromißlösungen; nichts wurde mit Gewalt erzwungen. Innerhalb der durch das Budget und die vorhandene Struktur gesetzten Grenzen wurden die wichtigsten Entscheidungen von denjenigen getroffen, die sie unmittelbar angingen. Wir sahen dies als überaus wichtig an – wie Entscheidungen zustande kamen und wie sich unsere Beziehungen zueinander gestalteten.

Mr. Barnes drängte mich immer wieder, das Heft in die Hand zu nehmen, sonst würde er es tun. Soweit er es konnte, tat er das auch. Er etablierte eine Bürokratie von drei Leuten, was zur Folge hatte, daß es zehn Tage dauerte, bis wir Schokolademilch für die Kinder bekamen, die dies wünschten – obwohl täglich Milch geliefert wurde. Der Milchmann sagte immer wieder: »Wir haben Schokolademilch genug, aber ich kann sie Ihnen erst liefern, wenn ich den Auftrag vom Boß habe.« Mr. Barnes ließ auch jedes Schloß im Haus austauschen und nahm die einzigen Schlüssel an sich. Jean und ich bekamen nicht einmal einen Schlüssel zu dem Getränkeraum, weil er fürchtete, wir würden Limonade klauen – jemand erzählte uns, daß er dies geäußert habe. Wir mußten jeden Tag zu ihm gehen und uns den Schlüssel holen, um die tägliche Limonaderation für die Kinder in die Kühltruhe tun zu können. Wenn er nicht zu finden war – was ziemlich häufig geschah –, wurde die Limonade warm verteilt. Selbst an dem Schrank, in dem der Pulverkaffee verwahrt war, ließ er ein Schloß anbringen und auch diesen Schlüssel behielt er für sich!

Ich erklärte ihm, daß wir versuchten, das Camp nach dem Prinzip der Selbstkontrolle zu führen. Die Bedeutung von Disziplin werde nicht unterschätzt, aber der Akzent liege auf der *Selbst*disziplin

und nicht auf einem System, das von oben nach unten durchgesetzt werde.
Dies imponierte Mr. Barnes nicht im mindesten, und je mehr Zeit verging, desto gespannter wurden unsere Beziehungen. Als Verwalter des Camps versuchten Jean und ich dafür zu sorgen, daß die Freizeiteinrichtungen des Camps maximal und möglichst reibungslos genutzt wurden. Wir organisierten die Fahrten und besorgten die nötigen Einkäufe. Sooft es unsere Zeit zuließ, waren wir mit den Kindern zusammen, einfach, um sie kennenzulernen und mit ihnen zu spielen. Aber wir mußten zuviel Zeit damit zubringen, als Puffer zwischen Mr. Barnes und dem Camp zu fungieren. Er tauchte nur gelegentlich auf, um uns zu sagen, was wir falsch machten – darauf beschränkten sich seine Kontakte sowohl mit den Mitarbeitern als auch mit den Kindern. Er verlor nie ein Wort über die Dinge, die wir richtig machten. Seine Vorstellung von Pädagogik erschöpfte sich darin, die Leute zu fragen, ob sie die richtigen Bezeichnungen bestimmter Dinge kannten wie: »Wie nennt man die Federn eines Pfeiles?« Wir hielten es für wichtig, das Camp soweit wie möglich vor ihm zu verschonen.
Ich gestehe, es gelang mir schlecht, mich in einen Mann einzufühlen, der acht Jahre in der Armee zugebracht hatte. In gewisser Hinsicht hatte ich ihn von Anfang an als Feind betrachtet. Und ich war ziemlich unklug. Ich lernte keines der Vorstandsmitglieder kennen. Rückblickend war dies eine schlechte Strategie, und ich gebe mir selbst dafür die Schuld. Aber ich ahnte nichts von der Verzweiflung dieses Mannes.
Nach allen unseren Rückmeldungen zu schließen, war das Camp ein großer Erfolg. Bei der ersten Übernachtung – jede zweite Woche konnten die Kinder in der Nacht von Donnerstag auf Freitag im Camp nächtigen – waren mehr als achtzig Prozent der Kinder anwesend. In der Vergangenheit hatten nur etwa dreißig Prozent von dieser Möglichkeit Gebrauch gemacht.
In der dritten Woche fing Mr. Barnes an, sich durch unseren Erfolg bedroht zu fühlen. So ein Camp hatte er noch nie erlebt – so offenherzig und warm – wo sich die Leute umarmten, weinten und redeten, wonach ihnen der Sinn stand. Daß sich alle dabei wohl zu fühlen schienen, machte die Sache noch schlimmer für ihn.

In dieser Woche hatten wir wieder eine Übernachtung, an der fast das ganze Camp teilnahm. Mr. Barnes kam vorbei, brüllte ein paar Kinder an, versperrte eine Reihe von Türen, zu denen er die einzigen Schlüssel hatte und ging wieder, mit der Bemerkung, er werde später zurückkehren, um zu sehen, wie alles liefe. Es stellte sich heraus, daß er sogar den Raum abgesperrt hatte, in dem sich das Telefon befand, so daß wir nicht einmal mit den Eltern sprechen konnten, die anriefen, um sich nach ihren Kindern zu erkundigen. Und er ließ sich bis zum nächsten Tag nicht mehr blicken!

Am nächsten Nachmittag [Freitag] hatten Barnes und ich einen Krach wegen ein paar Orangenschalen, die er unter einem Tisch gefunden hatte. In seiner Frustration über wichtigere Dinge stürzte er sich auf diese kleine Nachlässigkeit. Das Camp war gerade damals fast makellos sauber, da wir alle miteinander eben ein Großreinemachen veranstaltet hatten – nur diese Orangenschalen waren uns entgangen. Ich muß gestehen, daß mir die Kinder und ihre Eltern wichtiger waren. Nach Übernachtungen mußte immer nach verlorenen Kleidungsstücken gesucht werden, Fragen waren zu beantworten und Eltern zu beschwichtigen.

Mr. Barnes teilte mir mit, daß er und ich uns am nächsten Montag mit Mr. Smith, dem Schatzmeister des Gemeindezentrums, treffen sollten, um über den Konflikt zu sprechen. Ich war etwas nervös, da ich noch nie zuvor mit Mr. Smith gesprochen hatte. Aber ich war auch froh über dieses Treffen, da ich darin eine Chance sah zu erklären, was hier vorging, und über all die Schwierigkeiten zu sprechen, die Mr. Barnes uns und dem Gemeindezentrum generell bereitete. Ich verbrachte einen großen Teil des Wochenendes damit, mir Notizen über Vorfälle zu machen, um bei unserem Gespräch mit Fakten aufwarten zu können.

Am Montagmorgen der vierten Lagerwoche ging ich in Mr. Barnes' Büro hinauf und fand dort Mr. Smith zusammen mit Mr. Barnes und einigen anderen Leuten vor, die ich nicht kannte. Man sagte mir, daß noch nicht *alle* da seien und daß man nach mir schicken werde, sobald alle eingetroffen seien und man mich brauche.

»Was!«, dachte ich. »Das sollte ein Treffen zwischen drei Leuten sein!« Aber ich ging hinunter ins Camp zurück, und als alle da waren, schickten sie nach mir. Als ich den Raum betrat, waren etwa acht Leute anwesend.

Damit war, wie ich erfuhr, der Vorstand des Gemeindezentrums fast vollständig vertreten. Den Vorsitz führte eine sechsundsechzigjährige Frau, die fast gehunfähig war, eine nette Person, die auf ihre Weise einen großen Teil ihres Lebens im Dienst für die Gemeinschaft zugebracht hatte – in einer liberalen, aber gewissermaßen blinden Weise, das heißt, ohne auf den anderen im mindesten einzugehen. Sie wußte, was für die Leute gut war und was getan werden mußte, und niemand durfte das in Frage stellen, und niemand durfte sie herausfordern, weil sie eine so reizende Dame war. Und das stimmte auch, es stimmte wirklich.

Als mich Mr. Barnes den übrigen Vorstandsmitgliedern vorstellte, wies er darauf hin, wie sehr diesen Leuten am Wohlergehen der Kinder gelegen war. Er erwähnte, wer in der Sonntagsschule unterrichte, seit wieviel Jahren und so weiter. Ich möchte nicht den Eindruck erwecken, daß dies schreckliche Leute waren, denn das waren sie nicht. Sie machten sich Sorgen um die Kinder im Camp und sie machten sich Sorgen um ihr Gemeindezentrum. Sie meinten, ich ruinierte beides.

Ich erfuhr später, daß zu dieser Zeit bereits einige phantastische Gerüchte über mich in Umlauf waren: Ich sei homosexuell und bedrängte die männlichen Mitarbeiter; ich verführte die Frauen und sei dabei erwischt worden, wie ich mit einer im Sandkasten kopulierte; ich gehörte einer kommunistischen Verschwörergruppe an, die in einem Lager in Kanada ausgebildet worden sei, um in dieser Gemeinde die Macht zu ergreifen und dabei mit den Kindern zu beginnen – dieses letzte Gerücht stammte direkt von Mr. Barnes, wie mir drei Leute versicherten. Man sah in mir eine Art von ränkeschmiedendem Rattenfänger von Hameln.

Sie feuerten mich. Ich schneite in diese Versammlung hinein, und als man mich allen vorgestellt hatte, las man mir meine Kündigung vor. Ich wurde einfach *weggepustet.* Sie sagten, sie würden mir das Geld für den Rest des Sommers geben, aber sie wollten, daß ich verschwinde.

Und sie weigerten sich, mit mir über irgend etwas zu sprechen.

Keiner von ihnen hatte sich je zuvor mit mir unterhalten; keiner von ihnen hatte je mit irgend jemand gesprochen, der irgend etwas mit dem Camp zu tun hatte – weder mit den Kindern noch mit den Mitarbeitern oder mit Jean, aber auch nicht, soweit mir bekannt wurde, mit irgendwelchen Eltern – dennoch fanden sie, sie hätten genug gehört.

Ich wurde um 9.30 Uhr an diesem Montagmorgen entlassen. Es war der wichtigste Tag des Camps, der erste Tag der Woche mit der größten Teilnehmerzahl – über hundert Kinder. Ich hing noch etwa eine halbe Stunde herum, sammelte meine Sachen zusammen, erzählte einigen Betreuern, daß ich entlassen worden sei, und dann ging ich nach Hause. Jean war von den gleichen Leuten zu einer Besprechung zitiert worden, ich konnte deshalb nicht mit ihr reden. Ich ging nach Hause, einfach verletzt und verwirrt. Ich hatte keine Idee, was ich tun sollte.

Später erfuhr ich, daß sie Jean die Leitung des Camps angetragen hatten, unter der Bedingung, daß sie ihre Befehle direkt von Mr. Barnes entgegennehme. Sie hatte abgelehnt und erklärt, daß sie mich wieder eingestellt sehen wollte.

Um 10.30 Uhr regnete es, und die ganzen einhundert Kinder und fünfundzwanzig Betreuer mußten sich in den Aufenthaltsräumen des Camps zusammendrängen, die ziemlich schlecht waren – der ausgebaute Keller des Gemeindezentrums und ein kleiner Turnsaal. Ich war zu Hause und fühlte mich ungeheuer verletzt. Meine Reaktion auf die Entlassung war: »Noch nie hat mich eine Gruppe von *Erwachsenen* so behandelt.« Sie hatten nicht einmal mit mir gesprochen. Ich konnte es fast nicht glauben.

Um 11.30 Uhr an diesem Morgen befand sich das gesamte Camp im Streik. Vor dem Gemeindezentrum gingen Streikposten mit Tafeln auf und ab, die von der Gruppe »Zeichnen und Werken« gemalt worden waren. Mit einer Ausnahme unterschrieben alle Mitarbeiter eine Petition, in der sie erklärten, sie würden ihre Arbeit erst dann wieder aufnehmen, wenn ich wieder eingestellt worden sei.

Keiner der Betreuer war je zuvor im Leben in eine ähnliche Sache verwickelt gewesen. Sie hatten noch nie vorher für irgend etwas gestreikt. Und ich hatte mit diesem Streik nichts zu tun. Ich wußte nicht einmal davon. Niemand sagte diesen Leuten, was sie zu tun hatten. Sie wußten, was sie wollten. Sie hatten drei Wochen lang – die Mitarbeiter etwas länger – in dieser Umgebung gelebt, in der man ihnen vertraute und sie als Menschen behandelte, und sie weigerten sich einfach, von Funktionären herumkommandiert zu werden, die nicht einmal wußten, was los war.

Was mich am meisten beeindruckte, war, daß sie nicht für mich streikten ... *sondern für sich selbst.* Vielleicht hatte ich so etwas wie Charisma oder einen Stil an mir, der ihnen gefiel. Aber im allertiefsten Grunde meines Herzens glaube ich, daß sie sich einfach nicht selbst aufgeben wollten. Sie waren nicht bereit, sich einem anderen Führungsstil – einer anderen Art des Existierens – zu unterwerfen, nachdem sie die Alternative kennengelernt hatten. Sie hatten sie am eigenen Leib erfahren, und sie standen dazu. Und ich war einfach unglaublich stolz auf sie. Ich weinte mindestens dreimal an diesem Tag. Ich war so stolz auf diese Kinder, ich mochte sie ungeheuer. Ich fand sie toll, einfach toll.

Wie dem auch sei ... ich werde versuchen, die Geschichte jetzt abzukürzen ... [viele Stimmen aus der Gruppe: »Kürze sie nicht ab!«]

Okay ... um ein Uhr mittags ruft mich der Direktor zu Hause an, um mich aufzufordern, in das Gemeindezentrum zu kommen. Der Anruf erreichte mich nicht mehr, weil ich bereits dorthin unterwegs war. Ich war zu Hause gewesen und hatte nachgedacht, völlig vor den Kopf gestoßen, und nichts von den Leuten im Lager gehört. Ich wußte nicht, was ich tun sollte, und ich fürchtete, daß sich die Mitarbeiter auf Kompromisse in bezug auf das Lager einlassen würden um mich zurückzubekommen.

Als ich hinkam, marschierten die ältesten Teilnehmer im Regen um das Gemeindezentrum herum und trugen Tafeln, auf denen »Wir wollen Al!« stand. Sie liefen mir entgegen, während ich dastand wie angewurzelt. Tränen liefen mir über die Wangen. Was für ein Tag das war! Einfach wundervoll.

Man sagte mir, daß Mr. Barnes mich angerufen habe; er wolle mit mir sprechen. Zuerst ging ich in die Turnhalle und die Kellerräume, um alle wiederzusehen – das war eine freudige Begrüßung –, dann ging ich zu Mr. Barnes hinauf.

Er war wütend! Er brüllte mich an: »Bringen Sie dieses Camp wieder in Ordnung!« Ich antwortete: »Ich kann nichts tun. Ich bin entlassen worden. Ich arbeite hier nicht mehr.« Und er entgegnete: »Okay, Sie sind wieder eingestellt.«

Ich ging hinunter, und die Kinder kehrten sehr rasch zu ihren ständigen Gruppen zurück. Wir waren alle sehr glücklich. Dann ging ich wieder hinauf und führte mit Mr. Barnes ein zweistündiges Gespräch. Ein Faktum, das ich nicht erwähnt habe, ist, daß Mr. Barnes noch mit seiner Mutter zusammenlebte. Als wir an diesem Nachmittag in seinem Büro miteinander redeten, kam sie durch die Tür hereingestürmt. Sie war rot im Gesicht und schrie mich an: »Ihnen gehört der nackte Hintern versohlt!«, und sie keifte herum, wie schwierig ich das Leben für sie und ihren wunderbaren Sohn, Kenneth, mache, der so kinderliebend sei. Ich habe ihn noch nie so peinlich berührt gesehen. Er wiederholte ständig: »Mutter ... Mutter! ... MUTTER ... ich erledige das schon!«

Als die Kinder nach Hause gegangen waren, hielten er, Jean und ich sowie die übrigen Mitarbeiter eine Besprechung ab. Ich glaube, auch Mr. Smith war anwesend. Ich wurde wieder eingestellt und das Camp wurde so weiterbetrieben wie bisher. Mr. Barnes, Jean und ich beschlossen, uns täglich eine Stunde lang zu treffen, um alle Schwierigkeiten zwischen uns auszuräumen. Mr. Barnes erklärte dann den Mitarbeitern seine Position. Zu seinem Pech log er über Ereignisse, an denen die Mitarbeiter beteiligt gewesen waren, so daß sie wußten, daß er log. Damals hielt ich ihn für ziemlich dumm, inkompetent und desorganisiert, statt zu erkennen, daß er wirklich in Schwierigkeiten und nahezu verzweifelt war. Das Camp lief danach viel besser. Aus diesen Ereignissen war uns eine Menge Energie zugewachsen, und wir fühlten uns einander näher denn je. Aber je besser die Dinge im Lager liefen, desto gespannter wurde unsere Beziehung zu Mr. Barnes. Jetzt wußte natürlich das ganze Lager über unsere Schwierigkeiten Bescheid, und ich glaube, das machte die Sache noch schlimmer für ihn. Er erschien nur ein einziges Mal zu der geplanten Besprechung mit Jean und mir, und Mitte der Woche brüllte er einmal: »Unsere Beziehung wird sich nie bessern!«

In dieser Woche schrieb ich an die Vorstandsmitglieder einen

Brief, in dem ich ihnen meinen Wunsch mitteilte, den Rest des Sommers im Camp und mit den Kindern zuzubringen, und meine Hoffnung ausdrückte, daß wir die negativen Gefühle vom Montag vergessen könnten, und ihnen anbot, mit jedem von ihnen zu sprechen, falls sie dies wünschten. Ich begegnete in dieser Woche einigen Vorstandsmitgliedern und sagte ihnen auch mündlich, daß ich zu einem Gespräch mit ihnen bereit sei, falls ihnen dies als nützlich erscheine. Keiner ging darauf ein!

Die Mitarbeiter hatten einen Wochenendausflug geplant. Das Camp dauerte jeweils fünf Tage; das nachfolgende Wochenende wollten wir in einem Landhaus verbringen, das den Eltern von zwei Betreuern gehörte. Bei der Planung dieses Wochenendes entstand in der vierten Woche ein heilloses Durcheinander. Die Eltern der Mitarbeiter riefen an, um mit Jean oder mir über das Wochenende zu sprechen, und die Leute von oben – Kenneth Barnes und der stellvertretende Direktor des Gemeindezentrums – übernahmen die Anrufe und erklärten, wir seien unabkömmlich. Wir konnten nicht an unser eigenes Telefon heran, und wir wußten nicht einmal, daß diese Eltern angerufen hatten; es wurden uns auch keine Botschaften weitergegeben.

Oben wurden die Anrufe abgefangen und den Eltern gesagt: »Das ist eine schreckliche Sache. Wir sind nicht dafür. Das Camp hat nichts damit zu tun. Es sind keine Erwachsenen dabei, die die Aufsicht führen.« Weder Jean noch ich waren verheiratet, also waren wir in ihren Augen keine erwachsenen Aufsichtspersonen. Vermutlich stellten sie sich eine Orgie vor.

Nun, wir fuhren schließlich – etwa die Hälfte der Mitarbeiter –, nachdem ich einen ganzen Nachmittag zu Hause zugebracht hatte, wo ich das Telefon benutzen konnte und mit den Eltern der Mitarbeiter telefonierte und versuchte, die Sache richtigzustellen. In dieser Woche wurden die Mitarbeiter abends von ihren Eltern häufig mit dem Vorwurf empfangen: »Du hast mich über diese ganze Sache angelogen.« Weil die Eltern mit den Leuten im Hauptbüro gesprochen hatten. Ich mußte dann die Eltern anrufen, um die Kinder vor Schwierigkeiten zu bewahren. »Ihre Kinder haben Sie nicht angelogen«, sagte ich. »Ich kann Ihnen nicht erklären, was hier vorgeht, aber das ist eine Wochenendfahrt für die Mitarbeiter, die daran teilnehmen können und wollen, und ich werde dort sein und Jean wird dort sein.« Zum Glück hatten die meisten Eltern der Mitarbeiter Jean und mich kennengelernt und wußten, um wen es sich handelte. Wir waren in ihren Augen Menschen, und sie sahen in mir nicht den Rattenfänger von Hameln oder sonst etwas.

Wir machten jedenfalls diesen Ausflug, unterhielten uns prächtig und kamen dann zur fünften Woche des Camps zurück. Wir freuten uns auf die zweite Hälfte unseres gemeinsamen Sommers. Am Montagmorgen verschlief ich ein bißchen, statt wie gewöhnlich früher als nötig im Camp zu sein. Während ich mich beeilte, um aus dem Haus zu kommen, erhielt ich einen Anruf von einer der Mitarbeiterinnen. Sie sagte: »Al, du mußt sofort hierher kommen! Es sind lauter neue Mitarbeiter hier! Sie verbieten uns, den Kindern in die Nähe zu kommen, und sie treiben alle Kinder mit den neuen Mitarbeitern auf den Tennisplätzen zusammen.«

Der Vorstand hatte sich am Dienstag der vierten Lagerwoche – einen Tag, nachdem ich zum ersten Mal gefeuert wurde – heimlich bei Mr. Barnes getroffen und beschlossen, einen völlig neuen Mitarbeiterstab einzustellen. Als ich im Camp eintraf, waren unsere Mitarbeiter bereits da und völlig außer sich. Sie waren verwirrt und geschockt, wütend, traurig und verängstigt. Man erlaubte ihnen nicht, den Kindern in die Nähe zu kommen, von denen einige um sie weinten. Es war ein fürchterliches Schlamassel.

Fünfundzwanzig Mitarbeiter wurden davongejagt. Die Teilnehmer wurden gefeuert. Ich wurde davongejagt.

Die Vorstandsmitglieder beriefen mich wieder zu einem internen Treffen und erklärten mir, ich sei entlassen und würde verhaftet werden, wenn ich je meinen Fuß wieder auf das Gelände setzte, und ich sollte zusehen, daß ich verschwände. Ich sagte, ich würde nicht gehen, bis ich wisse, was mit den Teilnehmern und den Mitarbeitern geschehe. Daraufhin wurde eine Besprechung mit Mr. Smith, dem Schatzmeister des Vorstands, Mr. Barnes und unseren Mitarbeitern einberufen. Smith und Barnes erklärten: »Sie alle haben diese Petition unterzeichnet, in der Sie erklärten, nicht arbeiten zu wollen, bis Alan wieder eingestellt wird. Damit haben Sie gekündigt, und wir nehmen Ihre Kündigung an.«

Es war, als ob diese Jugendlichen keine Rechte hätten! Als ob sie keine Menschen seien, die Achtung verdienten! Ich wies daraufhin, daß sie vor dem gesamten Stab erklärt hatten, sie würden mich wieder einstellen, und sie bemerkten darauf kaltschnäuzig: »Nun, da haben wir gelogen, um die Teilnehmer zu schützen.«
Ich teilte ihnen mit, daß ich sie wegen betrügerischer Vertragsverhandlungen verklagen würde. Jetzt waren *sie* außer sich. Sie sagten: »Die Besprechung ist beendet. Wir werden mit unserem Anwalt darüber reden.« Nicht, um sich zu überlegen, was sie tun sollten; sie mußten mit ihrem Anwalt reden, um herauszukriegen, was sie getan hatten! Sie forderten die Mitarbeiter auf, am Dienstag wiederzukommen, um zu erfahren, was über sie beschlossen worden sei.
Ich hielt es einfach nicht für möglich, was diese Leute taten. Sie feuerten fünfundzwanzig Jugendliche, weil sie solchen Horror vor einem offenen, personenbezogenen Camp hatten. Das *ist* eine radikale Idee, und wenn es die Leute sehen, kriegen sie es mit der Angst zu tun.
CARL: Ich werde das Ende von Alans Geschichte berichten, und danach wird er uns einige seiner Erkenntnisse mitteilen.
Die »gefeuerten« Mitarbeiter beschlossen, häufig zusammenzukommen. Die neue Leiterin wurde mit dem Camp nicht fertig, und sie und der gesamte neue Mitarbeiterstab kündigten nach einer Woche.
An diesem Tag kam die ganze Sache an die Öffentlichkeit. Die örtlichen Zeitungen brachten Artikel und Briefe beider Seiten.
Mr. Smith nahm einmal, die Eltern der Mitarbeiter nahmen häufig an den Treffen des »gefeuerten Stabes« teil. Er und sie *hörten* zum ersten Mal etwas von der personenbezogenen Philosophie, die hier verwirklicht wurde. Sie sahen auch, daß Alan »ein Mensch war und daß diese Mitarbeiter nicht an meinen verführerischen Fäden tanzten«.
Als Mr. Smith eine Konferenz einberief, erschien Mr. Barnes nicht. Vieles sprach dafür, daß er ein überaus ängstlicher, unsicherer Mensch war. Mr. Smith übernahm nach einigen dramatischen Momenten der Unsicherheit die Verantwortung für die Wiedereinstellung Alans und der ursprünglichen Mitarbeiter und für die

Wiedereröffnung des Camps. Alle bereits gemeldeten Kinder (und noch mehr) kamen und genossen noch zwei erfreuliche Wochen.

ALAN: Ich glaube, daß dies bei vielen Leuten echte Veränderungen hervorgerufen hat – Veränderungen, die ebenso subtil wie irreversibel sind. Die Leute – vielleicht vor allem die Mitarbeiter – erkannten: »So möchte ich mein Leben führen.« »So bin ich.« »So will ich meine Beziehungen zu anderen gestalten.« »Ich möchte mein Leben selbst bestimmen.«

Ich glaube, viele von uns haben Dinge gelernt, Erkenntnisse, die uns bleiben werden. Ich ganz gewiß. Und die Mitarbeiter, mit denen ich im Camp zu tun hatte, erstaunten mich einfach. Ich glaube, sie erstaunten viele Leute – einschließlich sich selbst – durch ihre Tatkraft, wenn man ihnen dazu Gelegenheit gab. Beim Erzählen dieser Geschichte habe ich die dramatischsten Ereignisse geschildert – über die man am leichtesten sprechen kann. Was mir jedoch jetzt, wenn ich auf diesen sehr erfüllten Sommer zurückblicke, am wichtigsten erscheint – darüber zu sprechen, fällt mir schwerer. Doch diese schwer faßbaren Dinge sind es, die den Ereignissen ihre Bedeutung verliehen, und ich glaube, sie sind der Grund dafür, daß die Spontaneität, der Mut und die Integrität der Mitarbeiter offenbar werden konnten.

Was schwer zu beschreiben ist, sind unsere Gefühle füreinander, unser gemeinsames Bewußtsein, daß das, was wir taten, wichtig für uns war, und daß wir voll dahinterstanden. Es ist schwer, darüber zu sprechen, wie sehr wir einander mochten und wieviel uns die Kinder im Camp bedeuteten. Wir traten als ganze Menschen miteinander in Beziehung, wir vertrauten einander und teilten unsere Lebensenergie in sinnvoller und ehrlicher Weise. In dem Klima des Vertrauens und der Offenheit, das wir schufen, entdeckten wir alle, glaube ich, mehr Fähigkeiten in uns selbst und in den anderen, als wir für möglich gehalten hatten.

Unsere Art, miteinander umzugehen, erwies sich für die anderen als ziemlich bedrohlich, und ich glaube, mit gutem Grund! Ich erkenne die politischen Implikationen der personenbezogenen Orientierung jetzt viel deutlicher. Sie ist weit entfernt von der praktizierten Politik der meisten Institutionen und Kommunen, selbst derjenigen, die den historischen Ursprüngen unserer Demokratie so nahe stehen wie Graceville/Massachusetts. Doch der Geist der Selbstbestimmung, der Freiheit und des Wachstums (nicht minder fundamental wie Leben, Freiheit und das Streben nach Glück) lebt in einem Volk weiter wie eine Glut, die darauf wartet, durch einen Funken von Vertrauen, Verständnis, Mitgefühl oder Bewußtsein entzündet zu werden.

Ich glaube, die Ideale der Demokratie sind immer noch ziemlich revolutionär. Die personenbezogene Einstellung ist für mich die Verkörperung dieser Ideale in der Unmittelbarkeit menschlicher Beziehungen. Sie läßt sich nicht auf eine Strategie oder eine Technik reduzieren. Es ist vielmehr eine Haltung, die auf der Achtung für die Integrität und dem Wert der Person basiert; es ist eine Art und Weise, die Welt und die anderen zu sehen und mit ihnen in Beziehung zu treten. Es ist eine Seinsweise, die entweder in der Gegenwart oder überhaupt nicht gelebt wird, denn die personenbezogene Politik ist so unmittelbar wie die Menschen und ihre Beziehungen. Die personenbezogene Einstellung liefert uns eine Perspektive, aus der klar erkennbar ist, daß demokratische Traditionen und Werte durch autoritäre Systeme weder erhalten noch gefördert werden.

Carl: Man kann dies für die Geschichte eines relativ unerheblichen »Sturmes in einer Kindertagesstätte« halten, man kann darin aber auch ein mikroskopisches Beispiel willkürlicher und unpersönlicher Machtausübung gegenüber einer Gruppe machtloser Individuen sehen, die die euphorisierende Erfahrung verantwortlicher Freiheit gemacht haben.

Durch einen Zufall (den Weggang des früheren Direktors und seine Ablösung durch Mr. Barnes) gestalteten sich die Vorgänge in der Kindertagesstätte zu einem klaren und klassischen sozialen Experiment. Einer konventionell organisierten Institution wurde ein konsequent durchgeführtes personenbezogenes Projekt aufgepfropft. Da der personenbezogene Ansatz extrem revolutionär ist, konnten die beiden Systeme einfach nicht miteinander koexistieren, und die stille (oder nicht so stille) Revolution war unvermeidlich.

Es gibt zwei gegensätzliche Arten der Machtausübung. In seinem

Umgang mit den Mitarbeitern und den Kindern brachte Alan ihnen Vertrauen entgegen, hatte kein Verlangen, sie zu beherrschen oder zu manipulieren, und teilte die Verantwortung vollständig mit ihnen. Seine erste Frage war: »Wie stellt ihr euch *unser* Camp vor?« Er stieß zunächst auf Skepsis und Mißtrauen. Diese Haltungen verwandelten sich rasch in gegenseitiges Vertrauen, Offenheit, Bereitschaft zu teilen, Begeisterung und kreative, selbstverantwortliche Aktionen. An die Stelle der Konkurrenz trat die Kooperation. Selbstdisziplin ersetzte die Disziplin von außen. Jede Person – ob Teilnehmer oder Mitarbeiter – erfuhr seine eigene Macht und bediente sich ihrer ungehemmt.

Dann tritt die autoritative Art der Machtausübung auf den Plan. Bis zu dem Punkt, an dem Alan vor die Vorstandssitzung zitiert und kaltschnäuzig entlassen wurde, war niemand »unterdrückt« worden, obwohl sich hinsichtlich der »politischen« Überzeugungen enorme Differenzen abzuzeichnen begannen. Die Entlassung ist ein Ausdruck willkürlicher unpersönlicher Macht, ohne den Versuch, die Fakten bloßzulegen und zu erkunden: eine chirurgische Operation zur Beseitigung eines störenden Elements.

Alan berichtet über seine Gefühle der Kränkung, das Gefühl, durch die Ungerechtigkeit des Vorgehens „am Boden zerstört«, ausgelöscht zu sein. Dies gibt uns einen kleinen Einblick in die Vernichtung des Selbst, die von Hunderttausenden von Menschen empfunden wurde, welche das Objekt der zerstörerischen Kraft unpersönlicher, willkürlicher, blinder Macht gewesen sind. Die Tatsache, daß in diesem Fall – und wahrscheinlich in vielen anderen Fällen – die Macht von Leuten voll der besten Absichten ausgeübt wurde, macht das ganze nur um so bemerkenswerter. Die Politik der Macht und Herrschaft kann vernichtend sein, selbst wenn sie von Leuten ausgeübt wird, die nichts weiter wollen, als die Jugend zu schützen und für sie zu sorgen.

Die Reaktion der jugendlichen Mitarbeiter und der noch jüngeren Campteilnehmer auf die erste Entlassung und die folgenden, sich eskalierenden Ereignisse verdient genaue Beachtung. Die Reaktion von Personen, die die Begeisterung und Verantwortung der Freiheit nach willkürlicher Autorität kennengelernt haben, ist durchaus vorhersagbar und dennoch immer wieder überraschend.

Führungsfähigkeiten, Kreativität und Phantasie werden überall dort freigesetzt, wo Individuen sich gegen diese Verletzung ihrer Rechte als Personen verteidigen. Dies trifft zu, obwohl sie die in diesem Fall verantwortliche Freiheit nur wenige Wochen lang genossen hatten und aller Wahrscheinlichkeit nach nie zuvor vergleichbare Erfahrungen in ihren Familien, in der Schule oder in der Gemeinde gemacht hatten. Die freigesetzte Energie erscheint grenzenlos.

Es sollte klar erkannt werden, daß ohne Mr. Smith oder selbst mit diesem die Geschichte einen ganz anderen Ausgang hätte nehmen können. Hier finden am Ende die Leute Unterstützung, die für ihre eigenen Handlungen verantwortlich sein wollten, aber es hätte leicht auch ganz anders kommen können. Wie schon zuvor betont wurde, bringt personenbezogenes Verhalten in jedem System *Risiken* mit sich.

Aber die wichtigste Lektion, die ich aus all dem ziehe, ist, daß die *Machtlosen über Macht verfügen.* Obwohl die Sache für Alan, die Mitarbeiter und die Campteilnehmer schlecht enden hätte können, entdeckten und gebrauchten sie eine Macht, von der sie wußten, daß sie sie besaßen. Nach der Entlassung Alans machten sie die Erfahrung, daß sie selbst in einer Situation, in der sie offiziell kein Mitspracherecht, keine Kontrolle und keine Autorität hatten, eine starke Wirkung ausüben konnten, wenn sie nach ihren Überzeugungen handelten und sich selbst als verantwortliche, freie Personen akzeptierten und forderten, als solche anerkannt zu werden. Dies ist bezeichnend für die Politik der Machtlosen.

10.

Ohne Eifersucht?

Fred und Trish versuchten ihre Ehe zu einer Beziehung zu machen, in der sie beide als Personen im Mittelpunkt stehen. Sie haben versucht, alle nötigen Entscheidungen gemeinsam zu treffen und den Wünschen beider das gleiche Gewicht einzuräumen. Beide haben sich in einem außergewöhnlichen Maß darum bemüht, sich dem anderen gegenüber nicht besitzergreifend oder beherrschend zu verhalten. Sie haben eine Partnerschaft entwickelt, in der ihr Leben sowohl getrennt als auch gemeinsam verläuft. Beide unterhalten Beziehungen außerhalb der Ehe, und diese intimen Interaktionen sind oft sexueller Natur gewesen. Sie haben über diese Beziehungen offen gesprochen und scheinen sie als natürlichen und befriedigenden Teil ihres Lebens und ihrer Ehe zu betrachten. Sie schätzen ihren Lebensstil. Ihre Ehe ist personenbezogen und überhaupt nicht konventionell.

Trotz ihrer gegenseitigen Offenheit versagte die Kommunikation in einem entscheidenden Punkt. Und es trat ein Trauma ein, das in keiner offenkundigen Beziehung zu ihren außerehelichen Kontakten stand. Die beiden stehen sich nach wie vor sehr nahe, obwohl sie weiterhin andere Beziehungen unterhalten. Dieser wunde Punkt in ihrem Leben und in ihrer Kommunikation macht ihre Geschichte noch provozierender.

Wenn eine Partnerschaft auf einer zunehmenden Wahlfreiheit basiert, wenn ihre zwischenmenschliche Politik frei von dem Wunsch zu herrschen ist, dann entwickelt sie sich auf einzigartige, idiosynkratische Weise. Wenn zwei Menschen offen und frei bestrebt sind, sie selbst zu sein, dann kristallisieren sich höchst individuelle Verhaltensmuster heraus. Was sich ergibt, ist kein Modell, es kann nicht nachgeahmt werden, aber es regt stark zum Nachdenken an.

Trotz ihrer außerehelichen Beziehungen gab es sehr wenig Eifersucht. Die Tatsache, daß das grünäugige Monster nicht vorhanden war, beleuchtet das ganze Problem der Eifersucht nur um so deutlicher.

Im Herbst 1973 erhielt ich einen langen Brief von einem jungen Ehemann, einem Hochschulabsolventen aus der Gegend von San Francisco, in dem er mir von der ungewöhnlichen Ehe berichtete, die er und seine Frau führten. Obwohl sein Bericht höchst eloquent war, stammte er ausschließlich von ihm, was in mir den Wunsch weckte, auch die Reaktionen seiner Frau kennenzulernen. Offen gestanden, erschien mir der Bericht zu gut, um wahr zu sein.

Drei Jahre später erhielt ich glücklicherweise weitere Mitteilungen von ihnen und besuchte sie in ihrem Wohnort, wo ich ein mehrstündiges Gespräch mit ihnen führte.

Ihrer äußeren Erscheinung, Kleidung und ihrem Auftreten nach unterscheiden sich Fred und Trish nicht stark von anderen Paaren ihres Alters. Es sind zwei attraktive Menschen, der Mann ist sehr schlank, seine Frau ein bißchen mollig. Sie kleiden sich zwanglos, sprechen sehr ruhig und erweisen einander im Gespräch stets die gebührende Achtung. Sie scheinen einander in großer Zuneigung verbunden zu sein. Sie wirken in keiner Hinsicht »anders als die anderen«.

Sie sind ein Paar mit weitgespannten, vielfältigen Interessen außerhalb ihrer Beziehung, und diese Interessen sind deutlich getrennt und decken sich nur teilweise. Trish liebt die Bewegung in frischer Luft; Freds Interessen sind mehr ästhetischer Natur, und er hofft mehr Zeit dafür übrig zu haben, sobald er den heiß begehrten Doktortitel hat. Kurz, es sind zwei kreative, facettenreiche Individuen. Hier ist Freds erster Brief:

FRED: Ich schreibe in Reaktion auf Ihr Buch *Becoming Partners.* Wir glauben, daß Sie in bezug auf die menschliche Fähigkeit, Besitzdenken und Eifersucht zu überwinden, zu pessimistisch waren. Unsere eigene Erfahrung beweist, daß Eifersucht nicht angeboren ist. Wir hoffen, daß das Schreiben dieses Briefes uns helfen wird – daß die Aufgabe, artikulieren zu müssen, wie wir unsere Beziehung sehen, uns größere Klarheit über unsere diesbezüglichen Gefühle verschaffen wird. Wir hoffen darüber hinaus, daß es Ihnen bei Ihrer Studie helfen wird.

Ich bin fünfundzwanzig Jahre alt, Trish ist vierundzwanzig. Wir sind seit drei Jahren verheiratet. Wir sind Hochschulabsolventen und leben seit sechs Jahren hier. Ich bin im dritten Jahr meiner höheren Studien in [einem technischen Gebiet] und hoffe, nach meiner Promotion den Lehrberuf ergreifen zu können. Trish ist eine ausgebildete Krankenschwester und arbeitet im hiesigen Hospital.

Am Anfang unserer Ehe fanden wir beide unsere Beziehung ideal. Damals betrachteten wir die Ehe noch als einen »Zustand« und nicht als einen »Prozeß«. Was uns jedoch mit einiger Beklemmung erfüllte, war die, wie es schien, unerschütterliche soziale Gesetzmäßigkeit, daß das eheliche Glück im Laufe der Zeit abnehmen würde. Dieses Gefühl war die natürliche Folge der zunehmenden Frustration, die wir in den Ehen rings um uns beobachteten. Unsere Beziehung schien sich jedoch insofern von anderen zu unterscheiden, als wir miteinander kommunizieren konnten. Das bedeutete, daß wir auch darüber sprachen, als Trish mit einem meiner Freunde vom College eine intime Beziehung einging. Damals war es mir möglich, diese Tatsache zu akzeptieren, ohne eifersüchtig zu werden. Dafür gibt es zahlreiche Gründe. Ich bin immer ein selbstsicherer Mensch gewesen. Meine Eltern liebten und unterstützten mich. Die Folge ist, daß ich mich nie durch andere Menschen bedroht gefühlt habe. Meine Ehe war kerngesund, ohne Bereiche unaufgelöster Frustration. Durch unsere Kommunikation waren wir imstande, in ständigem Kontakt miteinander zu sein bzw. einander Rückmeldung zu geben und die entstehenden Konflikte gleich beizulegen. Unsere Beziehung erfüllt uns mit großem Glück und ist unser Bezugspunkt und unsere Quelle der Sicherheit in unserem Verhältnis zur Umwelt. Wir hatten sowohl vor als auch während unserer Ehe eine erfüllte sexuelle Beziehung. Sex stellt für uns eine große Quelle emotional befriedigender Intimität und Gemeinsamkeit dar. Aus diesem Zusammenhang wird Ihnen klar werden, weshalb wir uns zumindest theoretisch nicht so unsicher fühlten wie viele der Paare in Ihrem Buch. Ich hatte eigentlich keinen Grund zur Annahme, daß mich Trish sexuell oder als Person ablehne.

Ich glaube, Trish vom Beginn unserer Beziehung an verstanden und ihre Bedürfnisse als Person akzeptiert zu haben. Ich fühlte mich ursprünglich zu ihr hingezogen, weil sie ein körperlich orientierter Mensch ist – eine sinnliche Frau im buchstäblichen Sinn. Sie kommuniziert ihr Gefühl der Anteilnahme und Liebe für andere Menschen, indem sie sie körperlich berührt. Da auch ich körperlich demonstrativ bin, trägt dies zu unserem guten Einvernehmen bei. Aber die Tatsache, daß ich diese Eigenschaft an Trish erkannte und liebte, war sehr wesentlich. Es wäre unfair von mir gewesen zu verlangen, daß sie diese Gefühle nur mir und nicht auch anderen gegenüber haben sollte. Ich hätte dann einen Zug der Trish, die ich liebte, verleugnen müssen. Auch die Tatsache, daß ich meine Freunde liebte und mochte, ließ es mir plausibel erscheinen, daß auch sie sich zu ihnen hingezogen fühlte. Der Hauptunterschied war, daß sie sie sexuell lieben konnte, während mir dies aus gesellschaftlichen Gründen nicht möglich war.

Ich habe darauf hingewiesen, daß unsere Diskussionen zunächst nur theoretischer Natur waren. In den ersten beiden Jahren unserer Ehe ergab sich infolge der Schüchternheit meiner Freunde und unserer eigenen emotionalen Unsicherheit keine Gelegenheit, sie in der Realität zu testen.

Zu Beginn unserer Ehe war es für Trish schwierig, die Idee zu akzeptieren, daß ich außerhalb der Ehe sexuelle Beziehungen unterhielt. Wir diskutierten darüber und kamen zu dem Schluß, daß ihre Possessivität auf ihr mangelndes Vertrauen zu sich selbst als einzigartige und wertvolle Person zurückzuführen sei. In ihrer Jugend war sie nicht um ihrer selbst willen akzeptiert worden, noch hatte man ihr gesagt, daß sie attraktiv sei. Es herrschte eine restriktive religiöse Atmosphäre, und sie war gezwungen, nach einem von außen aufgepfropften Moralkodex zu leben.

Diese Umstände machten sie selbstunsicher. Sie fühlte sich durch die Möglichkeit, daß ich außerhalb der Ehe sexuelle Beziehungen unterhalten könnte, in ihrer Sicherheit bedroht. Damals war sie noch der Meinung, daß eine Frau alle Bedürfnisse ihres Ehemannes erfüllen können müsse. Wenn ich mir außerehelichen Sex wünschte, so könne dies nur bedeuten, daß sie in irgendeiner Hinsicht versagt habe.

Dies begann sich alles zu ändern, als vor etwa einem Jahr für unsere Beziehung eine Periode neuen Wachstums begann. Ich war im zweiten Jahr meines weiteren Studiums und Trish begann sich für einen meiner neuen Freunde zu interessieren. Ich stimmte im Prinzip zu, daß es in Ordnung wäre, wenn sie sich auf eine sexuelle Beziehung mit ihm einließe, falls sich eine solche Situation ergeben sollte. Welche emotionalen Folgen dies haben würde, darüber konnten wir nur Vermutungen anstellen, aber wir beschlossen, die Sache auf uns zukommen zu lassen. Ständig um offene Kommunikation und Ehrlichkeit bemüht, stießen wir in emotionales Neuland vor. Dies war nicht immer leicht. Ich mußte meinem Freund versichern, daß diese neue Dimension unsere Freundschaft nicht gefährden werde. Je weiter wir auf diesem Weg voranschritten, desto zuversichtlicher wurden wir. Bald ergaben sich unerwartete Vorteile. Trish begann, sich selbst als Person zu entdecken. Sie war gezwungen, zu diesem Freund als Individuum in Beziehung zu treten, statt auf ihre bequeme Rolle als meine Frau zurückzugreifen. Sie begann das Leben aktiv anzupacken, und diese neue Haltung wirkte sich auch auf unsere Ehe aus. Ihr sexuelles Verhalten war kühn und experimentierfreudig. Wir entdeckten zu unserer Begeisterung, daß unsere Ehe besser denn je war.

Es war chronologisch wichtig für die Evolution unserer Beziehung, daß Trish als erste diese Erfahrung machte. Sie erkannte, daß die Liebe in der Ehe nicht abnimmt, wenn man mehr Menschen als den eigenen Ehemann liebt. Vielmehr war es so, daß ihre außerehelichen Erfahrungen ihre Liebe und Intimität mir gegenüber noch *vermehrt* haben. Aufgrund dieser Erfahrung war es ihr später möglich, meine Beziehungen zu anderen Frauen zu akzeptieren. Unsere Beziehung hat sich in einem Maße entwickelt, daß wir einander aktiv ermutigen, uns zusätzliche Beziehungen zu suchen, da sich dies auf uns individuell und als Paar so günstig auswirkt. Wenn sie sich mit einem anderen Mann gut unterhalten hat und mir das freudestrahlend erzählt, dann fühle ich mit ihr und ziehe einen indirekten Gewinn daraus. Es kommt mir aber auch unmittelbar zugute, weil ich eine interessantere, aufregendere und erfülltere Ehefrau habe. So fließen die Energie und das Wachstumspotential der außerehelichen Beziehungen in die Ehe zurück und tragen dazu bei, daß sie lebendig bleibt und wächst.

Aufgrund dieser früheren und gegenwärtigen Erfahrungen können wir der Behauptung nicht zustimmen, daß Eifersucht eine biologische Grundlage haben könnte. Unsere einzige Schwierigkeit besteht darin, genügend Zeit für die außerehelichen Beziehungen zu erübrigen. Es ist vorgekommen, daß einer von uns gekränkt war, wenn er mit dem Partner zusammensein wollte, dieser aber eine andere Verabredung hatte. In fast allen Fällen ist es uns durch ehrliche Mitteilung unserer Gefühle gelungen, zwischen einem Anfall von kleinlichem Egoismus und einem echten emotionalen Bedürfnis des Partners zu unterscheiden. Wir sind beide fest davon überzeugt, daß der Ehepartner Vorrang haben muß, wenn er sich in einem echten »emotionalen Tief« befindet. In einem solchen Fall würden wir einander immer emotionale Unterstützung geben und damit jeden schwerwiegenden Konflikt beseitigen.

Die erfolgreichsten »erweiterten« Beziehungen, die wir erlebt haben, waren die mit anderen Paaren. Es ist möglich, daß alle vier Beteiligten gleichzeitig miteinander in Beziehung stehen, entweder als Quartett oder als zwei getrennte Einheiten. Es gab keine Konflikte, und alle vier hatten ein größeres Gefühl der Parität. Die individuellen Beziehungen zu einem anderen Paar ermöglichten es auch, unsere synergistische Interaktion mit diesem Paar zu intensivieren, mit anderen Worten, meine Beziehung zu der Frau des anderen ermöglichte es mir, ihrem Mann näherzukommen und umgekehrt. Da es unser Wunsch ist, tiefe, bedeutungsvolle und multidimensionale Beziehungen zu anderen Menschen aufzubauen, hat sich diese Vierer-Interaktion als sehr fruchtbar erwiesen. Damit dieser Prozeß funktioniert, ist es jedoch unerläßlich, daß das andere Paar eine gesunde und offene Beziehung hat.

Ich hoffe, Ihnen einen Einblick in unsere Beziehung gegeben zu haben, so wie wir sie sehen und dazu stehen. Die offenen und ehrlichen Berichte der Paare in Ihrem Buch haben mich nicht zuletzt dazu motiviert. Es ist nicht immer leicht, freimütig über sich zu sprechen. Die warmen und simplen »guten Schwingungen«, die Sie gegenüber den Paaren in Ihrem Buch zeigen, veranlaßten Trish zu der Bemerkung: »Schreiben wir doch an Carl Rogers über unsere eigene Beziehung!« Ich hoffe, daß Sie etwas damit anfangen können.

CARL: Ich habe diesem Paar 1976 geschrieben. »Ich würde sehr gerne erfahren, was in den fast drei Jahren geschehen ist, seit Sie mir geschrieben haben. Ob es gute oder schlechte Nachrichten sind, wie auch immer Ihre eigene Beziehung oder Ihre Beziehung zu anderen ist, ich würde wirklich sehr gern von Ihnen hören. Eine besondere Bitte hätte ich dieses Mal: daß Sie, Trish, Ihre Reaktionen auf die Situation in Ihren eigenen Worten berichten mögen. Fred hat mir eine sehr eingehende Darstellung Ihrer Entwicklung als Paar und Ihrer verschiedenen Beziehungen gegeben, aber ich möchte gerne auch Ihre Perspektive erfahren, falls Sie dazu bereit sind.« Nach einigen Monaten antwortete Fred:

FRED: Da sich unsere Beziehung über viele Jahre erstreckt und sowohl tragische als auch ekstatische Perioden umfaßt, hoffen wir, daß sie anderen als Lehrmaterial dienen kann. Für uns ist es eine zutiefst menschliche Erfahrung und eine Periode stürmischen Wachstums gewesen – wir hoffen, Ihnen diesen Eindruck vermitteln zu können. Unser Schreiben wird mehrere Teile enthalten: Eine Beschreibung von uns und den Beziehungen, in die wir verstrickt sind; eine Schilderung einer sehr schlimmen Periode in meinem Leben; Trishs Reaktionen auf unsere Beziehungen; meine persönlichen Reaktionen auf Trish und die Art und Weise, wie wir als Partner unsere Beziehung *sehen*, und welches unsere *Gefühle* in bezug auf diese sind. Seit meinem ersten Brief an Sie ist viel geschehen. In vielfacher Hinsicht haben wir uns durch die Erfahrungen der letzten drei Jahre verändert. Neue Einstellungen, die zur Zeit unserer ersten Korrespondenz noch fragil und unerprobt waren, sind inzwischen gefestigt und stark geworden. Unsere Gefühle hinsichtlich der Öffnung unserer Partnerschaft für weitere Beziehungen sind immer noch positiv. Wir sind froh über die Entscheidungen, die wir getroffen haben. Unsere Partnerschaft macht uns beide glücklich und wir lieben einander sehr.

Trishs außereheliche Beziehung dauerte zwei Jahre. Sie gab ihr Nähe und Intimität, geistige Anregung, sexuelle Befriedigung und emotionales Wachstum. Als die Beziehung endete, hatte dies verheerende emotionale Folgen. Der Mann war ein Studienkollege von mir. Er ließ sich mit einem anderen Mädchen ein, und alles ging in die Brüche. Seine neue Freundin war besitzergreifend und brachte es nicht über sich, ihn mit Trish zu teilen. Trish fühlte sich emotional abgelehnt und weigerte sich sechs Monate lang, eine neue Beziehung anzufangen. Allmählich begann sie, wieder unter Leute zu gehen.

Meine eigene außereheliche Beziehung besteht nach wie vor. Janet ist Anfang vierzig, seit zwanzig Jahren verheiratet und hat zwei halbwüchsige Kinder. Janet und ich haben einander gewissermaßen durch Trish kennengelernt. Janets Mann ist ein Zahnarzt in unserer Nähe, und Trish war seine Patientin. Sie begannen sich füreinander zu interessieren, und Trish erzählte ihm schließlich über unsere offene Partnerschaft. Er sagte, er wünsche sich ein solches Arrangement auch mit seiner Frau, und er lud uns beide ein, Janet und ihn zu besuchen. Ich fühlte mich sofort zu ihr hingezogen, und wir hatten bald eine starke und intensive Beziehung. Sie ist älter und hat eine Familie zu versorgen, aber der Entwicklung unserer Beziehung stand dennoch nichts im Wege. Ihre wundervolle, impulsive Persönlichkeit und kindliche Offenheit, Neugier und Lebensfreude geben mir das Gefühl, der ältere von uns beiden zu sein.

Die Beziehung zwischen Janets Mann und Trish reduzierte sich auf eine harmlose Freundschaft. Sie sehen einander nur noch gelegentlich. Meine Beziehung zu Janet wurde mit der Zeit nur noch intensiver. Sie hat mir völlig neue Zugänge zum Leben eröffnet, die mir vorher verschlossen waren. Die Verbindung nicht nur mit ihr, sondern auch mit ihrer Familie, hat mir eine Fülle von Kontakten und Bestätigungen erschlossen. Diese Erfahrung war auch von Kummer getrübt. Fünf Monate nach Beginn unserer Beziehung erkrankte sie an einem seltenen unheilbaren, wenn auch gewöhnlich nicht lebensbedrohlichen Leiden. Diese Krankheit ist mit immer wiederkehrenden Anfällen verbunden, die sehr schmerzhaft sind. Ich habe schlimme Stunden mit ihr zugebracht, wenn sie an qualvollen Schmerzen litt und unter Drogen stand, während ich alles in meinen Kräften Stehende tat, um sie zu trösten. Trotz alledem betrachten wir unsere Beziehung als sehr befriedigend und lohnend.

Trish und Janet sind im Laufe der letzten drei Jahre enge Freunde und Vertraute geworden. Sie teilen ihre guten und schlechten Zeiten miteinander. Wenn Janets Ehemann und ich depressiv sind, haben sie einander unterstützt und getröstet. Sie sind beide überaus offene und liebevolle Menschen und frei von Eifersucht.

Nun zum heutigen Stand unserer Beziehung: Es sind vier Personen daran beteiligt – Trish, ich, Janet und eine neue Person. Er heißt Clifford, sein Spitzname ist Chip, er ist achtunddreißig Jahre alt und unverheiratet.

Trish hat Chip vor einem Jahr kennengelernt und in ihm einen sensiblen, starken, fürsorglichen Menschen gefunden. Trish hat ähnliche Eigenschaften, so daß sie sehr gut zueinander passen. Ich betrachte Chip als Mitglied der Familie, auch ich verstehe mich sehr gut mit ihm. Er verbringt viel Zeit bei uns, aber da er selbst eine Wohnung hat, lebt er nicht ständig bei uns. Nach Trish, die mein bester Freund ist, ist Janet mein bester weiblicher Freund und Chip ist sicherlich mein bester männlicher Freund. Ich kann ihm alles erzählen; es gibt nichts, was ich nicht für ihn tun würde. Trish, Chip und ich sind gleichermaßen aneinander interessiert. Man kann von einer Dreiecksbeziehung oder Triade sprechen, nicht aber von einer Kommune, da Chip nicht ausschließlich in unserem Haus wohnt. Auch basiert der vorherrschende Interaktionsmodus zwischen uns immer noch auf dem Modell der Zweierbeziehung. Ein zusätzlicher Faktor ist meine Beziehung zu Janet.

Dann gibt es noch die sekundäre Beziehung zwischen Janets Mann, ihren Kindern und mir. Oft gehen wir drei oder wir vier – Trish, Janet, Chip und ich – zusammen zum Essen oder unternehmen irgend etwas anderes gemeinsam. Ich möchte darauf hinweisen, daß es sich bei unseren sexuellen Kontakten um heterosexuelle Zweierbeziehungen handelt.

Unsere gegenwärtigen Beziehungen bieten unerhörte Vorteile in bezug auf Wachstum, gegenseitige Unterstützung und Gemeinschaft. Wenn einer von uns deprimiert ist, sind drei andere da, die ihn aufmuntern. Auch die Möglichkeiten, Bestätigung zu erhalten, sind verdreifacht – ein bedeutsamer emotionaler Vorzug erweiterter Partnerschaften.

CARL: In meinem Interview mit Fred und Trish klärte ich einige Dinge auf, die mir aus Freds Schilderung nicht deutlich geworden waren. So hatte ich mich beispielsweise gefragt, wie er seine Beziehung zu Janet handhabte, da sie doch halbwüchsige Kinder zu Hause hatte. Er sagte, daß sie sich gewöhnlich in seinem Haus träfen, und daß Trish bei diesen Anlässen meist in Chips Wohnung übernachte, »wenn wir einander ganz allein sehen wollen«. Manchmal besucht Fred Janet jedoch auch in deren Haus.

Janets Kinder wissen, daß sie Fred in dessen Haus besucht, und es ist nicht ungewöhnlich, daß eines von ihnen Janet dort anruft, ebenso wie es vorkommt, daß Janets Sohn Fred anruft, um ihn etwas über ein elektronisches Gerät zu fragen. Die Kinder empfinden sichtlich die enge Verbindung, die zwischen den beiden Familien besteht.

Ich fragte auch nach der Haltung von Janets Ehemann Joe. Er unterhält selbst eine Beziehung zu einer unverheirateten Frau – »er sitzt nicht zu Hause herum. Es ist eine ausgewogene Situation. Ebenso wie wir, sind auch sie sehr offen zueinander in bezug auf diese Beziehung.« Diese Frau gehört jedoch nicht dem engeren Kreis von Fred, Trish, Janet und Chip an, obwohl alle sie kennen und mögen. Sie ist ein Teil, aber kein engeres Mitglied der Großfamilie, die hier entstanden ist.

Ich fragte mich auch, ob die Kinder von Janet und Joe über die verschiedenen sexuellen Beziehungen Bescheid wüßten. Trish sagte, dies sei nicht der Fall; Janet und Joe zögen es vor, dies so zu belassen. Die Kinder sind daran gewöhnt, daß ihre Eltern getrennte Wege gehen und häufig von zu Hause fort sind, und sie sind auch daran gewöhnt, »viel Körperkontakt« zwischen den verschiedenen Gruppenmitgliedern zu sehen. Da die Kinder in der Adoleszenz sind, fragte ich mich, ob sie wirklich nicht Bescheid wüßten. Fred und Trish meinten, sie wüßten vermutlich über die sexuellen Beziehungen ihrer Eltern und würden diese akzeptieren, falls man mit ihnen darüber spräche. »Sie wissen, daß keine Gefahr besteht, daß sich ihre Eltern trennen«, und das gibt ihnen Sicherheit. »Es wird nie ein Geheimnis daraus gemacht, daß Janet in unser Haus kommt, oder daß Fred und Janet zusammen Wanderungen machen.«

Nachstehend Freds Schilderung einer Katastrophe in seinem Leben:

FRED: Ich sollte aber auch über Zeiten der Qual und Unsicherheit berichten. Im vergangenen Jahr machten wir alle eine traumatische Erfahrung durch. Es ist mir inzwischen klar, daß ich diese emotionale Krisis selbst herbeigeführt habe. Während ich anderen gegenüber akzeptierend und tolerant bin, stelle ich an mich selbst fürchterliche Anforderungen. Während meines Weiterstudiums mußte ich immer der Beste und Schnellste sein und setzte mir selbst unmögliche Fristen. Irgendwie verknüpfte ich mein Gefühl persönlichen Wohlbefindens mit der Erreichung dieser äußerlichen Ziele und wurde deprimiert, wenn ich meine Terminpläne nicht einhalten konnte. Im vergangenen Sommer ging ich unter großen emotionalen Belastungen in das Rigorosum. Meine Eltern trennten sich eben, meine Großmutter war todkrank, Chip wurde arbeitslos, mein Lieblingstier starb. Zu allem Übel mußte ich noch früher als erwartet zu der Prüfung antreten und hatte nur mehr fünf Tage, um mich vorzubereiten.

Ich bestand das Rigorosum. Dabei fühlte ich mich jedoch innerlich unbefriedigt, als hätte ich den Prüfungsausschuß irgendwie manipuliert, mich durchzulassen. Ich war von Schuldgefühlen erfüllt. Meine vierjährige Forschungsarbeit erschien mir wertlos. Würde es mir je gelingen, in diesem Zustand meine Dissertation abzuschließen? Außerdem bedrückte mich die Angst, daß ich zwar promovieren, aber keinen Job finden würde. Die ganze Welt befand sich in einem ziemlich schlimmen Zustand, und auch das trug zu meiner Depression bei. Alles in meiner Umgebung erschien mir deprimierend. Vier Wochen später starb meine Großmutter. Trish und ich gingen zum Begräbnis und übernachteten dann im Hause meiner Eltern. Irgendwie gelang es mir, meine hoffnungslose Depression zu verbergen. Als wir wieder zu Hause waren, erreichte mich die Aufforderung, meine Forschungsarbeit auf einem nationalen Kongreß vorzustellen. Ich reagierte mit Panik, gefolgt von einer emotionalen Paralyse.

Ich sackte in eine akute Depression ab. Ich habe mich nie im Leben so erfahren wie damals. Ich war völlig außerstande, physisch oder emotional zu funktionieren. Der Tod erschien mir als der einzige Ausweg. Ich wartete, bis ich wußte, daß Trish vierundzwanzig Stunden außer Haus sein würde. Dann nahm ich eine massive

Überdosis von zwei Drogen. Wie ich es überlebte, weiß ich nicht, aber irgend etwas hielt mein Herz und meine Atmung diese vierundzwanzig Stunden lang in Gang. Trish und Chip fanden mich und brachten mich ins Krankenhaus. Den Ärzten gelang es nicht, mich aus meiner Ohnmacht zu erwecken. Ich lag sieben Tage lang bewußtlos in einer Intensivstation. Trish war bei mir, als ich mehr als acht Tage nach meinem Suizidversuch das Bewußtsein wiedererlangte. Langsam begann ich mich wieder zu erholen. Einen Monat später ergaben Tests, daß zum Glück kein feststellbarer geistiger oder körperlicher Schaden zurückgeblieben war.

Als sie von meinem Selbstmordversuch hörten, nahmen viele meiner Freunde natürlich an, daß unsere unkonventionelle Beziehung der Grund gewesen sei. Ich kann eindeutig sagen, daß dies keinesfalls zutraf. Im Gegenteil, nur die ständige Anteilnahme von Trish, Janet und Chip hatten mich angesichts meiner selbstverschuldeten Überforderung die ganze Zeit über Wasser gehalten. Trish, Chip und Janet waren die ersten, die ich sehen wollte, als ich das Bewußtsein wiedererlangte.

Meine veränderte Wahrnehmung meiner selbst und meiner Welt in dieser Periode tiefer Depression wirkte sich auch auf meine Gefühle in bezug auf unsere Beziehung aus. Ich wurde unsicher und defensiv; ich fühlte mich durch Chip bedroht; ich fühlte mich durch Trish, Janet, meine Studienkollegen und alle anderen bedroht, mit denen ich in Kontakt kam. Ich glaube heute, daß meine vorübergehende Unsicherheit hinsichtlich unserer Beziehung einfach eine Reflexion meiner totalen Unsicherheit in bezug auf mich selbst als Person war.

Den folgenden Abschiedsbrief hatte ich für Trish hinterlassen: »Du sollst wissen, daß dies etwas ist, was ich einzig und allein von mir aus tue. Es hat nichts mit dem Lebensstil zu tun, den wir gewählt haben. Du bist immer meine beste Gefährtin, Partnerin und Freundin gewesen, und Du bist es auch in diesem Augenblick. Laß Dich nicht durch die Gesellschaft oder durch Freunde und Eltern unterkriegen, die nicht verstehen, was uns unsere Beziehung gegeben hat – halte daran fest.

Es ist ein gefährliches Unterfangen, sich zum Erfolgsmenschen hochstilisieren oder immer unerschütterlich erscheinen zu wollen.

Man beginnt zu glauben, einfach alles schaffen zu können. Der Sturz aus solchen Höhen ist sehr hart.
Meine größte Angst ist, den Menschen um mich herum wehzutun. Ich möchte nicht, daß sie glauben, sie hätten durch ihre Handlungen oder ihr Verhalten zu meiner gegenwärtigen Lage beigetragen.
Meine größte Sorge gilt natürlich Dir, Trish. Mit Dir habe ich meine schönsten Augenblicke erlebt und geteilt. Du hast mich in meinen besten Momenten gekannt. Ich möchte, daß Dir diese in Erinnerung bleiben.
Ich liebe Dich. Halte an Deinen Freunden fest, besonders an Chip. Bitte versichere meinen Freunden, besonders Janet, daß sie nichts zu meinem Zustand beigetragen haben.«
Es war eine schreckliche Episode in meinem Leben, aber sie hatte auch positive Auswirkungen. Ich habe heute eine viel bessere Einstellung zu mir selbst als Gesamtperson – und ich habe viel mehr Mitgefühl mit Menschen in Not. Meine Einschätzung meiner Forschungsarbeit war während meiner Depression verzerrt. Meine Arbeit hat kürzlich auf einem nationalen Kongreß eine positive und ermutigende Aufnahme gefunden. Das Trauma, das wir alle durchmachten, hat meine Bindung an die drei mir am nächsten stehenden Menschen gefestigt. Ich fühle mich ihnen heute verbundener denn je zuvor.
CARL: Die erste meiner vielen Fragen über diese beinahe tödliche Episode betraf Freds phantastisch hohe Erwartungen in bezug auf sich selbst. Sie gingen nicht von seiner Familie aus, die ihn nicht einmal gedrängt hatte, die Universität zu besuchen. Im Laufe seines siebenjährigen Studiums im College und an der Universität hatte sich dieser Druck auf ihn durch die Konkurrenz mit seinen Kollegen und seine Einschätzung der fachlichen und gesellschaftlichen Erwartungen und Anforderungen verdichtet. »Subtile Dinge trugen dazu bei, daß ich mir ein so hohes Ziel setzte. Wenn man gut vorangekommen ist, bleibt einem kein anderer Weg als der nach oben. Aber als ich von diesem Plateau heruntergestoßen wurde, war dies vernichtend für mich.«
Warum hatte er Trish nicht wissen lassen, wie schlecht es ihm ging? Weshalb verbarg er seine tiefe Verstörung vor ihr, da die

Kommunikation zwischen ihnen doch so offen war? Fred sagte: »Ich hatte Schuldgefühle, daß ich so deprimiert war. Irgendwie wußte ich, daß es dumm war. Ich meinte, allein darüber hinwegkommen zu müssen. In der Woche, in der ich an Selbstmord dachte, schämte ich mich, davon zu sprechen. Es erschien mir selbst unglaublich. Es schien mir, als ob *jemand anderer* dies fühlte. Ja, es fällt mir sehr schwer, um Hilfe zu bitten.« Trish stimmte zu: »Immer schon! Er nimmt nicht einmal eine Kopfwehtablette. Er glaubt immer, er muß es allein schaffen.«

Fred fuhr fort: »Ich fürchtete mich davor, in eine psychiatrische Anstalt gesteckt zu werden. Ich fürchtete, wenn ich den Leuten erzählte, wie mir zumute war, würden sie mich in eine geschlossene Anstalt stecken.« Trish bemerkt dazu: »Ich wußte, daß er deprimiert war. Es gelang mir nicht, ihn zu einem Psychiater zu bringen. Aber es war ein Schock für mich. Ich bin Krankenschwester und hatte all die klassischen Anzeichen übersehen. Ich glaube, er redete nicht, weil er fürchtete, abgeholt und für den Rest seines Lebens eingesperrt zu werden.« Fred fügte hinzu: »Ich haßte diesen Teil von mir. Er war schrecklich. Ich wollte ihn geheimhalten.«

Fred mußte seine erste Dissertation aufgeben und schreibt jetzt eine, die weniger weltbewegend sein wird. »Ich habe meine Illusionen abgeworfen, und ich akzeptiere mich als Mensch, der versagen kann. Trish, Janet und meine übrigen Freunde haben mir sehr geholfen.«

Hier ist Trishs Wahrnehmung ihrer Beziehung und dieser Krise:

TRISH: Ich kann nicht sagen, was die Zukunft bringen wird. Im vergangenen Jahr habe ich so viele Veränderungen durchgemacht – vom höchsten Glück bis zur tiefsten Verzweiflung –, so daß ich mich jetzt bemühe, jeden Tag so zu nehmen, wie er kommt. Aber ich bin mit meinem gegenwärtigen Lebensstil sehr zufrieden. Ich kann mir nicht vorstellen, in einer geschlossenen, besitzergreifenden und eifersüchtigen Beziehung zu leben. Ich habe die Freiheit, ich selbst zu sein, und die vielen Facetten meiner Persönlichkeit im Umgang mit vielen Menschen zu erkunden, ohne Furcht »erwischt« oder kritisiert zu werden.

Ich bemerke jetzt eine Veränderung bei einigen Paaren, von denen die Ehefrau in die Schule zurückgekehrt ist oder eine andere Tätigkeit außerhalb der Beziehung aufgenommen hat. Der allgemeine Eindruck ist der, daß der Mann seiner Frau diese »Privilegien« gestattet hat. Fred und ich sprechen nicht von Privilegien. Vielmehr ermutigen wir einander, neue Ideen, Aktivitäten oder Gefühle zu erproben; nicht nur miteinander, sondern auch mit anderen.

Die letzten dreieinhalb Jahre sind für mich Jahre des Wachstums und Wandels gewesen. Ich habe viel über mich selbst gelernt, viele neue Leute getroffen und mein Leben ungeheuer genossen. Ich glaube nicht, daß ich in einer exklusiven Beziehung diese Erfahrungen hätte machen können.

Wie kann ich Ihnen erklären, wo ich im Augenblick stehe? Das ist sehr schwierig für mich. Ich liebe zwei Männer. Sie bedeuten mir beide sehr viel. Ich bin mit einem – Fred – verheiratet, wir sind seit Jahren eng miteinander verbunden. Auch Chip und ich haben eine sehr innige Beziehung entwickelt. Was für ein Glück für mich, daß sie mich beide lieben!

Fred und ich haben im vergangenen Jahr sehr schwere Stürme durchgemacht. Ich spüre immer noch die Nachwehen. Wir sind immer noch eng verbunden und kommunizieren frei und offen. Aber infolge der Depression und des Selbstmordversuches vor fast einem Jahr und der manischen Episode vor einigen Monaten fürchte ich mich davor, was der nächste Tag bringen wird. Ich versuche, von einem Tag zum anderen zu leben, aber es ist schwierig. Es wird jedoch täglich besser. Fred hat mich unterstützt und mich nicht gedrängt, mich auf eine bestimmte Weise zu verhalten. Zuerst wollte ich fortlaufen; ich hatte Angst. Aber es wurde mir klar, daß ich nicht so rasch aufgeben wollte. Fred und ich haben intensiv daran gearbeitet, daß unsere Beziehung funktioniert; wir lieben einander zu sehr, um davonzulaufen, sobald Schwierigkeiten auftauchen. Unsere Zukunft sehe ich sehr optimistisch.

Jetzt zu Chip. Je länger ich ihn kenne, desto wichtiger wird er für mich. Er ist sanft, liebevoll, fürsorglich – und ein Realist, während ich eine hoffnungslose Idealistin bin. Wir wirken ausgleichend aufeinander. Ich bitte ihn, weniger zynisch zu sein, und er veranlaßt mich, die Welt um mich herum realistischer zu sehen.

Als Fred krank war, hat mir Chip durch seine Unterstützung und Liebe geholfen. Ich bin nicht sicher, ob ich ohne ihn diese Prüfung durchstehen hätte können. Abgesehen von der großen Liebe zwischen uns, habe ich von ihm viel gelernt. Er teilt sowohl seine Vergangenheit als auch seine Gegenwart mit mir; gute wie schlechte Zeiten.
Unsere gegenwärtige Situation sehe ich genau so, wie Fred sie beschrieben hat. Wir haben beide neben unserer eigenen eine zweite Beziehung. Ich unterscheide mich von Fred nur insofern, als ich das Gefühl habe, zwei Primärbeziehungen zu haben: eine zu Fred und eine zu Chip. Sie sind beide wichtig für mich. Das Erstaunlichste ist, daß wir drei einander so sehr mögen. Vor drei Jahren hätte ich dies noch nicht für möglich gehalten. Doch es ist so gekommen – ich bin so glücklich.
Voriges Jahr zum Erntedankfest haben Janet und Joe, ihr Mann, Fred, Chip und mich in ihr Haus zum Thanksgiving-Dinner eingeladen. Es war ein warmer, schöner Tag; ebenso warm und schön war das Glück, das wir alle einschließlich Janet und Joes Kinder empfanden. Es macht mich froh, erleben zu dürfen, daß Menschen so glücklich sein und ohne Eifersucht und Besitzdenken miteinander umgehen können.
Carl: Trishs Erwähnung einer »manischen Episode« überraschte mich. Später erklärten sie mir, daß Fred nach seinem Suizidversuch mit Lithium behandelt worden war. Die Dosierung mußte von ärztlicher Seite sorgfältig überwacht werden. Es lief jedoch alles so glatt, daß er das Lithium nicht mehr einnahm. Einige Monate nach der Krise fuhr er nach Chicago, um ein Referat über seine Forschungsarbeit zu halten. Die Aufregung des Kongresses wirkte ansteckend auf ihn, er konnte nicht schlafen, wurde manisch, hatte Wahnvorstellungen und begab sich schließlich ins Krankenhaus. Trish fand ihn »so überdreht, daß wir ihn unter Drogen setzen mußten, um ihn ins Flugzeug zu bekommen.«
Trish spricht von dem »echten Trauma« des Selbstmordversuchs und den acht Tagen der Bewußtlosigkeit. »Zwei Wochen lang war mir alles andere gleichgültig.« Über ihre Reaktion sagt sie: »Ich fühlte mich sofort schuldig. Was hatte ich getan? Oder nicht getan? Jetzt ist mir klar, daß ich tat, was ich konnte. Aber es gibt

solche schlimmen Punkte. Auch Janet fragte sich: ›Was habe ich versäumt?‹ Selbst Freds Familie hatte Schuldgefühle. ›Was haben wir ihm angetan, als er ein kleiner Junge war?‹« Fred fügt hinzu: »Viele Leute dachten, unser Lebensstil sei natürlich die Ursache von allem gewesen. Ich hatte nicht dieses Gefühl.«

Trish erwähnte einen weiteren Grund, weshalb sie damals so anfällig für Schuldgefühle gewesen sei. »Meine Beziehung zu Chip begann damals für mich sehr bedeutsam zu werden. In diesem Stadium verbringt man viel Zeit zusammen, um einander zu erforschen – die Gefühle und Reaktionen, die Vergangenheit und die Gegenwart des anderen, und wir waren gerade in dieser Phase. Natürlich fragte ich mich, ob *das* etwas mit Freds Tat zu tun hatte. Es ist schrecklich, nach Hause zu kommen und den eigenen Mann auf dem Teppich liegend vorzufinden.«

Die manische Episode war ein weiterer Schock für Trish. »Ich muß ehrlich sein. Ich werde meine Augen offenhalten. Ich habe die Anzeichen *zweimal* übersehen. Deshalb rufe ich ihn an und frage: ›Wie geht es Dir? Was machst Du?‹, und ich kümmere mich darum, daß er seine Medizin nimmt. Es wird lange dauern, bis ich darüber hinwegkomme.« Fred sagt: »Ich weiß, was mit ihr los ist. Ich habe nichts dagegen, daß sie mich anruft, um zu erfahren, wie es mir geht.« Es war klar, das Trish durch diese Erfahrungen schwer erschüttert war und daß Fred ihre Angst als nur natürlich empfand. Beide wissen, welch ein Glück es war, daß Fred in Chicago erkannte, daß er krank war und sich an ein Hospital um Hilfe wandte. Dies ändert jedoch nichts an Trishs Ängsten, und sie ist sich bewußt, daß sie in ihm nicht nur ihren Mann, sondern immer noch einen Patienten sieht. Dies gefällt ihr selbst nicht, aber sie kann nichts daran ändern.

Als ich vor drei Jahren Freds ersten Brief erhielt, schien es mir klar, daß Trish außereheliche Beziehungen hatte, weil Fred dies für sie ebenso wie für ihn wollte. Ich hatte mich gefragt, ob sie diesen Lebensstil inzwischen von sich aus, aus eigenem Antrieb, bevorzugte. Sowohl ihr Brief als auch das Gespräch mit ihr ließen mich über diesen Punkt nicht im Zweifel. Obwohl sie ihre ersten Erfahrungen auf Freds Veranlassung gemacht haben dürfte, genießt sie inzwischen diese außerehelichen Beziehungen, die ihr Geborgenheit geben, und sie ist glücklich, daß ihre Ehe diese Freizügigkeit bietet. Ich hatte auch den Eindruck, daß ihre Ehe bis zum vergangenen Jahr durch ihre Liebe zu einem anderen bereichert und vertieft wurde. Jetzt, nach Freds Versuch, sich das Leben zu nehmen, und angesichts ihrer zunehmenden Verbundenheit und großen Liebe zu Chip, schien mir ihre Beziehung zu Fred merklich verändert, obwohl auch die Bindung an ihren Mann zum Ausdruck kam.

FRED: Ich möchte über meine eigenen Gefühle in bezug auf Trish und ihre Beziehung zu mir sprechen. Wir stehen einander seit fast zehn Jahren nahe. In diesen Jahren, in denen sie meine Hauptliebe gewesen ist, habe ich sie einige bemerkenswerte und überaus positive Veränderungen durchmachen sehen. In dieser Zeit hat sie sich meiner Ansicht nach stetig zu einem vollständigeren Ausdruck ihrer eigenen einzigartigen Persönlichkeit hin entwickelt. Jeden Tag manifestiert sie mehr von den Qualitäten der in ihr schlummernden Persönlichkeit. Sie ist ein sehr interessanter Mensch; stark, sensibel, begabt, ein verspieltes Kind, vital, unsicher, kraftvoll, liebesfähig, gebend. Sie verfügt über viel Selbstvertrauen und Autonomie. Dennoch bringt sie sich in die Beziehungen zu den Menschen, die sie liebt, in sehr engagierter Weise ein. Obwohl sie die meisten dieser Qualitäten innerlich immer besessen hat, waren einige davon noch latent und unentwickelt, als wir uns kennenlernten. Ich glaube, daß das offene, wachstumsfördernde Klima unserer Partnerschaft es ihr ermöglicht hat, sich zu dem Menschen zu entwickeln, der sie jetzt ist.

Ein weiteres wesentliches Element ist unser Bemühen um totale Kommunikation. Wir glauben, daß wir imstande sein müssen, die intimsten, schmerzlichsten oder unsichersten Gefühle einander ebenso freimütig mitzuteilen wie zärtliche, liebevolle und frohe Gefühle. In dem Maße, in dem uns dies gelang, waren wir imstande, das Wachstum und die Entwicklung, die jeder von uns separat als Individuum durchmachte, in unsere Beziehung einzubringen. Auf diese Weise glauben wir, die Möglichkeit, daß einer von uns in unserer Partnerschaft über den anderen hinauswächst, so klein wie möglich gehalten zu haben.

CARL: Freds Liebe und enge Bindung an Trish geht aus allem

hervor, was er über sie geschrieben hat, und wurde auch in unserem Gespräch offenkundig. Wenn er von »unserem Bemühen um totale Kommunikation« spricht, übersieht er sichtlich, daß er es nicht fertigbrachte, ihr von seinen Depressionen zu erzählen. Als ich die beiden näher darüber befragte, stellte sich heraus, daß dieses Bemühen um totale Kommunikation in erster Linie ihrer eigenen Beziehung sowie ihren Beziehungen zu anderen galt. Fred hatte jedenfalls nicht erkannt, daß die Mitteilung seiner geheimsten persönlichen Gefühle noch relevanter für ihre Partnerschaft gewesen wäre als der Bericht über irgendeine neue Beziehung, die er eingehen könnte.

Ein weiterer Punkt, der in dem Gespräch deutlich wurde, war Freds völliges Aufgehen in seiner Arbeit. Er verbrachte nicht nur jeden Tag im Laboratorium, sondern arbeitete dort an mehreren Abenden der Woche bis ein oder zwei Uhr früh an seiner Forschung. Er scheint mit seiner Arbeit fast ebensosehr verheiratet zu sein wie mit Trish oder Janet. Trish resümierte diesen Sachverhalt treffend in einer Äußerung, die nicht nur ihre Beziehung zu Fred, sondern auch zu Janet beleuchtet. »Er arbeitet so viel, daß sowohl Janet als auch ich anfangen, uns über diese kurzen Gastspiele zu beklagen.« Chip kommt sie oft besuchen, wenn Fred bis spät in die Nacht arbeitet, deshalb leidet sie jetzt weniger an Einsamkeit. Sowohl Trish als auch Janet freuen sich auf die Zeit, wenn Fred sein Doktorat abgeschlossen hat und ein normales Leben führen kann.

Trishs Liebe zu Fred ist unübersehbar. Doch sie läßt keinen Zweifel daran, daß sie *zwei* Männer gleich stark liebt, Fred und Chip. Auch ist ihre Liebe gegenwärtig, wie sie oben erklärt hat, mit Angst und Sorge über Freds psychische Prozesse durchsetzt.

Fred und Trish sind keine »Swinger«, sie haben den Partnertausch nicht zum Programm erhoben, und sie haben nie das Gefühl, sich auf sexuelle Begegnungen einlassen zu *müssen.* »Sexuelle Beziehungen zu anderen ergeben sich aus unserem natürlichen Gefühl der Liebe, Anteilnahme und des Interesses am anderen. Wir schätzen Beziehungen außerhalb der Ehe, wenn sie sich in natürlicher Weise ergeben und integrierte, ›ganze‹ Menschen betreffen, deren physische Gefühle eine kontinuierliche Skala von der einfachsten

Berührung bis zum sexuellen Verkehr umfassen. Die Wachstumserfahrungen, zu denen wir einander ermutigt haben, sind ständig in unsere Partnerschaft zurückgeflossen und haben sie stark und lebendig erhalten – sie ist ein Prozeß, keine statische Größe.«

Diese idealistische Darstellung wurde durch unser Gespräch bestätigt. Trish sagte: »Die Leute fragen mich, ob ich das für jeden empfehle und ich sage: ›Bestimmt nicht!‹« Dieser Lebensstil ist nicht immer leicht gewesen, aber er gefällt ihnen.

Ich frage sie: »Wenn ihr ein Familien- oder Eheschulungsprogramm für Oberschüler oder Studenten starten könntet, was würdet ihr in den Mittelpunkt stellen?« Fred antwortete, er würde die Schüler mit vielen Lebensstilen bekanntmachen. Er würde ihnen auch die Erkenntnis vermitteln, daß viele unserer Annahmen einfach falsch sind – beispielsweise, daß Eifersucht auf den Partner ein Zeichen von Liebe ist oder daß die Ehe nicht in Ordnung ist, wenn der Partner nicht alle Bedürfnisse des anderen befriedigen kann.

Trish antwortete: »Ich würde die Aufgeschlossenheit fördern. Als ich in die Oberschule ging, gab es immer nur eine einzige Meinung zu einer Sache. Ich würde den Schülern empfehlen, verschiedene Paare zu beobachten und zu vergleichen, wie sie ihre Probleme lösen.«

Sie schilderten mir die Unsicherheit, die sie in den ersten Jahren empfanden. »Haben wir den richtigen Weg gewählt?« »Ist Monogamie besser?« »Ist es vernünftig, uns auf diese Risiken einzulassen?« Sie hatten das Gefühl, in unerforschte Gebiete vorzustoßen, »aber jetzt wissen wir, daß wir den richtigen Weg gewählt haben«.

Ihr Leben hat sich insofern verengt, als die Zahl ihrer außerehelichen Beziehungen jetzt geringer ist als zur Zeit ihres ersten Briefes. Fred und Trish haben erkannt, daß sie in ihren Beziehungen Wert auf Intensität und Engagement legen, und diese Qualitäten können nur in wenigen Fällen verwirklicht werden. Trish sagte: »Ich habe jetzt zwei intensive Beziehungen, mehr könnte ich gar nicht verkraften.«

Ich hatte erwartet, daß sie das Thema des Nachwuchses anschneiden würden, aber da sie es nicht taten, fragte ich: »Wie steht es mit

Kindern?« Ihre Antworten enthüllten weitere Aspekte ihres Lebensstils. Fred sagte: »Wir sind uns einfach nicht sicher.« Trish erklärte: »Zuerst waren wir überzeugt, daß wir keine Kinder wollten – solange Fred studierte und ich arbeitete. Wir waren mit unserem Leben völlig zufrieden. Es ist vielleicht egoistisch, aber wir waren einfach nicht bereit, sehr viel Zeit zu opfern. Aber jetzt habe ich hier und da kleine Erlebnisse, die mir sagen, ja, es wäre schön, Kinder zu haben.« Fred bemerkte, daß er gerne Kinder hätte und es schön fände, ein Kind, eine Person sich entwickeln und wachsen zu sehen. Beide sind sich deutlich bewußt, daß Kinder eine sehr langfristige Verpflichtung darstellen, und sie wundern sich über junge Leute, die glauben, ein Kind werde ihr Leben nur für einige Jahre verändern.

Aber sie haben besondere Probleme. Trish sagte: »Ich habe zwei dauerhafte Beziehungen, und ein Kind hätte zwei Väter. Dieses Problem müßte ich erst noch lösen.«

Dann äußerten sie sich beide zu dem Problem, das ein Kind im Umgang mit ihren Eltern aufwerfen würde, da es dann kaum möglich wäre, ihren Lebensstil vor ihnen zu verbergen. »Wir müßten uns mit unseren Eltern auseinandersetzen. Freds Mutter hat vermutlich begriffen, wie wir leben, obwohl wir es noch nicht offen mit ihr besprochen haben.« »Meine Eltern haben hingegen keine Ahnung, wie wir leben«, sagte Trish. Sie stammt aus einem sehr religiösen, strengen Milieu. »Ich bin nicht bereit, um ihretwillen meinen Lebensstil aufzugeben, aber es wäre schwierig, sie damit zu versöhnen.«

Sie haben erste Versuche unternommen, andere in ihre verschiedenen Beziehungen einzuweihen. »Die meisten unserer Freunde wissen bereits Bescheid. Kürzlich haben wir Chip zu einer großen Party mitgenommen, die Freds Schwester gab. Sie und ihre Kinder akzeptierten und mochten ihn. Es wird vieler solcher kleiner Schritte bedürfen, aber es ist wenigstens ein Anfang.«

Ich habe mehrere meiner Kollegen gebeten, die Erfahrungen von Fred und Trish zu kommentieren. Nachstehend eine Stellungnahme von Maureen Miller, einer Autorität auf dem Gebiet der menschlichen Sexualität und des im Wandel begriffenen Bildes der Ehe:

MAUREEN: Ich freue mich sehr, daß Sie sich entschlossen haben, in Ihrem Buch Material über Eifersucht zu bringen. In meinem eigenen Leben und meiner Unterrichts- und Beratungstätigkeit gibt es keinen Bereich, in dem sich die interpersonalen Machtverhältnisse so dramatisch ausdrücken. Es scheint mir, daß sowohl die Vermeidung als auch die Erfahrung der Eifersucht mehr zwischenmenschliche Schäden und Verkrüppelung bewirkt als fast jedes andere Gefühl, das wir in bezug auf den anderen haben.

Deshalb und aufgrund meiner eigenen Schwierigkeiten in einer sexuell nicht exklusiven Ehe bin ich sehr froh, daß Sie mir diese Gelegenheit geben, mich zu der Geschichte von Fred und Trish zu äußern.

Als ich sie las, reagierte ich sowohl auf der intuitiven als auch der analytischen Ebene. In den letzten Jahren habe ich entdeckt, daß meine Intuition und mein Verstand oft ähnliche Wahrnehmungen haben, deshalb können Sie meine Reaktion als eine Mischung aus Intuition und Analyse betrachten.

Meine stärkste Reaktion bei der Lektüre der Schilderung von Fred und Trish glich Ihrer ersten: »Es ist zu gut, um wahr zu sein.« Dann übte ich Selbstkritik an mir, weil ich durchaus Eifersucht empfinde.

Meine Reaktion hat mich enttäuscht, weil ich glaube, daß nichtmonogame Partnerschaften, die von den Beteiligten als befriedigend empfunden werden, möglich sind, selbst innerhalb einer Kultur, die Monogamie als die »Norm« hervorhebt. Fred meint, daß Eifersucht und Possessivität nicht angeboren seien. Aufgrund persönlicher und professioneller Erfahrungen neige ich dazu, ihm zuzustimmen. Womit ich mich nicht identifizieren kann, ist Freds Behauptung, daß Eifersucht und Besitzdenken Anzeichen intrapersonaler Schwierigkeiten wie eines Mangels an Selbstvertrauen seien. Tatsache ist, daß wir sehr wenig darüber wissen, welche Gefühle und Verhaltensweisen Bestandteil unseres biologischen Erbes sind und welche in der Interaktion mit der Umwelt vom Mutterschoß bis zur Totenbahre in unserem Kampf ums Überleben erlernt werden.

Ich begegne oft einem Mangel an Bereitschaft, die Möglichkeit ins Auge zu fassen, daß Eifersucht eine durchaus angemessene Reaktion auf bestimmte zwischenmenschliche Situationen sein könnte, und daß in manchen Situationen die erworbene oder angeborene Reaktion einen starken biologischen, psychologischen und kulturellen Überlebenswert haben könnte.

Beim erneuten Lesen des Materials werde ich von der Geschichte von Freds Selbstmordversuch gefesselt. Sie irritiert mich bei meinem Versuch, meine Gefühle in bezug auf dieses Paar und ihr Leben zu verstehen. Was mich dabei so betroffen macht, ist, daß mitten im ehelichen und außerehelichen Glück, in dem alles in Begriffen wie »Wachstum«, »Erfüllung«, »Freude«, »gesund«, »Bestätigung«, »Intimität«, und so weiter beschrieben wird, plötzlich diese Katastrophe hereinbricht. Das Desaster war so vollständig, daß Fred sein Leben nicht länger lebenswert erschien. Ich möchte seinem Abschiedsbrief Glauben schenken, der alle Beteiligten und die Beziehung von jeder Schuld freispricht, aber ich kann es nicht.

In allen Schilderungen des Lebens der Beteiligten dominieren die lichten Seiten der menschlichen Erfahrung. Der Akzent liegt auf denjenigen Eigenschaften, die wir als tugendhaft bezeichnen. Ich bin mir jedoch bewußt, daß in jedem von uns außer den Engeln des Glaubens, der Hoffnung, Güte, Weisheit und Liebe auch die Engel des Zweifels und der Verzweiflung, der Bedürftigkeit, der Leidenschaft und des Hasses walten. Die dunklen Engel sind in uns allen lebendig, glaube ich. Ich vermisse die Erwähnung dieser Seite in der Schilderung dieser Menschen. Sie kommen mir vor wie präraphaelitische Engel!

In den »anständigen« Familien wird gewöhnlich ein Individuum zum Barometer dieser verleugneten dunkleren Elemente. Das System braucht einen Schwamm, der diese Kräfte aufsaugt, wenn die Familie ihre Funktion als »Leuchtturm« menschlicher Interaktion weiterhin erfüllen soll. Fred sagt nicht, welche Dämonen ihn quälten, obwohl er andeutet, inakzeptable Impulse und Gefühle verspürt zu haben. Ich vermute, daß er sich seiner dunklen Seite bewußt zu werden begann. In einer Umgebung, in der Eifersucht, Habgier, Ehrgeiz und Wut mit Unvollkommenheit gleichgesetzt werden, bleibt Fred keine andere Wahl, als sich selbst als inakzeptabel zu betrachten. Die Kultur, in der er lebt, fordert es! Weil seine Gefühle von all den anderen in seiner Umgebung nicht geteilt zu werden scheinen, klagt er sich selbst an. Daß positive Gefühle hoch bewertet und andere geleugnet wurden, schließe ich aus Freds Unfähigkeit, den Menschen, mit denen er angeblich eine »offene und ehrliche Kommunikation« hat, seine innere Beklemmung mitzuteilen. Fred ist in meinen Augen der »Kummerfresser«, die Person, die angesichts von Schwierigkeiten alle anderen davon überzeugt, daß alles in bester Ordnung sei, um ihnen Angst, Sorgen und Kummer zu ersparen, während er gleichzeitig im tiefsten Inneren den kollektiven Schmerz des Systems erleidet. »Kummerfresser« erleben sich auf der Bewußtseinsebene gewöhnlich als stärker als die übrigen, sie brechen jedoch zusammen, wenn sie allein und stoisch mit Problemen fertigzuwerden versuchen.

So glaubt Fred, daß sein Selbstmord nicht mit seiner zwischenmenschlichen Situation zu tun gehabt habe. Sicher weiß er mehr darüber als ich, aber obwohl ich dies akzeptiere, bleiben meine Zweifel bestehen. Die Emotionen, die ich in diesen Schilderungen vermisse, sind die Gefühle des Zorns, der Angst, der Rivalität, der Lust und der Bedürftigkeit. Alle diese Emotionen haben einen ungeheuren Überlebenswert. Gesteht man sich oder anderen nicht das Recht zu, diese Gefühle sowohl zu empfinden als auch auszudrücken, so legt man dem Menschen damit eine emotionale Zwangsjacke an. Werden diese Gefühle hingegen als ein legitimer und wertvoller Teil der Interaktion zugelassen, so ist es möglich, mit Schwierigkeiten flexibler und menschlicher umzugehen, als wenn sie unterdrückt werden. Es ist meine Vermutung – und ich gebe zu, daß es eine Vermutung ist –, daß Fred nie versucht hätte, sein Leben zu beenden, oder diese Seelenqualen erlitten hätte, die er beschreibt, wenn er früher in Kontakt mit seinen dunkleren Kräften gekommen wäre und gesehen hätte, daß auch die anderen Mitglieder seiner erweiterten Familie über solche Kräfte verfügen und ihn daher verstehen.

Es erscheint mir wichtig, zu betonen, daß die Belastungen meiner Ansicht nach nicht durch den polygamen Charakter des Systems hervorgerufen wurden. Ich weiß aus eigener Erfahrung, daß eine nichtexklusive Ehe ein befriedigender Lebensstil sein kann. Leute, die Monogamie höher als jede andere Form der Partnerschaft einschätzen, könnten sich leicht auf meine Argumente stürzen, um ihre Überzeugung zu untermauern, daß solche offenen Ehen zwangsläufig zur Katastrophe führen müssen. Dies wäre schade, weil *ich* dies keinesfalls glaube. Falls meine Interpretation von der Überbewertung der »Lichtseite« stimmt, dann können die gleichen Belastungen in völlig exklusiven Beziehungen auftreten.

Dies bringt mich zur Eifersucht und zur interpersonalen Politik zurück. Es ist heute üblich, die Eifersucht abzuwerten, genauso wie es früher üblich war, Aggression und sexuelles Verlangen abzuwerten. Dennoch wird sie, ob erworben oder angeboren, intensiv empfunden. Aus eigener Erfahrung weiß ich, daß für viele Menschen der heftige Schmerz der Eifersucht mit Scham verbunden ist, ein solches Gefühl überhaupt zu empfinden. Dies galt auch für mich. Statt die Eifersucht zuzulassen und mich dazu zu bekennen, versuchte ich, andere Rationalisierungen für meinen Schmerz zu finden, um meine Gefühle irgendwie als sinnvoll empfinden zu können. Vermutlich glaubte ich, meine Eifersucht nicht als sinnvoll betrachten zu können; sie stammt aus einer tieferen Schicht in mir, die von meiner Vernunft nicht erreicht wird. Ja, sie hat ihre eigene Vernunft, und mein Verstand begreift wenig davon.

Obwohl ich sie so intensiv empfinde, brauche ich von ihr nicht überwältigt zu werden. Mein Mann und ich sind zu der Einsicht gekommen, daß wir die Eifersucht, die der andere empfindet, wichtig nehmen müssen. Wir bedeuten einander genug, um uns von jedem Schmerz, den der andere empfindet, Einhalt gebieten zu lassen. Wir halten inne, um die Gefühle des anderen zur Kenntnis zu nehmen und ihm soviel Zuwendung und Trost zu geben, wie er braucht; dann entscheiden wir, ob wir die Handlungsweise fortsetzen wollen, die die Eifersucht auslöste. Wir suchen nicht zu erreichen, daß Gefühle der Eifersucht nie an die Oberfläche dringen; andererseits fühlen wir uns nicht verpflichtet, vor ihnen zu kapitulieren, wenn dies der Fall ist. Wovon wir überzeugt sind ist, daß die Erfahrung des anderen als bedingungslos gültig anzusehen ist. Wir geben einander das Recht, unsere eigenen Gefühle zu empfinden. Wir beachten sie, aber wir sind nicht bereit, so zu reagieren, als sei dies immer unsere Schuld.

Was wir dabei entdeckt haben, ist, daß Eifersucht manchmal ein wichtiger Indikator sein kann, daß mit unserer Beziehung etwas nicht in Ordnung ist. Obwohl wir einander sehr nahe stehen, gibt es dennoch Zeiten, da es leichter ist, eine Beziehung zu einem anderen aufzunehmen, als sich den Problemen zwischen uns zu stellen. An diesen Tagen empfindet derjenige, der gemieden wird, Eifersucht. Wir fürchten, im Stich gelassen zu werden, *weil* wir im Stich gelassen werden. In einer solchen Situation kann man den Liebesentzug nur entdecken und sich damit auseinandersetzen, wenn man die Eifersucht und ihre verschiedenen Dimensionen erforscht. Meiner Erfahrung nach ist Eifersucht nicht immer der destruktive Dämon, für den Fred und Trish sie zu halten scheinen. Als weitaus teuflischer hat sich in meinem Leben die *uneingestandene* Eifersucht erwiesen, die sich als subtile Abwertung des anderen äußert.

Ich bewundere Fred, Trish, Janet und Chip um ihres Mutes willen. Sie lassen sich mit einer ungeheuer mächtigen Mythologie rund um die Ehe und »das Machbare« ein. Ihr Mut und ihre Offenheit erfüllen mich mit Zuversicht, speziell angesichts der Tatsache, daß ihre eigenen Eltern so fest in einem anderen Wertsystem verankert sind. Dennoch neige ich zur Vorsicht. Ich stimme nicht nur zu, daß ihre Geschichte nicht als Modell für andere dienen kann, sondern ich frage mich auch, ob ihr vergangenes Jahr ein Vorbild für ihr nächstes sein kann.

Jede neue Beziehung, die ins Gewicht fällt, birgt stets die Möglichkeit in sich, daß sie eines Tages die gegenwärtige ersetzen könnte. Trish räumt ein, daß sie zwei Primärbeziehungen hat und nicht gezwungen sein möchte, zwischen Fred und Chip zu wählen. Die Möglichkeit, verlassen zu werden, liegt immer in der Luft, so unwahrscheinlich dies anfangs erscheinen mag. Ich frage mich um meiner selbst und der drei Beteiligten willen, welches die Konsequenzen sind. Wieviel Nähe und Intimität ist in einem solchen Zustand der Unsicherheit möglich? Die Nichtexklusivität gibt einem Freiheit und Macht; gibt einem die Treue vielleicht eine andere Art von Freiheit und Macht?

Ich weiß keine Antwort, Carl, aber ich stelle die Frage.

Während ich dies niederschrieb, hatte ich das Gefühl, daß der ganze Themenkreis von Partnerschaft, Ehe, Liebe, Sex, Eifersucht und Bindung zu diesem Zeitpunkt in unserer Kultur von großer Bedeutung ist. Ich glaube, daß dieses Material die Frage in einem neuen und wichtigen Kontext beleuchtet. Es hat bei mir und meinen engen Freunden viele Gedanken und Diskussionen ausgelöst. Ich kann mir vorstellen, daß es bei vielen anderen die gleiche Reaktion bewirken wird!

CARL: Ich kann aus der Geschichte von Fred und Trish keine sicheren Schlußfolgerungen ziehen, aber es stellen sich mir eine Menge provozierender Fragen. Eine Ehe mit einer Reihe von Satellitenbeziehungen, die allmählich an Bedeutung zunehmen, kann jahrelang existieren, ohne daß einer der beiden Partner mehr als einen kleinen Anflug von Eifersucht verspürt. Vielleicht ist Eifersucht somit keine instinktive Reaktion – kein biologischer Trieb, der in einem Mann den Wunsch weckt, den Liebhaber seiner Frau zu töten, oder eine Ehefrau bitteren Schmerz über die Bindung ihres Mannes an eine andere Frau empfinden läßt. Vielleicht wird Eifersucht erlernt, und vielleicht stellt sie in unserer Kultur eine gesellschaftlich gebilligte Lektion dar. Man kann auch lernen, *nicht* eifersüchtig zu sein, wie es bei Trish der Fall gewesen zu sein scheint.

Die Sozio-Anthropologie wird uns hier nicht viel weiterhelfen. In vielen Kulturen herrscht extreme Possessivität, meistens seitens des Mannes, aber häufig auch seitens der Frau. Es gibt aber auch eine Reihe von Kulturen – die Ureinwohner von Hawaii sind ein Beispiel –, in denen Eifersucht selten ist und sexuelle Freiheit weitgehend akzeptiert wird.

Auch die Biologie kann diese Frage nicht beantworten. Es gibt Säugetier-und Vogelarten, bei denen Monogamie und Treue die Regel sind. Bei anderen ist die Possessivität stärker ausgeprägt. Es gibt aber auch Arten, die keine Eifersucht kennen. Die Seehunde vergrößern noch die allgemeine Verwirrung. Der Robbenbulle macht sich während der Paarungszeit buchstäblich kaputt; er ist bereit, gegen jeden Rivalen, der sich seinem Harem nähert, bis zum Tode zu kämpfen. Im Gegensatz dazu sind die Weibchen aufeinander nicht eifersüchtig, und sie sind auch bereit, sich mit anderen Männchen einzulassen – wenn der Bulle nicht wachsam ist.

Während die allgemeine Frage also offen bleibt, geht aus der Geschichte von Fred und Trish eines klar hervor: Es ist möglich, mehr als einen Menschen gleichzeitig zu lieben, einschließlich sexueller Kontakte, ohne beim Partner beobachtbare eifersüchtige oder possessive Reaktionen auszulösen. Trish ist nicht nur auf Janet nicht eifersüchtig, sondern sie sind gute Freundinnen. Fred zeigt in bezug auf Chip nicht nur keine Eifersucht, sondern auch sie sind enge Freunde.

Die »Politik« einer Ehe kann auf Gleichberechtigung, geteilter Verantwortung, gegenseitiger Unterstützung und gemeinsamer Entscheidungsfindung basieren, wie Trish so eindrucksvoll demonstriert, wenn sie sagt, daß sie und Fred einander das »Privileg« der Freiheit nicht eigentlich gewähren, als vielmehr einander dazu ermutigen. Dies ist nicht die Unverantwortlichkeit des »I do my thing and you do yours« [ich tu das meine und du tust das deine]. Im Rahmen einer symmetrischen Beziehung gehen sie auf Erkundung aus und kehren dann als bereicherte Menschen zu ihrer Beziehung zurück. Dies hat dazu beigetragen, ihre persönliche Kraft zu stärken.

Die Politik der Gleichberechtigung, welche der Person den höchsten Wert beimißt, erstreckt sich auch auf den Bereich der Sexualität. Die sexuelle Selbstbestimmung kann nur deshalb erfolgreich aufrecht erhalten werden, weil die Kommunikation so offen ist. Bei vertrauensvoller Kommunikation gibt es, wie Trish sagt, keine Angst, »ertappt« oder kritisiert zu werden.

Wie jeder neue Lebensstil enthält auch dieser Risiken. Trish verliert ihren ersten Geliebten an eine andere Frau und ist tief verletzt. Fred leidet unter Janets Krankheit. Beide haben erfahren, wie kompliziert und zeitraubend es ist, mehr als eine intensive Beziehung zu haben. Das größte Risiko besteht darin, daß Trish gegenwärtig in zwei *primäre* Beziehungen verstrickt ist. Falls sie sich je gezwungen fühlen würde, sich für einen der beiden zu entscheiden, wen würde sie wählen? Ich glaube, weder wir noch sie können dies mit Sicherheit wissen. Zum Glück für sie hat sich diese Frage bisher nicht gestellt. Ihre Bewertung ihrer Gefühle nach Freds Suizidversuch – »ich wollte fortlaufen« – enthält eine gewisse Ambivalenz. Ihre doppelte Bindung bestätigt Maureen Millers Feststel-

lung, daß »die Möglichkeit verlassen zu werden, immer in der Luft liegt, so unwahrscheinlich dies anfangs erscheinen mag«.
Selbst in einer Ehe, in der offen kommuniziert wird, kann man Gefühle haben, deren man sich so schämt, daß man sie nicht mit seinem Partner zu teilen wagt. Der Bereitschaft, sich mitzuteilen, sind Grenzen – oft unbewußte Grenzen – gesetzt. Die Gefühle, die Fred in bezug auf seine Depression hatte, sind mir sehr vertraut. Das häufigste Thema in der Therapie ist dies: »Wenn du mich wirklich kennen würdest, meine schrecklichen Gedanken und Gefühle, könntest du mich nicht akzeptieren und würdest meine Angst bestätigen, daß ich wahnsinnig bzw. ein hoffnungsloser Fall bin.« Dieses Gefühl hat große Ähnlichkeit mit der Furcht, die Fred davon abhielt, über seine Verzweiflung zu sprechen. Schematisch könnte man es folgendermaßen zusammenfassen: »Die Gefühle, die mich beherrschen, sind so schlecht, so unglaublich, so schändlich, daß sie nicht ein Teil von mir sein können, und ich hasse und fürchte sie so sehr, daß ich mich nicht zu ihnen bekennen kann – niemandem gegenüber. Lieber sterbe ich.«

Welches waren diese schrecklichen Gefühle? Maureen Miller meint, daß es sich um unterdrückte Aggressionen, Rivalität, Eifersucht, kurzum Elemente von Freds »dunkler Seite« gehandelt haben könnte. Dies ist möglich in einer Ehe, die an der Oberfläche so frei – vielleicht verdächtig frei – von diesen Emotionen ist. Aber ich sehe noch eine weitere Möglichkeit.
Ich halte es für etwas wahrscheinlicher, daß Freds größter Horror das Gefühl war, ein kompletter Schwindler zu sein. Es geht eindeutig hervor, daß er zu der Überzeugung kam, er sei auf seinem Fachgebiet ein Schwindler. Er war nicht der tolle Könner, für den er sich gehalten hatte. Seine Prüfung hatte er nur durch einen glücklichen Zufall bestanden. Seine Forschungstätigkeit war lediglich ein Versuch, die unerfreuliche Realität zu verschleiern. Die Leute, die an ihn glaubten, wurden getäuscht. Und jetzt würde er entlarvt werden.
In welchem Maße empfand er sich auch in seinem persönlichen Leben als Betrüger? Es gibt nur eine Andeutung. Er sagt: »Es ist ein gefährliches Unterfangen, sich zum Erfolgsmenschen hochstili-

sieren oder *immer unerschütterlich erscheinen zu wollen.* (Hervorhebung durch mich). Er hatte in der Tat den Eindruck der Unerschütterlichkeit erweckt – in der Ehe hatte er die Führung übernommen und sie beide auf einen unkonventionellen Lebensstil hinbewegt. Alles war großartig. Es gibt fast nirgends eine Andeutung von Selbstzweifel. Aber als sich das Selbstbild von »ich bin ein außergewöhnlicher Mensch« zu »ich bin ein Schwindler« wandelte, müssen sich die unausgesprochenen Gefühle des Zweifels geregt haben, die immer auf einer bestimmten Ebene vorhanden waren. »Vielleicht bin ich gar nicht so unerschütterlich. Vielleicht bin ich meiner selbst überhaupt nicht sicher. Möglicherweise bin ich sowohl in meinem persönlichen als auch in meinem beruflichen Leben ein großer Schwindler.« Die Fähigkeit zu differenzieren geht verloren; während einem zunächst alles positiv erschien, kann man plötzlich nur noch das Negative sehen, und da dieses nie ausgedrückt worden war, multipliziert sich sein Schrecken um ein Vielfaches. Dies ist meine Vermutung in bezug auf seine innere Welt zur Zeit seiner tiefen Depression. Von Angst ergriffen wie er war, daß jemand den Betrug entdecken könnte, ist es völlig verständlich, daß jeder ihm Nahestehende als bedrohlich erscheinen mußte.

Es ist noch eine andere Deutung von Freds emotionaler Abwärtsspirale möglich, die ich und die meisten anderen humanistischen Psychologen nur zögernd ins Auge fassen. Ich meine die Möglichkeit, daß ein chemischer Faktor bei seiner Depression eine Rolle spielte. Er reagierte zweimal positiv auf eine korrekte Lithium-Dosis – das eine Mal während seiner Depression, das andere Mal in der manischen Phase –, so daß ich mich gezwungen fühle, diese Möglichkeit in Erwägung zu ziehen. Dabei können wir nicht feststellen, ob seine Niedergeschlagenheit den Lithium-Bedarf erhöhte, oder ob seine Gefühlslage durch den Lithium-Mangel verschlimmert wurde. Aber daß dieser Faktor bis zu einem gewissen Grad eine Rolle spielte, diese Schlußfolgerung scheint mir aus seiner Reaktion auf die Behandlung berechtigt. Meine – nicht umfangreichen – klinischen Erfahrungen mit Menschen, die einen manisch-depressiven Zyklus durchmachen, haben mich oft vor Rätsel gestellt. Ich hatte große Schwierigkeiten, diese Situation ausschließlich psychologisch zu deuten. Ich habe es als möglich erachtet, daß genetische oder chemische Faktoren eine Rolle spielen könnten, was ich in bezug auf Schizophrenie oder andere »Geistesstörungen« nicht glaube.

Fred – und wir alle – können dankbar sein, daß sein entschlossener Selbstmordversuch fehlschlug und keine geistigen und körperlichen Schäden zurückließ. Hat er gelernt, daß es immer besser ist, schreckliche Gefühle mitzuteilen, als sie zu verbergen und im Geheimen wuchern zu lassen? Er hat einen kleinen Schritt in diese Richtung unternommen, als er in seiner manischen Phase Hilfe suchte. Er hat insofern einen Fortschritt gemacht, als er sich jetzt als unvollkommenen Menschen akzeptiert, der imstande ist, »unaussprechliche« Gefühle zu hegen. Zweifellos könnte er aus einer vollständigeren Exploration seiner inneren Welt in einer Beziehung zu einem Therapeuten Gewinn ziehen, der seine personenbezogene Einstellung teilt. Die Zukunft wird zeigen, ob er ein ausreichendes Maß an Selbsterkenntnis gewonnen hat.

Was mir durch meine Kontakte mit diesem Paar erneut zu Bewußtsein kam, ist das starke innere Verlangen jedes Individuums nach tiefen und dauerhaften engen Beziehungen. Sie haben durch ihr Leben einen Wunsch demonstriert, den ich inzwischen für nahezu universell halte – den Wunsch nach einer tragfähigen Beziehung, in der man den anderen als ganze, komplexe Person kennenlernt und in der man auch selbst in dieser Weise gekannt werden kann. Wie sich sowohl Trish als auch Fred bewußt sind, geschieht dies nicht über Nacht und auch nicht mit einer großen Zahl von Menschen.

III. Teil

Die Erarbeitung eines theoretischen Fundaments

11.

Eine politische Basis: Die Selbstverwirklichungstendenz

Wie man den politischen Aspekt auch betrachten mag, er beruht auf einer bestimmten Konzeption des menschlichen Organismus und seiner Antriebskräfte – der Beschaffenheit und Motivation dieses Organismus. Mein eigenes Denken darüber hat im Laufe der Jahre immer schärfere Konturen angenommen. Diese Auffassung möchte ich so klar umreißen wie mir dies möglich ist, wobei ich auf frühere Formulierungen zurückgreifen werde, und die politischen Implikationen menschlicher Motivation aus meiner Sicht darlegen[1].

Ich betrachte die Selbstverwirklichungstendenz als eine grundlegende Antriebskraft des menschlichen Organismus. Lassen Sie mich mit einer persönlichen Erfahrung beginnen, die einen starken Eindruck auf mich machte, und dann zu einer Reihe von Beobachtungen übergehen, die meine Auffassung unterstützen.

Vor einigen Monaten stand ich während eines Urlaubswochenendes auf einer Landzunge, von der aus man eine der zerklüfteten Buchten überblickt, die sich an der nordkalifornischen Küste aneinanderreihen. Der Bucht vorgelagert waren einige große Felsklippen, die der vollen Gewalt der großen Brecher des Pazifik ausgeliefert waren, die über sie hereinbrandeten und Berge von Gischt versprühten, bevor sie auf die klippenreiche Küste zurollten. Während ich die Wogen beobachtete, die sich in einiger Entfernung an diesen großen Felsen brachen, bemerkte ich zu meiner Überraschung, daß auf den Felsen Pflanzen wuchsen, die winzigen Palmen glichen. Sie waren nicht mehr als zwei oder drei Fuß hoch und der Gewalt der Brandung unmittelbar ausgesetzt. Durch mein Fernglas stellte ich fest, daß es sich um irgendeine Art von Seegras handelte, Pflanzen, deren schlanker »Stamm« von Blattbüscheln gekrönt war. Als ich in den Intervallen zwischen den Brechern ein Exemplar näher ins Auge faßte, schien es mir unausbleiblich, daß diese zarte, aufrechte, kopfschwere Pflanze von der nächsten

Woge geknickt und zerschmettert werden würde. Als die Woge über sie hereinbrach, bog sich der Stamm fast völlig nieder und die Blätter wurden durch die Gewalt des Wassers in eine gerade Linie gepreßt, doch sobald die Woge vorübergerollt war, richtete sich die zähe und flexible Pflanze wieder zu ihrer vollen Größe auf. Es erschien unglaublich, daß sie imstande war, diese unaufhörlichen Schläge hinzunehmen, Stunde um Stunde, Tag und Nacht, Woche um Woche, vielleicht Jahr um Jahr, und sich dabei zu ernähren, ihre Domäne zu erweitern, sich zu reproduzieren, kurz, sich zu erhalten und zu entfalten in diesem Prozeß, zu dem wir abgekürzt »Wachstum« sagen. Hier in diesem palmenähnlichen Seegras manifestierte sich die Zähigkeit des Lebens, sein Vorwärtsdrängen und seine Fähigkeit, eine unglaublich feindselige Umwelt zu erobern und sich dort nicht nur zu behaupten, sondern sich anzupassen, zu entwickeln und zu verwirklichen.

Nun ist mir durchaus bewußt, daß wir viele Aspekte dieses Phänomens »erklären« können. So wissen wir beispielsweise, daß die Pflanze oben auf dem Felsen und nicht auf dessen geschützter Seite wächst, weil sie phototrop ist. Wir können auch biochemische Erklärungen für Phototropismus geben. Wir können sagen, daß die Pflanze dort wächst, wo sie wächst, weil sie dort eine ökologische Nische ausfüllt, und daß der Evolutionsprozeß irgendeinen anderen Organismus mit ähnlichen Eigenschaften hervorgebracht hätte, wenn *diese* Pflanze sich nicht dieser Nische bemächtigt hätte. Ich bin mir bewußt, daß wir weiter erklären können, warum diese Pflanze die Form annimmt, die sie hat, und warum sie sich in einer Weise regenerieren wird, die ihrer eigenen generischen Form entspricht. Dies wird geschehen, weil das DNA-Molekül – solange es Teil einer lebenden Zelle ist, mit der es interagiert – wie das Programm, das einen Computer steuert, Instruktionen für jede entstehende Zelle in sich trägt – welche Form und Funktion sie zu übernehmen hat, um das Ganze zu einem funktionierenden Organismus zu machen.

Solches Wissen *erklärt* jedoch in einem wirklich fundamentalen Sinn nichts. Dennoch ist es sehr wertvoll – zum Zwecke der weiteren Differenzierung, der genaueren Beschreibung und der exakteren Darstellung funktionaler Beziehungen, nach der unsere Neu-

gier verlangt, und es vertieft zumindest unseren Respekt und unser Verständnis für die Komplexität des Lebens.
Aber ich erzähle diese Geschichte, um auf ein allgemeineres Charakteristikum hinzuweisen. Ob wir von diesem Seegras oder von einer Eiche sprechen, von einem Regenwurm oder einem großen Nachtfalter, von einem Affen oder einem Menschen – wir werden gut daran tun, zu erkennen, daß das Leben ein aktiver und nicht ein passiver Prozeß ist. Ob der Reiz von innen oder von außen kommt, ob die Umwelt günstig oder ungünstig ist, das Verhalten eines Organismus wird immer darauf gerichtet sein, sich selbst zu erhalten, zu entwickeln und zu reproduzieren. Dies ist die Essenz des Prozesses, den wir Leben nennen. Über die Gesamtheit dieser Reaktionen in einem Organismus sagt Bertalanffy: »Wir stellen fest, daß alle Teile und Prozesse so angeordnet sind, daß sie die Erhaltung, den Aufbau, die Regeneration und die Reproduktion organischer Systeme gewährleisten[2].« Wenn wir zu ergründen suchen, was das Verhalten von Organismen »motiviert«, dann stoßen wir auf diese zielgerichtete *(directional tendency)* Tendenz. Diese Tendenz ist zu allen Zeiten in allen Organismen wirksam. In der Tat befähigt uns das Vorhandensein oder Fehlen dieses zielgerichteten Gesamtprozesses zu der Feststellung, ob ein bestimmter Organismus lebendig oder tot ist.
Ich bin nicht der einzige, der eine solche Selbstverwirklichungstendenz für die fundamentale Antwort auf die Frage hält, was einen Organismus in Gang hält. Goldstein[3], Maslow[4], Angyal[5] und andere haben ähnliche Ansichten vertreten und mein eigenes Denken beeinflußt. Ich habe darauf hingewiesen, daß diese Tendenz eine Entwicklung in Richtung auf Differenzierung von Organen und Funktionen einschließt; darüber hinaus zielt sie auf Verstärkung durch Reproduktion und auf Selbstregulierung fern der Kontrolle durch äußere Einflüsse.
Hier also, bei der Suche nach den Antriebskräften des Organismus, finden wir einen Grundpfeiler unseres politischen Denkens. Der Organismus ist selbstbestimmt. In seinem normalen Zustand strebt er nach seiner eigenen Entfaltung und nach Unabhängigkeit von äußerer Kontrolle.
Aber wird diese Auffassung auch durch andere Evidenz unter-

stützt? Lassen Sie mich auf biologische Forschungsarbeiten hinweisen, die das Konzept einer Aktualisierungstendenz bestätigen. Ein mit vielen Gattungen durchgespieltes Beispiel sind die Experimente, die Driesch vor vielen Jahren mit Seeigeln durchführte. Driesch gelang es, die zwei Zellen voneinander zu trennen, die nach der ersten Teilung des befruchteten Eis entstehen. Hätten sie sich normal entwickeln können, so wäre aus jeder dieser beiden Zellen ein Teil einer Seeigellarve hervorgegangen, da beide zu deren Entstehung notwendig sind. Es erscheint daher ebenso offenkundig, daß jede der beiden Zellen, wenn sie vorsichtig voneinander getrennt werden, sich zu einem Teil eines Seeigels entwickeln wird. Aber dabei übersieht man die richtungweisende Selbstverwirklichungstendenz, die für jedes organische Wachstum charakteristisch ist. Es stellt sich nämlich heraus, daß jede der beiden Zellen, falls sie am Leben erhalten werden kann, sich zu einer vollständigen Seeigellarve entwickelt – zwar etwas kleiner als üblich, aber normal und vollständig.

Ich habe dieses Beispiel gewählt, weil es eine so genaue Analogie meiner Erfahrung im Umgang mit Klienten in einer therapeutischen Beziehung, meiner Erfahrung bei der Leitung von Intensivgruppen und meiner Erfahrung bei der Schaffung von »Lernfreiheit« im Unterricht darstellt. Was mich in diesen Situationen in bezug auf das Individuum am meisten beeindruckt, ist die zielgerichtete Tendenz zur Ganzheit, zur Verwirklichung vorhandener Anlagen. Ich habe Einzel- oder Gruppentherapie nicht effektiv gefunden, wenn ich versuchte, etwas in ein anderes Individuum einzupflanzen, das nicht in ihm vorhanden war, aber ich habe festgestellt, daß diese positive richtungweisende Tendenz konstruktive Resultate zeitigt, wenn ich die Bedingungen schaffen kann, die dem Wachstum förderlich sind. Der Forscher ist mit dem geteilten Seeigelei in der gleichen Situation. Er kann die Zelle nicht veranlassen, sich auf eine bestimmte Weise zu entwickeln, er kann (zumindest bis jetzt) das DNA-Molekül nicht formen oder kontrollieren, aber wenn er sein Können darauf verwendet, die Bedingungen herzustellen, die es der Zelle gestatten, zu überleben und zu wachsen, dann wird sich die Wachstumstendenz durchsetzen und das Wachstum eine Richtung einschlagen, die der Organismus von sich aus bestimmt. Ich wüßte keine bessere Analogie für die Therapie oder die Gruppenerfahrung, in der es zu einer konstruktiven Vorwärtsbewegung kommt, wenn ich das psychologische »Fruchtwasser« liefern kann.

Das Konzept einer Aktualisierungstendenz erfährt manchmal aus überraschenden Bereichen Unterstützung, wie etwa durch die einfachen, aber ungewöhnlichen Experimente, die zeigen, daß Ratten eine Umgebung mit komplexeren Reizen einer Umgebung mit einfacheren Reizen vorziehen. Es ist bemerkenswert, daß selbst die biedere Laboratoriumsratte innerhalb der Skala an Komplexität, die sie überblicken kann, ein anregenderes Umfeld einem kargeren vorzieht. Dember, Earl und Paradise erklären, daß »eine Präferenzverlagerung stets in einer Richtung, nämlich auf Reize von größerer Komplexität hin erfolgt«[6]. Wenn er die Gelegenheit erhält, tendiert der lebende Organismus dazu, seine komplexeren Anlagen zu verwirklichen, statt sich für einfachere Befriedigungen zu entscheiden.

Die Forschungen auf dem Gebiet der sensorischen Deprivation unterstreichen noch eindrucksvoller die Tatsache, daß Spannungsreduktion oder Reizmangel weit davon entfernt sind, der ideale Zustand für den Organismus zu sein. Freud hätte mit seinem Postulat, daß »das Nervensystem ... ein Apparat [ist] ... der, wenn es nur möglich wäre, sich überhaupt reizlos erhalten würde«[7], nicht weiter fehlgehen können. Im Gegenteil, wenn der menschliche Organismus äußerer Reize beraubt wird, produziert er eine Flut innerer Stimuli, manchmal der bizarrsten Sorte. John Lilly hat von seinen Erfahrungen beim schwerelosen Schweben in einem schalldichten Wassertank berichtet. Er spricht von tranceähnlichen Zuständen, von mystischen Erfahrungen, in denen das Bewußtsein an Kommunikationsnetze angeschlossen ist, die uns normalerweise nicht zugänglich sind, von Erfahrungen, die man nur als halluzinatorisch bezeichnen kann[8]. Es ist klar, daß man sich bei einem absoluten Minimum an äußeren Stimuli einer Flut innerer Erfahrungen öffnet, die weit über den durchschnittlichen Alltag hinausgehen. Ganz bestimmt gerät man nicht in einen Zustand der Homöostase, in ein passives Gleichgewicht. Dies geschieht nur bei erkrankten Organismen.

Was die Motivation betrifft, so ist der Organismus ein aktiver Initiator und manifestiert eine zielgerichtete Tendenz. R. W. White faßt dies in sehr sympathische Begriffe, wenn er sagt: »Selbst wenn seine primären Bedürfnisse befriedigt und seine homöostatischen Aufgaben erledigt sind, ist der Organismus lebendig, aktiv und unternehmungslustig[9].«

Infolge dieser und anderer Entwicklungen in der psychologischen und biologischen Forschung zögere ich nicht, auf die Bedeutsamkeit dieser Tendenz im menschlichen Organismus hinzuweisen, die seine Erhaltung und Entwicklung gewährleistet.

Manchmal wird von dieser Tendenz in einer Weise gesprochen, als umfasse sie die Entwicklung aller Anlagen eines Organismus. Dies ist sicher nicht richtig. Der Organismus tendiert nicht dazu, seine Fähigkeiten zum Sichschlechtfühlen zu entwickeln, wie jemand bemerkt hat, noch neigt er dazu, sein Selbstzerstörungspotential zu verwirklichen, oder seine Fähigkeit, Schmerzen zu ertragen. Nur unter ungewöhnlichen oder perversen Umständen wird dieses Potential aktualisiert. Es besteht kein Zweifel daran, daß die Aktualisierungstendenz selektiv ist und in eine bestimmte Richtung zielt – eine konstruktive Tendenz, wenn man so will.

Das Substrat aller menschlichen Motivation ist die organismische Tendenz, nach Erfüllung zu streben. Diese Tendenz kann sich in einem überaus breiten Verhaltensspektrum ausdrücken und als Reaktion auf eine umfangreiche Skala von Bedürfnissen erfolgen. Bestimmte Grundbedürfnisse müssen zumindest partiell befriedigt sein, bevor andere Bedürfnisse in den Vordergrund treten. Die Aktualisierungstendenz des Organismus kann somit in einem Augenblick bewirken, daß Nahrung oder sexuelle Befriedigung gesucht wird, aber selbst diese Befriedigungen werden, falls diese Bedürfnisse nicht überwältigend stark sind, auf eine Weise gesucht werden, die geeignet ist, die Selbstachtung zu vergrößern und nicht zu verringern. Aber auch andere Formen der Erfüllung werden in den Transaktionen mit der Umgebung angestrebt: Das Bedürfnis, die Umwelt zu erforschen und zu verändern, der Spieltrieb und das Verlangen nach Selbsterforschung, wenn diese als Weg zur Erfüllung gesehen wird – alle diese und viele andere Verhaltensweisen sind durch die Aktualisierungstendenz »motiviert«.

Kurz, wir haben es mit einem Organismus zu tun, der immer motiviert, immer »unternehmungslustig«, immer auf der Suche ist. Ich bin daher heute noch stärker als damals, als ich dieses Konzept zum erstenmal vertrat, davon überzeugt, daß es eine zentrale Energiequelle im menschlichen Organismus gibt; daß es sich um eine vertrauenswürdige Funktion des ganzen Organismus und nicht bloß eines Teils davon handelt; und daß man sie sich vielleicht am besten als eine Tendenz zur Erfüllung, zur Selbstverwirklichung, mit anderen Worten, nicht nur zur Erhaltung, sondern zur Entfaltung des Organismus vorstellen sollte.

Aus dem bisher Gesagten ergibt sich das Bild einer soliden, konstruktiven Basis menschlicher Motivation. Dies ist eine Basis, die dem einzelnen Macht verleihen und ihn zu einer harmonischen Politik zwischenmenschlicher Beziehungen befähigen würde. Aber ich habe es unterlassen, von den großen Rätseln zu sprechen, vor die sich jeder gestellt sieht, der in die Dynamik menschlichen Verhaltens eindringt. Diese Rätsel hängen mit der Tatsache zusammen, daß die Menschen oft mit sich selbst uneins und ihrem eigenen Organismus entfremdet sind. Zwar mag der Organismus konstruktiv motiviert sein, doch die bewußten Aspekte scheinen zweifellos oft vom Gegenteil zu zeugen. Wie ist diese nur zu häufige Kluft zwischen dem organismischen Aspekt und dem bewußten Selbst zu erklären? Woher kommt es, daß oft zwei sich widerstreitende Antriebssysteme im Individuum wirksam zu sein scheinen?

Um ein sehr einfaches Beispiel zu nehmen, wie kommt es, daß eine Frau, die an der Oberfläche sehr nachgiebig und fügsam erscheint, gelegentlich einen Aggressionsausbruch hat, der sie sehr überrascht und den sie quasi nicht als Teil ihrer selbst anerkennen kann? Ihr Organismus hat zweifellos sowohl Fügsamkeit als auch Aggression erfahren und nach Möglichkeiten gesucht, beide Gefühle zu äußern. Der eine Aspekt dieses in ihr ablaufenden Prozesses ist ihr jedoch weder bewußt noch akzeptiert sie ihn. Dies ist ein einfaches Beispiel der Spaltung, mit der sich jeder Psychologe, der an menschlichem Verhalten interessiert ist, auseinandersetzen muß.

Ich sehe keine einfache Lösung dieses Problems, aber ich glaube, daß ich vielleicht die Fragen inzwischen in einem größeren Zusammenhang sehe. In der Natur funktioniert die Selbstverwirklichungstendenz mit einer erstaunlichen Effizienz. Der Organismus macht natürlich Fehler, aber diese werden mit Hilfe von Rückmeldungen korrigiert. Ein klassisches Experiment bewies, daß sogar das menschliche Kleinkind bald lernt, eine ausgewogene Diät zu sich zu nehmen. Eine Zeitlang mag es einen Heißhunger auf Eiweiß haben oder zuviel Fett zu sich nehmen, aber bald korrigiert es diese Fehler, es verrät eine »Weisheit des Körpers«, die es ihm gestattet, sich selbst zu erhalten und zu entwickeln. Diese Art von relativ integriertem, selbstreguliertem Verhalten, das auf Selbsterhaltung und Bedürfnisbefriedigung gerichtet ist, scheint in der Natur eher die Regel als die Ausnahme zu sein. Natürlich kann man auf schwerwiegende Fehler hinweisen, die im Laufe der Evolution aufgetreten sind. Die Dinosaurier hatten sich sichtlich sehr effizient und starr an die vorhandene Umgebung angepaßt, konnten sich dann nicht adaptieren und zerstörten sich schließlich durch die Perfektion, mit der sie sich in einer bestimmten Umwelt realisiert hatten. Im großen und ganzen verhalten sich die Organismen jedoch durch Adaptionen, Mutationen und Anpassungen in einer Weise, die in evolutionärer Hinsicht überaus sinnvoll ist. Das Leben ergießt sich in immer differenziertere Formen, es korrigiert seine Irrtümer und bewegt sich auf seine eigene Vervollkommnung hin.

Im Menschen – vielleicht speziell in unserer Gesellschaft – kann sich jedoch die potentielle Fähigkeit, sich seiner Funktionen bewußt zu werden, so fehlentwickeln, daß er sich seinen organismischen Erfahrungen völlig entfremdet. Er kann sich selbst schädigen, wie in der Neurose; er kann unfähig werden, sein Leben zu meistern, wie in der Psychose; oder zerrissen und unglücklich, wie im Falle der Fehlanpassungen, die jeder von uns aufweist. Woher kommt diese Zerrissenheit? Wie ist es zu erklären, daß ein Mensch bewußt ein Ziel anstrebt, das seiner organischen Aktualisierungstendenz völlig widerspricht?

Bei der Suche nach der Antwort auf diese Frage vergegenwärtige ich mir erneut die Bedeutung und Funktion, die das Bewußtsein im Leben hat. Die Fähigkeit, die bewußte Aufmerksamkeit zu konzentrieren, scheint eine der jüngsten evolutionären Errungenschaften unserer Gattung zu sein. Es ist ein schmaler Gipfel von Bewußtheit, von Symbolisierungsfähigkeit, die auf einer unerhört breiten Pyramide von unbewußten, organismischen Funktionen ruhen. Eine bessere Analogie, die den ständigen Wandel treffender kennzeichnet, wäre es vielleicht, sich die Funktionen des Individuums als einen großen pyramidenförmigen Springbrunnen vorzustellen. Die oberste Spitze des Wasserstrahls wird zeitweilig vom flackernden Licht des Bewußtseins erhellt, aber der Strom des Lebens fließt auch in der Dunkelheit weiter, sowohl in unbewußter wie in bewußter Weise.

Beim voll funktionsfähigen Menschen ist das Bewußtsein eher ein Reflexionsprozeß als ein grelles Schlaglicht konzentrierter Aufmerksamkeit. Vielleicht ist es zutreffender zu sagen, daß bei einem solchen Menschen das Bewußtsein einfach eine Reflexion des inneren Fließens des Organismus in diesem Augenblick darstellt. Nur wenn die Funktionsfähigkeit gestört ist, tritt ein ausgesprochen ›selbst-bewußtes‹ Gewahrwerden ein. Über die verschiedenen Aspekte des Bewußtseins in diesem funktionsfähigen Menschen habe ich an anderer Stelle erklärt: »Ich meine nicht, daß dieses Individuum sich ständig all seiner inneren Vorgänge bewußt wäre wie der Tausendfüßler, der sich seiner Beine bewußt wurde. Im Gegenteil, dieser Mensch wäre fähig, ein Gefühl subjektiv zu erleben, aber auch sich dieses bewußt zu machen. Er kann Liebe oder Schmerz oder Angst erfahren, indem er subjektiv dieses Gefühl erlebt. Er kann sich aber auch von dieser Subjektivität abstrahieren und bewußt erkennen: ›Ich habe Schmerzen‹; ›ich habe Angst‹; ›ich Liebe‹. Das Entscheidende ist, daß es für ihn keine Schranken und keine Hemmungen gibt, die ihn daran hindern, alles was organismisch vorhanden ist, voll zu erleben[10].«

In diesem Punkt wie auch in verschiedener anderer Hinsicht vertrete ich ähnliche Auffassungen wie Lancelot Whyte, der sich dem gleichen Problem aus einer ganz anderen Perspektive, nämlich der des Wissenschaftsphilosophen und Ideenhistorikers, nähert. Auch er meint, daß beim voll funktionsfähigen Menschen »das freie Spiel spontaner Vitalität – wie im wechselnden Rhythmus von Essen, Trinken, Gehen, Lieben, Produzieren, im guten Arbeiten,

Denken und Träumen – kein ständiges differenziertes Gewahrwerden hervorruft. Wir fühlen uns gut, während wir dies tun und vergessen es dann in der Regel[11].«

Wenn der Mensch auf diese Weise funktioniert, ist er *ganz*, integriert, eine Einheit. Dies scheint die wünschenswerte und effiziente menschliche Funktionsweise zu sein. Zu einer Schärfung des »Selbst-Bewußtseins« kommt es dabei – Whyte zufolge – nur durch einen Kontrast oder Zusammenstoß zwischen dem Organismus und seiner Umwelt, und die Funktion eines solchen Selbst-Gewahrwerdens ist es, den Konflikt entweder durch Veränderung der Umwelt oder durch Modifikation des eigenen Verhaltens zu eliminieren. Er nimmt einen ungewöhnlichen, aber bedenkenswerten Standpunkt ein, wenn er erklärt: »Der Hauptzweck des bewußten Denkens, seine neobiologische Funktion, kann darin bestehen, die Faktoren, die es hervorgerufen haben, zuerst zu identifizieren und dann zu eliminieren[12].«

Es dürfte klar sein, daß Auffassungen wie die eben zitierte nur von Personen vertreten werden können, die die unbewußten Aspekte unseres Lebens in einem positiven Licht sehen. Ich selbst habe die Überzeugung vertreten, daß der Mensch weiser als sein Intellekt sei und daß voll entfaltete Menschen gelernt haben, ihre Erfahrungen als zuverlässige Steuerung für ihr Verhalten zu betrachten. Sie stellen fest, daß die Erkenntnisse, die sie dank ihrer Aufgeschlossenheit für Erfahrungen gewinnen, eine weise und befriedigende Orientierungshilfe für ihre Handlungen darstellen. Whyte versetzt die gleiche Idee in einen größeren Kontext, wenn er erklärt: »Kristalle, Pflanzen und Tiere wachsen ohne bewußtes Dazutun, und unsere eigene Geschichte erscheint uns weniger seltsam, sobald wir annehmen, daß der gleiche natürliche Ordnungsprozeß, der ihr Wachstum steuerte, auch die Entwicklung des Menschen und seines Verstandes gesteuert hat und dies nocht tut[13].« Diese Auffassungen sind sehr weit von Freuds Mißtrauen gegen das Unbewußte und seiner Überzeugung, daß es tendenziell antisozial sei, entfernt. Wenn ein Mensch in integrierter, einheitlicher und effektiver Weise funktioniert, hat er Vertrauen zu den Richtungen, die er unbewußt einschlägt und vertraut auch seinen Erfahrungen, von denen bestenfalls Ausschnitte in sein Bewußtsein dringen.

Wenn diese Darstellung der Funktionsweise des Bewußtseins unter günstigen Lebensumständen zutrifft, weshalb entsteht dann in so vielen von uns eine Zerrissenheit, die so weit gehen kann, daß wir uns organismisch in eine Richtung bewegen und in unserem bewußten Leben in die andere streben? Meine eigene Erklärung[14] hängt mit der persönlichen Dynamik des Individuums zusammen. Die Liebe der Eltern oder anderer Bezugspersonen wird von Bedingungen abhängig gemacht. Sie wird nur unter der Bedingung gewährt, daß das Kind bestimmte Konstrukte und Werte als seine eigenen verinnerlicht. Tut es das nicht, so wird es als nicht wertvoll, als nicht liebenswert angesehen. So wird beispielsweise das Konstrukt »Du mußt deine Mutter lieben« zur Bedingung dafür, daß das Kind die Liebe seiner Mutter empfängt. Seine gelegentlich auftretenden Gefühle von Zorn und Haß gegenüber der Mutter bleiben daher aus dem Bewußtsein ausgeschlossen, als existierten sie nicht. Sein Organismus kann sich auf eine Weise verhalten, die seinen Ärger zeigt, etwa indem es sein Essen auf den Boden wirft, aber dies gilt als »Mißgeschick«. Das Kind läßt sein wahres Gefühl nicht ins Bewußtsein dringen. Oder ich denke an einen halbwüchsigen Jungen, der in einer streng religiösen Familie aufwuchs, was zur Folge hatte, daß er für seine Eltern nur akzeptabel war, wenn er glaubte, daß sexuelle Gedanken, Impulse und Verhaltensweisen böse und schlecht seien. Als er eines Abends im Nachbarhaus erwischt wurde, wie er der schlafenden Tochter des Nachbarn eben das Nachthemd herunterreißen wollte, konnte er in der festen Überzeugung, die Wahrheit zu sagen, versichern, daß *er* es nicht getan habe – dies sei nicht *sein* Verhalten gewesen. Er war gezwungen gewesen, seinen Organismus – mit seiner natürlichen Neugier, seinen Phantasien und Impulsen im Bereich des Sexuellen – so vollkommen zu verleugnen, daß er sich dieser Aspekte seiner physischen Existenz überhaupt nicht bewußt war. Während sein Organismus weiterhin danach trachtete, diese Bedürfnisse zu befriedigen, konnte sein bewußter Verstand durchaus zutreffend behaupten, daß sein Selbst an diesem Verhalten nicht beteiligt gewesen sei.

In diesem Beispiel sind die introjizierten Überzeugungen oder Konstrukte starr und statisch, weil sie von außen übernommen werden. Sie sind nicht dem normalen Evaluationsprozeß unterworfen, mit dem das Kind seine Erfahrungen in flexibler, wandelbarer Weise bewertet. Das Kind neigt dazu, seinen eigenen Erfahrungsprozeß zu ignorieren, wo immer dieser mit solchen Konstrukten konfligiert; es schneidet sich somit in diesem Maße von seinen organischen Funktionen ab, das heißt, es dissoziiert sich von sich selbst. Sind die dem Kind aufgezwungenen Bedingungen der Wertschätzung zahlreich und signifikant, dann wird diese Dissoziation sehr groß und die psychologischen Folgen sind, wie wir gesehen haben, in der Tat sehr schwerwiegend.

Ich bin allmählich dazu gelangt, diese Dissoziation oder Spaltung, diese Entfremdung, als etwas Gelerntes zu verstehen, als eine perverse Kanalisierung eines Teils dieser Aktualisierungstendenz in Verhaltensweisen, die nicht aktualisierend wirken. Dies ist der Situation vergleichbar, in der sexuelle Triebe durch Lernen in Verhaltensweisen kanalisiert werden können, die weit von den physiologischen und evolutionären Zielen dieser Impulse entfernt sind. In diesem Punkt haben sich meine Auffassungen geändert. Vor Jahren betrachtete ich die Kluft zwischen Selbst und Erfahrung, zwischen bewußten Zielen und organismischen Richtungen als etwas Natürliches und Notwendiges, wenn auch Bedauernswertes. Heute glaube ich, daß der einzelne von der Gesellschaft durch Belohnung und Verstärkung zu Verhaltensweisen konditioniert wird, die *de facto* eine Perversion der natürlichen Richtung der Selbstverwirklichungstendenz darstellen.

Der dissoziierte Mensch wird am besten als jemand beschrieben, der sich *bewußt* von verinnerlichten statischen, starren Konstrukten leiten läßt, *unbewußt* hingegen von der Aktualisierungstendenz. Damit steht er in scharfem Gegensatz zum gesunden, funktionsfähigen Menschen, der in enger und verläßlicher Beziehung zu seinen organismischen Prozessen, sowohl den unbewußten wie den bewußten, steht. Konstruktive Resultate in der Therapie oder in Gruppen halte ich nur im Hinblick auf das Individuum für möglich, das gelernt hat, seinen eigenen inneren Stimmen zu vertrauen, und dessen Bewußtsein ein integraler Bestandteil des Prozeßcharakters seiner Organfunktionen ist. Ich habe darauf hingewiesen, daß die Funktionsweise des psychologisch reifen Individuums in vieler Hinsicht der des Kleinkindes gleicht, außer daß sein fließender Erfahrungsprozeß größere Breite und Tiefe hat und daß das reife Individuum, ebenso wie das Kind, »der Weisheit seines Organismus vertraut und sich auf diesen stützt, mit dem Unterschied, daß es dies wissentlich tun kann«[15].

Die extrem häufige Entfremdung des Menschen von seinen richtungweisenden organismischen Prozessen ist kein unvermeidlicher Teil unserer menschlichen Natur. Vielmehr ist es etwas Erlerntes, und zwar etwas, das gerade in unserer westlichen Kultur in besonders hohem Maß erlernt wird. Es ist durch Verhaltensweisen gekennzeichnet, die von starren Konzepten und Konstrukten gesteuert werden, gelegentlich unterbrochen durch Verhalten, das von den organismischen Prozessen gelenkt wird. Die Befriedigung oder Erfüllung, welche die Aktualisierungstendenz gewährt, ist in inkompatible Verhaltenssysteme aufgespalten worden, von welchen das eine im einen und das andere im nächsten Augenblick dominieren kann, aber um den ständigen Preis der Anstrengung und Ineffizienz. Diese Dissoziation, die in den meisten von uns vorhanden ist, stellt das Grundmuster und die Basis jeglicher psychologischen Pathologie des Menschen dar, und sie ist auch die Basis seiner gesamten sozialen Pathologie.

Die natürliche und effiziente Lebensweise des Menschen weist diese Dissoziation, diese Spaltung nicht auf. Der psychisch reife Mensch vertraut den Anweisungen seiner inneren organismischen Prozesse, die ihn zu einer totalen ganzheitlichen, integrierten, adaptiven und wechselhaften Begegnung mit dem Leben und seinen Herausforderungen befähigen, wobei sein Bewußtsein in koordinierter, nicht konkurrierender Weise beteiligt ist.

Die Tragik der Menschheit besteht darin, daß sie das Vertrauen zu ihren eigenen unbewußten inneren Richtstrahlern verloren hat. Wie Whyte schrieb: »Der westliche Mensch ragt als eine hoch entwickelte, aber bizarre Perversion des Säugetiers Mensch heraus[16].« Das Heilmittel für diese Situation liegt für mich in der unerhört schwierigen, aber nicht unmöglichen Aufgabe, es dem menschlichen Individuum zu ermöglichen, in einer ständigen vertrauensvollen Beziehung zu der formenden Aktualisierungstendenz in sich zu wachsen und sich zu entwickeln. Wenn Bewußtsein und bewußtes Denken als ein Bestandteil des Lebens gesehen werden – weder als sein Herr noch als sein Gegenspieler, sondern als Illumination der Entwicklungsprozesse im Individuum –, dann kann unser ganzes Leben die ganzheitliche und vereinigende Erfahrung darstellen, die in der Natur charakteristisch zu sein scheint. Wenn sich unsere fabelhafte Fähigkeit, Symbole zu bilden, als Teil der Selbstverwirklichungstendenz und von dieser gesteuert, die sowohl auf der bewußten wie auf der unbewußten Ebene in uns vorhanden ist, entwickeln kann, dann geht die organische Harmonie niemals verloren und wird zu einer menschlichen Harmonie und menschlichen Ganzheit, einfach weil unsere Spezies zu einem größeren Erfahrungsreichtum fähig ist als jede andere.

Und wenn die skeptische und natürliche Frage gestellt wird: »Ja, aber wie? Wie könnte dies bewirkt werden?«, dann scheint mir die Wissenschaft die Antwort darauf zu liefern. Es ist uns bereits gelungen, die Einstellungsvoraussetzungen zu spezifizieren und sogar zu messen, die sowohl in der Therapie als auch im Bildungswesen wachstumsfördernd wirken. Die wissenschaftliche Forschung kann uns noch weiter helfen. Nachdem wir die Voraussetzungen identifiziert haben, welche zur Wiederherstellung der Ganzheit und Integration des Individuums vonnöten sind, sollten wir imstande sein, einen Schritt weiter zu gehen und empirisch diejenigen Elemente zu identifizieren, welche die Dissoziation fördern und die Aktualisierungstendenz aufsplittern. Eine überprüfbare Hypothese lautet, daß es zur Dissoziation kommt, wenn Liebe und Wertschätzung von Bedingungen abhängig gemacht werden. Wenn wir die Umwelteinflüsse identifizieren können, die bei Kindern eine anhaltende innere Harmonie fördern, ohne daß es zu dem nur zu häufigen Erwerb der Dissoziation kommt, dann könnte von diesen Befunden präventiver Gebrauch gemacht werden. Wir können dann verhindern, daß die Spaltung eintritt. Wir können, wenn wir wollen, unsere wissenschaftlichen Erkenntnisse dazu benutzen, um das Individuum ganz und integriert zu erhalten – ein Geschöpf, dessen Selbstverwirklichungstendenz ihm die Richtung zu einer immer reicheren und erfüllteren Beziehung zum Leben weist.

Ich halte die politische Signifikanz dieser Auffassung von der menschlichen Natur und ihren Antriebskräften für enorm. Ich habe versucht, meine Überzeugung darzulegen, daß die menschliche Spezies aus im Grunde vertrauenswürdigen Organismen, vertrauenswürdigen Individuen besteht. Ich habe darauf hingewiesen, daß die Aktualisierungstendenz, sofern sie frei wirksam sein kann, zu einer integrierten Ganzheit tendiert, wobei das Verhalten sowohl von den inneren Erfahrungen als vom Bewußtsein gesteuert wird, welches über diesen Erfahrungen kreist. Doch was bedeutet dies vom Standpunkt der Politik zwischenmenschlicher Beziehungen?

Es führt mich zu der Schlußfolgerung, daß das vertrauenswürdigste Element in unserer unsicheren Welt ein Individuum ist, welches gegenüber den zwei wichtigsten Quellen voll aufgeschlossen ist: den Daten, die ihm seine inneren Erfahrungen, und den Daten, die ihm seine Erfahrungen der Außenwelt liefern. Ein solcher Mensch befindet sich am entgegengesetzten Pol zum dissozierten Individuum. Er hatte das Glück, nicht die innere Spaltung zwischen dem erlebenden Organismus und dem bewußten Selbst zu entwickeln, oder diese Kluft wurde durch helfende Beziehungen oder durch heilende Lebenserfahrungen überwunden.

Ein solches ganzheitlich funktionierendes Individuum bildet die beste Ausgangsbasis für sinnvolles Handeln. Dies ist eine dynamische Prozeßbasis, keine statische Autoritätsbasis. Es ist eine Vertrauenswürdigkeit, die nicht auf statischen »wissenschaftlichen« Erkenntnissen beruht. In seiner Aufgeschlossenheit für alle relevanten Daten repräsentiert es auf der anderen Seite die Quintessenz der wissenschaftlichen Einstellung zum Leben, so wie diese von den wirklich großen Geistern der Wissenschaft verstanden wurde. Ein solches Individuum repräsentiert einen ständigen Prozeß der Überprüfung von Hypothesen im Denken und Handeln, die einen verwerfend, anderen folgend. Es erkennt, daß es so etwas wie statische Wahrheit nicht gibt, nur eine Reihe sich wandelnder Annäherungen an die Wahrheit.

Wenn wir also politisch auf der Suche nach einer zuverlässigen Operationsbasis sind, dann wäre unser vordringlichstes Ziel, Individuen zu finden und womöglich deren Zahl zu mehren, die der Vorstellung vom ganzheitlichen Menschen nahekommen – Individuen, die zunehmend um ihre innersten Erfahrungen wissen und in Harmonie mit diesen leben und die mit der gleichen Aufgeschlossenheit alle Daten der Personen und Objekte in ihrer äußeren Umgebung in sich aufnehmen. Diese Menschen wären zu sinnvollem Handeln fähig. Ihre Anordnungen wären weiser als die Gebote von Göttern oder die Direktiven von Regierungen. Sie könnten sich als der vitalisierende Strom einer konstruktiven Zukunft erweisen.

Ich bin mir bewußt, daß diese Vision manchen hoffnungslos idealistisch, anderen als gefährliche Verhöhnung geheiligter Autoritäten und wieder anderen einfach bizarr erscheinen wird. Doch für mich stellt sie die größte Annäherung an die Wahrheit dar, zu der ich fähig bin, und sie erfüllt mich mit Begeisterung und Hoffnung.

IV. Teil

Ein neues politisches Menschenbild

12.

Das Heraufkommen des neuen Menschen: vorderste Front der stillen Revolution

Eine personenbezogene Einstellung zu vielen Aspekten unseres Lebens würde zu einer wünschenswerten, konstruktiven und funktionsfähigen Seinsweise führen. Ich gebe mich jedoch, was die Unterstützung betrifft, die diese Auffassung gegenwärtig in den Vereinigten Staaten erfährt, keinen Illusionen hin. Unsere Nation ist an einem Scheideweg angelangt; wir leben in einer Zeit schwerwiegender – sowohl bewußter wie unbewußter – Entscheidungen, die unser Schicksal bestimmen werden. Ich möchte einige der Faktoren nennen, die *gegen* die Wertschätzung der Person, gegen die Selbstbestimmung und gegen die verantwortliche Entscheidungsbefugnis des Individuums sprechen.

Die Prinzipien unserer Verfassung, speziell der Menschenrechtsdeklaration – die beide in ihren Wertvorstellungen entschieden personenbezogen sind –, werden zunehmend in Frage gestellt. Der Durchschnittsbürger glaubt immer weniger an die Realisierbarkeit politischer Demokratie, geschweige denn an einen Ansatz, der Macht, Herrschaft und Entscheidungsbefugnis in jedem Lebensbereich dezentralisieren würde. Es gibt Anzeichen dafür, daß die Menschenrechtsdeklaration unserer Verfassung, falls sie in eine moderne Sprache gefaßt und der Bevölkerung heute zur Abstimmung vorgelegt würde, eine Niederlage erlitte. Die Rechte und Pflichten des Bürgers gelten nicht länger als unantastbares Gut.

Das Recht auf Gedanken- und Redefreiheit, das Recht, jeden Standpunkt zu vertreten, an den man glaubt – diese Freiheiten werden heute nicht hoch geschätzt. Selbst Universitäten, die für diese Freiheiten essentiell sind, weigern sich oft, Redner auftreten zu lassen, weil deren Ansichten von irgendeiner einflußreichen Gruppe abgelehnt werden. Und diese Freiheitsbeschränkungen gehen nicht nur von Administratoren aus, sondern auch von der Professorenschaft und den Studenten.

In der Regierung – angeblich Quelle und Schutzherrin persönlicher Freiheit – ist eine noch schlimmere Erosion demokratischer Werte feststellbar. Der Durchschnittsbürger traut seinen gewählten Vertretern nicht. Eine zynische und argwöhnische Haltung gegenüber der Regierung und allen ihren Mitgliedern ist in der gesamten Öffentlichkeit verbreitet. Diese Einstellung beruht auf Gegenseitigkeit: Unsere Regierung steht ihren Bürgern äußerst mißtrauisch gegenüber. Es gibt eindeutige Beweise, daß sowohl das FBI als auch der CIA – Behörden, die zum Schutze der Nation und ihrer Bürger geschaffen wurden – massive Anstrengungen unternommen haben, die Opposition mit allen Mitteln – legalen wie illegalen, ethischen wie auch unethischen – zu bedrängen und zum Schweigen zu bringen. Diese Mittel reichten von Feuerwaffen – die zu den Erschießungen an der Universität von Kent und an drei weniger bekannten schwarzen Universitäten führten – bis zur Verbreitung gefälschter Briefe und Dokumente, um oppositionelle Gruppen zu spalten. Die mit Watergate verknüpften Enthüllungen über die nationale Elite vom Präsidenten abwärts beweisen eine offene Verachtung der Volksvertreter für die Person und ihre Rechte. Lügen, Betrug, kriminelle Mißachtung der Intimsphäre, Verhöhnung des Rechts, Überwachung und Inhaftierung von Oppositionellen – alle diese Mittel wurden angewandt, um die Bevölkerung unter Kontrolle zu halten und Macht über Personen auszuüben.

Nicht allein in der Regierung sehen wir einen Niedergang der Achtung vor der Person. Die Verwesung greift weiter um sich und zeigt sich im Verfall unserer Institutionen. Unser öffentliches Bildungswesen ist versteinert und unfähig, die Bedürfnisse der Gesellschaft zu befriedigen. Die Innovation wird gelähmt und die Innovatoren werden ins Abseits gedrängt. In einer sich rapide verändernden Welt halten Lehrer, Professoren und Schulaufsichtsbehörden – sowohl auf der Schul- wie auf der Hochschulebene – hartnäckig an der Vergangenheit fest und lassen nur oberflächliche Veränderungen zu. Unsere Schulen schaden der Persönlichkeitsentwicklung mehr als sie ihr nützen und stellen einen negativen Einfluß auf das kreative Denken dar. Sie sind in erster Linie Institutionen zur Einkerkerung oder Verwahrung der Jugend, mit dem Zweck, sie von der Welt der Erwachsenen fernzuhalten.

In ökonomischer Hinsicht bietet sich ein bizarres Bild. Die reichste Nation der Welt kann sich angeblich keine angemessene Gesundheitsvorsorge für ihre Bevölkerung leisten. Den Bemühungen, die Armut abzuschaffen, wird der Boden entzogen, während die obersten acht Prozent der Bevölkerung ein höheres Einkommen beziehen als die unteren fünfzig Prozent zusammengenommen. Die Kluft zwischen den Reichen und Armen in diesem Land sowie zwischen reichen und armen Nationen wird ständig breiter. Die großen Industriekonzerne haben einen übermäßigen Einfluß auf unsere Regierung und auf unser Leben und maßen es sich sogar an, sich in die Angelegenheiten fremder Länder einzumischen. Hohe Regierungsämter werden heute vorwiegend von reichen Leuten besetzt, so daß von unseren einhundert Senatoren, die angeblich das Volk repräsentieren, vierzig als Millionäre gelten. Der Durchschnittsbürger sieht sich heute weder in dem Unternehmen, für das er arbeitet, noch in der Regierung, die über ihn herrscht, in sensibler und einfühlsamer Weise vertreten.

Unseren Kirchen fehlt es gegenwärtig an signifikantem gesellschaftlichen Einfluß. Wo sie noch wirksam werden, beziehen sie gewöhnlich gegen den personenbezogenen Ansatz Stellung. Ihre politische Struktur ist entweder streng hierarchisch, das heißt, es werden Regeln festgelegt, die von den Gläubigen zu befolgen sind, oder sie basiert auf der Beziehung zwischen Führer und Gefolgsmann, wobei die Oberhirten wegen ihrer charismatischen Fähigkeiten geschätzt werden. Die Familie ist in einem Zustand der Zerrüttung und Konfusion. In den meisten Ehen sind die Partner einander ebenso entfremdet wie die Eltern von den Heranwachsenden. Soweit die Familie überhaupt einen Einfluß ausübt, ist er im allgemeinen autoritätsbezogen und nicht personenbezogen.

Niemand kann die unglaublich rasche Zunahme und Ausbreitung von Gewaltverbrechen leugnen. In unseren Städten verbarrikadieren sich die Menschen hinter doppelten und dreifachen Schlössern. Abends auf der Straße zu gehen, ist ein riskantes bis höchst gefährliches Unternehmen. Die Parks, die der Bevölkerung zur Erholung dienen sollen, sind zur Szene heimtückischer Raubüberfälle geworden. Täglich kommt es zu sinnlosen Messerstechereien und Morden. Zu all dem kommt die Entwicklung des organisier-

ten Terrorismus, der sich auf eine politische oder pseudopolitische Basis beruft.
Es gibt viele Theorien über die Ursachen der Gewalttätigkeit und des damit einhergehenden Vandalismus – dieses Wüten gegen Personen und Sachen. Ich erhebe keinen Anspruch auf besonderes Expertentum auf diesem Gebiet und werde mich nicht an der Spekulation über die Ursachen beteiligen. Ich möchte jedoch auf zwei Beziehungen hinweisen.
Planlose Gewalttätigkeit ist in einer Kultur undenkbar, in der jedes Individuum sich als Teil eines kontinuierlichen, sinnvollen Prozesses fühlt. Die Entfremdung vom Hauptstrom der Gesellschaft muß weit fortgeschritten sein, damit unpersönliche Gewalttätigkeit möglich wird. In China, einer Kultur, die sich von unserer eigenen stark unterscheidet, ist die unpersönliche, ziellose Gewalttätigkeit unserer Städte allen Berichten zufolge praktisch unbekannt. Nicht, weil die Chinesen unfähig zur Gewalt wären. Es hat dort fanatische, zielstrebige Kampagnen gegeben, Grundbesitzer oder Gegner der Kulturrevolution und ähnliche Personengruppen zu töten. Aber im täglichen Leben sind die Chinesen in kleinen Kommunen mit einem hohen Maß an Selbstverwaltung organisiert. Außerdem identifizieren sie sich in einem überraschenden Maß mit dem Aufbau ihres Landes. Dieses Bewußtsein einer gemeinsamen Aufgabe scheint in unserem Land heute völlig zu fehlen. Die Ziele, die genannt werden, laufen gewöhnlich darauf hinaus, den Status quo zu erhalten, oder auf jedem technischen Gebiet größer und besser zu werden. Diese Ziele sind weder geeignet, die Loyalität der Bevölkerung wachzurufen, noch wohnt ihnen eine einigende Kraft inne.
Ich werde es anderen, die über mehr Wissen verfügen, überlassen, uns zu erklären, weshalb ein so großer Teil unserer Bevölkerung sich mit den Anliegen der Gesellschaft nicht identifiziert und ihr so nachhaltig entfremdet ist, und zwar in einem Maße, das es vielen ermöglicht, diese »anderen« ohne sichtbare Skrupel zu berauben, niederzustechen und zu töten. Über das *Faktum* ihrer Entfremdung kann jedoch kein Zweifel bestehen.
Der zweite Punkt ist, daß Gewalttätigkeit nur dann möglich wird, wenn jeder Glaube an den Wert und die Würde der Person ver-

schwunden ist. Unprovozierte Gewalt kann nicht auftreten, wo die Überzeugung herrscht, daß jedes Individuum ein unantastbares Recht auf »Leben, Freiheit und Streben nach Glück« hat. Die Personenbezogenheit muß erst über Bord gehen, bevor sinnlose Überfälle auf den Nächsten möglich werden. Das Opfer ist für den Angreifer keine Person, oder er wäre nicht zum Angriff fähig.

Angesichts der Zerrüttung unserer Kultur kann es kaum überraschen, daß ein stetiger Trend zur Aufgabe persönlicher Freiheiten und zur Machtübernahme durch Stärkere feststellbar ist. Eine Drift in Richtung auf autoritäre Herrschaft macht sich bemerkbar.

Vor nicht allzulanger Zeit wurde die Nation durch die massiven Machinationen Präsident Nixons und seiner Kollegen geschockt, die die Verfassung zu unterminieren und die Herrschaft in die eigenen Hände nehmen wollten. Doch wir können die Verantwortung dafür nicht von uns weisen. Es war der Wille des Volkes. Ein stetiger Trend zur Mehrung der Macht des Präsidenten ist seit Jahren evident. Nicht nur das, auch Mr. Nixons früheres Verhalten ließ nichts im unklaren. Er war überzeugt davon – und handelte immer wieder danach –, daß er das Recht hatte, jedes Mittel anzuwenden, um möglichst viel Macht in seinen eigenen Händen zu versammeln. Lügen und subtilere Formen des Betrugs sowie der Einsatz von Helfershelfern, die Experten in der Erzeugung eines »Image« waren, das keine Ähnlichkeit mit der Realität hatte, waren das Fundament seines politischen Lebens. Ein großes Spruchband in den Büros des Komitees zur Wiederwahl des Präsidenten im Jahr 1972 faßte die Einstellung zusammen: »Siegen ist in der Politik nicht alles. Es ist das einzige, was zählt.« Dennoch wählten wir ihn mit einer überwältigenden Mehrheit. Wir waren für ihn. Die Tatsache, daß wir später seine Lügen nicht verdauen konnten und ihn zum Rücktritt zwangen, ist zwar bedeutsam, aber nicht bedeutsamer als die Tatsache, daß wir uns bewußt für ihn entschieden, nicht einmal, sondern zweimal. Und es gibt keinen Grund zur Annahme, daß wir unseren Wunsch nach einem starken, despotischen Führer aufgegeben haben. Es ist zweifelhaft, ob unser Volk wirklich die Mitbestimmungsdemokratie wünscht, die den Gründungsvätern unserer Verfassung vorschwebte. Wahrscheinlich würde die Mehrheit für einen starken Mann stimmen, der den Menschen seinen Willen aufzwingt. Oder, falls sie ihn nicht wählen würden, würde die Mehrheit durch ihre erdrückende Apathie und ihren Zynismus ihr Einverständnis bekunden, daß dies geschieht. Bei einer vor kurzem abgehaltenen Wahl in Kalifornien machten achtzig Prozent der Wahlberechtigten zwischen achtzehn und einundzwanzig – die jungen Menschen, um deren Zukunft es geht – von ihrem Stimmrecht keinen Gebrauch. Zweifellos ist ihre Einstellung: »Wozu auch?« Sie glauben nicht daran, daß man sich auf sinnvolle Weise an den Regierungsaufgaben beteiligen kann. Dies ist in der Tat der ideale Nährboden einer Diktatur.

Nicht nur in der Regierung ist ein Trend zu einer zunehmenden Konzentration autoritärer Herrschaft feststellbar. In unseren großen Industrieunternehmen, speziell in den multinationalen Konzernen, erleben wir eine Entwicklung von Macht und Herrschaft, die dem einzelnen ein Gefühl der Ohnmacht gibt. Er ist nichts weiter als eine Kalkulationsgröße in den Berechnungen anonymer Gruppen, die über sein Leben bestimmen.

Tom Hanna hat in seinem überaus kritischen Buch *The End of Tyranny* eine neue Bezeichnung für diesen allgemeinen Trend zur autoritären Herrschaft gefunden. Er nennt ihn »Dysamerica«, da er in krassem Widerspruch zu den Zielen und Idealen bzw. der politischen Struktur steht, die in der Verfassung niedergelegt sind. Er spricht von »dysamerikanisch« im Gegensatz zu »amerikanisch«.

Viele Gesellschaftshistoriker, Ökonomen und Futurologen sind übereinstimmend der Ansicht, daß die Desillusionierung in bezug auf die Demokratie um sich greift, und sie erwarten, daß dies in der Zukunft Konsequenzen haben wird. Die total kontrollierte Gesellschaft ist ihrer Ansicht nach unabwendbar[1]. Die Probleme seien zu komplex, als daß die Demokratie sie meistern könne. Die harten und unpopulären Entscheidungen, die getroffen werden müssen, um eine vom Wohlstand verwöhnte Gesellschaft zu einer einfacheren, sparsameren, umweltbewußteren Lebensweise zurückzuführen, können ihrer Ansicht nach nur von einem Autokraten oder einer Oligarchie durchgesetzt werden. Wir werden alle unsere Freiheit aufgeben müssen, so lautet das Argument, um zu überleben.

Weshalb sich also nicht dem Trend anschließen und erkennen, daß die demokratische Lebensform keine Zukunft hat, daß die Gesellschaft nicht funktionieren kann, wenn sie auf dem Glauben an den verantwortlichen Menschen beruht, der am Entscheidungsprozeß beteiligt ist? Warum nicht sich zurücklehnen und die Herrschaft genießen, die von einer autoritären Regierung, profitbeherrschten, multinationalen Konzernen, einem erstarrten Bildungswesen und elitären Überwachern individuellen Verhaltens ausgeübt wird? Warum sich gegen diese angeblich unvermeidliche Entwicklung auflehnen?

Ich kann mich mit diesem Denken nicht anfreunden.

Selbst unter den strengsten totalitären Regimes, wo Regierungspolitik, wirtschaftliche Organisation, persönliches Verhalten und individuelles Denken von einer zentralen Gruppe kontrolliert werden, treten *Personen* hervor. In der Sowjetunion ist der Name Solschenyzin nur ein Symbol einer viel größeren Bewegung. Er hat sich gegen unglaubliche Unterdrückung behauptet und hat überlebt. Viele andere haben nicht überlebt und werden nicht überleben. Doch die öffentliche Meinung in der ganzen Welt bewundert und freut sich über einen Mann, der es wagt, seiner eigenen Person und der anderer Wert beizumessen, und der von dieser Wertgrundlage aus seine eigenen Gedanken äußert und sich – bis zum Tod – weigert, sich unterjochen zu lassen, und der auch unser System herauszufordern wagt. Glaube an den Wert der freien Person ist etwas, das selbst durch all die modernen technologischen Mittel – das Abhören von Gesprächen, die Einweisung in »psychiatrische Krankenhäuser« zur Rekonditionierung des Verhaltens, Folter durch Elektroschocks, und so weiter – nicht ausgelöscht werden kann. Nichts kann das Verlangen des menschlichen Organismus vernichten, er selbst zu sein – sich auf individuelle und kreative Weise zu verwirklichen. Wir erkennen dies an, indem wir einem Solschenyzin Beifall zollen, obwohl wir gleichzeitig unserer eigenen Regierung gestatten, sich in Richtung auf totalitäre Herrschaft über unser eigenes Verhalten zu bewegen.

Es besteht auch die Möglichkeit, daß die Amerikaner sich für eine

neue Art von Demokratie entscheiden. Eine anläßlich der Zweihundertjahrfeier von der *People's Bicentennial Commission* durchgeführte Erhebung enthüllte einige überraschende Einstellungen[2]. Eine repräsentative Stichprobe von über zwölfhundert Bürgern aus allen Teilen des Landes und einschließlich aller Einkommensgruppen ergab, daß achtundfünfzig Prozent der Meinung sind, die großen Industrieunternehmen tendierten dazu, die Handlungen der Mitglieder unserer Bundesregierung zu beeinflussen und zu bestimmen. Nur fünfundzwanzig Prozent glauben das Gegenteil – daß die Regierungsvertreter die Aktionen der Unternehmen bestimmen. Eine Majorität – fast zwei Drittel – treten dafür ein, die amerikanischen Industriekonzerne in den Besitz und die Kontrolle der *Belegschaft* übergehen zu lassen. Die Mehrheit der Aktien sollte sich nach diesen Vorstellungen im Besitz der Arbeiter und Angestellten befinden, welche die Richtlinien der Unternehmenspolitik einschließlich der Auswahl von Führungskräften bestimmen sollen. Vierundsiebzig Prozent sprachen sich dafür aus, Konsumentenvertreter der jeweiligen Gemeinde in die Vorstände von Unternehmen zu entsenden, die in diesen Gemeinden operieren. Sechsundfünfzig Prozent erklärten, sie würden bestimmt oder wahrscheinlich einen Präsidentschaftskandidaten unterstützen, der für die Selbstverwaltung amerikanischer Industrieunternehmen durch die Belegschaft eintritt.
Hier ist sicherlich ein Fall, in dem die gewöhnlich sich nicht artikulierende »öffentliche Meinung« weit über die Positionen der politischen Führung unseres Landes hinausgegangen ist. Keiner der Kandidaten von 1976 hat solche Auffassungen vertreten. Dennoch wird hier evident, daß die Bevölkerung zu zwei Punkten eindeutig Stellung bezieht: Sie mißtraut großen Konzernen, deren Leitung weder ihren Inhabern noch dem konkurrierenden Markt, noch der Regierung, noch ihren Angestellten Rechenschaft zu geben scheint; und sie glaubt, daß sich diese Unternehmen eher human verhalten werden, wenn sie im Besitz und unter der Kontrolle der Belegschaft sind. Dies wäre die Geburt einer wirtschaftlichen Mitbestimmungs- und Selbstverwaltungsdemokratie. Wie John Adams 1815 sagte, war der Krieg »kein Teil der Revolution: er war nur eine Auswirkung und Folge von dieser. Die Revolution

fand in den Köpfen der Menschen statt, sie veränderte ihre Gefühle, ihre Pflichten und Aufgaben ... diese radikale Umwälzung der Prinzipien, Meinungen, Gefühle und Neigungen der Menschen war die wahre Amerikanische Revolution.«

Was die Untersuchung enthüllt, ist, daß wir es hier, in einem Bereich des öffentlichen Denkens, dem ökonomischen, mit einer »radikalen Umwälzung der Prinzipien, Meinungen, Gefühle und Neigungen der Menschen« zu tun haben, die eine Vorstufe einer neuen Revolution sein kann. Und es ist ein Umschwung von einer profitbezogenen, organisationsbezogenen Auffassung zu einer personenbezogenen Sichtweise. Es ist ein Schritt weg vom »Dysamerica«, hin zum ursprünglichen amerikanischen Traum.

Aber handelt es sich dabei vielleicht bloß um ein isoliertes Beispiel? Gibt es genügend Gründe zur Annahme, daß unsere scheinbar im Niedergang befindliche Gesellschaft noch die Möglichkeit hat, sich selbst zu retten? Ich möchte diesen Fragen nachgehen.

Eine Lektion, die ich in meinem Garten oft gelernt habe, ist, daß das braune und modernde Laub der diesjährigen Pflanzen eine Decke bildet, unter der die neuen Schößlinge des nächsten Jahres heranwachsen. So glaube ich auch, daß wir in unserer verfallenden Kultur die undeutlichen Konturen eines neuen Wachstums, einer neuen Revolution, einer völlig anders gearteten Kultur entdecken können. Ich sehe diese Revolution nicht als große, organisierte Bewegung daherkommen, nicht als bewaffnete, flaggenschwingende Armee, und ich glaube, daß sie nicht durch Manifeste und Deklarationen, sondern durch das Entstehen eines neuen Menschen bewirkt wird, der sich inmitten des welken, vergilbenden und verrottenden Laubes unserer zum Untergang bestimmten Institutionen entwickelt.

Vor einigen Jahren hielt ich ein kurzes, forsches Referat über den »Menschen von morgen«. Ich gab es nicht zur Veröffentlichung frei, weil ich mich hinsichtlich meiner Vorstellungen von diesem neuen Menschen sehr unsicher fühlte, ja sogar daran zweifelte, ob er wirklich im Entstehen begriffen sei oder nur in meiner Phantasie existierte. Aber seit dieser Zeit hat meine Erfahrung nur bestätigt, was damals als kühne Hypothese erschien. Ermutigt habe ich mich auch durch die Vielzahl von Büchern höchst unterschiedlicher

Verfasser gefühlt, die – jeder aus seiner eigenen Perspektive heraus – konstatierten, daß unsere Kultur eine tiefgreifende Umwälzung durchmacht und dabei eine Art von Individuum, eine Art von Bewußtsein, eine Art des Seins und Verhaltens hervorbringt, die unsere Welt umgestalten werden. Da ist der fundierte Medizinwissenschaftler René Dubos[3], welcher hervorhebt, die Beschaffenheit des Menschen bedeute, daß die Zukunft der »einzigartigen, noch nie dagewesenen und unwiederholbaren Person« gehöre und daß »Trend nicht gleich Schicksal« sei. Da ist der poetische Journalist und Pädagoge George B. Leonard[4], der in einer beinahe ekstatischen Vision die menschliche Spezies eine »Ehrfurcht gebietende Reise in einen höheren Seinszustand« antreten sieht, eine Transformation, die er für unvermeidlich hält. Aus einer anderen Perspektive heraus meint der philantropische Finanzier John B. Rokkefeller III[5], die zweite Amerikanische Revolution habe bereits begonnen. Ausgelöst zum Teil durch unser schärferes und klareres Bewußtsein von uns selbst und von unserer Welt, werde sie eine humanistische Erfüllung des amerikanischen Traums bewirken. Der Philosoph und Psychologe Thomas Hanna[6] schreibt einen Hymnus auf die Ganzheit des pulsierenden, wachsenden menschlichen Soma – die Einheit von Körper und Geist – und auf die neuen menschlichen Mutanten, die dieses neue Menschenbild verwirklichen und uns zu neuen Zielen führen. Er beschreibt diese Mutanten als die »neuen amerikanischen Freigelassenen«[7]. Der angesehene Mikrobiologe Jonas Salk[8] schildert die intellektuelle Evolution des menschlichen Potentials aus biologischer Perspektive. Die sozialpolitische Abteilung des Forschungsinstituts von Stanford hat einen umfangreichen Bericht veröffentlicht, in dem die Frage erörtert wird, wie wir »die Entstehung neuer Persönlichkeitsbilder« vom Menschen fördern können, überzeugt, daß wir neue und adäquatere Modelle brauchen, wenn wir überleben sollen[9]. Zwei Psychologen und Pädagogen, Fred und Anne Richards[10], drücken das Thema ihres Buches in dessen lapidarem Titel »Homonovus«, der neue Mensch, aus. Ein radikaler junger medizinischer Forscher, Andrew Weil[11], plädiert für den neuen Menschen, indem er auf die Vorzüge des intuitiven Denkens – des natürlichen Geistes – hinweist, das im Gegensatz zum konventionellen rationalen Denken des Durchschnittsmenschen und des Akademikers auf unbewußten Faktoren und veränderten Bewußtseinszuständen beruht. Provozierend erklärt er, die Zukunft gehöre dem »*stoned*« und nicht dem »nüchternen« Denken (wobei er mit »*stoned*« nicht drogeninduziert meint). Die Romanautorin Joyce Carol Oates[12] meint, daß wir uns in einer »Übergangskrise« zwischen dem Ende der Renaissance und dem »höheren Humanismus« befinden, zu dem sich der Mensch hinentwickle. Sie zitiert den wundervollen Ausspruch des oben erwähnten Physikers und Philosophen Sir James Jeans. Er spricht ein Thema an, das sich wie ein roter Faden durch die Werke all der Autoren zieht, die ich genannt habe, welche die Totenglocke einer eng mechanistischen Weltsicht zu läuten scheinen. Jeans erklärt: »Das Universum beginnt mehr einem großen *Gedanken* als einer großen Maschine zu gleichen.«

Ein so breites Spektrum merkwürdig konvergierender Vorstellungen von der Zukunft haben mir den Mut gegeben, meine Überzeugung vom Advent eines radikal neuen Menschen, der unsere Gesellschaft von Grund auf verändern wird, mit größerem Selbstvertrauen und, wie ich hoffe, auch mit größerer Tiefenschärfe darzulegen. Meine Ausführungen basieren auf umfangreichen persönlichen Beobachtungen, auf Interaktionen mit verschiedensten Individuen und Gruppen sowie auf meiner Lektüre. Ich bewege mich dabei im Bereich der Spekulation mit all den Möglichkeiten der Voreingenommenheit und des Irrtums, die das impliziert. Wir haben es hier nicht mit empirischer Wissenschaft zu tun, das ist mir klar, obwohl ich hoffe, daß darin Elemente der Beobachtung enthalten sind, die zu weiterem Studium anregen.

Meine Überzeugung rührt vor allem von meinen Erfahrungen mit Personen her, die ich als Vertreter des neuen Menschentyps empfinde. Wo bin ich ihnen begegnet? Ich fand sie unter ehemaligen Führungskräften der Wirtschaft, die aus dem erbarmungslosen Konkurrenzkampf im grauen Flanell ausgeschieden sind und auf die Verlockungen von hohen Gehältern und Aktienbezugsrechten verzichtet haben, um ein einfacheres Leben in einem neuen Stil zu führen[13]. Ich fand sie unter einfach gekleideten, langhaarigen jungen Männern und Frauen, welche die meisten Wertvorstellungen unserer heutigen Gesellschaft über Bord geworfen und eine Gegenkultur gebildet haben. Ich fand sie unter Priestern, Nonnen und Geistlichen, die die Dogmen ihrer Institutionen hinter sich ließen, um ein sinnvolleres Leben zu führen. Ich fand sie unter Frauen, die entschlossen über die Grenzen vorstoßen, welche die Gesellschaft ihrer persönlichen Entwicklung gezogen hat. Ich fand sie unter Schwarzen und Chicanos und anderen Minderheiten, die ihr Leben tatkräftig in die Hand nehmen. Ich fand sie unter den Teilnehmern von Encountergruppen – Menschen, die den Gefühlen in ihrem Leben ebensoviel Raum geben wie dem Denken. Ich finde sie unter vorzeitigen Schulabgängern, kreativen Leuten, die in höhere Bereiche vorstoßen möchten als ihre sterile Schulausbildung gestattet. Ich weiß auch, daß ich in meinen Jahren als Psychotherapeut solchen Menschen begegnet bin, Klienten, die ein freieres, erfüllteres, selbstbestimmteres Leben anstrebten. Dies sind einige der Gruppen, unter denen ich dem neuen Menschen begegnet bin[14].

Obwohl ich meine Beobachtungen aus äußerst unterschiedlichen Quellen schöpfe, stelle ich bei den Menschen, die ich da kennenlernte, bestimmte Gemeinsamkeiten fest. Die Grundgestalt erscheint mir ähnlich, obwohl es viele kleinere Unterschiede gibt. Diese Menschen präsentierten der Welt ein neues Gesicht, ein Verhaltensmuster, das, soweit ich es beurteilen kann, noch nie dagewesen ist, außer vielleicht in seltenen Einzelfällen. Ich stelle fest, daß diese Menschen vor allem großen Wert auf Authentizität legen. Kommunikation wird insbesondere als ein Mittel geschätzt, um dem anderen zu sagen, wie man etwas wirklich sieht, wobei die Gefühle, Gedanken, Gesten, die Sprache und die Körperbewegungen alle die gleiche Botschaft übermitteln. Sie sind in einem Klima der Heuchelei, des Betrugs und der widersprüchlichen Botschaften aufgewachsen, mit der Folge, daß sie Hintergedanken und Doppelzüngigkeit verabscheuen. Sie kennen die Falschheit und die Tricks der Werbebranche. Sie haben aus »höchsten offiziellen Quellen« in unserer Regierung bewußt irreführende Erklärungen gehört. Sie haben gesehen, daß das Wort »Frieden« benutzt wurde, wenn »Krieg« gemeint war, und daß von *»law and order«* geredet wurde und man dabei die »Unterdrückung Andersdenkender durch illegale Mittel« im Sinn hatte. Sie haben die paradoxen Botschaften ihrer Eltern und Lehrer vernommen, die alle auf die Ermahnung hinauslaufen: »Achte nicht auf das, was ich bin oder was ich tue; höre auf das, was ich sage.« Sie lehnen unsere gegenwärtige heuchlerische Gesellschaft ab und sehnen sich danach, zwischenmenschliche Beziehungen herzustellen, in denen die Kommunikation echt und umfassend, statt verlogen oder partiell ist. In dieser Hinsicht wurden bereits erstaunliche Fortschritte erzielt. Sie kommunizieren beispielsweise offen über ihre sexuellen Beziehungen, statt heimlich ein Doppelleben zu führen. Sie geben Eltern, Lehrern und Regierungsvertretern freimütig ihre Ansichten kund, statt den falschen Eindruck der Zustimmung zu erwecken. Sie lernen mit Konflikten umzugehen, auch in Organisationen – sie lernen, wie man in einem auf Offenheit beruhenden Klima des Vertrauens dauerhafte Beziehungen aufrechterhält, statt sich hinter Fassaden zu verschanzen. Diese Menschen sind echt.

Dieser Wunsch nach Geradlinigkeit drückt sich sowohl im öffentlichen wie auch im privaten Bereich aus. Es gibt keinen Zweifel daran, daß der brutale Krieg in Vietnam schließlich durch die beharrliche Aufdeckung der Heuchelei dieses Krieges durch diese neuen Menschen beendet wurde. Sie machten es klar, daß wir nicht gegen kommunistische Schurken kämpften, um eine Demokratie aufrechtzuerhalten, sondern um eine korrupte, unpopuläre und despotische Regierung zu stützen. Diese Wahrhaftigkeit war es, was unsere massive Kriegsmaschinerie schließlich zum Stillstand brachte.

Im persönlichen Bereich möchte ich Donna Lee Ryan zitieren, eine Studentensprecherin der Sonoma Universität: »Es ist an der Zeit, offen über die Dinge zu sprechen, die uns angehen ... Die Zeit ist gekommen, so zu leben, wie wir sprechen. Wir brauchen mehr Taten und weniger Worte. Als Studenten haben wir das Spiel des Intellektualisierens gelernt, wir wissen, daß es ein bequemer Weg ist, um dem Leben auszuweichen. Aber die Zeit ist gekommen ... dieser Form des Kompromisses entgegenzutreten, der uns unserer Selbstachtung beraubt.«

Ein mit hohen Ehren ausgezeichneter junger Mann, Meldon Levine, sagte in seiner Antrittsrede vor der juristischen Fakultät von

Harvard zu den versammelten Professoren und Eltern: »Ihr habt uns immer wieder gesagt, daß Vertrauen und Mut erstrebenswerte Eigenschaften seien. Ihr habt uns davon überzeugt, daß Gleichheit und Gerechtigkeit unantastbare Konzepte seien. Ihr habt uns gelehrt, daß Autorität durch Vernunft geleitet und durch Fairness gezügelt sein sollte. Wir haben euch ernst genommen ... Jetzt, da wir versucht haben, die Werte zu realisieren, die ihr uns achten gelehrt habt, war eure Reaktion erstaunlich.« Er weist daraufhin, daß den Bemühungen der Jugend, Ungerechtigkeiten zu beseitigen und das System zu verändern, mit Mißbilligung, Schikanen und Unterdrückung begegnet wurde. »Wenn diese Art von gewaltsamer Repression an die Stelle der Suche nach vernünftigen Alternativen tritt, dann lassen die Amerikaner zu, daß ihre fundamentalsten Ideale kompromittiert werden.« Mit diesen Worten fordert er unsere januskopfige Gesellschaft in die Schranken.

Eine der tiefsten Antipathien des neuen Menschen gilt den Institutionen. Er lehnt alle stark strukturierten, inflexiblen, bürokratischen Institutionen ab, weil er davon überzeugt ist, daß Institutionen für die Menschen da sind und nicht umgekehrt.

Eine der auffallendsten gesellschaftlichen Entwicklungen unserer Zeit ist die Abnahme der Macht und Autorität der Institutionen – der Regierung, des Militärs, der Kirche, der Unternehmer und der Schule. Dies hat sicher teilweise mit der Einstellung des neuen Menschentypus zu tun. Er ist nicht bereit, sich mit der Ordnung um der Ordnung willen, mit der Form um der Form willen und mit Regeln um der Regeln willen abzufinden. Jeder Aspekt formaler Strukturen wird in Frage gestellt und über Bord geworfen, falls er keinem humanen Zweck dient. Jede Art von Inflexibilität ist suspekt, denn Starrheit kann dem sich wandelnden Menschen nicht dienen.

Die diesbezüglichen Überzeugungen sind nicht bloß leeres Gerede. Der Mensch neuen Typs ist eher bereit, eine Institution zu verlassen, als sich sinnlosen Diktaten zu unterwerfen. Professoren verlassen die Universitäten, Studenten die Hochschulen, Ärzte den Ärzteverband, Priester die Kirchen, Führungskräfte die Unternehmen, Luftwaffenpiloten die Bombergeschwader, Spione die CIA,

Wissenschaftler die Industriekonzerne, die Kernkraftwerke bauen.
Viele dieser Aktionen erfolgen in der Stille, ohne Trara. Tausende von Paaren, sowohl junge wie ältere, desertieren aus der Institution der Ehe. Sie haben sich dafür entschieden, die Sitten, Rituale und Gesetze zu ignorieren und als Partner ohne die Sanktion der Ehe zusammenzuleben. Dies geschieht offen, aber ohne Trotzhaltung. Diese Paare glauben einfach, daß eine Partnerschaft nur dann bedeutsam ist, wenn es sich um eine für beide förderliche, wachsende Beziehung handelt.
Eine Befragung katholischer Ehefrauen unter dreißig ergab, daß über fünfundsiebzig Prozent Empfängnisverhütungsmittel benutzen, die von der Kirche mißbilligt werden. Soweit mir bekannt ist, hat es keine Demonstrationen gegen die Enzyklika des Papstes von 1968 gegeben. Es hat sich keine Protestwelle erhoben. Diese Frauen ignorieren einfach die institutionellen Gebote und handeln in einer Weise, die ihres Erachtens dem Menschen, nicht der Struktur, am besten dient. Dies ist ein bemerkenswertes Beispiel der neuen Einstellung zu den Institutionen.
Was wird für diesen neuen Menschen an die Stelle der Institution treten? Es ist zu früh, um dies zu beurteilen. Ein Trend, den ich sehe, verläuft zu kleinen, informellen, nichthierarchischen Gruppen. Studenten und Professoren haben Hunderte von »freien Schulen«, »experimentellen Schulen« gegründet – informelle, oft kurzlebige, entschieden unstrukturierte Bildungseinrichtungen voll Begeisterung und Lerneifer. Eine Reihe von *Graduate Schools* von hohem Niveau gestatten es dem Studenten, anhand eines von ihm selbst erarbeiteten Studienplans bis zum Doktorat zu gelangen. Der Kandidat wird von einer Gruppe von Professoren und Kommilitonen beraten und unterstützt, die ihm helfen, sich zu vergewissern, daß sein Studium den nötigen Tiefgang und Umfang aufweist bzw. einen Beitrag zur Wissenschaft darstellt. Zwei solcher *Graduate Schools*, die ich kenne, sind die *Union Graduate School* und das *Institut für humanistische Psychologie*. Sie werden mit Bewerbungen überhäuft und ziehen einen herausragenden Typus von selbständig denkenden Wissenschaftlern an, aber alle versuchen, eine Aufblähung zu vermeiden.

Führungskräfte der Wirtschaft, die aus Großunternehmen ausgeschieden sind, haben eigene Firmen von begrenzter Größe gegründet, in denen die Beziehungen direkt und von Mensch zu Mensch ablaufen, statt aus zweiter – oder fünfter – Hand. Ein früherer Marine- und Pan-Am-Pilot machte einen Töpferladen auf, in dem er seine eigenen Schöpfungen verkauft. Ein Public-Relations-Mann wird Landwirt und freier Schriftsteller. Der Verkaufsleiter einer Baufirma wird Besitzer einer kleinen Wein- und Käsehandlung. Menschen aller Arten schließen sich zu Wohngemeinschaften zusammen, in denen die Beziehungen persönlich sind und auf Struktur und Autorität nur zurückgegriffen wird, um ein bestimmtes Ziel zu erreichen. Einige neue freiberufliche Gruppen, wie das Zentrum, dem ich angehöre, sind durch ein Gemeinschaftsgefühl verbunden, ohne permanente Autoritätsverteilung und ohne den Wunsch zu expandieren, dabei aber mit den verschiedensten kreativen Projekten beschäftigt.

Ein weiterer Trend ist, die Institution von innen her zu humanisieren und sich über sinnlose Regeln einfach hinwegzusetzen. So haben viele Fließbandarbeiter die ihnen zugeteilten Routinejobs ignoriert und Teams gebildet, in denen sie sich mit den Arbeitern abwechseln oder zwei Jobs gleichzeitg machen oder auf andere Weise durch ihre Handlungen bekunden, daß sie selbstbestimmte Menschen sind, deren Interessen an erster Stelle stehen, nicht Rädchen in einer großen technologischen Maschinerie.

Auch in der Regierung und in der Politik – in diesem Morast, in dem so viele Männer versunken sind – gibt es Versuche, einen menschlicheren Ansatz zu verwirklichen. So schreibt ein erfolgreicher Landespolitiker an seine Wähler: »... die Institutionen müssen sich am Leben und nicht mehr am Tod orientieren ... die Menschen in der Politik [müssen sich] der Selbstverwirklichung und nicht der Selbstverleugnung verschreiben. Es ist mir immer deutlicher bewußt geworden, daß die Entdeckung einer neuen Politik für unsere Gesellschaft davon abhängt, daß ich in mir selbst eine ›neue Politik‹ lebe und erfahre und entdecke – daß ich mit allen Teilen meines eigenen Selbst so stark in Berührung komme, daß ich aus der resultierenden Ganzheit in mir immer besser imstande sein werde, die Institutionen und Sitten unserer Gesell-

schaft zu entlarven, die der Ganzheit im Wege stehen – in uns selbst, zwischen den Menschen, zwischen uns und der Erde[15].«
Dies ist in der Tat ein frischer Wind in der Welt der Politik – ein authentischer *Mensch,* der sich um die Unterstützung der Wähler bemüht, diese erhält und eine traditionsbeladene Institution von innen her verändert.

Der neue Mensch ist gleichgültig gegenüber materiellen Segnungen und Errungenschaften. Die Maschinen, der Komfort und der Luxus der Wohlstandsgesellschaft sind ihm nicht länger eine Notwendigkeit. Blue jeans, ein Schlafsack und naturbelassene Nahrung werden von ihm ebenso – und manchmal mehr – geschätzt als teure Kleidung, elegantes Wohnen und die Gourmetküche. Es gibt ehemalige Angestellte großer Unternehmen, die sich heute als Entdecker oder Skilehrer sehr wohl fühlen, weil sie diesen Lebensstil vorziehen. Wir treffen auch junge Leute, die kein Interesse an der Anhäufung von Geld haben, sondern dieses nur für konstruktive persönliche oder soziale Zwecke verwenden wollen. Geld und materielle Statussymbole sind nicht länger die Hauptziele dieser Menschen.

Der Typus des neuen Menschen ist weder machthungrig noch leistungshungrig. Wenn er nach Macht strebt, dann nicht aus rein egoistischen Gründen. Die Tatsache ist hochgespielt worden, daß viele der bekanntesten Protestfiguren der sechziger Jahre – Tom Hayden beispielsweise – heute innerhalb des Establishments arbeiten. Aber es wird meist übersehen, daß dies bloß ein weiterer Schritt in einem kontinuierlichen Prozeß ist. In den sechziger Jahren demonstrierten und marschierten sie und organisierten Sitzstreiks. Sie fanden diese Taktiken wirksam – bis zu einem gewissen Punkt. Es gelang ihnen, die Öffentlichkeit aufzurütteln und die Grundprobleme bewußt zu machen. Aber sie waren nicht besonders erfolgreich in ihren Bemühungen um dauerhaften Wandel. Deshalb haben heute viele den Marsch durch die Institutionen angetreten, um einen Wandel von innen heraus zu bewirken. Ob diese Bemühungen durch die Maschinerie der Politik, durch kostenlose Rechtsberatung für die Armen oder durch die Mitarbeit in einem Ausschuß für landwirtschaftliche Arbeitskräfte erfolgen, die Umwälzungen, für die sie arbeiten, zielen immer darauf ab, dem einzelnen einen größeren Einfluß auf sein Leben zu verschaffen.

Diese Menschen sind engagiert. Sie sind von dem Wunsch durchdrungen, anderen zu helfen, sowohl ihren »Brüdern und Schwestern« als auch der Gesellschaft, wenn diese Hilfe braucht. Diese Menschen sind jedoch ausgesprochen mißtrauisch gegenüber den »helfenden Berufen«, das heißt den Therapeuten, Sozialarbeitern und Drogenberatern, die sich ihren Unterhalt damit verdienen, anderen gegen Bezahlung zu helfen, und die sich allzuoft hinter einer professionellen Fassade verbergen. Sie neigen dazu, einen direkteren Weg einzuschlagen. Junge Männer und Frauen machen Dienst an Notruftelefonen, um Menschen in der Krise zu helfen, und sie tun es freiwillig. Sie teilen ihr Essen oder ihre Unterkunft, ohne Fragen zu stellen. Wenn »Bürgerliche« in Not geraten, eilen sie zu Hilfe. Bei den letzten Überschwemmungen strömten langhaarige junge Männer und Frauen manchmal aus Entfernungen von einigen hundert Kilometern herbei, um Sandsäcke zu füllen, Dämme zu verstärken und Obdachlose zu versorgen. Und bei all dem spielt die finanzielle Entschädigung keine oder nur eine untergeordnete Rolle.

Die Hilfe, die diese Menschen des neuen Typs leisten, ist eine sanfte, zurückhaltende, nicht moralisierende Form der Unterstützung. Wenn jemandem geholfen wird, über einen schlechten Trip hinwegzukommen, wird er zart und unterstützend angefaßt, ohne predigende Untertöne. Wenn jemand mit dem Gesetz in Konflikt kommt, so hilft man ihm, ohne ihm Vorträge zu halten oder ihn zu schikanieren. Diese Menschen akzeptieren das in Not geratene Individuum nicht zuletzt, weil sie sich bewußt sind, daß die Rollen leicht vertauscht werden könnten. Dies ist das genaue Gegenteil des »Helfens«, das in unserer Gesellschaft am verbreitetsten ist – diagnostizierend, bewertend, interpretierend, vorschreibend und strafend.

Diese Menschen suchen neue Formen der Gemeinschaft, der Nähe, der Intimität, des gemeinsamen Ziels. Er und sie suchen neue Formen der Kommunikation in einer solchen Gemeinschaft – sowohl verbal wie nichtverbal, sowohl das Gefühl als auch den Intellekt einbeziehend. Sie sind sich bewußt, daß die persönliche

Existenz flüchtig ist, vielfach aus vorübergehenden Beziehungen besteht und daß sie rasch fähig sein müssen, Nähe herzustellen. In dieser mobilen Welt leben die Menschen nicht lange in einer Gemeinschaft. Diese Leute sind nicht von ihrer Familie und ihren Verwandten umgeben. Sie sind Mitglieder einer kurzlebigen Gesellschaft[16]. Sie haben erkannt, daß sie, wenn sie in einer menschlichen Umgebung leben wollen, fähig sein müssen, in einer sehr kurzen Zeitspanne intime, kommunikative, persönliche Bindungen herzustellen. Umgekehrt müssen sie imstande sein, diese engen Beziehungen ohne allzu großen Konflikt oder Trennungsschmerz hinter sich zu lassen.

Eine Einstellung, die den neuen Menschentypus kennzeichnet, steht in krassem Widerspruch zu der herrschenden Auffassung der letzten Jahrzehnte. Dies ist das tiefe Mißtrauen gegen eine kognitiv orientierte Wissenschaft und eine Technologie, die sich dieser Wissenschaft bedient, um sich die Welt der Natur und die Welt des Menschen untertan zu machen. Sie vertrauen nicht mehr auf die Abstraktionen der Wissenschaft oder den Gebrauch, der von diesen gemacht wird. Vielmehr sind sie intuitiv davon überzeugt, daß wichtige Entdeckungen und Erkenntnisse auch mit Gefühlen zu tun haben. Diese Menschen waren nicht besonders begeistert über das Raumfahrtprogramm; sie bezweifelten, daß es sinnvoll sei, den Weltraum und den Mond mit sündhaft teurem Ramsch zu verunzieren. Sie meinen, die Technologie solle einem anderen Zweck als dem der Eroberung dienen.

Eine der Manifestationen dieses Mißtrauens gegen unsere bisherige Auffassung von Wissenschaft ist das Interesse und der Glaube an das Okkulte, an die Astrologie, an das I-Ging und an die Tarockkarten – kurz, die Wissenschaft der Vergangenheit. Aber die neuen Menschen sind auch mehr als bereit gewesen, sich für die moderne Wissenschaft und Technologie zu engagieren, wenn sie überzeugt waren, daß diese menschlichen Zwecken dienen. Ihre Fachkenntnis in Elektronik als Mittel zur Kreation und Übermittlung von Musik ist bekannt. Ihr großes Interesse an Biofeedback als Mittel zur Erweiterung des Bewußtseins und zur Verhaltensänderung ist ein weiteres Beispiel dieser Bereitschaft.

Das allgemeine Mißtrauen gegenüber dem wissenschaftlichen

»Fortschritt« sollte nicht mißverstanden werden. Diese Menschen sind keine Dogmatiker. Es geht ihnen um die Wahrheit. Sie sind Suchende ohne wohlfeile Antworten. Ihre einzige Gewißheit ist, daß es keine Gewißheit gibt. Diese Menschen sind sich der Tatsache nur zu bewußt, daß jeder von uns nur ein winziger Lebensfunke auf einem kleinen blau-weißen Planeten ist, der in einem ungeheuren Universum kreist und dessen Tage gezählt sein mögen. Wie viele frühere Sucher sind sie nicht sicher, ob in diesem Universum ein Sinn steckt oder ob es nur den Sinn gibt, den wir selbst erschaffen. Die Menschen von morgen sind bereit, mit dieser beklemmenden Unsicherheit zu leben, während sie danach streben, mehr über die zwei Welten, die äußere und die innere, in Erfahrung zu bringen.

Denn ein weiteres Charakteristikum dieser Menschen ist ihr ausgeprägter Wunsch, das Innere des Menschen zu erforschen. Sie sind bereiter als die Menschen alten Schlages sich ihr eigenes Selbst, ihre inneren Gefühle und Schwierigkeiten bewußt zu machen. Diese Individuen sind fähig, mit sich selbst freier und furchtloser zu kommunizieren. Die Verdrängungsschwellen, die früher so große Bereiche des Individuums vom Bewußtsein fernhielten, sind heute entschieden niedriger als in vorangegangenen Generationen. Dies sind sehr bewußte Menschen.

Die Bereitschaft, in ihr eigenes Inneres zu schauen, hat diese neuen Menschen in viele bisher unbekannte Zonen vordringen lassen – drogeninduzierte Bewußtseinsveränderungen, ein neues Interesse an Träumen, die Wiederentdeckung verschiedener Arten der Meditation, die Beschäftigung mit den verschiedensten übersinnlichen Phänomenen, ein Interesse an esoterischen und transzendentalen religiösen Einstellungen. Sie sind überzeugt, daß in ihnen unentdeckte Welten und verborgene Fähigkeiten schlummern – daß Tagträume, Phantasie und Intuition nur die Pforten zu unerschlossenen Welten sind. Kosmisches Bewußtsein, Gedankenübertragung und die Kirlianische Aura*, die von Lebewesen ausgestrahlt wird, sind für sie nicht Ausgeburten einer überhitzten Phantasie, sondern werden als im Bereich des Möglichen angese-

* [Photografische Aufnahmeverfahren, das Energiefelder des menschlichen Körpers sichtbar machen soll, nach dem sowjetischen Forscherehepaar Kirlian benannt; Anm. d. Red.]

hen. Sie zögern nicht, die konventionelle Weltsicht aus den Angeln zu heben, indem sie diese Phänomene erforschen.
Ebenso wie ich haben sie erkannt, daß, während in den vergangenen Jahrzehnten explodierende Galaxien und die »schwarzen Löcher« des Weltraums im Mittelpunkt der Forschung standen, morgen der Tag der inneren Welten gekommen sein wird.
Wir werden Pioniere brauchen, die mutig in die geheimnisvollen und bisher noch unvorstellbaren anderen Welten vordringen, die zu existieren scheinen und die sich von unserer gegenwärtigen objektiven Welt grundlegend unterscheiden. Diese neuen Menschen besitzen die Kühnheit und Unabhängigkeit des Denkens, um solche Forschungen in Angriff zu nehmen. Sie könnten aus Einsteins Feststellung Ermutigung ziehen: »Die höchste Aufgabe ist es … jene universellen Grundgesetze zu entdecken, durch die der ganze Kosmos durch pure Ableitung erschaffen werden kann. Es gibt keinen logischen Weg zu diesen Gesetzen; *nur die auf einfühlsamem Verständnis der Erfahrung beruhende Intuition kann sie erreichen*[17].« (Hervorhebung durch den Autor.) Diese neuen Menschen haben bereits die intuitive Überzeugung, daß die in der Welt des Übersinnlichen geltenden geheimnisvollen Gesetze einfach nicht in den gegenwärtigen Rahmen des wissenschaftlichen Denkens passen.
Auf einem ganz anderen Gebiet fühlen diese Menschen eine Nähe zur elementaren Natur. Sie sind von Achtung für die Natur und ihre Wirkungsweise erfüllt, und sie lernen von alten Stämmen aufs neue, wie der Mensch im Gleichgewicht mit der Natur und in einer wechselseitigen Beziehung zu ihr leben kann, so daß beide sich gegenseitig erhalten. In den Stunden der Erholung symbolisieren die Wellenbretter, die Skier, das Segelboot und das Segelflugzeug die Neigungen dieser Menschen viel eher als das Motorboot, das Pistenfahrzeug oder das Rennauto. Während die erstgenannten Geräte ihre Faszination dem aufregenden *Bündnis* mit den Naturkräften verdanken – den Wellen, den schneebedeckten Hängen, dem Wind und den Luftströmungen –, dienen letztere der Eroberung der Natur und haben Zerstörung und Umweltschäden zur Folge. In ihrer Ehrfurcht vor der Natur haben die neuen Menschen den Wert der Zusammenarbeit mit den Bewohnern der

Wildnis und der Wüste wieder entdeckt, von denen sie zu lernen hoffen. Es gibt Männer und Frauen, die jahrelange Entbehrungen auf sich nehmen, um mit primitiven Stämmen oder unter Gorillas, Löwen und Schimpansen zu leben, einfach, um von ihnen zu lernen. Dies ist ein Zeichen einer neuen und respektvolleren Haltung, die weniger Anmaßung verrät.

Diese Menschen sind sich bewußt, daß sie sich in einem ständigen Entwicklungsprozeß befinden – daß sie sich ständig verändern. In diesem Prozeß sind sie spontan, quicklebendig und risikobereit. Ihre Zuneigung und Abneigung, ihre Freuden und Schmerzen sind leidenschaftlich und werden leidenschaftlich geäußert. Ihre Abenteuerlust hat eine fast elisabethanische Qualität – *alles* ist möglich, *alles* kann man versuchen.

Weil sich diese neuen Menschen in einem ständigen Prozeß befinden, sind sie einfach nicht bereit, Unflexibilität zu tolerieren. Diese Menschen sehen nicht ein, weshalb das starre Schulwesen, die skandalöse Fehlverteilung des Reichtums, weshalb Gettos und Slums, rassische oder geschlechtliche Diskriminierung und ungerechte Kriege so bleiben sollten wie sie sind. Sie sind entschlossen, diese Situationen zu verändern, und sie wollen sie durch humanere Lösungen ersetzen. Ich glaube, daß dieser neue Mensch das erste Exemplar in der Menschheitsgeschichte ist, das in vollem Umfang wirklich begriffen hat, daß der Wandel die einzige Konstante im Leben ist.

Diese neuen Menschen vertrauen ihrer eigenen Erfahrung und mißtrauen jeder äußeren Autorität. Weder Priester noch Richter noch Gelehrte können diese Menschen von irgend etwas überzeugen, das nicht durch ihre persönliche Erfahrung bestätigt wird. Deshalb beschließen sie oft, denjenigen Gesetzen zu gehorchen, die ihnen persönlich als richtig und gerecht erscheinen, und jene zu mißachten, die sie für falsch und ungerecht halten, und sie nehmen dann auch die Konsequenzen ihrer Handlungen auf sich. So rauchen sie Marihuana, um ein geringfügigeres Beispiel zu zitieren, und setzen sich damit über Gesetze hinweg, die sie für unvernünftig und unfair halten und riskieren dabei, eingesperrt zu werden. Und was wichtigere Fragen betrifft, so weigern sie sich beispielsweise, Wehrdienst zu leisten, wenn sie einen Krieg für verabscheu-

enswert halten; sie veröffentlichen geheime Regierungsdokumente, wenn sie überzeugt sind, daß die Bevölkerung wissen sollte, was vorgegangen ist; aus dem gleichen Grund lehnen sie es ab, die Quellen bestimmter Nachrichten zu enthüllen. Dies ist ein neues Phänomen. Wir haben ein paar Thoreaus gehabt, aber wir hatten nie Hunderte und Tausende von Menschen, junge wie alte, die bereit sind, auf der Basis ihres persönlichen moralischen Urteils bestimmten Gesetzen zu gehorchen und andere zu mißachten und die Konsequenzen ihrer Entscheidung in Kauf zu nehmen. Diese Menschen haben ein hohes Maß an Selbstachtung und sind von ihrer Urteilsfähigkeit in Autoritätsfragen überzeugt.
Dies sind einige der Charakteristiken, die ich bei den neuen Menschen festgestellt habe. Ich bin mir wohl bewußt, daß nur wenige Personen alle diese Merkmale besitzen, und ich weiß, daß ich nur eine kleine Minorität der Gesamtbevölkerung beschreibe. Doch diese Menschen scheinen mir eine Wirkung auszuüben, die in keinem Verhältnis zu ihrer Zahl steht, und dies ist, so glaube ich, für die Zukunft von Bedeutung.

Es scheint die Ansicht vorzuherrschen, daß Menschen der Art, wie ich sie beschrieben habe, zwar in den turbulenten und protestfreudigen sechziger Jahren hervortraten, daß jetzt jedoch alles anders sei. Die Studenten und jungen Leute, so sagt man mir, interessierten sich heute nur für die Sicherheit ihrer Arbeitsplätze. Sie wollen die großen Gehälter, die großen Autos, die Pensionen. Es geht ihnen nicht mehr um Wandel – nur noch um Stabilität.
Ich kann dem nicht zustimmen. Diese neuen Menschen haben ebensowenig eine Mehrheit unter der Jugend dargestellt wie die Mehrheit irgendeiner anderen Altersstufe. Während die Mehrheit der jungen Leute also sicherheitsbewußter sein mag als die Demonstranten vor zehn Jahren, gibt es dennoch viele jüngere Menschen, die dem allgemeinen Bild entsprechen, das ich gezeichnet habe. Noch signifikanter ist vielleicht die Tatsache, daß ein größerer Prozentsatz derjenigen, die nicht mehr als Jugendliche bezeichnet werden können, anfangen, sich als Teil eines dynamischen Entwicklungsprozesses zu fühlen. Das heißt, die Zahl derjenigen, die die etablierten Institutionen verlassen, um ein freieres, riskan-

teres, unsichereres, einfacheres und wechselvolleres Leben zu führen, ist im Zunehmen begriffen.
Ein weiteres, oft unerkanntes Element ist, daß die meisten der Anliegen, für die sich die Radikalen der sechziger Jahre einsetzten, inzwischen zu einem akzeptierten Bestandteil der Hauptströmung des amerikanischen Lebens geworden sind. Die Studenten haben heute ein weit größeres Mitspracherecht in Hochschulangelegenheiten. Die Bürgerrechtsbewegung hat große Fortschritte gemacht. Die schwarze Bevölkerung, die Chicanos und viele andere ethnische Minoritäten stellen heute zahlreiche gewählte Volksvertreter. »*Affirmative-action*«-Programme, die sowohl den Minoritäten als auch den Frauen Arbeitsplätze sichern, haben sich eingebürgert. Wer durch seinen Protest gegen den Vietnamkrieg Schaden erlitt, hat die Genugtuung zu erleben, daß die Vereinigten Staaten ihre eigenen früheren Interventionen im Ausland einer kritischen Prüfung unterziehen und heute jedem Impuls, sich in die Angelegenheiten eines anderen Landes zu mischen, mit größter Vorsicht begegnen. Und es gibt noch weitere Veränderungen. Homosexualität, Bisexualität und sexuelle Freizügigkeit werden heute gesellschaftlich weit stärker akzeptiert als früher. Man braucht nur auf die sozialen Anwaltskollektive, die kostenlosen Gesundheitskliniken, die radikale Therapie, die alternativen Schulen, die Fortschritte, die bei der Gleichberechtigung der Frauen erzielt wurden, hinzuweisen, um einige der weiteren Veränderungen zu nennen, die im Gange sind. Und was die Äußerlichkeiten des Lebens betrifft, so rufen Blue jeans, lange Haare, Bärte und Schnurrbärte und das Rauchen von Marihuana heute keine erregten Kommentare mehr hervor. Die Politik der Demonstranten von gestern ist heute die Politik einer breiten Masse der Bevölkerung. Deshalb ist es vielleicht nicht überraschend, daß die Jugend in einer Periode der wirtschaftlichen Rezession weniger Anlässe zu Protesten findet. Aber dies bedeutet keinesfalls, daß sich das Ferment der Veränderung verflüchtigt hat.
Anfang 1975 begann eine Gruppe, zu der auch der kalifornische Abgeordnete John Vasconcellos zählte, von einer neuen politischen Kraft zu träumen – keine neue Partei, sondern ein humanistischer Zusammenschluß von Menschen aller Parteien, der die

Bedeutung der Person im Prozeß politischen Handelns erneut in den Mittelpunkt stellte. Nach einem Jahr der Vorarbeiten, an denen sich 75 verschiedene Gruppen beteiligten, begann sich eine Struktur herauszubilden, die jetzt die Form einer profitlosen Organisation mit dem Namen »Selbstbestimmung: ein persönlicher/politischer Zusammenschluß« annimmt. Zu ihren Befürwortern zählen ein halbes Dutzend kalifornischer Volksvertreter – sowohl Landes- als auch Bundespolitiker –, mehrere Pädagogen einschließlich zweier Universitätspräsidenten, eine Reihe von Geschäftsleuten, einige soziale Aktivisten sowie ein Journalist und Publizist.

Das Gründungsdokument von »Selbstbestimmung«[18] weist ein solches Maß an Übereinstimmung mit dem in diesem Buch und in diesem Kapitel ausgedrückten Denken auf, daß ich es mit einigem Erstaunen gelesen habe:

Dieser unser Zusammenschluß zeugt von einem horizontalen, weitgehend führerlosen Prozeß, der es den Menschen an ihren jeweiligen Plätzen ermöglichen soll, sowohl in ihrem persönlichen Leben als auch im Bereich der »Politik« effektiver zu leben … unser Zusammenschluß will jenen Menschen als Vehikel dienen, denen sowohl ihr eigenes persönliches Wachstum als auch die humanistische Veränderung der Gesellschaft am Herzen liegt …

Selbstbestimmung ist keine Organisation, die Sie als Objekt betrachtet; vielmehr ist es ein Netzwerk, an dem wir teilnehmen und mit dessen Hilfe wir einander befähigen wollen, uns selbst besser zu helfen … es ist Zeit, daß wir unseren Zynismus überwinden und das Risiko und die Verantwortung übernehmen, die Autoren unseres eigenen Seins und Tuns zu werden …

Selbstbestimmung schlägt eine praktikable und kraftvolle Alternative vor: uns *selbst* und die Gesellschaft zu verändern, indem wir den grundlegendsten Mythos – das heißt unsere Annahmen in bezug auf die menschliche Natur und auf unser Potential – von negativer Selbstverleugnung zu positiver Selbstverwirklichung transformieren … viele Menschen leben eine positive Vision ihrer Person *und* der Gesellschaft. Dies wollen wir nun weithin öffentlich sichtbar machen, indem wir eine den ganzen Bundesstaat umfassende Allianz solcher Menschen gründen. Unser Ziel ist es, persönliche *und* politische Bewußtseinsbildung zu fördern, indem wir auf die politische Dimension persönlicher Vision ebenso hinweisen wie auf die menschliche Dimension eines politischen Lebens und sozialer Fragen. All dies nennen wir humanistische Politik …

Wir sind uns bewußt, daß unser Vorschlag idealistisch ist, aber es ist Zeit, unsere Ideale zu leben und sie pragmatisch zu machen. Was vor nur einem Jahr als ein Traum begonnen hat, ist heute lebendige Realität. Es ist bemerkenswert, wie stark wir uns durch unsere gemeinsamen Anstrengungen operational und persönlich entwickelt haben. Dies, weil wir auf uns selbst vertrauten, weil wir aufeinander vertrauten und weil wir uns entschlossen zu handeln.

Ob diese Bewegung über Kalifornien hinausgreifen wird, ob sie Erfolg haben oder scheitern wird – diese Fragen sind mehr oder weniger von sekundärer Bedeutung. Die Tatsache, daß eine politische Kraft völlig neuer Art ins Leben gerufen wurde, ist als solche bemerkenswert. Selbst ihr Entwicklungsprozeß ist personenbezogen. Kein einzelner hat die Führung inne, kein großer Name ist damit verknüpft. Es wurden kleine Gruppentreffen mit insgesamt zweitausendfünfhundert Teilnehmern abgehalten, um die Bedürfnisse der Basis in die neue Organisation einzubringen. Das Ganze begann nicht mit einer Machtkampagne, sondern in einem Workshop, an dem einundzwanzig Personen aus ganz Kalifornien teilnahmen, ein Workshop unter Leitung von Leuten mit Erfahrung in Intensivgruppen und Organisationsentwicklung. »Im Verlaufe dieser Tagung klärten wir unsere Ziele, vertieften unser Engagement für *Selbstbestimmung* und füreinander und legten ein Aktionsprogramm und einen Zeitplan für die Durchführung unserer Programme im Laufe des nächsten Jahres fest.«

Diese Entwicklung ist besser als jede andere Organisation geeignet, die Menschen von morgen miteinander zu verbinden und ihren Zielen Ausdruck zu verleihen. Sie ist ein deutliches Anzeichen, daß die neuen Menschen, die ich zu beschreiben versucht habe, *de facto* existieren und sich bewußt werden, daß es Gleichgesinnte gibt.

Solch ein erfrischendes und relevantes Beispiel sollte uns aber nicht für die vielen wesentlichen Fragen blind machen, die für diese neuen Menschen noch einer Antwort harren. Können diese Menschen in unserer Gesellschaft überleben? Welche Art von Opposition ist zu erwarten? Falls sie sich behaupten, welchen Einfluß werden sie auf unsere Gesellschaft ausüben? Ich möchte zuerst einige der negativen Antworten auf diese Fragen nennen, sowohl vom Standpunkt der Geschichte als auch vom Standpunkt des unausbleiblichen gesellschaftlichen Widerstandes aus.

Ein Gedankengang, der mich an der Überlebensfähigkeit dieser Individuen zweifeln läßt, ist ein historischer Einwand. Diese neuen Menschen haben wenig Ähnlichkeit mit dem Menschentypus, der sich bisher als durchsetzungsfähig erwiesen hat. Sie haben wenig mit dem praktischen, disziplinierten Typus des Soldaten und Herrschers gemein, den das Römische Reich hervorbrachte. Sie gleichen nicht dem dichotomen Menschen des Mittelalters – dem Mann des Glaubens und der Gewalt, der Klöster und Kreuzzüge. Sie sind fast die Antithese der Puritaner, die unser Land gründeten, mit ihrem strengen Glauben und ihren strikten Verhaltenskontrollen. Diese Individuen unterscheiden sich sehr stark von dem Menschentypus, der die industrielle Revolution bewirkte, voller Ehrgeiz, Produktivität, Habgier und Konkurrenzdenken. Sie sind entschiedene Gegner der kommunistischen Gesellschaft und deren Eingriffen in das individuelle Denken und Verhalten im Interesse des Staates. Die Eigenschaften und das Verhalten dieser Menschen ist unvereinbar mit der Orthodoxie und den Dogmen der großen westlichen Religionen – dem Katholizismus, dem Protestantismus und dem Judentum. Ganz gewiß passen diese Menschen nicht in unsere gegenwärtige Gesellschaft – mit ihren Regierungs-, Militär- und Wirtschaftsbürokratien und ihrem starren Bildungswesen. Diese Menschen fühlen sich in unserer heutigen westlichen Gesellschaft nicht zu Hause, die von der Computertechnologie und den Menschen in Uniform beherrscht wird – den Soldaten, der Polizei, den Geheimagenten und anderen gesichtslosen Machthabern.

Gibt es eine Parallele? Während der kurzen Blütezeit der griechischen Kultur glaubte man, die höchste Errungenschaft der Kunst und die letzte Rechtfertigung der Gemeinschaft bestehe darin, Personen von menschlicher Vollkommenheit hervorzubringen. Die neuen Menschen von heute würden dieses Ziel sympathisch finden. Sie würden sich auch, so glaube ich, in der Welt des Renaissancemenschen eher zu Hause fühlen, der ebenfalls das Produkt einer schmerzhaften und aufregenden Periode der Wandlung war. Aber zweifellos haben ihre Charakterzüge die Geschichte nicht geprägt. Falls sie überleben, so wird dies die Ausnahme und nicht die Regel sein.

Die Entstehung dieses neuen Menschentyps wird auf Widerstand stoßen. Ich möchte diesen Widerstand durch eine Reihe von Schlagworten charakterisieren, die einen Begriff vom Ursprung dieses Antagonismus geben mögen.

1. Der Staat über alles

Das letzte Jahrzehnt hat uns immer wieder vor Augen geführt, daß in diesem Land – wie auch in anderen Staaten sowohl in der kommunistischen wie in der freien Welt – die regierende Elite und die wuchernde Bürokratie, die sie umgibt, keinen Platz für Andersdenkende und Leute mit anderen Werten und Zielen hat. Diese neuen Menschen wurden und werden schikaniert, in ihrer freien Meinungsäußerung beschnitten, der Verschwörung angeklagt und wegen ihrer fehlenden Anpassungsbereitschaft eingesperrt. Es würde einer massiven – und vielleicht unwahrscheinlichen – Aufrüttelung der Öffentlichkeit bedürfen, um diesen Trend umzukehren. Das Akzeptieren eines breiten Spektrums von Werten, Lebensstilen und Meinungen ist der Kern des demokratischen Prozesses, aber er gedeiht hierzulande nicht mehr gut. Diese neuen Menschen werden daher sicher unterdrückt werden – möglicherweise durch die Regierung.

2. Die Tradition über alles

Die Institutionen unserer Gesellschaft – des Bildungswesens, der Industrie, der Religion und der Familie – stehen in direktem Gegensatz zu jedem, der sich der Tradition widersetzt. Die öffentlichen Schulen und Universitäten sind die Institutionen, welche dem Menschen von morgen vermutlich am feindlichsten entgegentreten werden. Sie passen nicht in ihre Tradition und werden, wann immer dies möglich ist, geächtet und ausgestoßen. Industrieunternehmen sind trotz ihres konservativen Image etwas aufgeschlossener für neue Tendenzen. Trotzdem werden sie sich gegen Menschen stellen, denen die Selbstverwirklichung wichtiger ist als die Leistung, das persönliche Wachstum wichtiger als Einkommen oder Profit, und die Zusammenarbeit mit der Natur wichtiger als deren Unterwerfung. Die Kirche ist ein weniger gewichtiger Gegner, und die Traditionen der Familie und Ehe sind bereits in einem solchen Stadium der Konfusion, daß der Antagonismus, obwohl er existiert, nicht wirksam zum Tragen kommen dürfte.

3. Der Intellekt über alles

Die Tatsache, daß sich diese neuen Menschen bemühen, ganze Personen zu sein – mit Körper, Geist, Gefühlen, Verstand und übersinnlichen Kräften –, wird als eine ihrer größten Anmaßungen gewertet werden. Nicht nur das wissenschaftliche und akademische Establishment, sondern auch die Regierung baut auf der Annahme auf, daß das kognitive Denken die *einzig* wichtige Funktion des Menschen sei. Wie Halberstam[19] vor mehreren Jahren feststellte, waren »die besten und hellsten Köpfe« davon überzeugt, daß Intelligenz und rationales Denken *alles* aus der Welt schaffen könnten, was uns in den schrecklichen Sumpf von Vietnam geführt hat. Die gleiche Überzeugung wird von Wissenschaftlern, Universitätsprofessoren und Führungskräften aller Ebenen immer noch vertreten. Sie werden die ersten sein, um Hohn und Verachtung über jeden auszugießen, der dieses Credo durch Wort oder Tat herausfordert.

4. Das Individuum muß geformt werden

Wie der *Stanford-Report* erklärt, kann eine Vision des künftigen Individuums logisch aus unserer gegenwärtigen technologischen Gesellschaft extrapoliert werden. Dazu zählt beispielsweise die Anwendung gesellschaftlicher und psychologischer Technologie zur Kontrolle nicht angepaßten Verhaltens im Interesse einer regulierten postindustriellen Gesellschaft. Derartige Kontrollen würden nicht nur von *einer* institutionalisierten Instanz ausgeübt werden, sondern von einem Konglomerat, das die Verfasser als »Militär-Wohlfahrts-Industrie-Kommunikations-Polizei-Bürokratien« bezeichnen[20]. Eines der vorrangigsten Ziele dieses Machtkomplexes bestünde, falls sich diese Gleichschaltungsbestrebungen durchsetzen, darin, die Menschen, die ich beschrieben habe, zu kontrollieren oder auszumerzen.

Eine solche »Formung« des Individuums kann nicht nur durch subtilen Zwang und Kontrollen erreicht werden, sondern auch durch die stetigen Fortschritte der wissenschaftlichen Erkenntnisse als solche. Der Biologe und Biochemiker lernt die Möglichkeiten genetischer Umformung und chemisch herbeigeführter Verhaltensänderungen kennen. Dieser neue Wissensstand kann ebenso wie die gesellschaftlichen und psychologischen Erkenntnisse zur Beherrschung oder zur Befreiung angewandt werden. Die Physiker haben seit langem ihre Unschuld in bezug auf den Gebrauch ihrer Entdeckungen verloren. Die Biologie und die Psychologie kommen als nächste dran. Auch sie können leicht zu Werkzeugen dieses massiven bürokratischen Komplexes werden, in dem sich zwangsläufig alles auf eine Zunahme der Kontrollen hinzubewegen scheint, wobei kein einzelner für einen bestimmten Schritt verantwortlich ist – ein hydraköpfiges, schleichendes Ungeheuer, das den Menschentypus, den ich beschrieben habe, zu erdrücken droht.

5. Der Status quo für immer

Es drohen Umwälzungen, und diese Möglichkeit erzeugt Angst und Wut. Am ausgeprägtesten sind diese Reaktionen auf der extremen Rechten, aber in allen von uns steckt eine gewisse Angst vor Veränderungsprozessen. Die lautstärksten Angriffe auf diese neuen Menschen werden daher von den erzkonservativen Rechten kommen, die verständlicherweise mit panischer Angst auf den Zusammenbruch ihrer heilen Welt reagieren, aber es wird auch viel schweigsamen Widerstand seitens der ganzen Bevölkerung geben. Veränderungen sind schmerzhaft und ungewiß. Wer will sie schon? Die Antwort lautet: *wenige.*

6. Unsere Wahrheit ist die einzige Wahrheit

Der wahre Gläubige ist auch der Feind des Wandels. Man findet ihn auf der Linken, auf der Rechten und in der Mitte. Dieser überzeugte Gläubige wird nicht imstande sein, suchende, unsichere, sanfte Menschen zu tolerieren. Ob jung oder alt, fanatischer linker, oder verknöcherter rechter Flügel, solche Leute werden sich immer gegen prozeßbewußte Menschen wenden, die nach Wahrheit *suchen.* Solche überzeugte Gläubige *besitzen* die Wahrheit, und die andern müssen ihnen zustimmen.

Auf ihrem Weg der Suche nach Wahrheit werden diese Menschen

von morgen also zunehmendem Widerstand und Feindseligkeit dieser sechs wichtigen Widersacher begegnen. Es ist gut möglich, daß sie davon überwältigt werden.
Doch wie die Geschichte oft gezeigt hat, ist es nicht leicht, einen Evolutionsprozeß aufzuhalten. Das Auftreten dieser neuen Menschen in immer größerer Zahl kann von einer oder allen der genannten Kräfte verzögert werden. Die stille Revolution, deren Essenz sie sind, kann sich lange hinziehen. Sie können unterdrückt werden. Vielleicht werden sie nur im Untergrund existieren können. Aber ein Gärungsprozeß ist durch die Wesenszüge dieser Menschen in der Welt in Gang gekommen. Es wird schwierig sein, diesen Geist wieder in die Flasche zurückzuverbannen. Es wird doppelt schwierig sein, weil hier Menschen sind, die ihre Wertvorstellungen *leben*. Ein solches Leben nach einem neuen und divergierenden Wertsystem ist die revolutionärste Aktion, die ein Mensch in Angriff nehmen kann, und sie läßt sich nicht so leicht besiegen.
Nehmen wir also an, daß es eine kleine Chance gibt, daß diese Menschen in die Öffentlichkeit treten, daß sie Einfluß gewinnen und unsere Gesellschaft verändern. Welches Bild würde sich ergeben? Ist es so bedrohlich oder schrecklich, wie viele Leute zu fürchten scheinen?
Der neue Mensch wird uns nicht Utopia bringen. Er wird Fehler machen, sich teilweise korrumpieren lassen und in bestimmten Richtungen über das Ziel schießen. Aber dieser neue Mensch wird auch eine Kultur hervorbringen, die bestimmte Tendenzen fördern wird, eine Kultur, die sich in diese Richtungen entwickeln dürfte:
– in Richtung auf eine nichtdefensive Offenheit in allen zwischenmenschlichen Beziehungen – in der Familie, am Arbeitsplatz, im Führungssystem;
– in Richtung auf die Erforschung des Selbst und die Entfaltung des gesamten, individuellen, verantwortlichen menschlichen Seins von Geist und Körper;
– in Richtung auf die Wertschätzung der Individuen so wie sie *sind*, ungeachtet ihres Geschlechts, ihrer Rasse, ihres Status' oder ihres materiellen Besitzes;

– in Richtung auf überschaubare Gruppierungen in unseren Kommunen, unseren Bildungseinrichtungen und unseren Produktionsstätten;
– in Richtung auf eine enge, von Achtung geprägte, ausgewogene, wechselseitige Beziehung zur natürlichen Welt;
– in Richtung auf die Betrachtung materieller Güter, und zwar nur dann als lohnend, wenn sie die Qualität des persönlichen Lebens steigern;
– in Richtung auf eine gleichmäßigere Verteilung der materiellen Güter;
– in Richtung auf eine Gesellschaft mit minimalen Strukturen – wobei die menschlichen Bedürfnisse den Vorrang gegenüber jeder vorläufigen Struktur haben, die sich entwickelt;
– in Richtung auf Führung als zeitweiliger, wechselnder Funktion, die auf der Fähigkeit beruht, ein spezifisches gesellschaftliches Bedürfnis zu befriedigen;
– in Richtung auf echteres und bewußteres Engagement für diejenigen, die Hilfe brauchen;
– in Richtung auf eine humane Konzeption der Wissenschaft – in ihrer kreativen Phase, der Überprüfung ihrer Hypothesen, der Humanität ihrer Anwendungsmöglichkeiten;
– in Richtung auf Kreativität jeder Art – im Denken und Erforschen – im Bereich der sozialen Beziehungen, der Künste, der gesellschaftlichen Entwürfe, der Architektur, der urbanen und regionalen Planung, der Wissenschaft und des Studiums der übersinnlichen Phänomene.

Ich finde diese Tendenzen nicht beklemmend, sondern aufregend. Trotz der Düsternis der Gegenwart könnte unsere Gesellschaft im Begriff sein, einen evolutionär-revolutionären Sprung zu tun.

V. Teil

Schlußfolgerungen

13.

Der Kern der Sache

Der Vorläufer oder Begleiter jeder sozialen Revolution ist ein Wandel in der Wahrnehmung der Welt oder ein Wandel in der Wahrnehmung des Möglichen oder beides. Ebenso zwangsläufig werden diese veränderten Wahrnehmungen vom sogenannten gesunden Volksempfinden der Epoche zunächst als lächerlicher Unsinn oder Schlimmeres abgetan.

Die kopernikanische Revolution ist zweifellos das herausragende Beispiel dafür. Der Gedanke, daß die Erde nicht das Zentrum des Universums sei, daß sie um die Sonne kreise und einer riesigen Galaxie angehöre, war nicht nur absurd, er war eine Ketzerei, welche die Religion und die Zivilisation unterminierte. Es gibt auch kleinere Beispiele. Die Annahme, daß winzige Organismen, die kein Mensch sehen konnte, die Ursache von Krankheiten seien, war haarsträubender Unsinn. Die Vorstellung, daß Sklaven nicht Leibeigene seien, die man wie Vieh kaufte und verkaufte, sondern Menschen mit vollen persönlichen Rechten, war eine Blasphemie, die nicht nur im Gegensatz zur Geschichte und zur Bibel stand, sondern auch wirtschaftlich revolutionär und gefährlich war. Und die Behauptung, daß eine obskure mathematische Formel darauf hindeute, daß ein winziger Partikel von Materie, das Atom, bei seiner Spaltung unkalkulierbare Kräfte freisetzen werde, war eindeutig ein bizarrer Einfall aus dem Bereich der *Science fiction.*

Dennoch hat jede dieser »lächerlichen« perzeptiven Veränderungen das Aussehen und den Charakter unserer Welt transformiert. Dafür wurde das »gesunde Volksempfinden« allmählich als lächerlich angesehen.

Lassen Sie mich ein bekanntes Beispiel dafür erwähnen, wie dieser Wandel zustande kommt. Es war eine für jeden offenkundige Tatsache – die noch dazu von der Heiligen Schrift bestätigt wurde –, daß die Erde platt war und daß diejenigen, die meinten, daß sie eine Kugel sei, gefährliche Ketzer waren. Aber als Kolumbus zur

Neuen Welt segelte, ohne vom Rand der Erde herunterzufallen, erzwang diese faktische Erfahrung, dieser Beweis, daß die bis dahin herrschende Auffassung irrig war, eine veränderte Sicht unserer Erde. Und diese Umwälzung betraf nicht nur die Geographie. Sie revolutionierte auch dieses neue Gebiet, das man Wissenschaft nannte. Die Stellung des Menschen in der größeren Ordnung der Dinge wurde in Frage gestellt. Sogar die Bibel als eine Enzyklopädie des Faktenwissens wurde in Zweifel gezogen. Dem menschlichen Geist eröffneten sich bis dahin unbekannte Möglichkeiten. Visionen von Kontinenten, die auf Entdeckung harrten, und von Ländern, die erforscht werden mußten, taten sich auf. Der ganze konzeptionelle Rahmen des Lebens veränderte sich, und die Menschen fühlten sich durch die Aussichten verängstigt und aufgeregt und verändert. Das Unmögliche wurde möglich.

All dies wurde nicht durch Theorien über die Erdkugel bewirkt. Diese hatte es seit langem gegeben. Der Wandel wurde durch *Beweise* erzwungen, daß die Theorien gültig waren.

In einigermaßen ähnlicher Weise, glaube ich, kann der *Nachweis* der Wirksamkeit des personenbezogenen Ansatzes eine sehr kleine und stille Revolution der Art, wie die Menschheit das Mögliche sieht, in eine weit signifikantere Umwälzung verwandeln. Mir fehlt die Distanz, um beurteilen zu können, ob dies ein kleines oder großes Ereignis sein wird, aber ich glaube, daß es einen radikalen Wandel darstellt. Wie jede Strömung, die die Wurzeln der Gesellschaft umspült und ihre sakrosankten Ansichten und ihre etablierte Lebensweise zu unterminieren droht, stellt sie eine furchterregende Kraft dar, eine Kraft, der wie gewöhnlich mit dem ganzen Gewicht des »gesunden Menschenverstands« dieser Gesellschaft entgegengetreten wird.

Was ich im folgenden tun möchte, ist, die verschiedenen Elemente dieses gesunden Menschenverstands der Evidenz gegenüberzustellen, die ihm widerspricht. Ich tue dies in sehr gedrängter Form, da auf diese Evidenz in dem vorliegenden Buch bereits ausführlich eingegangen wurde.

Es ist hoffnungslos idealistisch zu glauben, daß der menschliche Organismus im Grund vertrauenswürdig sei.

– ABER –

Die auf dieser Hypothese beruhenden Forschungen und Aktionen bestätigen tendenziell diese Auffassung – sogar sehr nachdrücklich.

Es ist absurd zu glauben, daß wir die Faktoren benennen können, welche die psychische Entwicklung des Menschen fördern.

– ABER –

Solche Faktoren sind definiert und als Einstellungsbedingungen identifiziert worden, die man messen und deren Effektivität man nachweisen kann.

Es ist Unsinn zu glauben, daß Therapie demokratisiert werden kann.

– ABER –

Wenn die therapeutische Beziehung egalitär ist, wenn jeder die Verantwortung für sich selbst in der Beziehung übernimmt, dann beschleunigt sich das persönliche (und beiderseitige) Wachstum.

Es ist unvernünftig zu glauben, daß ein gestörter Mensch ohne die Anleitung und Führung eines weisen Psychotherapeuten Fortschritte machen kann.

– ABER –

Es gibt umfangreiches Beweismaterial dafür, daß der gestörte Mensch in einer Beziehung, die sich durch wachstumsfördernde Bedingungen auszeichnet, Selbstexploration betreiben und überaus sinnvolle Formen der Selbstbestimmung entwickeln kann.

Es ist gefährlich zu glauben, daß psychotische Individuen als Personen behandelt werden können.

– ABER –

Die Erfahrung zeigt, daß damit auf schnellstem Wege erreicht wird, daß der Psychotiker seinen Zusammenbruch als Material benutzt, das er sich zu seinem persönlichen Wachstum assimiliert.

Es ist ein Zeichen der Unentschiedenheit und Schwäche, nicht die Herrschaft über Menschen zu übernehmen.

– ABER –

Es hat sich gezeigt, daß konstruktive Verhaltensänderungen eintreten und die Menschen mehr Kraft und Verantwortlichkeit beweisen, wenn ihnen die Macht nicht genommen wird und wenn wir ihnen gegenüber echt sind, ihnen Verständnis entgegenbringen und an ihnen Anteil nehmen.

Eine Familie oder Ehe ohne anerkannte starke Autorität ist zum Scheitern verurteilt.

– ABER –

Es hat sich gezeigt, daß dort, wo die Herrschaft geteilt wird, wo wachstumsfördernde Bedingungen vorhanden sind, vitale, gesunde, bereichernde Beziehungen entstehen.

Wir müssen die Verantwortung für junge Menschen übernehmen, da sie nicht zur Selbstkontrolle fähig sind. Es ist dumm, etwas anderes zu glauben.

– ABER –

In einem wachstumsfördernden Klima entsteht und gedeiht bei jungen wie bei alten Menschen verantwortliches Verhalten.

Der Lehrer muß seine Schüler fest im Griff haben.

– ABER –

Es hat sich herausgestellt, daß dort, wo der Lehrer seine Macht mit den Schülern teilt, selbstbestimmtes Lernen in größerem Umfang stattfindet als in lehrerkontrollierten Klassenzimmern.

Der Lehrer, die Disziplin und die Bewertung müssen streng sein, damit Lernen stattfindet.

– ABER –

Es wurde bewiesen, daß der Lehrer, der nachvollziehen kann, was die Schule für den Schüler bedeutet, der den Schüler als Person respektiert, der in seinen Beziehungen echt ist, ein Lernklima schafft, das in seiner Wirkung demjenigen des »vernünftigen« Lehrers entschieden überlegen ist.

Der Lehrer muß das lehren, was die Schüler wissen sollten.

– ABER –

Es wird mehr Brauchbares gelernt, wenn der Schüler aus einem breiten Angebot von Wissensgebieten und Lehrmitteln das aussuchen kann, was er braucht und wissen möchte.

Es versteht sich von selbst, daß es in jeder Organisation einen Chef geben muß. Jede andere Vorstellung ist absurd.

– ABER –

Es hat sich gezeigt, daß Führungskräfte, die den Mitgliedern ihrer Organisation vertrauen, die ihre Macht teilen und delegieren und die offene persönliche Kommunikation aufrechterhalten, eine bessere Arbeitsmoral und produktivere Organisationen zustande bringen und die Entwicklung neuer Führungskräfte begünstigen.

Unterdrückte Gruppen müssen revoltieren. Gewaltsame Revolution ist der einzige Weg, auf dem die Unterdrückten die Macht erobern und ihr Leben verbessern können.

– ABER –

Die Geschichte bestätigt die Überzeugung, daß selbst wenn dies zum Erfolg führt, eine neue Tyrannei an die Stelle der alten tritt. Eine gewaltfreie Revolution, die auf dem personenbezogenen Ansatz beruht, welche die Unterdrückten ermächtigt, scheint viel aussichtsreicher.

Tiefreichende religiöse Fehden, kulturelle und rassische Zerwürfnisse sind unüberbrückbar. Es ist irreal zu glauben, daß Versöhnung möglich ist.

– ABER –

Tatsache ist, daß es genügend Versuche in kleinem Maßstab gibt, die beweisen, daß es durchaus möglich ist, die Verständigung zu verbessern, die Feindseligkeit zu reduzieren und Schritte zum Abbau der Spannungen zu unternehmen, wenn man sich dabei erprobter Intensivgruppentechniken bedient.

Eine Konferenz oder ein Workshop müssen von einem oder mehreren Leitern organisiert und durchgeführt werden, die die Zügel in der Hand haben. Jede andere Meinung ist unrealistisch und lächerlich.

– ABER –

Es wurde bewiesen, daß ein großes und komplexes Unternehmen von Anfang bis Ende nach personenbezogenen Grundsätzen gestaltet werden kann – Planung, Durchführung und Ergebnisse – und daß eine solche Ansammlung von Menschen, die sich ihrer eigenen Macht bewußt sind, kreativ auf neue und unerforschte Gebiete vorstoßen kann – ein Ergebnis, das durch gebräuchliche Methoden nicht hätte erreicht werden können.

Es liegt auf der Hand, daß die Machtlosen in einer total kontrollierten Situation mit absoluter Machtkonzentration an der Spitze keinen signifikanten Einfluß ausüben können.

– ABER –

In einer fast perfekten Laboratoriumssituation erwiesen sich die machtlosen Teilnehmer eines Ferienlagers, die gelernt hatten, ihre eigene Kraft zu respektieren, weil sie in personenbezogener Weise behandelt worden waren, als überaus einflußreich.

In den sechziger Jahren gab es eine Tendenz in Richtung auf tiefgreifende soziale Veränderungen, aber diese ist inzwischen versikkert. Nur ein Träumer kann dies übersehen.

– ABER –

Mehr und mehr Menschen mit einer personenbezogenen Einstellung zum Leben infiltrieren unsere Schulen, unser politisches Leben, unsere Organisationen und etablieren alternative Lebensstile. Sie leben nach neuen Wertvorstellungen und bilden ein weiterwirkendes und umsichgreifendes Ferment gesellschaftlichen Wandels.

Die Menschen ändern sich nicht.

– ABER –

Ein neuer Menschentypus mit Wertvorstellungen, die sich scharf von denjenigen unserer heutigen Gesellschaft unterscheiden, tritt in immer größerer Zahl auf den Plan und lebt und existiert auf eine Weise, die mit der Vergangenheit bricht.

Unsere Gesellschaft wird immer chaotischer. Wir müssen umkehren.

– ABER –

Auf fast jedem Gebiet ist eine stille Revolution im Gange. Sie verspricht, uns zu einer humaneren, personenbezogeneren Welt voranzutragen.

Anmerkungen

Erstes Kapitel

1. R. FARSON, »Carl Rogers, Quiet Revolutionary«, *Education,* 95, Nr. 2 (Winter 1974), S. 197.

2. *American Heritage Dictionary,* New York: McGraw-Hill, 1969.

3. C. R. ROGERS, *Die nicht-direktive Beratung,* München 1972, S. 36f.

4. DERS., »In Retrospect: 46 Years«, *American Psychology,* 29, Nr. 2 (1974), S. 116.

5. DERS., *Die Entwicklung der Persönlichkeit,* S. 81f. Stuttgart 1976.

6. Zugänglich in der AAP Tonband-Bibliothek, 1040 Woodcock Road, Orlando, Fla. 32803.

7. T. HANNA, *The End of Tyranny,* San Francisco: Freeperson Press, 1975, S. 162f.

8. S. FREUD, *Meine Berührung mit Josef Popper-Lynkeus,* Ges. W. XVI, 261–66, hier Fischer-Buch Nr. 6073, »Über Träume ...«, S. 118.

9. DERS., *Abriß der Psychoanalyse,* hier Fischer-Buch Nr. 6043, S. 53f.

10. DERS., *Der Mann Moses und die monotheistische Religion,* Ges. W. X-VI, S. 103–246, hier Fischer-Buch S. 111.

11. DERS., *Massenpsychologie und Ich-Analyse.* Zit. nach Fischer-Buch Nr. 6054, S. 16f. und 19.

12. B. F. SKINNER, *Futurum Zwei,* Reinbek 1972.

13. J. MC CONNELL, »Criminals can be Brainwashed – Now«, *Psychology Today* (April 1970). Zitiert in W. ANDERSON, »Politics and the New Humanism«, *Journal of Humanistic Psychology,* 14, Nr. 4 (Herbst 1974), S. 21. (Ein Auszug aus seinem gleichnamigen Buch, Pacific Palisades, Kalifornien: Goodyear, 1973).

14. M. J. MAHONEY und C. E. THORENSE, *Self-Control: Power to the Person.* Monterey, Kalifornien: Brooks/Cole, 1974.

15. N. RASKIN, »Studies of Psychotherapeutic Orientation: Ideology and Practice«, *AAP Research Monograph Nr. 1,* American Academy of Psychotherapists, Orlando, Fla., 1974.

16. Diese allgemeine philosophische Einstellung gegenüber der Therapie kommt nicht nur in meinen eigenen Werken und denjenigen anderer klientenzentrierter Verfasser zum Ausdruck, sondern auch in: R. D. LAING, *The Politics of Experience,* New York: Ballantine Books, 1968; JOHN W. PERRY, *The Far Side of Madness,* Englewood Cliffs: Prentice-Hall, 1974; THOMAS S. SZASZ, *The Myth of Mental Illness,* rev. Ausg., New York: Harper & Row, 1974; und

den Werken anderer bekannter Therapeuten.

17. C.R. ROGERS, *Encounter-Gruppen,* München, 1974.

18. M. BREWER, »Erhard Seminars Training: ›We 're Going to Tear You Down and Put You Back Together‹ «, *Psychology Today,* 9, Nr. 3, (August 1975), S. 88.

19. C.R. ROGERS, *Encounter-Gruppen, S. 63, München, 1974.*

20. J.W. PERRY, »Diabasis II«, unveröffentlichtes Manuskript, 1975.

21. DERS., »Diabasis II«, S. 5.

22. DERS., persönliche Mitteilung, 1975, S. 3.

23. B. HELLER, persönliche Mitteilung, 1975.

24. J.W. PERRY, »Diabasis II«, S. 5.

25. DERS., *The Far Side of Madness,* S. 151.

26. DERS., »Diabasis II«, S. 5.

27. DERS., *The Far Side of Madness,* S. 151f.

28. DERS., »Diabasis II«, S. 5.

Zweites Kapitel

1. F. LEBOYER, *Birth Without Violence,* New York: Alfred A. Knopf, 1975.

2. C.R. ROGERS, *Personal Adjustment* (Serie von zehn Kassetten), Chicago: Instructional Dynamics, Inc. 450 East Superior Street, Chicago, Ill. 60611. Kassette Nr. 7, undatiert.

Drittes Kapitel

1. F. BRODIE, Thomas Jefferson: *An Intimate Biography,* New York: Norton, 1974.

2. J.W. RAMEY, »Intimate Networks«, *The Futurist,* 9, Nr. 4 (August 1975), S. 175–181.

3. Ihr Bericht über ihre Ehe ist in dem Film *Carl Rogers on Marriage: An Interview with Bob and Carol* zu sehen. Verleih APGA, 1607 New Hampshire Ave, N.W. Washington, D.C. 200009.

4. C.R. ROGERS, »A Theory of Therapy, Personality and Interpersonal Relationships as Developed in the Client-centered Framework«, in S. KOCH, Hsg., *Psychology: A Study of Science,* Bd. III. *Formulations of the Person and the Social Context,* New York: McGraw Hill, 1959, S. 198.

5. A. FRANCOEUR und R. FRANCOEUR, *Hot and Cool Sex,* New York: Harcourt, Brace, Yovanovich, 1974.

6. R. MAY, *Power and Innocence. A Search for the Source of Violence,* New York: Norton, 1972.

7. N. O'NEILL und G. O'NEILL\ *Open Marriage,* New York: M. Evans & Co., 1972.

8. C. R. Rogers, *Becoming Partners: Marriage and Its Alternatives,* New York: Delacorte Press, 1972.

9. ders., *Becoming Partners,* Kap. 9, »Threads of Permanence«.

10. ders., *Carl Rogers on Encounter Groups,* New York: Harper and Row, 1970.

Viertes Kapitel

1. J. Farber, *The Student as Nigger,* North Hollywood, Kalif.: Contact Books, 1969.

2. J. B. Carr, »Project Freedom«, *The English Journal* (März 1964), S. 202 ff.

3. J. Lipshires, »Human Relations Training in High School«, School of Education, Rider College, Trenton, N. J., 1974 (hektographierte Broschüre).

4. D. Malcolm, Privatkorrespondenz, 1972.

5. J. W. Ramey, »Intimate Networks«, *The Futurist,* 9, Nr. 4 (August 1975), S. 176.

6. S. Tenenbaum, »Carl R. Rogers and Non-directive Teaching«, in C. R. Rogers, *Entwicklung der Persönlichkeit,* Stuttgart: Klett, 1976, S. 293 ff.

7. D. N. Aspy und F. N. Roebuck, »From Humane Ideas to Humane Technology and Back Again Many Times«, *Education, 95,* Nr. 2 (Winter 1974), S. 163 ff.; D. N. Aspy und F. N. Roebuck u. a., *Interim Reports 1, 2, 3, 4,* National Consortium for Humanizing Education, Washington, D. C., 1974.

Fünftes Kapitel

1. C. R. Rogers, »Some Implications of Client-centered Counseling for College Personnel Work«, in *College and University* (October 1948), S. 64.

2. *Survey Research Center Study Nr. 6 Selected Findings from a Study of Clerical Workers in the Prudential Insurance Company of America,* Human Relations, University of Michigan, 1948.

3. R. Likert, *New Patterns of Management,* New York: McGraw Hill, 1961.

4. H. C. Lyon, Jr., *It's Me and I'm Here!* New York: Delacorte Press, 1974.

5. ders., *It 's Me,* S. 165 f.

6. G. W. Cherry, »The Serendipity of the Fully Functioning Manager«, Sloan School of Management, Massachusetts Institute of Technology, 1975 (unveröffentlichtes Manuskript).

Sechstes Kapitel

1. P. FREIRE, *Pedagogy of the Oppressed,* New York: Seabury Press, 1970.

2. C.R. ROGERS, *Freedom to Learn,* Columbus, Ohio: Charles E. Merrill Publishing Co., 1969.

3. P. FREIRE, ebd. S. 102.

4. DERS., ebd. S. 111.

5. DERS., ebd. S. 49f.

6. DERS., ebd. S. 110.

7. DERS., ebd. S. 49.

8. DERS., ebd. S. 14.

9. DERS., ebd. S. 67.

10. DERS., ebd. S. 118.

11. DERS., ebd. S. 74.

12. DERS., ebd. S. 14.

Siebtes Kapitel

1. D.J. FINLAY und T. HOVET, Jr. *7304 International Relations on the Planet Earth,* New York: Harper & Row, 1975.

2. *Stockholm Peace Research Institute,* 17. Juni 1976.

3. D.J. FINLAY und T. HOVET, ebd. S. 5.

4. C.R. ROGERS, *Entwicklung der Persönlichkeit,* Stuttgart; Klett, 1976.

5. J. HENDERSON, »The Politics of Group Process«, *Rough Times,* (Jan./Feb. 1974), S. 5.

6. DERS., ebd. S. 5.

7. DERS., ebd. S. 4f.

8. Dieser Film, *The Steel Shutter,* wird vom *Center for Studies of the Person* verliehen: 1125 Torrey Pines Road, La Jolla, Kalif. 92037.

9. B. KRISTAL-ANDERSSON, »Intercultural Communication Encounter Groups«, *Invandrar Rapport,* Bd. 3, Nr. 7 (1975), Stockholm Immigrant Institute.

10. C. DEVONSHIRE und A. AUW, »First Report of Cross-cultural Communications Workshop« (hektographierter Bericht), 1972.

Elftes Kapitel

1. Insbesondere verwende ich Material aus »The Actualizing Tendency in Relation to ›Motives‹ and to Consciousness«, in MARSHALL JONES, Hsg., *Nebraska Symposion on Motivation,* 1963, Linsoln: University of Nebraska Press, 1963, S. 1ff. Erlaubnis erteilt.

2. L. BERTALANFFY, *Problems of Life,* New York: Harper Torchbooks, 1960 (Erstveröffentlichung 1952), S. 13.

3. K. GOLDSTEIN, *Human Nature in the Light of Psychopathology,* Cambridge: Harvard University Press, 1947.

4. A.H. MASLOW, *Motivation and*

Personality, New York: Harper & Brothers, 1954.

5. A. ANGYAL, *Foundations for a Science of Personality*, New York: Commonwealth Fund, 1941; und *Neurosis and Treatment*, New York: John Wiley and Sons, 1965.

6. W. N. DEMBER, R. W. EARL und N. PARADISE, »Response by Rats to Differential Stimulus Complexity«, *Journal of Comparative and Physiological Psychology, 50*, (1957), S. 517.

7. S. FREUD, *Triebe und Triebschicksale*, Ges. W. X, S. 213.

8. J. C. LILLY, *The Center of the Cyclone*, New York: Bantam Books, 1973.

9. R. W. WHITE, »Motivation Reconsidered: The Concept of Competence«, *Psychology Review, 66* (1959). S. 315.

10. C. R. ROGERS, »Toward Becoming a Fully Functioning Person«, in: *Perceiving, Behaving, Becoming*, 1962 Yearbook, Association for Supervision and Curriculum Development, Washington, D. C.: National Education Association, 1962, S. 25.

11. L. L. WHYTE, *The Unconscious Before Freud*, London: Tavistock Publications, 1960, S. 35.

12. DERS., ebd. S. 37.

13. DERS., ebd. S. 5.

14. C. R. ROGERS, »A Theory of Therapy, Personality, and Interpersonal Relationships«, S. KOCH, Hsg., *Psychology: A Study of Science, Bd. III*, New York: McGraw Hill, 1959, S. 184 ff.

15. DERS., *Freedom to Learn: A View of What Education Might Become*. Columbus, Ohio: Charles E. Merrill Publishing Co., 1969, S. 250.

16. L. L. WHYTE, *The Next Development in Man*.

Zwölftes Kapitel

1. R. L. HEILBRONER, *An Inquiry into the Prospect, New York: Norton, 1974.*

2. J. O'TOOLE, »On Making Capitalism More Accountable«, *Los Angeles Times*, (18. Sept. 1975), II. Teil; J. RIFKIN, »The People Are Passing Us By«, *The Progressive, 39*, Nr. 10 (Oktober 1975), S. 13 f.

3. R. DUBOS, *The God Within*, New York: Scribners, 1972; und *Beast or Angel*, New York: Scribners, 1974.

4. G. B. LEONARD, *The Transformation: A Guide to the Inevitable Changes in Humankind*, New York: Delacorte Press, 1972.

5. J. D. ROCKEFELLER, III, *The Second American Revolution*, New York: Harper & Row, 1973.

6. T. HANNA, *Bodies in Revolt*, New York: Holt, Rinehart & Winston, 1970.

7. DERS., *The End of Tyranny: An Essay on the Possibility of America*, San Francisco: Freeperson Press, 1975.

8. J. SALK, *Man Unfolding*, New York: Harper & Row, 1972; und *The*

Survival of the Wisest, New York: Harper & Row, 1972.

9. O.W. MARKLEY, u.a., *Changing Images of Man,* Menlo Park, Kalif.: Stanford Research Institute – Center for the Study of Social Policy, 1974.

10. F. RICHARDS und A. C. RICHARDS, *Homonovus: The New Man,* Boulder, Colo.: Shields Publishing Co., 1973.

11. A. WEIL, *The Natural Mind,* Boston: Houghton Mifflin, 1972.

12. J.C. OATES, »New Heaven and Earth«, *Saturday Review* (4. Nov. 1972), S. 51ff.

13. D. BIGGS, *Breaking Out,* New York: David McKay Co., 1973. Biggs erstattet einen faszinierenden Bericht über die vielen Führungskräfte der Wirtschaft und des öffentlichen Dienstes, die sich selbst verändern, indem sie ihre Jobs aufgeben und aufregende neue Lebensstile entwickeln.

14. L.E. BARTLETT, *New Work/New Life,* New York: Harper & Row, 1976. Bartlett gibt viele individuelle Darstellungen von Menschen, die bereits »im Morgen leben«.

15. J. VASCONCELLOS, Mitteilung an die Wähler, 1972.

16. W.G. BENNIS und P.E. SLATER, *The Contemporary Society,* New York: Harper & Row, 1968.

17. Zitiert von R.M. PIRSIG, *Zen and the Art of Motorcycle Maintenance,* New York: Bantam Books, 1973, S. 106f.

18. »Second Report on Self Determination: A Personal/Political Network«, Santa Clara, Kalif., P. O. Box 126 (Dezember 1975). Von einer Gruppe verfaßt.

19. D. HALBERSTAM, *The Best and the Brightest,* New York: Random House, 1972.

20. MARKLEY, *Changing Images.*

Quellenangaben

Autor und Verlag bedanken sich für die Erlaubnis zur Benützung und Wiedergabe des folgenden Materials:

Cassette 7, Personal Adjustement Series: Instructional Dynamics, Inc.

»Mike«: AAP Tape Library, American Academy of Psychotherapists, 1040 Woodcock Road, Orlando, Florida 32803.

»Because That's My Way«: Great Plains National Television.

»Follow-Up of a Counseling Case Treated by the Non-Directive Method« von A. W. Coombs: *Journal of Clinical Psychology,* Bd. 1, April 1945, S. 147–154.

»Project Freedom« von J. B. Carr. Aus: *English Journal,* Copyright 1964 by the National Council of Teachers of English.

Entwicklung der Persönlichkeit von Carl R. Rogers. Klett Verlag, Stuttgart 1976.

Auszug aus: *Pedagogy of the Oppressed* von Paulo Freire: © 1970 by Paulo Freire. The Seabury Press.

»The Politics of Group Process« von Judith L. Henderson. Erstmals erschienen in: *Rough Times,* Jan./Feb. 1974.

Auszüge aus: »The Steel Shutter«: Dieser Film ist zu beziehen durch das *Center for Studies of the Person,* 1123 Torrey Pines Road, La Jolla, California 92037.

»Intercultural Communication Groups« von Binnie Kristal-Andersson: Invandrarrapport, Bd. 3, Nr. 7, 1975. Boras, Schweden.

»The Actualizing Tendency in Relation to ›Motives‹ and to Consciousness« von Carl Rogers. Erstmals veröffentlicht 1963 im Nebraska Symposium on Motivation, University of Nebraska Press.

Carl R. Rogers

verlegt bei Kindler

Encounter Gruppen
Das Erlebnis der menschlichen Begegnung

Partnerschule
Zusammenleben will gelernt sein –
Das offene Gespräch mit Paaren und Eheleuten

Therapeut und Klient
Grundlagen der Gesprächspsychotherapie

In der Taschenbuchreihe »Geist und Psyche«
sind erschienen:

Die klientenzentrierte Gesprächspsychotherapie
(Client Centered Therapy)

Die nicht-direktive Beratung
(Counseling and Psychotherapy)

7-1-7-5-8